NORTH KOREA
A BUREAUCRAT CULTURE

북한의
관료문화

N O R T H   K O R E A
A   B U R E A U C R A T   C U L T U R E

북한의
관료문화

박 상 익 지음

한국학술정보㈜

책을 내면서

이 책은 강성윤 선생님께서 지도해 주신 필자의 학위논문 「북한의 관료문화에 관한 연구를」 수정·보완한 것이다.

필자는 1999년경부터 북한에 관심을 갖기 시작하여 2000년 6·15 공동선언을 계기로 본격적으로 북한을 연구하기 시작하였다. 국민의 정부와 참여정부를 거치면서 남북한 간 화해·협력 교류의 활성화 분위기는 북한연구의 다양성과 연구수준을 한 단계 끌어올리기에 충분하였다. 그럼에도 불구하고 필자의 논리성과 창의력의 부족함은 논문의 기본 틀을 갖추는 데서부터 녹록지 않았다. 결국 필자는 포관격탁(抱關擊柝)의 생활에서 대경이서(帶經而鋤)를 하고 있기 때문에 그 속에서 논문의 단초를 마련하는 것이 상책임을 깨달았다. 또한 관료문화에 관한 기존 연구가 없고, 관료문화를 통해서 북한체제를 보는 것도 의미가 있다고 생각하였다. 이에 '북한의 관료문화'에 대하여 천착할 수가 있었다.

이 책은 모두 6장으로 구성되어 있다. 제1장에서는 연구의 목적과 기존 연구 검토 그리고 연구의 범위와 방법 등에 대하여 서술하였다. 제2장에서는 관료문화의 이론적 배경으로 관료문화의 개념을 정리하고 관료문화의 형성요인과 사회주의 체제의 관료문화를 살펴보았다. 그리고 북한 관료문화에 관한 분석틀을 제시하였다. 제3장에서는 북한 관료문화를 정치문화, 관료제, 통치이데올로기를 구조로 하여 형성과정을 분석하였다. 제4장에서 북한 관료문화의 특성을 규명하였다. 제5장에서는 북한 관료문화의 지속·변화요인을 정치문화, 관료제, 통치이데올로기의 구조 속에서 살펴보고, 북한 관료문화의 변화흐름을 전망하였다. 제6장 결론에서는 북한의 관료문화에 관한 전반적인 내용을 요약·정리하였다.

이 책을 준비하면서 많은 분들의 도움을 받았다. 필자가 박사학위논문을 마치기까지 바쁜 시간을 내시어 논문의 틀을 잡아주시고 자세히 지적해 주신 강성윤 지도교수님과 세밀한 논문검토와 교정에 심혈을 기울여 주신 고유환, 전현준, 윤황, 김용현 교수님들께 감사드린다. 또한 필자와 함께 토론과 많은 대화를 나누어 온 신광민, 홍민, 이상숙, 서유석 박사님과 김해원, 강호갑, 선현호, 길화식, 김순신, 신미녀, 이영규 선생님, 탁용달, 박소영, 김상범, 안석룡, 김일한, 정한얼, 김선철, 김준연, 한승호, 박수현 선생에게 고마운 마음을 전한다. 그동안 어려운 여건 속에서도 10여 년간 필자의 공부를 위해서 묵묵히 뒷바라지를 해준 사랑하는 아내 김진예와 예쁘게 잘 자라준 두 딸 서윤, 주연 그리고 귀염둥이 진성에게도 고마움을 전하고 싶다. 아울러 멀리서 사위의 박사학위 취득을 위해 이른 아침 정한수를 올리고 지성으로 기원해주신 차옥희 장모님에게도 깊은 감사를 드린다. 끝으로 기꺼이 출판을 맡아 무난히 한 권의 책으로 만들어준 한국학술정보의 채종준 대표님과 윤옥화 선생에게도 감사의 마음을 전한다.

2008년 11월
박 상 익

목 차

제1장 서 론

제1절 연구의 목적

남북한은 유교적 봉건문화와 반(半)봉건 식민문화를 공유했던 근대화시기에 이르러 각각 자본주의와 사회주의라는 이념적 충돌과정을 거치면서 정치문화의 이질화를 가속화시켰고, 남북한 문화의 동질성도 상당부분 파괴되었다.

북한의 관료들은 후진봉건국가에서 혁명으로 사회주의국가를 건설한 사회주의 근대화 건설과정에서 국가와 체제를 유지하는 핵심적인 역할을 수행했다. 관료문화는 국가 건설과정에서부터 국가의 발전전략을 정당화하고, 주민들을 체제에 통합시키는 동시에 동원하는 기제로서 중요한 역할을 했다.[1]

개인보다 공동체를 앞세우고 평등을 지향하는 사회주의 이념이 확산됨에 따라 집단주의적 가치가 보편적인 성격을 띠게 되었다. 집단주의적 가치는 사회주의체제의 일반적 특성이지만, 전통적인 유교적 공동체 정신과 결합하여 북한에서는 매우 강하게 표출되었다. 더욱이 수령중심의 유일지배체제가 강력한 사회통합을 지향하고, 남북한이 대치하고 있는 일상적 위기상황으로 인해 집단주의적 경향성

---

1) 이우영, "문화전략", 세종연구소 북한연구센터 엮음, 『북한의 국가전략』(서울: 한울아카데미, 2003), p.364 참고.

은 더욱 심화되었다.

초기 북한의 관료문화는 전후 종파주의 등 정치적 혼란과 경제·사회적 위기극복을 위해 집단주의·군중노선 방식으로 정형화시켜 나갔다. 북한은 정치적 갈등과 종파·지방·가족주의 등의 관료문화를 극복하고 민족경제의 구축과 전후 동원이라는 집단적 기획을 위해 인민 개인의 욕망을 엄격하게 제한했다. 즉, 전후 복구 및 사회주의혁명, 사회주의건설과 자주노선의 확립과정에서 종파주의 등의 척결은 김일성 유일지배체제를 구축할 수 있는 명분을 제공하였다.

권력투쟁기에 유일사상체계 형성과 집행자 역할을 수행한 관료들과 그들을 지배했던 문화는 과거의 것이 아니었다. 그들에게 관료의 신분은 더 이상 근대화의 기획자도 혁명적 국가건설의 일꾼도 아닌 유일지배체제를 지탱하는 체제 수호의 보루이자 생존을 위한 수단으로 전락했다.

당-국가체제를 지탱하는 일원적 국가 관료체제는 사회주의체제 내부의 모순 때문에 그들이 지속적으로 비판해 온 지방주의·기관본위주의 등 부정적 관료문화의 생명을 연장했다. 계획의 실패와 생산성의 지속적인 하락은 관료적 분배와 정치적 보상체계의 변화를 가져왔다. 관료적 생존을 위한 공식, 비공식 영역에서의 이중적 관료문화는 특히 1990년대 이후 '고난의 행군' 시기를 전후해서 다양한 형태로 표출되었다. 즉, 국가와 체제를 보위해야 하는 관료적 신분과 생존을 위한 인민적 삶의 경계에서 먹고사는 문제의 해결은 매우 직접적으로 생활과 사고방식의 전환을 가져온다. 정치적 사회질서의 이완에 따른 관료권위의 저하, 지위를 이용한 일탈적 관료문화의 확산, 통치이데올로기의 한계 등은 북한 관료문화의 다양한 변화 양상을 보여 주고 있다.

이런 문제인식하에 본 책은 북한의 관료문화(bureaucratic culture)에 주목하였다. 북한의 관료문화는 체제발전기에는 순기능적(正의 동인)으로 작용하지만, 김일성 유일지도체제에서 무조건성·절대성은 창의력과 혁신성을 말살하는 관료주의적 인간을 만듦으로써 역기능적(負의 동인)으로 작용하는 한편 관료주의의 모순을 초래한다. 이러한 관료주의의 모순은 관료사회 내에 그치지 않고 사회 전체의 모순으로 확대되어 발전의 저해와 비효율 등으로 드러나고 있다.

그렇다면 북한 관료문화의 형성요인·형성과정은 무엇이며, 관료문화의 특성은 어떻게 나타나는가? 나아가 이러한 관료문화의 형성과 특성이 북한 관료문화의 지속과 변화에 어떠한 작용을 하는가?

이러한 문제제기들에 대한 해답을 구하고자 하는 것이 본 연구의 목적이다. 즉 본 연구의 목적은 북한의 관료문화적 형성과 구조 실태를 분석한 후 그 관료문화의 특성을 규명하고, 이를 토대로 향후 북한의 관료문화가 어떻게 지속·변화될 것인가를 전망하는 데에 두고 있다.

제2절 기존 연구 검토

북한의 관료문화를 단독주제로 한 연구 시도나 결과물은 다른 분야의 북한연구 성과와 비교해 볼 때 거의 전무하다고 볼 수 있다. 다만 관료문화의 일부분으로 북한 관료주의 또는 관료제 등의 관련 연구들[2]에서는 김일성의 연설문이나 공간문헌, 언론매체들에 나타난 관료주의적 표현들을 분석하여 북한 관료들의 행태와 행정체제 내부의 풍토를 유추하여 일반화를 시도하고 있다. 또한 정치문화[3] 등의 연구에서 집단주의, 관료주의 등 관료문화를 부분적으로 다룬 경우도 있다.

그러나 이러한 일반화 작업은 자칫 잘못하면 북한 관료주의의 역기능만 강조하여 순기능적이고 긍정적인 요인은 간과하기 쉽다. 그리고 김일성의 연설문이나 공간문헌, 언론매체들에 표출된 것들이 북한 관료문화 내부의 현상을 얼마나 정확하게 반영하고 있는가 하

---

2) 북한의 행정체계, 관료체제 등 기존의 연구로는 윤일균, 『북한 행정체계에 관한 연구』(동국대학교 대학원 박사학위논문, 1977); 박완신, 『북한의 관료체제에 관한 연구: 체제의 이념과 관료행태를 중심으로』(단국대학교 대학원 박사학위논문, 1986); 김공열, 『북한의 공공관료제에 관한 연구: 관료제의 실태와 관료의 행태를 중심으로』(동국대학교 대학원 박사학위논문, 1989); 홍승원, 『북한의 정부관료제에 관한 연구: 정무원의 조직, 엘리트, 정책을 중심으로』(경남대학교 대학원 박사학위논문, 1992); 배종철, 『북한행정체제의 정책결정에 관한 연구』(경남대학교 대학원 박사학위논문, 1992) 등이 있다.

3) 정치문화에 대한 연구로는 김창희, 『북한의 정치사회화에 관한 연구』(전북대학교 대학원 박사학위논문, 1988); 김재영 외, 『정치문화와 정치사회화』(서울: 형설출판사, 1990); 김영수, 『북한의 정치문화: 「주체문화」와 전통정치문화』(서강대학교 대학원 정치외교학과 박사학위논문, 1991); 김경웅, 『북한의 정치사회화: 「주체문화」 정착을 위한 '사상교육'과 대중운동』(한양대학교 대학원 박사학위논문, 1993); 신광민, 『북한 정치사회화 과정에서의 군의 역할』(동국대학교 대학원 박사학위논문, 2003) 등이 있다.

는 문제점이 제기된다.

특히, 북한 사회의 관료체제에 관한 연구들은 주로 권력엘리트와 간부문제 중심으로 집중되는 현상을 보이며, 김정일 후계체제 구축 과정과 연동된 관료들의 변화에 집중되는 양상도 동시적으로 나타 났다. 주로 '김정일 체제'에 해당하는 시기에 집중되었다.[4)]

한편 '새터민'이 늘어나면서 실제 경험을 바탕으로 관료체제 문제를 다룬 글들은 현장감을 높여 주었다.[5)] 북한 관료부패와 관료를 중심으로 한 북한 사회의 계급갈등 연구는 북한의 관료문화에 대한 한 단면을 보여 주었다.[6)] 현성일의 논문도 북한의 간부정책을 구체적으로 분석한 것으로 북한의 관료체제를 이해하는 데 도움을 주었다.[7)] 그러나 이 논문은 북한이 추진해 온 국가전략을 간부정책과의

---

4) 북한의 관료체제와 엘리트관련 연구로는 이우정, 『노동당 제5차 대회 이후의 북한권력 구조에 관한 연구: 정치엘리트 변화를 중심으로』(동국대학교 대학원 정치학 박사학위논 문, 1986); 전현준, 『김정일정권의 권력엘리트 연구』(서울: 민족통일연구원, 1995); 이강 래, 『북한관료제의 성격과 변화과정에 관한 연구: Max Weber의 관료제 이론을 중심으 로』(서울대학교 대학원 행정학 박사학위논문, 1995); 김성철, 『북한 간부정책의 지속과 변화』(서울: 민족통일연구원, 1997); 최성, 『북한정치사: 김정일과 북한의 권력엘리트』 (서울: 풀빛, 1997); 박형중, 『북한의 정치와 권력』(서울: 백산자료원, 2002); 최진욱, 『현 대북한행정론』(서울: 인간사랑, 2002); 김갑식, 『김정일정권의 권력구조』(서울: 한국학술 정보, 2005) 등이다.

5) 신경완, "곁에서 본 김정일(上)", 『월간중앙』 6월호(1991a); 신경완, "곁에서 본 김정일 (下): 김정일체제의 약점과 강점 그리고 인민항거", 『월간중앙』 7월호(1991b); 황장엽, 『 나는 역사의 진리를 보았다』(서울: 한울, 1999); 김현식·손광주, 『다큐멘터리 김정일』 (서울: 천지미디어, 1997); 손광주, 『김정일리포트』(서울: 바다출판사, 2003); 정창현, 『곁 에서 본 김정일』(서울: 토지, 1999) 등이 있다.

6) 김성철, 『북한 관료부패 연구』(서울: 민족통일연구원, 1994); 서재진, 『북한 사회의 계급 갈등 연구』(서울: 민족통일연구원, 1996).

7) 현성일, 『북한의 국가전략과 간부정책의 변화에 관한 연구』(경남대학교 대학원 정치학 박사학위논문, 2006).

연관 속에서 분석함으로써, 김정일 정권이 추구하고 있는 국가전략의 방향과 그에 따른 간부정책의 본질을 밝혀내고자 하는 엘리트 위주의 분석이어서, 일반적인 관료를 아우르는 관료행태 등의 종합적 분석에는 한계가 있다.

이와 같이 기존의 북한 연구는 대체적으로 수령의 담론과 행위 중심성, 권력을 둘러싼 내부의 갈등과 폭발과정을 둘러싼 권력 중심적인 관료체제의 연구가 주류를 이루었다.

이에 대한 비판적 성찰로서 '아래로부터'의 접근을 통해 북한 사회를 총체적으로 이해하기 위한 연구가 진행되었다. 그리고 최근 일상연구를 통해 좀 더 미시적인 접근으로 구체적인 북한의 관료체제와 지배구조 차원에서 변동과 관련된 현실에 접근하려는 시도들이 축적되고 있다.[8)]

그러나 기존 연구에서 보듯이 관료문화를 개념화하여 북한의 관료문화가 체제변화와 시대의 흐름에 따라 어떻게 기능하고 작동하며, 관료들의 가치관·행태변화가 어떻게 나타나는지에 관한 연구는 부족한 실정이다.

이에 따라 본 책은 정치문화, 관료제, 통치이데올로기를 구조로

---

8) 최근 북한의 일상을 분석한 연구는 최완규 엮음, 『북한 도시의 형성과 발전』(서울: 한울아카데미, 2004); 최완규 엮음, 『북한 도시의 위기와 변화: 1990년대 청진, 신의주, 혜산』(서울: 한울아카데미, 2006); 최완규 엮음, 『북한 '도시정치'의 발전과 체제변화: 2000년대 청진, 신의주, 혜산』(서울: 한울아카데미, 2007); 박영자, 『북한의 근대화 과정과 여성의 역할 (1945 – 80년대)』(성균관대학교 대학원 정치학 박사학위논문, 2004); 홍민, 『북한의 사회주의 도덕경제와 마을체제』(동국대학교 대학원 정치학 박사학위논문, 2006); 김종욱, 『북한의 관료체제와 지배구조의 변동에 관한 연구』(동국대학교 대학원 정치학 박사학위논문, 2006); 정은미, 『북한의 국가중심적 집단농업과 농민 사경제의 관계에 관한 연구』(서울대학교 대학원 사회학 박사학위논문, 2006) 등이 있다.

하여 북한 관료문화의 형성과 특성을 종합적으로 분석하고 지속과 변화의 관점에서 북한 관료문화를 전망하고자 하였다.

제3절 연구의 범위와 방법

1. 연구 범위

북한에서 관료문화는 한국전쟁을 거치면서 본격적으로 제기되었다고 볼 수 있다. 본 책이 이 시기를 북한 관료문화의 형성시기로 보는 것은 전후 종파주의 등 정치적 혼란과 경제·사회적 위기극복을 위한 집단주의·군중노선이라는 집단적 성격의 모습이 관료문화의 주요 형태를 이루고 있기 때문이다.

따라서 본 책은 북한의 국가건설기 관료들의 역할과 지위가 구축되기 시작한 해방공간과 한국전쟁을 시작으로, 북한 관료문화의 원형을 완성한 김일성의 주체사상확립과 유일지배체제의 완성기, 1990년대 이후 북한 정치의 새로운 체제이념으로 등장한 김정일의 선군정치시대까지를 연구의 범위로 설정했다. 특히 1990년대 사회주의권의 체제전환과 북한의 '고난의 행군'이라는 역사적 변혁기의 정치·경제적 환경은 기존의 북한 관료문화가 어떻게 지속·변화를 거듭하고 있는지를 보여 줄 수 있는 중요한 시기로 설정했다. 또한 6·15 정상회담과 2002년 7·1경제관리개선조치는 북한 관료문화의 새로운 양상을 구축하는 핵심적인 사건이자 시기임이 틀림없다.

북한의 당－국가체제에서 정치, 경제, 사회, 문화 등 모든 부문에 관료와의 관계는 상호 연관성을 갖고 있기 때문에 시계열 분석(time series analysis) 기법으로 양 시기를 살펴봄으로써 구심력(당－국가)과 원심력(관료)의 이중적인 힘의 동학을 통한 관료문화의 변화 흐름을 알 수 있기 때문이다.

한편 본 책에서 '관료'의 범위는 당·정·군의 정치·행정·기술관료 등 상·하층관리 모두를 포함한다. 여기서 '관료'의 의미에 관해서는 남북한 간에 차이를 보이고 있다. '관료'의 사전적 의미는 "직업적인 관리, 또는 그들의 집단이나 같은 관직에 있는 동료"로 규정하여 상·하층관리 모두를 지칭한다. 그러나 북한에서는 관료를 "낡은 사회에서 지배계급의 이익을 옹호하면서 인민대중을 억압 착취하는 상층관리"[9]로 규정하여, 상층관리로만 지칭하였다. 이는 계급적 성격을 띠었기 때문인 것으로 보인다.

위와 같은 연구범위를 토대로 본 책은 다음과 같이 구성하였다.

제1장에서는 연구의 목적과 기존 연구 검토 그리고 연구의 범위와 방법 등에 대하여 서술하였다.

제2장에서는 관료문화의 이론적 배경으로 관료문화의 개념을 정리하고 관료문화의 형성요인과 사회주의체제의 관료문화를 살펴보았다. 그리고 북한 관료문화에 관한 분석틀을 제시하였다.

제3장에서는 북한 관료문화를 정치문화, 관료제, 통치이데올로기

---

9) 『조선말대사전 1』(평양: 사회과학출판사, 1992), p.512.

를 구조로 하여 형성과정을 분석하였다.

제4장에서 북한 관료문화의 특성을 규명하였다.

제5장에서는 북한 관료문화의 지속·변화요인을 정치문화, 관료제, 통치이데올로기의 구조 속에서 살펴보고, 북한 관료문화의 변화 흐름을 전망하였다.

제6장 결론에서는 북한의 관료문화에 관한 전반적인 내용을 요약·정리하였다.

2. 연구 방법

본 책에서는 북한 관료문화의 형성에서부터 변화까지를 포함하는 역사적 과정을 분석하기 위해 문화·심리적 접근법(psycho - cultural approach), 역사·문화적 접근법(historical - cultural approach)을 혼용하되, 주로 신제도주의적 접근법을 원용했다.

이와 같은 접근법들을 본 연구에서 활용하고 있는 이유는 다음과 같다.

첫째로, 문화·심리적 접근법(psycho - cultural approach)은 제도와 행위 간, 또는 규범과 현실 간의 괴리현상을 보다 정확하게 설명하여 주고 조직내부의 현상을 있는 그대로 파악할 수 있기 때문이다.[10]

둘째로, 역사·문화적 접근법은 사회주의체제의 형성과 운영 및

---

10) 백완기, 『한국의 행정문화』(서울: 고려대학교출판부, 1987), p.10.

그 발전이 공산당의 정권장악 이전에 선행되었던 전통적 관습이나 경험에 의해 현실적으로 영향을 받을 수밖에 없다는 가정 위에서 사회주의국가를 분석한다. 사회주의체제를 연구하는 데 있어서 개별 사회주의국가의 과거의 역사와 문화 그리고 전통이 어떠했는가는 매우 중요한 연구대상이 된다. 즉 개별 사회주의국가들의 혁명 이전 역사적 전통과 경험이 규명되지 않고서는 현재의 사회주의체제 변화를 이해하고 분석하는 데 어려움을 갖게 된다.[11]

즉 이 접근방법은 북한 공산체제가 형성된 것이 공산화되기 이전의 전통적인 역사·문화적 영향을 배경으로 하고 있다는 점을 전제로 한다. 때문에 구체적인 역사 사실을 통해서 북한의 권위주의적인 관료문화에 대한 기원을 조선왕조의 유산에서 찾는다든지, 유일 영도체제에 관해서는 유교적인 가부장제의 정치문화와 연결 지어 특성을 도출하는 식의 접근이 가능하기 때문이다.[12]

코헨(Lenard J. Cohen)과 샤피로(Jane P. Shapiro)에 의하면 공산체제 형성, 운영 및 발전 등에 특별한 관심을 갖고 있는 역사·문화적 접근법의 옹호자들은 이 방법이 공산당의 권력획득을 진행시킨 과거의 경험에 의해 영향을 받을 수도 있다고 주장하고, 러시아의 전제정치와 행정적인 중앙집권주의의 역사적 패턴을 설명하는 데 유용하다고 말하고 있다.[13]

---

11) 이강래, 『북한관료제의 성격과 변화과정에 관한 연구: Max Weber의 관료제 이론을 중심으로』, p.15.

12) 김경웅, 『북한의 정치사회화: 「주체문화」 정착을 위한 '사상교육'과 대중운동』, p.11 참고.

13) Lenard J. Cohen and Jane P. Shapiro(eds.), *Communist System in Comparative Perspective*(New York: Anchor Press, 1974), p.22.

원래 사회주의사회는 구시대와 혁명을 통해서 단절하고 등장한 사회이기 때문에 모든 전통과 인습이 그대로 새로운 사회에 전수되지는 않는다. 따라서 역사·문화론적 분석은 제한적으로 활용되어야 한다. 그러나 문화는 수천 년 동안 누적되어 오면서 형성된 것이기 때문에 혁명이 그것을 완전히 단절한다는 것은 불가능하다. 때때로 지도자들에 의해서 과거의 봉건적 유제가 은연중에 복원되는 경우도 있다. 따라서 사회정서적인 분야 등 몇몇 분야에서 역사·문화론적인 분석방법은 매우 유용하게 활용될 수 있다.14)

후진적 관료제에서 일어나는 여러 가지 바람직스럽지 못한 행위나 역기능의 행태는 거의 뿌리 깊은 전통적 가치에서 유래된다고 볼 수 있다.

본 책에서는 북한체제의 특수성의 상당부분은 이러한 전통에 기인한다는 관점에 준거하고 있으며 특히 북한의 관료문화 분석에 이러한 관점을 적용할 것이다.

끝으로, 신제도주의(neo‐institutionalism) 접근법으로서 정치제도는 중요한 정치이해의 수단이기 때문에 개인적 성향과 제도의 결합인 제도 내에서의 개인의 역할을 강조하는 신제도주의적 비교연구의 중요성이 강조되는 경향이 있다. 최근에 정치경제학자들이 제도연구에 대한 흥미를 증가시켜 왔던 것도 이런 경향 때문이다.

---

14) 중국공산당은 공식문헌에서 문화혁명시기 모택동의 개인전단(個人專斷)과 개인숭배가 극성을 부렸던 사실에 대해서 이의 원인 중 하나로 중국의 봉건주의 사상의 영향을 들었다. 「中國共産黨中央委員會關於建國以來黨的若干歷史問題的決議」(1981. 6), 中央黨員大辭典編委會, 『中央黨員大辭典』(北京: 華齡出版社, 1991), p.1031; 이종석, 『새로 쓴 현대북한의 이해』(서울: 역사비평사, 2000), p.30 재인용.

홀(Peter Hall)은 '제도(institution)'를 "다양한 정치경제현상에서 개인과의 관계를 구성하는 공식 규칙, 순응절차 그리고 표준화된 운영관행을 포함하는 것"[15])으로 규정하고 있고, 아이켄베리(John Ikenberry)는 "정부제도의 특징적 성격, 국가의 구조 그리고 규범적 사회질서" 등을 지칭하고 있다.[16])

사회주의체제에서 당과 국가를 유일한 역사적 행위자로 간주하고 '전체화된 이데올로기'를 공산주의 사회의 추진력으로 보았던 전체주의이론이나, 근대 산업주의와 함께 진화 과정의 수렴으로 현실사회주의를 바라보는 근대화이론 등에 대한 대안적 시각으로 신제도주의 접근이 제시되었다.[17]) 신제도주의 접근은 사람들이 의식적으로 고안한 공식적인 규제뿐만 아니라 관행이나 행동양식과 같은 비공식적인 규제까지도 포함하는 포괄적인 제도 개념을 사용한다. 그

15) Peter A. Hall, *Governing the Economy: The Politics of State Intervention in Britain and France*(New York: Oxford Univ. Press, 1986), p.19.
16) 김연철, 『북한의 산업화와 경제정책』(서울: 역사비평사, 2002), p.49 재인용.
17) 신제도론에 대한 자세한 내용은 염재호, "국가정책과 신제도주의", 『사회비평』 11호, 1994; 이호철, "사회, 국가 그리고 제도·정치경제의 제도론적 접근", 『한국과 국세정치』 9권 2호, 1993, "행위자와 구조, 그리고 제도·제도주의의 분석수준", 『사회비평』 제14호, 1996; Kathleen Thelen & Sven Steimo & Frank Longstreth(eds.), *Structuring Politics: Historical Institutional in Comparative Analysis*(Cambridge University Press, 1992); James G. March & Johan P. Olson, "The New Institutionalism: Organizational Factors in political life", APSR, Vol.77, 1984 등을 참고할 것. 그리고 사회주의체제에 대한 전체주의이론과 근대화이론의 특징과 한계, 그리고 대안적 접근으로서의 신제도주의론에 대한 자세한 내용은 Victor Nee and David Stark(eds.), *Remaking the Economic Institutions of Socialism: China and Eastern Europe*(Standford Univ. Press, 1989)를 참고할 것; 정은미, 『북한의 국가중심적 집단농업과 농민 사경제의 관계에 관한 연구』(서울대학교 대학원 박사학위논문, 2007), pp.27-28 재인용.

리고 이 제도는 정태적인 것이 아니라 변화의 속성을 지닌다. 이 접근은 사회주의체제의 제도적 특성에 대한 구체적 분석을 통해서 사회주의체제의 현실적 문제점을 구조적으로 파악하고, 제도에 의해 매개되는 행위자들의 상호관계를 강조함으로써 사회주의의 발전과 위기, 변화양상 등을 체계적으로 설명할 수 있는 강점을 지닌다. 또한 이 접근법은 전체주의 이론이나 근대화이론이 주로 주목하는 당과 국가 엘리트 등에 초점을 맞추기보다는 사회·경제 부문과 국가와의 관계양식에 초점을 둔다. 따라서 사회 내부의 다양한 하부단위나 집단, 사회적 네트워크, 지방단위 수준의 행정, 새로운 형태의 이익표출 등이 주요 연구대상이 되고 있다.

사회주의연구에서 왈더(A. Walder)나 코르나이(J. Kornai)는 신제도주의 접근을 채택하고 있는 대표적인 학자들이라고 할 수 있다. 왈더의 경우 제도론적 입장에서 신전통주의적 요소들을 분석한다. 그는 제도가 조직화된 정치적 통제를 형성시키고 그것이 독특한 형식의 정치행위를 형성하며 일련의 정치적, 개인적 충성체계를 만든다고 가정한다. 그는 이러한 체계를 사회주의적 지배의 제도적 특징으로서 '조직화된 의존(organized dependence)관계'로 설명했다. 조직화된 의존관계는 지배자가 피지배의 욕구를 충족시켜 줄 수 있는 능력을 갖추고, 동시에 피지배자가 다른 대안을 찾을 수 없을 때 나타난다. 이는 중앙계획경제와 당 조직의 결합하에 나타나는 하부단위의 중앙에 대한 의존관계, 당의 위계제 내의 하급자의 상급자에 대한 의존관계, 그리고 주민층의 간부나 국가에 대한 의존관계 등을 포괄한다.[18]

또한 그는 정치권력과 경제권력의 결합, 즉 당에 의해 제공되는 조직화된 유인을 강조하고, 후원 - 수혜 관계라는 제도화된 네트워크[19])를 중시하며, 개인들이 하위관료들의 통제하에 있는 주택이나 물자 등을 획득하기 위해 공식규정들을 속이는 도구적·사적 관계의 풍부한 하위문화를 강조하였다. 반대로 피지배자가 지배자에게 더 이상 의존하지 않고 자신의 욕구를 충족시킬 수 있는 대안을 스스로 찾을 수 있거나 그러한 능력을 가지게 되면 '조직화된 의존관계'는 약화된다. 이 점에서 1990년대 들어와 북한에서 국가 배급제가 중단된 이후 주민들의 생활에서 이차경제, 특히 시장에 대한 의존도가 높아진 것은 북한 관료문화의 변화가능성을 시사한다.

그리고 코르나이는 가부장제 개념에 주목하였다. 국가는 사회자원의 독점과 분배를 통해 주민들에 대해 가부장적 존재를 유지한다. 그는 국가의 대리인인 관료와 주민의 관계를 부모와 자식의 관계로 비유한다. 코르나이는 "무엇이 관료제의 끈질긴 성장을 가져오는

---

18) Andrew G. Walder, *Communist Neo - Traditionalism: Work and Authority in Chinese Industry*(University of California Press, 1986), p.8; Andrew G. Walder, "The Decline of Communist Power: Elements of Theory of Institutional Change", *Theory and Society*, Vol.23, No.2, 1994, pp.297 - 323; Andrew G. Walder(ed.), *The Waning of the Communist States: Economic Origins of Political Decline in China and Hungary*(University of California Press, 1995), pp.1 - 24; 정은미, 『북한의 국가중심적 집단농업과 농민 사경제의 관계에 관한 연구』, p.28 재인용.

19) 부족과 불완전성을 내재하고 있는 계획경제는 사회 전반에 광범위한 일종의 '인맥주의(personalism)'를 생성시킨다. 개인과 가계 차원에서 비공식적인 사적 연줄망 - 가족, 친구, 친척 등 - 은 재화와 용역 공급의 주요 원천이자 이차경제의 주요한 내부적 자원이 된다. 정세진, 『'계획'에서 시장으로: 북한체제변동의 정치경제』(서울: 한울아카데미, 2000), p.61.

가?"라는 질문에 대해 만연한 부족의 존재와 인식이 관료제적 분배의 필연적 지속을 낳는다고 대답했다. 계획경제는 시장경제와 달리 수요자가 공급자에 의해 좌우되는 공급자중심의 시장(seller's market)을 형성하게 되어 공급자에 대해 수요자가 심리적으로 종속상태에 있게 함으로써 일반주민들이 좁은 의미로는 각종 재화와 용역의 분배권한을 지닌 관료들에게, 넓은 의미로는 국가에 의존하게 된다. 결과적으로 계획경제에 내재하고 있는 부족이 국가와 사회관계에서 가부장적 관료문화를 구조화하는 것이다.

북한체제의 경우에도 다른 사회주의체제와 마찬가지로 사회주의적인 가부장적 지배 혹은 제도화된 후견주의의 본질은 오랜 기간에 걸쳐 불가피하게 국가와 간부에 대한 인민(사회)의 강한 의존성을 형성시키면서 구조화되어 왔다. 그러한 의존성을 가장 단적으로 보여 주는 것이 바로 식량배급제이다. 일반적으로 사회주의국가에서 배급제는 국가와 사회관계의 가부장적이고 인격적인 성격을 극명하게 보여 주는 대표적인 제도이다. 이와 관련하여 배급제는 국가가 인민에게 제공하는 증여 형식의 선물(gift)이며 이에 인민은 다른 선물, 즉 충성, 지지, 동원의 형태로 보답하도록 강제된다는 설명도 있다.[20] 즉, 그에 의하면, 배급제라는 증여를 통해서 국가와 노동자 간에는 가장 원초적 형태의 후견과 충성이 상징적인 방식으로 소통되면서 국가(혹은 수령이라는 인격적 대상)에 대한 숭배와 복종의

---

[20] 정세진은 배급제와 마찬가지로 무상교육과 무상치료와 같은 사회적 복지와 재분배 역시 국가가 사회로부터 정치적 순응을 얻어 내는 물적 토대로서 국가의 가부장제적 지배관계를 유지하는 데 중요한 기반이라고 설명하고 있다. 정세진, 『'계획'에서 시장으로: 북한체제변동의 정치경제』, pp.26-27, pp.68-69.

메커니즘이 형성된다는 것이다. 이때 국가－사회관계는 수령제 등의 인격적·가부장적인 관계로 형성된다. 그러나 이 증여 형식의 배급제가 다양한 정치경제적 요인에 의해 교란되거나 중단될 때 새로운 질서로의 전환이 기존의 국가－사회관계 속에서 배태되는데, 최근에 북한에서 나타나고 있는 시장과 이차경제의 활성화가 그 증거라고 할 수 있다. 또 이러한 사회 현상의 증가는 가부장적 관료문화의 국가－사회관계가 교환적 국가－사회관계로 변화될 수 있음을 예고한다.

한편 본 연구의 분석기법으로는 문헌중심적 내용분석을 위주로 했다. 북한 내 공간문헌으로 '김일성선집', '김일성저작선집', '김일성저작집', '김정일선집', '근로자', '경제연구', '로동신문' 그리고 소설류 등의 원전을 주로 분석하였으며, 다음으로 지금까지 축적된 관련 국내·외 연구물 등 2차 자료를 활용했다. 또한 북한 방문기, 탈북자 수기 및 면담자료 등을 보조자료로 활용함으로써 1차 자료의 한계성을 극복하고자 노력하였다.

그러나 본 책은 북한 관료문화의 연구가 기본적으로 북한 연구영역에 속한 것이기 때문에 북한학계에서 나타나고 있는 일반적인 한계를 갖고 있다.

제2장 관료문화의 이론적 배경과 분석틀

제1절 관료문화의 개념과 형성

1. 관료문화의 개념

1) 문화의 개념

분단 이후 남북한은 민주주의와 공산주의, 자본주의와 사회주의 이념을 토대로 각각 국가를 건설했고 이에 부합하는 사회체제를 발전시켜 왔다. 결국 남북한이 추구하는 서로 다른 국가 형태와 이념, 사회체제는 남북한 간에 이질적인 문화체계를 초래했다고 볼 수 있다. 문화가 사람들이 살아가는 총체적 방법을 의미한다면[1], 비록 하나의 민족으로 오랜 기간 동안 동일한 문화를 공유했던 남북한 주민들이라고 할지라도 이질적인 국가 형태와 사회체제에서 생활하는 한 동일한 문화를 유지할 수 없었음은 자명한 일이다.[2]

---

1) Milton Singer, "The Concept of Culture", in David L. Sills(ed.), *International Encyclopedia of the Social Sciences*, Vol.3(New York: The Macmillan Co. & The Free Press, 1968), p.527.

2) 파슨스(T. Parsons)는 두뇌공학적(cybernetic) 모델에서 문화체계가 사회체계 유형을 유지

'문화'는 인간의 행위를 결정짓는 가장 중요한 개념이면서도 아직까지 문화의 정확한 개념정의에 대하여 의견의 일치를 보지 못하고 있다.

우선 인류학자나 사회 과학자들은 문화란 인류만의 전유물(專有物)로서 인간의 사유, 행동양식 또는 생활방식 중에서 유전(遺傳)에 의한 것이 아니라 학습에 의해서 소속 사회집단으로부터 습득, 전달받은 모든 것이라고 정의하고 있는데, 인류만이 문화를 소유할 수 있는 것은 학습이나 사회적 전달을 위해 언어의 상징화작용을 수단으로 하고 있기 때문이다. 이러한 관점에서 문화를 언어, 상징, 습관3) 등으로 설명하는 경우도 있고, 또한 한 사회나 조직의 구성원들이 갖고 있는 공유된 의미(shared meaning)나 상징의 체계4)로 간주하는 경우도 있다. 인류학자인 에드워드 타일러(Edward B. Tyler)도 1871년 자신의 『원시문화』에서 "광범위한 인종지학적 의미로 받아들인" 문화가 "지식, 신앙, 예술, 도덕, 법, 관습 그리고 사회 구성원으로서 인간이 획득한 모든 능력과 습관을 포함하는 복합적인 전체"라고 정의하였다. 일상생활에 대한, 그리고 비교적 노동 분업

하는 기능을 수행한다고 주장한 바 있다. 따라서 남한에서는 자본주의적 문화가 북한에서는 사회주의적 문화가 독자적으로 발전해 왔다고 할 수 있다. 파슨스 저·이종수 옮김, 『사회의 유형(Societies)』(서울: 홍성사, 1978), pp.57－58; 이우영, "남북한 문화의 차이", 경남대학교 북한대학원 엮음, 『북한 문화, 둘이면서 하나인 문화』(서울: 한울아카데미, 2006), p.447.

3) Andrew M. Pettigrew, "On Studying Organizational Cultures", *Administrative Science Quarterly*, Vol.24, No.4, 1979, pp.570－581.

4) H. S. Becker, "Culture: A Sociological View", Yale Review, Summer/1982, pp.513－527; M. S. Schall, "A Communication－Rules Approach to Organizational Culture", *Administrative Science Quarterly*, Vol.28, No.4, 1983, pp.557－581.

이 없는 사회에 대한 인류학적 관심은 광범위한 의미에서 '문화'라는 용어의 사용을 북돋웠다.[5]

또한 인류학과 사회학 두 분야에서 탁월한 업적을 쌓아 온 것으로 인정받는 기어츠(C. Geertz)에 따르면 문화란 "상징에 체현된 역사적으로 전달된 의미유형, 상징형식―그것에 의해서 사람들이 생활에 관한 지식과 태도를 전달하고 영속시키고, 발전시키는―에 표현된 세습된 개념의 체계"라고 하였다.[6]

따라서 문화란 인간의 생활양식의 전체이며 유형화된 가치체계이다. 문화는 인간집단에서 찾아볼 수 있는 특유의 관념(ideas), 규범(norms), 상징(symbols), 유형화된 행태(patterned behavior) 등으로 구성되어 있다. 인류학적 의미에서 지식, 믿음, 예술, 도덕, 법률, 관습 및 인간이 사회의 일원으로서 획득한 능력과 습관을 모두 포괄하는 복합체(複合體)라고 정의할 수 있다.[7] 이처럼 다양한 속성을 지닌 문화는 오랜 세월을 통해서 사회구성원들이 꾸준히 축적해 온 정신적 유산이라고 하겠다.

즉 문화는 개인적인 행동을 초월하는 형식성을 갖고 있기 때문에 행동(act)은 일회적이지만 문화의 형식은 반복적이고 연속적인 특성

---

5) Peter Buke 저 · 조한욱 역, 『문화사란 무엇인가』(서울: 도서출판 길, 2006), p.59. [*What is cultural history?*(Cambridge: Polity Press, 2004)].

6) 홍성민, 『문화와 아비투스』(서울: (주)나남출판, 2000), p.350.

7) Edward B. Tyler, Primitive Culture, Vol.1(Gloucester, MA: Smith, 1871), p.1, cited in *The International Encyclopedia of the Social Sciences*, Vol.3(New York: The Macmillan Co. & the Free Press, 1968), p.527; 김형열, 『정책학』(서울: 법문사, 2000), p.57 재인용.

을 갖는다. 이러한 점에서 문화는 일반적으로 정체성(identity), 적합성(relevance), 통합성(integrity)을 그 특징으로 하고 있다.[8]

한편 북한에서는 문화의 개념을 "역사발전의 행정에서 인류가 창조한 물질적 및 정신적 부의 총체"로 규정하고, "문화는 사회발전의 매 단계에서 이룩된 과학과 기술, 문학과 예술, 도덕과 풍습 등의 발전수준을 반영한다."[9]라고 하고 있다.

이와 같은 문화의 개념을 토대로 본 책에서는 문화의 개념을 특정집단의 구성원에게 공유된 가치관, 사고방식, 태도, 신념체계의 총체를 문화로 이해하기로 한다. 여기서 문화는 추상적인 존재로서 인식되지 구체적인 눈에 보이는 실체로서 인식되지 않는다.

2) 관료문화의 개념

일반문화의 하위체계로서의 정치문화와 관료문화, 특히 관료문화는 행정문화와 혼용되어 쓰이고 있다.

정치문화라는 개념을 정치이론에 도입시키는 데 선구적 역할을 한 알몬드(G. A. Almond)는 정치문화란 정치행동에 대한 일정한 정향(定向)으로서 어느 특정한 시기에 한 나라에서 유지되고 있는 정치에 대한 일련의 신념, 태도, 감정이라고 한다.[10] 즉 알몬드는

---

8) 안찬일, 『북한의 통치이념에 관한 연구: 전통사상의 수용을 중심으로』(서울: 건국대학교 대학원 박사학위논문, 1997), p.26.

9) 『조선말대사전 1』(1992), p.1185.

10) 강성윤, "정치문화와 정치사회화", 전인영 편, 『북한의 정치』(서울: 을유문화사, 1990), p.144.

정치문화를 정부의 역할수행, 운영방법 및 정부와 국민 간의 관계에 대한 가치, 신념 그리고 태도라고 정의한다.[11] 한편 로버트 패켄함 (Robert Packenham)은 정치문화란 정치체계 구성원의 정치적 신념 과 태도라고 한다. 즉 정치문화란 국민들의 정치 담당자에 대한 평 가 및 태도뿐 아니라 정치 담당자 자신에 의한 철학적이고 현실적인 평가를 의미하므로 정치 담당자와 일반국민들의 정치에 대한 신념, 철학 등의 심리적 총체와 정치적 패러다임을 의미한다 하겠다.[12]

따라서 정치문화는 비교적 습관적이고 역사적인 연속성에 의하여 형성된 전통적 성격이 농후하다. 예를 들어 북한의 경우 가부장적 수령제와 충효를 새로운 정치문화로 강조하고 있는데, 이는 김일성, 김정일 부자에 의해 하루아침에 이루어진 것이라기보다 과거 동양 적 왕조시대의 오랜 관습과 사고방식 등의 영향으로부터 전래된 문 화의 영향으로 보는 것이 타당할 것이다.

북한 사회는 정치 문화적으로 전형적인 권위주의형이며 나아가 가부장적 성격을 강하게 내포하고 있다. 그 이유는 근대적 민주주의 경험이 전혀 없었고 외부로부터의 민주적 충격도 없이 다만 왕조사 회에 이어 일제식민통치를 거친 후 고스란히 김일성 체제를 맞이했 기 때문이다.[13]

---

11) Gabriel A. Almond and Sidney Verba, The Civic Culture, Boston: Little, Brown & Co., 1966; Gabriel A. Almond and G. Bingham Powell, Jr., *The Comparative Politics: A Developmental Approach*, Boston: Little Brown & Co., 1966.

12) 유완빈·김병진·박병련, "해방후 한국 정치문화와 행정문화의 관계", 『한국의 정치문 화와 행정문화』(경기 성남: 한국정신문화연구원, 1993), p.3.

13) 안찬일, 『북한의 통치이념에 관한 연구: 전통사상의 수용을 중심으로』, 25-27.

한편 정치문화의 하위개념으로써의 행정문화는 행정행위과정에 있어서 행정인의 행동규제와 지침의 역할을 하는 관념이나 가치의 총체로서 하나의 가치체계로 정의할 수 있다. 이는 행정에 영향을 주거나 제약을 가하는 신념, 태도, 가치, 제도 및 방법의 결과체라는 왈도(Waldo)의 정의와 맥을 같이하며, 일정한 행정행위를 유발케 하는 행정체계 외의 사회적인 가치 및 사상체계의 총체라고 정의한다. 결론적으로 행정문화는 정치·행정행위에 영향을 주는 가치체계로 정의할 수 있다.[14]

즉 정치문화 그 자체는 우리의 일상생활 모든 측면에 침투하고 있으며 행정과정 또한 정치문화의 맥락 속에서 파악되어야 한다. 정치문화란 한 나라에서 운영되고 있는 정치에 대한 일련의 인지·감정·평가인 것이며, 이러한 것은 한 나라의 역사·사회·경제·정치활동의 진행과정에서 형성되는 것이다. 관료문화 역시 그 나라의 정치문화의 영향을 지대하게 받게 되는 것이다. 이러한 이유로 해서 정치문화와 관료문화와의 관계는 행정문화의 개념으로 설명될 수 있다.

행정문화의 개념은 첫째, 사회적으로 습득되고 사회 또는 국가에서 행정에 영향을 주거나 제약을 가하는 신념·태도·가치·제도 및 방법의 결합체[15], 둘째, 행정을 수행하는 사람들의 태도 또는 행동양식 등을 지배하는 가치관[16] 등이 된다.

---

14) 유완빈·김병진·박병련, "해방후 한국 정치문화와 행정문화의 관계", p.3.

15) Ivan. L. Richardson and Sidney Baldwin, *Public Administration; Government in Action*(Columbus, Ohio: Menril, 1976), p.47.

또한 행정문화는 본질 면에서 관료문화(또는 관료제문화)로 볼 수 있는바, 그것은 행정문화가 관료제의 강한 전통을 지닌 여러 나라에 있어서 관심의 대상이 되고 있기 때문이다. 뿐만 아니라 현저히 관료제화되어 가고 있는 현대국가에 있어서는 행정문화가 비인간화라든가 소외 등의 문제와 관련해서 유익성을 상실하여 마침내 사회 전체 문화의 하위문화로서의 행정문화가 사회 전체를 휩쓸어 일종의 지배적인 문화로까지 탈바꿈할 위험성을 지니고 있다는 것이다.17) 특히 북한의 당 – 국가체제에서의 관료문화는 지배적인 지위와 위험성을 더욱 강하게 지니고 있다고 볼 수 있다.

그러므로 행정문화라는 용어는 이것을 행정을 수행하는 관료를 중심개념으로 파악할 때 관료문화라는 말과 동의어로 사용되며, 관료문화란 "관료들이 그 사회의 정치문화와 행정구조에 대해 지니고 있는 특유의 관념, 상징, 유형화된 형태 및 그 생활양식의 총체"를 의미하는 것이라고 하겠다.18) 또한 관료를 관리적 역할을 차지하는 사람들로서 중앙관서와 일선관서에서 어느 정도의 지휘감독적 기능을 가진 다시 말하면 중·하급 또는 최고 관리층의 사람들이라고 규정할 때 관료문화란 이들을 둘러싸고 있는 역사적 전통적 환경이 생성시킨 관료들의 행태의 일반화된 유형들이라고 할 수 있다.

---

16) 조석준, 『한국행정학』(서울: 법문사, 1980), p.130.

17) Dwight Waldo, "Public Administration and Culture", Roscoe C. Martin, ed., Public Administration and Democracy: Essays in Honor of Paul H. Appleby(Syracuse, N.Y.: Syracuse University Press, 1965), p.60; 신두범·오무근, 『행정학원론』(서울: 박영사, 2006), pp.706 – 707에서 재인용.

18) 신두범·오무근, 『행정학원론』, p.707.

따라서 본 책은 정치문화, 행정문화 그리고 관료문화와의 상관관계를 규명하는 연구가 아니므로 북한 사회주의의 당-국가체제의 특성을 고려하여 행정문화·관료문화의 혼용개념을 관료문화로 일치시켜 사용하기로 한다.

2. 관료문화의 형성 요인

1) 정치 문화적 요인

유교의 중심사상은 인간관계를 중심으로 전개되었다.

그러나 유교의 도덕은 궁극적으로 통치자를 위한 윤리요 피지배자가 지배자에게 굴복하는 것을 요구하는 정치도덕이요 권력자, 통치자, 상위자가 그 지위를 확보하고 이를 옹호하기 위한 정책적인 정치윤리라 할 수 있다.[19] 일반적으로 한국인에게 내재된 권위주의적 성격은 한마디로 지나치게 상하의 위계질서만을 강조하여 온 유교문화의 소산이라고 할 수 있다. 모든 인간관계는 평등의 수평적 관계보다는 불평등과 차등의 수직적 관계로만 엮여져 왔다. 이러한 지배와 복종만을 내세우는 문화는 자연히 인간의 마음가짐(person's frame of mind)을 권위주의적 성격으로 나가게 한다.[20]

이는 보편적주의인 윤리가 아니라 대인관계에 따라 달라지는 윤리이다. 이리하여 가족, 혈연, 향토 등의 지연관계를 중요시하고 여

---

19) 윤태림, 『한국인의 성격』(서울: 현대교육총서출판사, 1977), pp.147 - 157.
20) 백완기, 『한국의 행정문화』, p.55.

기서는 인정, 의리, 감정이 앞서고 합리적이고 사무적인 태도가 후면으로 후퇴하고 만다.

이와 같이 유교문화는 상하위계질서와 과거지향의 보수성을 강조함으로써 엄격한 사회계층제를 이룩하고 집권화된 권위주의사회를 정당화시키는 데 공헌하였던 것이다. 또한 유교철학은 대직업관에 있어서도 사농공상의 서열의식이 뚜렷하여 관직지상의 가치관 속에 관존민비사상을 조장하였다. 관료가 국민을 위하여 있는 것이 아니라, 국민이 관료를 위하여 존재한다는 의식이 강렬하였다.[21]

공산주의를 지향하는 국가들은 국가건설 초기에는 대부분 기존의 전통적인 가치나 문화를 강력하게 배격하였다. 그러나 이러한 반전통적인 경향은 적지 않은 부작용을 겪었으며 따라서 점차 전통적인 요소들을 재수용 하게 되었다. 우리는 이를 통해 가치관은 항상 불변하는 것이 아니라 사회와 시대에 따라 변화하기 마련이며 또 그 사회가 요구하는 필요한 가치관도 달라질 수밖에 없다는 사실을 발견할 수 있다.

전통적인 가치와 문화의 요소들이 공산주의 국가에서 다시 부각된 것은 다음과 같은 세 가지 이유 때문이라고 볼 수 있다.[22]

첫째, 초기 사회주의체제 수립의 지도자들이 무조건 마르크스 - 레닌주의를 수용하고 과거와는 단절하는 반전통적인 문제의식에서 출발하였다고 하나, 자신들이 성장한 역사적 · 문화적 토양과의 완

---

21) 전수일, 『관료부패에 관한 연구: 한국관료와 시민의 행태분석을 중심으로』(서울: 고려대학교 대학원 박사학위논문, 1982), p.52.

22) 안찬일, 『북한의 통치이념에 관한 연구: 전통사상의 수용을 중심으로』, pp.102 - 103.

전한 결별은 근본적으로 불가능하였다.

둘째, 강제적인 방법에 의한 전통의 단절이 표면적으로는 효과를 거둔 것 같지만 인민생활 저변에는 전통적 요소들이 그대로 잠재하여 계승됨으로써 인민들의 불만요소로 내포되어 안정적인 체제구축에 저해요소로 작용하였다는 점이다. 특히 북한과 같은 경우 김일성 가계와 같이 특권층들은 죽어서도 숭배되는 반면 일반 주민들은 기본적인 제례도 지내지 못하게 통제함으로써 강한 불만의 요소로 작용하여 왔다.

셋째, 경제적으로 실패한 사회주의국가체제를 유지하고 지도자들의 개인적 지배를 정당화하기 위해 전통사상을 재활용하는 경우가 있는 바, 북한과 같이 부자 권력세습을 단행하는 등 봉건주의적 통치를 실시할 경우 전통사상의 수용은 당연한 것으로 된다.

북한에서 "유교는 봉건군주는 '하늘'의 아들이고 봉건제도는 '천리'의 구현이라고도 설교하면서 봉건군주제도를 합리화하고 근로대중에게 봉건군주에 대하여 절대 복종할 것을 강요한다. 뿐만 아니라 유교는 천명에 의하여 규정된 각자가 차지한 위치를 철저히 지켜야 한다는 '명분' 사상을 강조하면서 가부장적 봉건질서에 사람들을 얽매어둠으로써 피착취인민대중으로 하여금 노예적 처지에 만족하고 반항하지 말 것을 강요한다. 봉건유교사상은 봉건시기 우리나라에도 침습하여 다른 종교들과 함께 봉건지배계급의 사상적 지배도구로 이용되면서 근로대중의 투쟁의식과 민족자주의식을 마비시키는 반동적 역할을 하였고 특히 지난날 우리나라의 민족문화발전에 막대한 해독을 끼쳤다. 유교는 해방 이후 우리나라에서 그 계급적 지반을 이루고 있던 지주, 예속자본가 등 반동계급들이 청산되는 것과 함께 그 사회계급적 지반은 없어졌으나 그 잔재는 사람들의 머릿속에 남아 있다. 그러므로 봉건유교사상은 현 시기 사상혁명에 있어서 부르주아사상과 함께 주요 투쟁대상의 하나로 된다."[23]라고 설명하고 있다.

북한은 역사적, 정치적, 이데올로기적 범주에서 많은 특이점을 가지고 있다. 유교적 정치문화에 사회주의 정치문화가 활착하는 데는 상대적으로 저항이 작았다는 점이다. 중앙집권적 권위주의 체제는 상대적으로 낮은 조직수준을 발판으로 정치권력의 개인 숭배화나 우상화로 어렵지 않게 전이되었다. 혁명을 거치지 않은 채 소련의 점령에 의하여 정권을 수립한 북한은 왕조시대에 보였던 강력한 중앙집권제, 권위주의적 정치방식, 관료제의 경직성, 관존민비 관념 등이 어느 정도까지는 잔존해 있다. 그리하여 국가는 정치영역에서의 통제뿐만 아니라, 주민들의 일상생활의 영역에 대한 간섭에 있어서도 그 전통성은 여지없이 드러내 보인다.[24]

따라서 북한의 관료문화 형성에 전통적 정치문화는 결정적인 영향을 미치고 있는 것이다.

조선조 전통사회의 사회 작동 원리인 삼강오륜의 예규에 따른 가부장적 전통, 주자학적 왕도정치사상, 전통적 중앙집권 통치경향 및 관료제 전통, 신분제에 따른 사회구조와 계급의식, 그리고 일제의 무단적 식민통치, 관존민비적 사고방식 등이 관료문화를 형성해 온

23) 『정치용어사전』(사회과학출판사, 1970), pp.702 - 703.
24) 김창희, 『북한정치사회의 이해』(서울: 법문사, 2002), p.430.

대표적인 역사적 근원이라 할 수 있다. 특히 북한의 경우, 공산화 과정에서 전통적인 봉건성을 씻어 내는 과도기로서의 혁명적 근대 시민사회 단계를 거치지 못하고 바로 북한 공산주의 사회로 이어졌다. 따라서 조선시대의 정치사회 구조가 일제 식민통치를 거치면서도 크게 바뀌지 않은 상황에서, 1945년 해방 이후 북한 지도층이 물려받은 북한 사회는 시민혁명을 거치지 않음으로써 중앙집권적인 권위주의 통치방식, 관료제의 경직성, 관존민비의 관념 등이 어느 정도까지는 그대로 잔존해 있었다. 특히 김일성이 이런 역사적·환경적 배경을 통치차원에서 적극 활용하여 사회주의 혁명수행과정에서 전통과의 무조건 단절을 추구한 것이 아니라 전통의 영향력을 긍정적으로 활용한 통치전략도 전통 정치 문화적 관료문화를 형성하는 데 크게 기여했다고 할 수 있다.[25]

2) 관료제적 요인

북한 사회에는 전통 사회적 요소가 기층문화로 살아 움직이고 있으며 이러한 현상은 북한의 관료제에 중요한 요인으로 작용하고 있다. 조선시대 500년 동안 지배이념이었던 유교주의적 요소도 잔존해 있으며, 수백 년의 전제군주체제와 일제의 식민지 역사적 경험은 북한 주민들이 권력에 대해 맹목적인 복종과 피동주의적 경향을 갖게 한 것으로 보인다. 이러한 전통 사회적 특징들도 근대관료제적 기반 위에 형성된 당−국가 관료제 이론으로는 설명하기 어려운 한

25) 김영수, 『북한의 정치문화: 「주체문화」와 전통정치문화』, pp.86−87 참고.

계가 있다.[26)]

　당 - 국가 관료제(Party - State Bureaucracy)는 유일당을 근간으로 성립한 당 - 국가체제(the Party - State System)에서의 관료제를 의미하며, 공산국가 관료제의 일반적 형태이다.

　당 - 국가체제는 '당 지배 국가체제'를 말하며, 일원적 일당독재체제에서 당이 국가보다 우위에 있는 체제이다.[27)] 당은 지배하고 (rules), 국가는 통치하는(governs) 존재이다.[28)] 당 - 국가체제의 특징은 ① 모든 사회활동을 조정하는 하나의 결정체제(a decisional System), ② 중앙집권화된 체제(a centralized System), ③ 하나의 독재체제(an autocratic System), ④ 획일성을 조장하는 하나의 표준화체제(a highly standardized System), ⑤ 모든 형태의 반대를 통제하는 하나의 조종체제(a manipulable System)이다.[29)]

　원래 당 - 국가체제는 나치당에서 비롯되었으며 다음과 같은 정책이 추구되었다. ① 당과 국가의 고위직의 동일 인물의 겸직, ② 이전에 국가에 속했던 많은 기능을 당이 관장, ③ 당 기구를 국가 행

---

26) 이강래, 『북한관료제의 성격과 변화과정에 관한 연구: Max Weber의 관료제 이론을 중심으로』, pp.53 - 54.

27) 이상민, 『소련 관료정치론』(서울: 법문사, 1986), pp.62 - 63.

28) Marxists는 지배(ruling)와 통치(governing)의 개념을 구별하여 사용한다. 통치란 행정 내지 정책결정의 일상적 과업진행에 관련되는 것으로서 정치과정의 원활한 운행을 돕는다. 그런데 지배란 정치과정에 제약을 가하고 정치과정의 운행방식을, 그리고 누구의 이익을 위할 것인가를 결정하는 결정적 권력의 장악을 뜻한다. Eva Etzioni - Halevy, *Bureaucracy and Democracy(London*: Routledge & Kegan Paul, 1983), p.74.

29) Maria Hirszowicz, *The Bureaucratic Leviathan A Study in the Sociology of Communism*(N.Y.: New York University Press, 1980), pp.34 - 35.

정기구와 똑같이 병행 편제, ④ 당과 국가기능의 많은 부분이 중첩 또는 교차, ⑤ 국가의 고위직은 당원으로 충원, ⑥ 당이 싫어하는 인사의 국가관직에서 제거, ⑦ 국가장치의 고위직에 있는 개인들을 당에 가입. 이러한 나치 정책은 당 – 국가체제의 전형을 이룬 것이었으나 실효를 거두지 못했다. 그 이유는 경제기관, 군대 및 전문화된 국가기구들이 상당한 정도의 독자성을 유지하고 있어서 당과 국가의 융합의 정도가 낮았기 때문이다.[30] 그런데 소련의 경우는 1917년 볼셰비키 혁명으로 말미암아 당이 거의 아무것도 없는 공백상태에서 모든 국가기구의 설립을 도맡고 있었기 때문에 처음부터 당과 국가의 융합이 잘 이루어질 수 있었으므로 소련에서는 성공적으로 정착되었다.[31]

마르크스는 관료제를 자본가 계급의 도구로 보며 프롤레타리아혁명, 무계급사회의 도래에 의해서 국가와 관료제는 쇠잔해 버릴 것으로 보고 있다. 그에 의하면 착취가 없고 사회적 분열이 없는 공산주의 사회에서는 관료제는 불필요하게 되며, 이 쇠잔은 관료제의 전체 사회로의 흡수로 이해되어야 한다는 것이다. 따라서 사회의 여타 부분에 대해 적대적 관계에 있는 억압적 구조 대신에 공산주의 국가에서는 관료제의 그러한 기능들이 기생적이 아니고 사회 전체 구성원들에 의하여 수행될 것이며 행정업무들이 착취적 성격을 잃고, 관료제의 경우와 같은 인간에 대한 행정이 아닌 사물에 대한 행정으로 구성될 것으로 보았다.[32]

---

30) ibid, p.20.
31) ibid, pp.20 – 21.

인류 최초로 프롤레타리아독재라는 현실적 경험에 직면한 레닌은 완성된 체계나 대안을 가지고 있지 않았다. 그럼에도 불구하고 프롤레타리아독재에 대한 세 가지 테제를 고수하였다. ① 자본가계급에 대해 다수 노동자들의 배타적인 독재를 수행하는 국가권력의 성격에 관한 테제이다. ② 이를 지키고 강화하기 위한 상비군・경찰, 사법장치, 행정체계 등 국가기관의 필요성에 관한 테제이다. ③ 생산력과 사회생활 전체의 발전을 이루어 공산주의 사회로 가야 하는 과도기로서의 사회주의국가의 목적에 관한 테제이다.33)

국가는 '레닌'에게 있어서 계급투쟁의 산물이며 한 계급이 타 계급에 대한 지배의 수단이다. 그는 자본주의에서 공산주의에로 넘어가는 과도기로서 '프롤레타리아'독재의 기간을 설정하고 있다. 이는 '레닌'주의의 본질 또는 기본으로 간주되고 있다. 자본주의에서 공산주의에로 넘어가는 과도기 동안에는 억압이 아직 필요하다. 다만 이전과 달리 억압받았던 다수가 소수자들을 억압하는 것이라고 한다. 억압의 장치로서 국가는 필요하다. 그러나 소수에 의한 다수의 억압이야말로 훨씬 가볍고 단순하며 자연적인 것이어서 많은 유혈을 치르지 않을 것이기 때문에 국가는 과도적인 제도에 불과하다. 따라서 '프롤레타리아트'가 권력을 발휘하면 국가는 점차 소멸된

---

32) Nicos P. Mouzelis, *Organization and Bureaucracy*(Chicago: Aldine Publishing Co., 1975), pp.8 - 11; 김홍기, 『관료제론』(서울: 백산출판사, 1988), pp.210 - 212; 김공열, 『북한의 공공관료제에 관한 연구: 관료제의 실태와 관료의 행태를 중심으로』(동국대학교 대학원 박사학위논문, 1989), pp.15 - 16.

33) E. 발리바르・최인락 옮김, 『민주주의와 독재』(서울: 연구사, 1992), pp.41 - 47; 박영자, "북한의 중앙국가기관: 체계와 운영", 세종연구소 북한연구센터 엮음, 『북한의 당・국가기구・군대』(서울: 한울아카데미, 2007), p.390.

다.34) 한편 그는 공산주의 사회를 두 단계로 구분한다. 처음 단계에서는 일반적 노동의무에 있어서 각자의 노동에 따른 보수를 받게 될 것이다. 두 번째 단계인 완전한 공산주의 단계에 이르면 무진장한 재화가 있어서 사회는 각자에게 자기의 능력에 따른 노동을 요구하고 각자에게 필요에 따라 분배하게 될 것이다.

고전적인 '마르크스'주의에서는 '프롤레타리아'독재는 '과도기'라는 일정한 기간에서만 필요한 통치형태로 간주하고 있다. 이와 달리 김일성은 과도기와 '프롤레타리아'독재를 분리시켜 비록 과도기가 끝나 공산주의 단계에 이르더라도 '프롤레타리아'독재는 끝나지 않으며 그것은 세계에서 제국주의와 자본주의가 존재하지 않을 때 사라진다고 한다.35) 이같이 김일성이 과도기의 '프롤레타리아'독재 문제와 관련하여 고전적 '마르크스'주의와는 다른 입장을 취하는 그 이유는 '마르크스'는 '프롤레타리아'혁명을 발전된 자본주의로부터 사회주의로 넘어가는 것으로 전제하였기 때문에 과도기를 짧은 기간으로 볼 수밖에 없었고, '마르크스'는 동시혁명을 주장함으로써 계속 혁명을 예상하지 못하였고, 마찬가지로 '레닌'도 과도기와 '프롤레타리아'독재 문제를 분리시킬 수 없다는 것에 기본적으로 '마르크스'의 입장을 계승하였기 때문이다.36)

북한은 1972년 사회주의헌법에서 스스로를 사회주의국가라고 규

---

34) 강재륜 역, 『변증법적 유물론』(서울: 태양사, 1985), p.131.

35) 김남식, "북한 프롤레타리아독재체제의 변화전망", 『정책연구』(1987. 3), p.31.

36) 국토통일원 통일연수원, 『민주통일론』(서울: 국토통일원 통일연수원, 1987); 배종철, 『북한행정체제의 정책결정에 관한 연구』, pp.34 – 35.

정하고, 그 특징으로 생산수단의 국유화, 집단주의 체제 형성, 노동에 따른 분배, 프롤레타리아독재 실시를 들었다. 그러나 1992년 사회주의헌법 개정에서 프롤레타리아독재를 삭제하고 인민민주주의독재의 강화를 규정하였다. 이것은 일면 북한의 독자성을 강조하고 북한 사회의 발전을 드러내려는 의도로 보인다.37) 그리고 1998년 개정헌법에서는 "위대한 수령 김일성 동지의 주체적인 국가건설사상과 국가건설업적을 법화한 김일성 헌법"이라고 서문에서 그 의의를 명시하고 있다. 김일성 사망 이후 그를 '영원한 주석'으로 개념화하여 주석제를 폐지하고, 김정일은 당은 파행적으로 운영하면서 국가기관인 국방위원회와 당내 조직지도부를 중심으로 절대권력을 행사하고 있다.

북한의 권력구조는 형식상 3권 분리체제인 최고인민회의, 내각, 중앙재판소·중앙검찰소로 분리되어 있다. 그러나 당 우위 원칙에 따라 삼권위에 실권을 행사하는 조선로동당이 있고 또 그 위에 당을 지도하는 김일성과 김정일이 있다. 김일성 사망 이후에는 '선군정치'노선에 따라 김정일이 위원장을 맡고 있는 국방위원회, 특히 군내 당 라인을 중심으로 운영되고 있다. 절대권력자를 정점으로 하는 위계적인 운영구조가 지속되는 것이다. 결국 다수자에 의한 실질적인 민주주의를 실현하겠다는 '프롤레타리아독재' 국가론은 북한에서 절대권력론에 종속되었다.38) 그 결과 북한의 관료문화는 김일성

---

37) 김승조, "북한의 '92년 헌법과 사회주의국가의 헌법이론에 관한 비교 분석적 연구", 『'93 북한·통일연구 논문집(Ⅵ): 북한의 행정 및 법제분야』(서울: 통일부, 1993), pp.20－21.

- 김정일 부자권력세습에 의한 1인 지도자의 절대권력체제하에 작동되고 있는 관료제적 요인에 터를 잡게 되었다.

3) 통치이데올로기적 요인

이데올로기는 "하나의 집단이나 조직의 특성을 반영하는 밀접한 관계의 믿음 또는 생각 또는 태도의 총체적 집합"으로 정의되어 왔다.39)

이데올로기가 역사적인 흐름 속에서 정치적 의미를 띨 수 있었던 것은 그것이 인간의 의식 속에만 존재하는 것이 아니라 실제적인 현실세계의 행동원리로서 제공되어 왔기 때문이다. 이데올로기를 구조적 측면에서 보면 단편적 사고가 무질서하게 얽혀 있는 것인지 아니면 독창적인 정교한 이론체계를 갖춘 것인지를 분석하게 되며, 기능적 측면에서는 하나의 집합체로서 인민대중에게 어떠한 기능과 역할을 하는지를 다루게 된다. 즉 그 기능이 지도자의 권위와 권력 행사를 합리화하는 데 공헌하느냐 아니면 기본질서에 대한 혁명적 변화를 정당화하느냐라는 문제를 다루게 되는데, 전자를 공식이데올로기 또는 통치이데올로기라고 부르고 후자를 혁명이데올로기라고 부른다.40)

이데올로기의 개념을 맨 처음 사회학적 관점에서 정립한 마르크

---

38) 박영자, "북한의 중앙국가기관: 체계와 운영", pp.393 – 394.
39) 조용상, 『정치학의 이해』(경기 파주: 법문사, 2008), p.163.
40) 정치교육연구회 편, 『공산주의체제와 이데올로기 비판』(서울: 문우사, 1983), p.75.

스는 두 가지 명제를 발전시켰는데, 첫째는 사회적 존재가 사회적 의식을 결정한다는 명제이다.[41] 인간이 어떠한 물적·사회적·정치적 조건에 있느냐에 따라서 결정되는 사회의식을 갖게 된다는 것이다. 둘째는 모든 시대에 있어서 지배계급의 통치이념이 지배이데올로기로 된다는 명제이다. 지배계급이 모든 권력과 통치의 수단을 갖고 있기 때문에 통치이념을 지배적 이념으로 설득하거나 강요할 수 있다는 것이다.

전자의 명제는 피지배계급도 피지배계급으로서의 사회적 조건에서 체험한 사회의식과 가치를 갖고 있어 지배계급의 그것과 다를 수밖에 없다는 것을 시사한다. 그러나 후자의 명제는 지배이념은 지배자의 무기이므로 피지배계급의 이익에 관련되는 사실을 은폐하고 왜곡하는 기능을 한다는 것이다. 따라서 이데올로기는 겉으로는 보편적 가치나 목적을 추구하지만 실제로는 통치자의 권력에 이바지하는 기능이 더 많다. 그러므로 마르크스는 이데올로기를 부정적 의미가 내포된 '허위의식(false consciousness)'으로 보았다.[42]

마르크스-레닌주의에 근거하고 있는 사회주의체제에서는 정치와 문화, 이데올로기, 예술 등과 같은 상부구조와 하부구조를 포함하는 모든 요소가 다차원적으로 결합된 유기적인 관계를 형성한다. 따라서 사회주의체제는 급격한 사회변동과 함께 새로운 문화 창출을 위

---

41) Marx and Engels, *The German Ideology*(New York: International Pubishers, 1978), pp.47 - 64.

42) 서재진, 『주체사상의 이반: 지배이데올로기에서 저항이데올로기로』(서울: 박영사, 2006), pp.16 - 17.

해 이데올로기가 공식적인 문화의 창출기능을 대행하면서 대중문화의 형성을 주도해 나가기 때문에 이데올로기적 문화가 지배하는 사회라고 할 수 있다.

사회주의체제는 중앙집권적인 엘리트조직체인 공산당 또는 노동당의 위계제도를 통해 새로운 이상사회를 창조한다는 명분을 지닌 정치지도자의 독단적인 결정에 따라 변화의 가능성이 마련된다. 따라서 정치체제를 정치제도나 정치리더 집단의 지도능력과 환경적 영향력 간의 교호작용으로 파악한다면 정치체제도 인간경험의 산물이므로 그 체제를 형성해 왔던 환경에 변화가 생길 경우 함께 변할 수밖에 없다. 정치체제가 사회체제의 종속변수로 작용하면서도 사회체제의 변화를 일으키는 강력한 동인으로서 역할을 하고 있어 독립변수로도 작용한다고 볼 수 있으며, 이데올로기도 환경에 영향을 받지만 그러한 환경변화가 정치지도자들에게 새롭거나 위기상황으로 받아들여질 때는 변화의 가능성이 주어진다. 또한 정치권력을 장악하고 있는 당과 국가의 지도자들에게 부여된 임무 가운데 물질적 토대 구축을 위한 경제발전은 가장 중요한 과제로 간주되었는데, 이는 체제위기가 조성될 수 있는 결정적인 동인으로 작용할 수 있기 때문이다.[43)]

대부분의 사회주의국가들은 이데올로기적 제약으로 인해 발전된 자본주의 진영과의 경제교류와 협력이 차단되어 있어 내부적인 자체 자원을 중심으로 후진적인 경제를 끌어올리기 위한 자급자족적

---

43) 고명주, 『김정일시대 통치이데올로기에 관한 연구: 통치담론 변화와 작동기제를 중심으로』(동국대학교 대학원 박사학위논문, 2006), pp.12 – 13, p.16.

이고 자력갱생적인 경제정책의 채택이 불가피했다. 특히 일정한 과도기를 거친 사회주의체제의 정치·경제적 구조는 당과 국가기관에 의한 사회 및 협동적인 소유와 관리에 기초하고 있어 위로부터의 대중동원 방식에 의거한 중앙집권적인 계획경제 발전모델로서 동원체제를 강력히 구축해 왔다. 이러한 동원단계에서는 사회주의체제가 생산수단의 공유에 의한 경제제도를 바탕으로 진행되기 때문에 물질적 동기와 유인에 의한 대중들의 자발적인 참여보다는 이데올로기를 통한 정신적인 자극에 의존할 수밖에 없으므로 사회주의체제의 초기단계에서는 주로 대중동원을 위해 이데올로기의 역할이 증대된다.[44]

그러나 사회·경제적인 발전은 전문직업인의 증가, 이익집단의 출현과 그들 상호 간의 갈등, 경제규모의 확대에 따른 관료주의의 확산, 물질적 수준의 향상에 따른 수요와 소비문화 증대 등의 사회적 결과를 낳는다.[45] 이에 따라 위로부터의 혁명을 통해 전 사회적 동원에 진입한 초기 사회주의정권은 점차 대중들의 요구를 충족시키기 위해 밑으로부터의 혁명단계에 진입하게 되며 권력구조는 전문가들이 정책결정에 참여하게 되는 정치적 엘리트의 관료제화 현상이 나타나게 된다. 따라서 사회·경제적인 발전에 따라 당이 주도하는 이념적인 목표를 실현하기 위한 동원체제는 부적합한 여러 가지 문제가 파생되면서 체제변화 요인으로 작용하게 되는 것이다.

---

44) 신병식, "한국전쟁과 북한사회주의체제 이행과정", 고병철·심지연 외, 『한국전쟁과 북한사회주의체제건설』(서울: 경남대학교 극동문제연구소, 1992), pp.107 - 115.

45) 백병훈, 『중국식 사회주의론』(서울: 동방도서, 1991), p.134.

사회주의체제의 통치이데올로기로 기능했던 마르크스 – 레닌주의
가 권력 차원의 이데올로기적 수사학으로서의 역할에 충실함으로써,
물적 토대가 취약했던 사회주의국가들은 현실적인 담론이 필요했다.
따라서 사회주의혁명과 경제건설 과정에서 나타나는 어려운 환경을
인민들에 대한 위기상황 환기를 통해 극복했으며 내 · 외부적 위기
상황을 민족주의 담론과 교묘히 결합된 동원감성을 통해 인민들을
심리적으로 자극하거나 상징조작을 통해 대중들을 동원하는 수법을
사용하였다. 건설과정의 고난 극복은 왜곡된 민족주의와 탈색된 사
회주의의 테제를 군중의 도덕성으로 치환하는 작업을 통해 가능했
으며 여기에 전통적인 사회문화와 사회주의 제도적 관계가 결합되
었다. 그 결과 근대적인 국가, 당, 군사기구 등을 움직이는 원칙은
전근대적인 연줄관계를 의미했고 무계획적인 관료화를 의미[46]하게
되었다.[47] 이는 곧 북한의 관료문화가 마르크스 – 레닌주의의 변형
된 주체사상의 통치이데올로기적 요인과도 직결된 것이다.

46) Serge Moscovici · 이상률 역, 『군중의 시대』(서울: 문예출판사, 1996), p.109. [*L'âge*
des foules: Un traite historique de psychologie des masses(Fayard,
1981)].
47) 고명주, 『김정일시대 통치이데올로기에 관한 연구: 통치담론 변화와 작동기제를 중심
으로』, pp.17 – 19.

제2절 사회주의체제의 관료문화

관료문화, 즉 총체적 의미에서 관료들의 사고방식, 가치정향(value oriented) 및 행동양식에 대한 그동안의 지배적인 견해는 다분히 부정적인 것이었다. 권위주의적이고, 형식주의적이며, 운명주의적이며, 이성적이기보다는 온정적이고, 향리적 파벌주의 성향이 강하다는 등 베버(Max Weber)가 상정하고 있는 서구식의 합리적 관료문화와는 거리가 멀다는 것이 전통적인 관점이었다. 그리고 이런 부정적 관료문화가 자리 잡게 된 것은 남북한 사회가 유교적 전통에 입각해 있기 때문이라고 하면서 유교적 전통 자체도 근대적 관료제 형성에 바람직한 쪽보다는 바람직하지 못한 쪽으로 영향을 준 것으로 평가하는 것이 그동안의 일반적 경향이었다.[48]

마르크스는 1848년 「공산당선언」에서 근대국가의 집행부(관료기구)는 모든 부르주아의 공동사무를 관리하는 위원회에 불과하다고 말하면서 자본주의 국가에 대해 비판을 가하는 동시에, 계급적 착취와 사회적 갈등이 없는 공산주의 사회에서는 국가와 관료기구는 실제로 불필요하다고 주장하였다. 그에 의하면, 특정 계급의 착취가 사라진 시점에서 관료기구는 단순한 행정기구, 즉 인간에 대한 행정이 아닌 사물에 대한 행정기구의 성격을 띠게 되며 행정직위에 대한 독점도 더 이상 없을 것이라고 한다.[49]

---

48) 황성돈, "유교문화와 한국관료문화", 『평보 안해균 교수 정년기념논문집: 한국관료제와 정책과정』(서울: 다산출판사, 1994), p.27.

49) 김성철, 『북한 관료부패 연구』, p.6.

레닌은 마르크스의 기본적인 입장을 따르면서 사회주의체제에서 프롤레타리아의 새로운 지배기구인 소비에트의 창설을 통해 구시대의 국가 및 관료기구를 몰락시켜야 한다고 주장했다. 소비에트는 진정한 민주주의의 가치 즉 자유와 평등을 확보하기 위한 체제이며 노동자계급이 행정에 참여하는 아무런 조건 없는 관료기구라고 강조하였다.

그러나 현실적 혁명가였던 레닌은 러시아혁명 후에 소비에트가 실제 운용에 있어서 그다지 성공적이지 못함을 인정하였다. 레닌은 처음에는 계급의식이 소비에트에 참여하는 사람들의 중요한 요건이라고 여겼으나 점차 경험이라는 것이 또 하나의 중요한 조건이라는 것을 깨닫고 부르주아 전문가들의 도움을 받아야 했다. 그가 보기에 대부분의 직업적 혁명가들은 행정가로서의 기술과 능력을 갖추지 못하면서 소위 오브로모비즘(Oblomovism)에 빠져 사회의 변혁에 행동으로 참여하는 대신에 이상적인 담론에 심취해 있었다.[50] 이렇게 소비에트 관료기구는 새로운 체제의 건설을 위해 직업적 혁명가 외에 구관료 또는 구체제의 인물들까지 포함하면서 팽창하였고, 이같은 현상은 타 사회주의체제 건설과정에 있어서도 일반적으로 나타나게 되었다.[51]

체제의 건설과정에서 중추적인 역할을 했던 관료기구가 차후 체제를 통합하고 사회질서를 유지시키는 기능을 수행하게 됨으로써 사회주의체제는 리그비(T. H. Rigby)의 지적처럼 단일 조직체적

---

50) Alfred G. Meyer, *Leninism*(New York: Praeger, 1963), pp.211 - 216.
51) 김성철, 『북한 관료부패 연구』, pp.7 - 8.

(mono - organizational) 성격[52]을 지니게 되었다. 당 및 행정 관료기구는 최고엘리트의 정책과 노선을 전달하고 집행하는 사회전반의 유일한 신경조직이 되었으며 다른 대안을 제시하거나 비판적일 수 있는 어떤 정치조직도 사실상 존재하지 않게 되었다. 거의 모든 생산수단이 국가 또는 협동 소유로 전환되고 생산관계가 근본적으로 변혁된 상황에서 관료기구는 사회의 모든 공적인 관계를 포괄하는 역할을 수행하게 되었다. 경제체제의 개혁을 시도했던 고르바초프 시대의 소련이나 등소평시대의 중국에서도 대부분의 사회활동이 거대관료기구의 관리와 통제하에 있어 왔다고 말할 수 있다. 즉, 높은 비율의 인구가 국가의 정책을 집행하는 관료이기 때문에, 관료들의 활동공간은 상대적으로 광범위하며 일반적인 사회활동이 이들의 영역에 대부분 속하였다.[53]

북한을 포함한 공산주의체제가 공식적으로 관료주의를 배격하는데도 불구하고 관료주의화 현상이 두드러지게 나타나는 것이 사실이다. 마이어(Alfred Meyer)는 소련을 "중앙이 지도 통제하는 공동목표로 단일화된 하나의 거대한 관료체제"[54]라고 본 것도 같은 맥락에서 이해할 수 있다.

---

52) T. H. Rigby, "Introdution: Political Legitimacy, Weber and Communist Mono - organizational Systems", in T. H. Rigby and Ferenc Feher, eds., *Political Legitimation in Communist States*(New York: St. Martin's Press, 1982).

53) 김성철, 『북한 관료부패 연구』, pp.8 - 9.

54) Alfred Meyer, *The Soviet Political System: An Interpretation*(New York: Random House, 1965), p.468; 양성철, 『북한정치연구』(서울: 박영사, 1995), pp.65 - 66 재인용.

리그비(Rigby)는 공산주의체제를 하나의 집단(당과 지도자)이 통제하고 다른 모든 체제 내의 집단들은 지배집단의 계획을 완수하고 또 복종하는 통제사회(Command Society)[55]라는 것이다. 리그비(Rigby)의 통제사회가 가장 극치에 이른 곳이 오늘의 북한이 아닌가 싶다. 그러나 관료정치이론도 북한정치를 이해하는 데 있어서 하나의 독립이론이나 개념으로서보다는 공산전체주의라는 이론적 틀 내에서의 하위개념 이론으로서 통제사회에서 필연적으로 나타날 수밖에 없는 방대한 관료기구, 통제기구 그리고 거대한 관료체제가 낳게 되는 폐습·부패 등을 설명할 수 있겠다.[56]

"독재는 관료주의를 낳고 관료주의는 착취와 억압, 불평등을 낳는다. 관료주의가 성행하는 사회에서 사회적 정의의 원칙인 일한 것만큼 분배받는다는, 이른바 사회주의 분배원칙이 관철될 수 없다는 것은 명백하다. 사회주의 제도가 좋다고 밤낮 선전하는데 왜 경제는 발전하지 않고 인민생활은 향상되지 못하며 심지어는 헐벗고 굶주리게까지 되는가. 관료주의와 부정부패가 혹심한 사회주의 독재 국가에서 개인의 자유와 평등, 민주주의와 인권에 대하여 말할 수 없다."[57]

이렇게 관료의 행동공간이 팽창됨에 따라 베버(Max Weber)가 의

---

55) T. H. Rigby, "Traditional, Market, and Organization Societies and the U.S.S.R", *World Politics* 16: 4(July 1964), pp.539 - 557.

56) 양성철, 『북한정치연구』, p.66.

57) 황장엽, "계급투쟁과 무산계급 독재이론은 파산했다.", 『황장엽 비밀파일』 월간조선 1997년 4월호 별책부록(서울: 조선일보사, 1997), p.135.

도했던 합리성의 실현이라는 것과는 거리가 먼 결과가 초래되었다. 즉, 사회주의체제에서는 관료기구의 규모가 방대한 만큼 그 자체에서 비롯되는 병리현상도 광범위하게 발생하였으며, 또한 그것이 사회에 미치는 파급효과도 대단히 컸다. 그러나 관료문화의 병리현상이 관료부패의 원인을 제공하는 것은 사실이지만 관료부패와 동일시될 수는 없다는 점에 우리는 주목해야 한다. 즉, 관료부패는 관료기구의 단순한 잠재적 역기능이 아니라, 조직의 생존 또는 궁극적으로 개인의 생존을 목적으로 하는 참여자의 동기(motivation)와 정치, 경제, 사회, 문화적 구조(structure)의 조합에 의해 발생하는 관료일탈행위인 것이다.[58)

1. 사회주의체제의 당 – 국가 관료제

관료체제의 가장 근본적 원리인 소유권적 분리는 사회주의에서 제도적으로 도입되고 철칙이 되었다. 마르크스와 레닌에 의해 구상되었던 단기적 · 일시적 조치로서의 국유화는 스탈린 시대에 들어 사회주의 일반의 항구적 제도로 도입되었다.[59) 사회주의체제의 국유화 조치는 전 국민을 물적 행위수단으로부터 완벽하게 분리해 내는 관료체제의 확대를 의미했다.[60)

---

58) 김성철, 『북한 관료부패 연구』, p.9.

59) 황태연, 『환경정치학과 현대정치사상』(서울: 나남, 1992), p.141.

60) 베버는 "사적자본주의의 폐지는 국유화되거나 사회화된 기업의 최고경영이 관료 정치화된다는 것을 의미"한다고 규정했다. 베버에게 관료체제는 "인간들이 이집트 국가의

국유화 조치는 지배자를 제외한 모든 국민들이 봉급 받는 관료와 임노동자로의 전락을 의미하며, 전 국가의 행정시스템이 '관료체제적 관직위계질서'에 의해 수직적으로 편제된다는 것을 의미한다.61)

사회주의국가에 관료체제가 존재한다는 것은 관료체제가 지배 효율성을 추구한다는 측면에서 지배집단의 생성을 의미한다.62) 지배집단의 생성과 공고화 과정은 기본적으로 불평등과 사회적 억압의 가속화로 연결된다. 지배의 효율을 높이기 위해서는 관직위계질서를 통한 위계적 통제와 일탈을 예방하기 위한 감시가 일상화·구조화되기 때문이다.63)

소련, 중국, 북한의 공산당은 모두 레닌주의적 정당으로서 조직체계상 본질적 차이는 없다. 레닌, 스탈린에 의해 발전된 볼셰비키당의 조직체계는 조선로동당, 중국공산당의 유일한 당 조직 모델이었으며, 중국공산당, 조선로동당이 형성되는 과정에 그대로 이식되었

'땅 붙박이 노예(fellahs)'처럼 무력하게 복종하도록 강요되는 미래의 저 '복종의 가막소(the shell of bondage)'를 산출하는 기능"을 가진 비관적인 체제였다. Max Weber, Guenther Roth and Claus Wittich(ed.), *Economy and Society*(New York: Bedminster Press, 1968), p.1402.

61) 김종욱은 '관료체제적 관직위계질서'의 특징을 다음과 같이 정리하였다. ① 지배자는 일체의 민주적 선임을 배제한 다수경쟁체제를 통해 독점적 임면권을 갖는다. ② 지배자-관료, 관료-대중의 이중적 위계질서가 구축된다. ③ 정보의 위계적 흐름과 수평적 흐름의 통제를 통해 정보를 독점한다. ④ 관료들은 지배자와 조직적·계급적·성분적으로 분리되어 있기 때문에 자립화의 경향과 자기 이익을 추구한다. ⑤ 관직 배분은 철저하게 자격과 이데올로기적 충성심에 의해 결정된다. 김종욱, 『북한의 관료체제와 지배구조의 변동에 관한 연구』, pp.18-25; 김종욱, "북한의 관료체제 '변형'과 '일상의 정치'", 『현대북한연구』 10권 2호(서울: 북한대학원대학교, 2007), p.10.

62) 황태연, 『지배와 이성』(서울: 창작과비평사, 1996), p.181.

63) 김종욱, "북한의 관료체제 '변형'과 '일상의 정치'", pp.9-10.

기 때문이다. 대표적인 예로 민주주의 중앙집권제를 들 수 있다. 민주주의 중앙집권제는 소련공산당의 조직원칙이자 중국공산당, 조선로동당의 조직원칙이다.

민주주의 중앙집권제는 소련, 중국, 북한에서 민주주의적 요소가 배제되거나 최소화된 채 '관료적 중앙집권주의'로 나타났는데 이런 변질에서도 공통점이 있다. 민주주의 원칙은 실종되고 최상층에는 중앙당, 최하부에는 당세포, 그 중간에 각급 지역당이 피라미드 구조를 이루는 조직체계로 발전해 간 것이다. 그 때문에 당의 주요 정책결정기구보다 서기국(비서국)과 같이 일상적인 당무를 집행하는 당관료조직에 권력이 집중되는 현상이 공통으로 발견된다.[64]

사회주의국가기관의 위상과 역할을 규정하는 가장 큰 특징인 '민주주의 중앙집권제와 프롤레타리아독재'가 사회주의체제를 지속했던 1990년대 이전 시기까지 소련과 현재까지 중국의 중앙국가기관에 어떻게 투영되었는지 사회주의체제의 당-국가 관료제를 살펴보고자 한다.

1) 소련

소련에서의 당-국가 관료제의 형성에는 레닌의 관료제관의 변화가 중요한 영향을 끼쳤다. 레닌은 초기에는 마르크스의 영향을 받아 반관료제(反官僚制)를 확고히 했으나 혁명을 추진하는 과정에 관료

---

64) 이대근, "조선로동당의 조직체계", 세종연구소 북한연구센터 엮음, 『북한의 당·국가기구·군대』(서울: 한울아카데미, 2007), pp.164-165.

제의 필요성을 절감하게 되어 결국 관료제를 인정하는 쪽으로 선회하였다. 이러한 관료제에 대한 레닌의 관점 변화[65]가 당-국가 관료제 형성에 그대로 반영되었다. 이러한 현상은 1917년 러시아의 10월 혁명 전후에 나타났다. 10월 혁명 직전 레닌은 혁명에 의해 수립될 새 통치 형태는 당지배가 아닌 소비에트의 지배라고 주장했다. 그리고 이때의 소비에트체제는 파리코뮌과 유사한 것으로 관료제를 부정하는 것이었다.[66] 그러나 혁명 이후에 부딪치게 된 무질서, 혼란, 비능률은 소비에트 지배체제로는 감당하기 어려운 것이었다. 따라서 혁명 후의 소비에트 정권은 혁명 전의 반관료제 사상으로부터 관료제의 양면가치를 인정하는 쪽으로 입장이 바뀌었으며 국가장치로서의 소비에트 지배체제는 인민동원에 의한 근대화 추진 등의 당면과업 앞에서 새로운 변화를 맞을 수밖에 없었다.[67] 즉 소

---

65) 레닌은 마르크스의 분석에 기초하여 파리코뮌의 조직원리가 관료적인 중앙집권제나 무정부주의와 구분되는 민주집중제였다고 강조한다. 파리코뮌은 다수 노동대중의 토론과 합의를 통한 지역 단위들의 자치권을 보장하면서도 하나로 통일된 국가를 이루었다는 점에서 민주집중제 운영원리를 실현하였다는 것이다. 이러한 문제의식을 가지고 프롤레타리아독재 국가의 조직운영원리로서 민주집중제를 제기한 것이 그의 1917년 저작 『국가와 혁명』이었다. V. I. 레닌·김영철 옮김, 『국가와 혁명』(서울: 논장, 1988); 박영자, "북한의 중앙국가기관: 체계와 운영", p.378.

66) 이때 레닌은 다음과 같이 규정했다. ① 노동자와 농민의 무장력을 나타내는 새로운 국가기관이며, ② 이제까지의 국가기관에서 그 예를 찾아볼 수 없을 정도로 긴밀하고 끊을 수 없으며 쉽게 점점 갱신할 수 있는 매듭을 다수의 대중 속에서 만들어 내며, ③ 그것은 곧 관료적인 것이 아닐뿐더러 그 구성원을 언제든지 해임할 수 있다는 점에서 민주적이며, ④ 관료의 힘을 빌리지 않고도 개혁을 하며, ⑤ 지금까지 정치생활권 밖에 있었던 노동자와 농민 대중에 대한 지위향상과 교육을 시키며, ⑥ 의회제도의 장점과 민주주의의 장점을 통합할 수 있는 가능성 등이다. 국회도서관 해외자료국 간, 『소련의 정책변천과정』, 1974, p.38; 이강래, 『북한관료제의 성격과 변화과정에 관한 연구: Max Weber의 관료제 이론을 중심으로』, p.29.

67) John N. Hazard, *The Soviet System of Government*, 4th.ed.(Chicago: The Univ.

비에트 지배체제의 한계로 인해 당 지배체제로의 전환이 추진되었으며 당의 관료화가 이루어졌다. 당 지배체제가 확립되고 당－국가체제(Party－State System)와 그에 따른 당－국가 관료제가 형성된 것은 1919년 소련의 제8차 당대회에서였다. 이 대회에서는 당 조직으로 정치국(Politburo), 조직국(Orgburo), 서기국(Secretariat)이 구성되었으며, 이로써 당이 국가를 지배하는 당－국가체제의 체계화와 당－국가 관료제의 기초가 형성되었다.[68]

소련공산당은 소비에트 사회의 지도적·향도적 역량이자 소비에트 정치체제, 모든 국가기관과 사회조직의 핵심이다. 이는 소련공산당이 국가와 사회를 조직하고 지도하는 실체이자 주권자이며 정치권력의 독점자라는 것을 의미한다. 소련공산당 조직은 바로 이런 역할수행에 적합한 피라미드 구조를 갖추었다. 당 조직의 정상에는 최고 권력을 행사하는 중앙위원회, 정치국, 서기국이 위치하고 최하부에는 초급당 조직이, 그 중간에는 각급 지역당이 있는 3단계의 구조이다.[69]

이런 당 조직 구조는 레닌을 거쳐 스탈린에 의해 정립된 민주주의 중앙집권제라는 당 조직 원칙에 따른 것인데, 레닌은 민주주의 중앙집권제가 위로부터의 지도만을 강조하는 '관료적 중앙집권주의'로 변질되는 것을 경계했다.[70] 그러나 스탈린은 프롤레타리아독재

---

of Chicago Press, 1968), pp.42－43.

68) 이강래,『북한관료제의 성격과 변화과정에 관한 연구: Max Weber의 관료제 이론을 중심으로』, pp.28－29.

69) Ronald J. Hil and Peter Frank, *the Soviet Communist Party*(London: Allen & Unwin, 1986), p.47.

를 당의 독재, 곧 당중앙위원회 독재로 해석함으로써 관료적 중앙집권주의를 정당화했다.[71] 스탈린은 "당의 지도적 역할의 최고 표현은 단 하나의 중요한 정치적·조직적 문제도 당의 지도적 지침 없이 소비에트나 대중조직에 의해 결정되어서는 안 된다."라고 강조했다.[72] 이런 당적 지도의 절대성 때문에 당 조직은 중앙 지휘부가 명령을 하면 하부기관은 집행할 의무만 지는 군사적 위계체제로 구축되었다.[73]

당대회와 당중앙위원회는 당의 최고 결정기관이다. 하지만 실제 당 권력은 당중앙위원회에서 정치국으로, 다시 정치국에서 일상적인 당 사업을 담당하고 있는 서기국으로 이동했다. 당의 최고 결정기관이 제 역할을 하지 못하고 최고 지도자의 정책을 자동 승인하는 거수기로 전락했다는 것을 의미한다.

레닌 시대에는 당중앙위원회가 정기적으로 개최되어 주요 당 정책을 토의했다. 그러나 스탈린 시대에 이르러 그 기능이 정치국과 서기국으로 이관됐고, 당중앙위원회는 유명무실화됐다.[74] 스탈린 시대 서기국은 권력의 핵심이었다. 서기국은 정치국 토론 전에 의견을

---

70) L. Onikov and D. Kazutin, "Both Democracy and Centralism", *Moscow News*, No.42(October 15, 1989), p.14.

71) I. V. Stalin, "Foundation of Leninism", *Problems of Leninism*(New York: International Publishers, 1928), p.73.

72) I. V. Stalin, "On the Problems of Leninism", *Problems of Leninism*, p.135.

73) Merle Fainsod, *How Russia is Ruled*(Cambridge, Mass: Harvard University Press, 1963), p.210.

74) E. H. 카 저·이지원 옮김. 『러시아 혁명사』(서울: 화다, 1985), pp.216-217.

한쪽으로 몰아가기도 했고, 정치국의 결정사항을 집행하는 과정에서 총서기의 뜻을 받들어 정치국 결정을 왜곡하기도 했다.[75] 브레즈네프 시대에는 서기국이 정치국 명령의 집행을 통제하고 간부선발, 각료, 국가의 위원회, 지방당 기관의 통제 등 많은 분야를 관장했다. 서기국의 일개 지도원이 각료보다 높은 권력을 행사할 정도로 당관료화가 진행되었다.[76]

그러나 이 모든 당 조직체계는 고르바초프 시대를 맞아 전면적인 변화를 겪었다. 고르바초프는 민주집중제에 대한 레닌주의적 복원을 앞세워 당 조직 축소, 당 권력 분산, 당내 분파 허용 등 민주주의 원리를 대폭 도입했다. 형식적이었던 당대회의 권한을 강화하고, 인민대표회를 신설하며 대의성을 제고하려 했다. 반면 서기국의 조직과 기능은 대폭 축소하고, 초급당 조직과 당원의 권한을 확대했다. 1990년 2월에는 당의 지도적 역할을 포기, 다당제를 도입했다. 결국에는 공산당이 소비에트 국가의 향도적 역량이라는 지위까지 포기했다. 이런 당 개혁의 결과는 공산당의 해체로 나타났다.[77]

한편 개혁·개방이 본격화되기 전인 1990년대 이전까지 소련 국가기관은 그 기능에 따라 다음과 같이 분류된다. ① 사회 전체의 신경조직체로서, 당과 인민을 연결하는 중개 역할을 하며, 사회적

---

75) Issac Deutscher, "The Leader and the Party", Robert Daniels(ed.), *The Stalin Revolution: Foundations of Soviet Totalitarianism*(Lexington, Massachusetts, Toronto, London: 1972), pp.3 - 6.

76) David Lane, *Soviet Society under Perestroika*(New York: Harper Collins, 1990), p.50.

77) 이대근, "조선로동당의 조직체계", pp.165 - 167.

요구를 정치적 행동으로 전환하는 기능이다. ② 이러한 요구들을 중재·통합하는 기능, 즉 정치적 의사결정 기능이다. ③ 이러한 목적을 중앙 및 지방 행정기구를 통해 수행하는 기능이다. ④ 정책의 수행 여부를 일련의 전문가 집단의 통제기구(재정·사법·경찰)를 통해 감독하는 기능이다. ⑤ 여론의 지지를 얻기 위해 대중전달매체와 다양한 대중운동을 통해 당 노선 및 정책을 설명하는 정치사상 사업이다. 이 사업은 당원들에 의해 주도되며, 당원이기도 한 국가기관원들은 당 정책의 중개자 역할을 담당한다.[78]

소련 정부는 주로 행정명령을 한다. 왜냐하면 본래 입법권은 최고소비에트에 있으며, 최고소비에트는 일반적 법률만을 결정하기 때문이다. 정부는 주로 기업과 각종 기관의 책임자를 통제하고 이 책임자는 해당 부처사업을 책임진다. 정치적 의사결정기관(당 정치국)과 집행부의 분립은 당 최고기관이 정책집행에 대해 책임이 없다는 것을 형식적으로 제도화한 것이다. 그러나 실제 당과 행정부의 위계적 조직망은 그 핵심부문에서 공생하고 있다. 각료회의 의장과 몇몇 부서 책임자들이 정치국원을 겸직하기 때문이다.[79]

그러나 소련은 다민족 국가로서 역사적으로 러시아제국의 팽창주의적 경향과 민족 혹은 국가 간 대립과 경쟁이 치열했던 역사·문

---

78) 바질 께르블레 저·최재현 옮김, 『오늘의 소련사회』(서울: 창작과 비평사, 1988), p.357.

79) 동일한 지역 내에서 각 기업들은 중앙정부 해당 부서의 책임자로부터 통제를 받으며 동시에 지방단위에서도 그 기업이 위치한 지방단위 당 조직의 감독을 받는다. 이러한 두 가지 경향은 권력의 집중화를 공고히 하고 있다. 바질 께르블레 저·최재현 옮김, 『오늘의 소련사회』, p.363.

화적 전통을 가지고 있었다.[80] 또한 연방제로서 각 지역과 중앙국가기관의 규모가 크며, 당에 대한 자율성이 북한에 비해서는 상대적으로 높았다. 그리고 상대적으로 실적주의 평가 경향이 강했기에 중앙정부 각 부처 간 경쟁이 북한에 비해 두드러졌다. 이러한 특징으로 중앙국가기관 전체에 대한 통일적인 당의 지도가 북한에 비해 어려웠다.[81]

2) 중국

소련공산당의 조직원칙과 체계는 이미 1921년 중국공산당 창당 때 조직의 기초로 도입되었다.[82] 중국공산당은 1952년 소련공산당 19차 대회에 보낸 축하문에서 "중국공산당은 소련공산당을 모델로 건설되고 발전해 왔다."[83]라면서 이를 공개적으로 인정했다. 물론 중국공산당은 중국혁명 및 국가건설 과정에서 당 노선을 변경했고, 그에 따라 당 구조를 부분적으로 개편했다.[84]

중국공산당중앙조직이 전국대표대회 – 중앙위원회 – 중앙위원회 총서기 – 중앙정치국 – 중앙정치국 상무위원회 – 중앙감찰위원회라는 기본 틀을 갖춘 것은 1943년이었다.[85] 이후 부분적인 조직체계 변화

---

80) 이은순 · 미하일 노쏘프, 『소련』(경남대학교 극동문제연구소, 1991).

81) 박영자, "북한의 중앙국가기관: 체계와 운영", pp.339 – 340.

82) 김하룡, 『중국정치론』(서울: 박영사, 1984), pp.13 – 16.

83) Boris Meissenr, *The Communist Party of the Soviet Union*(New York: Praeger, 1956), p.6.

84) 서진영, "중국공산당의 조직과 구성변화: 1921 – 1987", 『아세아연구』 제80호(1988), pp.34 – 35.

가 있었지만, 문화혁명기(1966~1976)를 제외하고 후진타오 시대에 이르기까지 이 골격을 유지하고 있다.

전국대표대회나 중앙위원회와 같은 중국공산당중앙조직이 형식적 추인기관에 머물고 있는 현상은 소련공산당과 다르지 않다. 문화대혁명 이전에는 중앙위원회의와 정치국을 중심으로 정책결정이 이루어진 바 있다. 그러나 소련이 그랬던 것처럼 공산당중앙위원회의 규모가 시간이 갈수록 확대되면서 유명무실한 기구로 전락했다.[86] 대신 실질적인 권력은 중앙정치국이 행사했다. 그러나 정치위원도 1949년 11명에서 1982년 28명으로 늘면서 정치국의 권력은 정치국의 핵심들로 구성된 상무위원회로 넘어갔다.[87] 그리고 당중앙군사위원회라는 기구가 신설되었다. 군직업주의적 성격을 갖고 있던 소련공산당에는 없었던 기구이다. 당중앙군사위원회는 인민해방군을 지휘하고 인민해방군 총정치부라는 당 조직을 통해 군을 통제하는 당내 군사기구이다. 이는 북한 조선로동당에 그대로 이식되었다.

중앙서기처는 소련공산당의 서기국과 같이 중앙위원회의 업무를 실질적으로 담당하는 관료조직으로 전문부서가 20여 개에 이른다. 이 서기국의 대표는 총서기로서 당의 최고 권력을 장악하고 있다.

1978년 등소평 주도의 개혁·개방 이후에는 기존 당중앙조직의 골간은 유지하면서 당 조직체계와 운영원칙을 부분적으로 수정했다.

---

85) 김정계, 『21c 중국의 선택』(서울: 평민사, 2000), pp.175 - 197.

86) 1956년 44명에서 67명으로 늘었으며, 1982년에는 348명, 1997년에는 344명으로 구성되었다.

87) 제임스 왕 저·금희연 옮김, 『현대중국정치론』(서울: 그린, 2000), pp.117 - 119.

개혁파는 '당정불분(黨政不分)' 현상, 정부업무를 당이 대행하는 '이당대정(以黨代政)' 현상을 없애야 한다며 당 제도 개혁을 주장했다.[88] 소련의 고르바초프가 페레스트로이카 과정에서 당의 정부업무 대행현상을 개선하고, 국가기구 내 당 조직을 축소하거나 폐지한 것과 유사하다는 점에서 중국식 정치개혁론이라고 할 수 있다. 중국 개혁파는 모든 업무에 포괄적으로 행사되는 당의 영도를 정치·사상·조직의 영도에 국한하도록 했다. 총서기의 권한도 일부 제한했다. 1978년 당주석제를 폐지하고 총서기제를 다시 도입할 때 총서기가 중앙서기처와 중앙위원회를 대표하되 당주석 때처럼 정치국 상무위원회를 능가하지는 못하도록 한 것이다. 서기처의 위상도 중앙위 집행기구에서 정치국 집행기구로 지위를 낮췄다.[89]

그러나 민주집중제의 핵심인 '당원은 당 조직에, 소수는 다수에, 하부는 상부에 대한 복종 원칙'은 그대로 유지했다. 위계적이고 중앙집권적인 당 구조도 고수했다.[90]

한편 1978년 12월 중국공산당 제11기 중앙위원회 제3회 총회(제11기 3중전회)를 기점으로 개혁·개방의 길로 들어선 중국은 소유제도의 다양화, 시장제도의 도입, 대외 경제개방을 핵심으로 경제체제 개혁을 추진하여 소위 '중국식 사회주의' 체제를 형성하였다. 공산당이 주도하는 일당중심제는 지속하고 있으나, 분권화 정책으로

---

88) 조자양, "중국적 특색을 지닌 사회주의 노선을 따라 전진하자.", 『중소연구』 제11권 4호(1987. 8), pp.264-265.

89) 서진영, "중국공산당의 조직과 구성변화: 1921-1987", 『아세아연구』, p.74.

90) 제임스 왕 저·금희연 옮김, 『현대중국정치론』, pp.110-111; 이대근, "조선로동당의 조직체계", pp.168-170.

중앙의 많은 권한을 지방으로 이양하고, 공산당에 집중되었던 권한을 국가기구나 사회단체로 이양하였다. 특히 등소평의 주도로 전국인민대표대회가 공산당 및 국무원과 함께 중앙권력기관을 구성하는 핵심기구가 되었다.

특히 현행 헌법의 골격을 이루는 1982년 4월 제5기 전국인민대표회의 제5회의에서 채택된 헌법은 1954년 초기 헌법을 기초로 하면서도, 등소평이 이끄는 개혁·개방을 뒷받침하고자 한 것이다. 중앙국가기관에 대한 규정을 보면, ① 전국인민대표회와 상무위원회 기능강화, ② 국가주석제도 부활, ③ 국가 중앙군사위원회 신설, ④ 국무원의 조직과 직권 변화, ⑤ 혁명위원회 폐지 등이 주요 골자로 이루고 있다. 전체적으로 당에 대한 국가기관의 자율성을 강화한 것이며, 특이할 만한 것은 당에 종속되었던 군대를 국가에도 종속되게 한 것이다.91)

1980년대까지 중국 중앙국가기관은 공산당의 통제를 강하게 받았다. 그 양상은 세 가지 영역에 대한 통제로 나타났다. 사상적으로는 마르크스·레닌주의와 모택동 사상을 지속적으로 선전하는 것이다. 조직적으로는 모든 국가기관에 당 세포조직을 설치하여 각 기관의 행정을 감독하게 하고, 당은 서기처에 다양한 기구를 설치하여 그와 평행되는 국가기관을 지도한 것이다.92) 인사에 관해 당중앙은 국무원 총리와 각 부장에 대한 지명권을 가지며, 성 수준 행정기관장

---

91) 김창희, "중국의 정치과정과 권력구조의 개관", 『지방자치연구』 제9집(전북대학교 지방자치연구소, 2001), pp.21 – 22, p.28.

92) James R. Townsend, Politics in China(Boston: Cittle, Brown and Company, 1980), p.88.

지명권 또한 당중앙이 갖고 있었다. 그리고 국가기관의 주요 직위 대부분도 당이 지명권을 가지고 있었다. 이러한 정치적 안배는 불문법적 관습에 의해 이루어졌다. 예를 들어 중국 헌법에서는 국가주석과 군사위원회 주석은 모두 전인대에서 선출한다고 규정되어 있고 지명자나 지명기관에 대한 규정이 없다. 그러나 국가기관에 대한 당의 불문법적 관습에 따라 당이 실질적 지명권자 역할을 했다. 그리고 헌법에는 국무원 총리는 국가주석이 지명권을 갖는다고 규정되어 있으나, 사실상 국가주석은 자신의 독자적 결정보다는 당중앙의 결정에 따라 지명하기에 총리 선출에서도 당이 결정적 작용을 했다.[93]

이러한 경향은 현재도 지속되고 있으나 1990년대 이후 중앙국가기관은 당에 대한 자율성이 강화되었다. 한편 1999년 수정헌법에서 등소평 이론을 마르크스 – 레닌주의 및 모택동 사상과 함께 국가지도이념으로 공식 격상시키면서 사회주의 기본노선은 유지하였다. 즉, 인민민주전선과 공산당 영도 등이 그대로 유지되고 있는 것이다. 이는 가능한 한 자본주의적 경제발전을 뒷받침하는 방향으로 헌법을 수정하되, 정치체제는 최대한 안정되게 유지하려는 등소평 국가전략의 연장선상에 있는 것이다.

따라서 아직까지 공산당은 중국의 제1정권 기관이며 중앙국가기관은 공산당이 결정한 정책을 집행하는 동시에 당이 결정한 주요 행정노선을 관철시키고 있다. 중국 헌법에서도 여전히 당의 지도적

---

93) 박두복 외, 『중국의 정치와 경제』(서울: 집문당, 1993), pp.119 – 120.

역할을 규정하면서, 정책과정에서 정부의 중요한 기능을 함께 규정하고 있다. 중국 중앙국가기관 조직과 활동의 여덟 가지 원칙은 ① 민주집중제 원칙, ② 사회주의 법제 원칙, ③ 분업과 협조의 원칙, ④ 책임제 원칙, ⑤ 효율과 활력의 원칙, ⑥ 인민에 의하여, 인민을 위한 봉사의 원칙, ⑦ 민족평의 원칙, ⑧ 관료주의 반대 원칙이다. 핵심기구는 전국인민대표대회, 주석, 국무원, 중앙군사위원회, 최고인민법원과 최고인민검찰원 등이다.[94]

중국의 중앙국가조직은 모택동 시대까지 당에 의한 일원적 지도가 관철되었다. 개혁·개방 정책으로 1982년 개정헌법에서 국가주석제를 부활시키고, 국가중앙군사위원회를 창설하여 국가의 군대를 구축하려 하며, 사법부도 당에 대한 예속성을 경감시키려 노력하고 있다. 이 점은 최고인민법원이나 최고인민검찰원의 판사나 검사 대부분이 당내 요직을 겸하지 않고 있는 데도 나타난다. 또한 민주적 개혁·개방을 요구하는 일부 지식인층의 주장에 동조하거나 당에 염증을 느낀 당원이 1989년 한 해 전국에서 약 9만 명으로 개인적·집단적으로 탈당을 하기도 했으며, 수많은 당원이 소극적으로 정당생활을 하기도 한다.[95] 아직도 중국은 전체적으로 당과 국가의 지도 - 피지도 관계가 유효하다.[96]

---

94) 김창희, "중국의 정치과정과 권력구조의 개관", pp.31 - 32, p.36.

95) 오회환, "중국 중앙통치조직의 구조와 기능", 『중국연구』 제13집(한국외국어대학교 중국학연구소, 1992), p.38.

96) 박영자, "북한의 중앙국가기관: 체계와 운영", pp.340 - 344.

2. 사회주의국가의 관료문화

1) 소련 - 노멘클라투라

소련에서 사회주의 혁명 초기에는 레닌주의로 표현되는 새로운 형태의 공평무사한 당 체제 즉, 당료 개인의 영웅주의와 조직의 초개인주의를 융합하여 공산당을 카리스마적 영웅조직으로 만들어 냄으로써 짜르 시대의 개인적 충성관계로 얽힌 관료들과는 달리 서구 사회의 '절차적 초개인주의'를 갖춘 공적 조직으로서의 소련공산당 및 당료상을 만들어 내었으나, 스탈린이 경제발전에 전당을 동원했던 것을 끝으로 후르시초프 이후로는 당 조직이 추구해야 할 당면한 사명을 제시하지 못함으로써 당이 목표의식 없이 표류하게 되었고 이에 따라 당이 초개인주의적 영웅조직으로서의 기상을 잃어버리며 변절되었다는 것이다. 이런 환경에서 당료들이 개인의 이익을 위해 부하들의 불법행위를 돌보아 주고 그 대가로 복종과 '공물'을 받는 식의 조직적 부패가 만연되는 속에서 정치경제에서는 '영웅', '전리품' 지향성, 사회관계에서는 블라트(blat)[97] 중심의 성격, 산업경제에서는 '산술적' 개념, 정치생활의 비밀주의적 특질, 집단농장을 초점으로 하는 사회정치생활 조직 등의 현상이 나타났다.[98]

노멘클라투라[99]들은 자신들의 특권적 위치를 이용하여, 그리고

---

97) 사회조직원 간의 비개인적이고 엄밀히 계산할 수 있는 표준화된 가치의 교환이 아닌 느슨한 상호관계의 끈을 지칭. Ken Jowitt, "Neotraditionalism" in New World Disorder(University of California Press, 1992), p. 131.

98) 박광호, 『전통 - 북한사회 이해의 열쇠』(서울: 한국학술정보(주), 2004), pp.74 - 75.

지하경제출신들은 금지되어 있던 매점매석이나 재판매 그리고 기타 범죄적 요소와의 결합을 통해서 부를 축적했고, 이들에 의해서 축적된 부는 개혁 이후 사회·경제적 혼란기에 신속하게 사기업 설립으로 이어졌다는 것이다.[100] 노멘클라투라와 지하경제출신 두 집단은 서로 독립된 범주라기보다는 상호 중첩되는 것이다. 사회주의 시기에서부터 노멘클라투라들의 상당수가 지하경제와 관련을 맺고 있었으며, 체제전환기에도 이와 같은 경향은 약화되지 않았다. 사기업 설립에 있어서 경제적인 변수 이외에 이들의 정치적·사회적 영향력 행사 역시 커다란 변수로 작용했으며, 이 과정에서 비합법적인 수단의 사용은 일반적이었다. 러시아 사기업가의 형성에 있어서 현 지배세력과의 연관관계 및 영향력은 중요한 변수로 작용했으며, 이

99) 『소련 대백과사전』에 실린 노멘클라투라의 의미는 다음과 같다. 첫째, 과학이나 기술 등의 분야에서 사용되는 명칭(총제)이나 용어의 체계, 둘째, 상징의 추상적이고 제한된 체계로서 대상의 의미를 지칭하기 용이한 것이다. 소련에서 사회적인 의미로서의 노멘클라투라에 대한 공식적인 언급은 없다. 그러나 정치, 경제, 사회 전반에 걸쳐서 적용되는 이 용어는 "가장 중요한 직위를 구성하는 사람들의 명단"으로서 소련사회의 특권계급을 의미했다. 행정-명령경제체제에서 중요한 관료적 지위들은 이 직위들의 임명에 관계되는 중요 인물들의 추천과 이에 대한 승인으로 결정되었다. 노멘클라투라의 이와 같은 임명 과정과 그 결과 형성되는 폐쇄적인 특권층이라는 의미를 지니고 있다. 서재진·조한범·장경섭·유팔무, 『사회주의 지배엘리트와 체제변화』(서울: 생각의 나무, 1999), p.40 재인용.

100) 러시아의 경우 탈사회주의체제전환과정에서 구체제의 엘리트와 새롭게 형성된 엘리트 간에는 강한 연속성을 지니고 있었다. 체제전환 초기인 1993년의 경우, 정치엘리트의 83.4%, 문화엘리트의 77.7%, 경제 분야의 경우 국유부문 84%, 사유부분의 52.7%가 과거 공산당의 구성원이었다. 친서방적 시장주의를 표방했던 옐친의 집권 이후 엘리트 교체과정에도 불구하고 중앙 정부의 지도층의 경우 4분의 3이 과거 노멘클라투라출신이었으며, 지방의 경우는 80%를 넘었다. 당시 옐친진영의 지도층을 이루는 핵심인사들 중 10%만이 탈사회주의체제전환과정에서 충원된 새로운 엘리트였다. O. Kryshtanovskaya & S. White, "From Soviet Nomenklatura to Russian Elite", *Europe-Asia Studies*, Vol.48, No.5, 1996, pp.727-729.

는 정치세력과 새로운 유산계급에 대한 전반적 불신을 야기하는 요인으로 작용했다.101)

러시아에서 사회주의 특권계급이었던 노멘클라투라의 성원들은 혁명적 변화가 수반되지 않은 탈사회주의체제전환과정에서 새로운 형태의 지배세력인 '유산자'로의 변신에 성공할 수 있었다. 이미 페레스트로이카의 시기 중 노멘클라투라들은 국영재산의 민영화과정 즉 국유기업→협동소유기업→사기업 형태의 민영화과정에 참여했다. 이 과정에서 정치와 경제가 결합되었던 시기에 형성된 노멘클라투라들의 배타적 특권과 연줄망, 그리고 이들에 의한 '지대추구(rent‐seeking)'102)는 이들의 유산자로의 전환에 결정적 역할을 했다. 이와 같은 점에서 새로운 유산계급의 형성은 노멘클라투라→클렙토클라투라(kleptoklatura)로 도식화될 수 있는 것이었다.103)

소련 사회주의의 행정‐명령계획체제104)는 복잡한 중앙집중적 관

---

101) 조한범, "러시아 사회구조 변화와 사기업가 형성의 경향성", 『현대산업사회연구』(서울: 한양대출판부, 1995) pp.108‐114.

102) 제도가 시장의 질서가 지배적인 상태로부터 직접적인 정치적 할당이 중요한 요소로 작용하는 모호한 상태로 접근할수록 지대추구는 중요한 사회적 현상으로 등장하게 된다. J. A. Buchanan, et al., *Toward a Theory of the Rent‐Seeking Society*(Texas A&M University Press, 1980), p.4. 따라서 국가통제의 약화와 지배집단의 비제도적 간섭이 증가하는 이행기 사회주의체제의 경우 지대추구형태가 증가하게 된다.

103) 조한범, 『러시아 탈 사회주의체제전환과 사회갈등』(서울: 통일연구원, 2005), p.62.

104) 모든 산업의 국유화 이후 중앙집권적 행정‐명령체제가 사회를 지배하였다. 협동조합 부문과 집단농장도 실질적으로는 국가기구에 속했으며, 자율적인 운영이 불가능했고 상부로부터의 직접적인 명령에 의해서 기능했다. 국가기구의 집행 장치들이 생산수단의 소유자였고, 노동자들은 국가의 피고용자였다. 노동자들은 소외되었고, 주어진 명령을 수행하는 수동적 존재에 불과했다. 소련의 경제개혁은 구조적 문제점들에 대한 인식이 결여된 피상적인 것에 불과했으며, 위로부터의 시도였다. 따라서 사회주의경제의 비효율성의 주된 원인인 행정‐명령체제와 중앙집권화된 권력과 관료체계는 개

료체제를 형성했고, 관료체제의 각 단계마다 계획을 수립하고 명령을 집행할 관료적 지위들을 양산했다. 평등에 대한 강조에도 불구하고 이 지위들 자체가 희소자원에 대한 통제권과 처분권의 행사를 가능하게 한다는 점에서 매우 중요한 의미를 지녔다.

관료들은 형식상으로 국가의 대리인이었지만 실질적으로는 유사 소유자로서 역할을 수행했다. 이들을 감독할 국가 역시 이들 내부의 인적 구성원들로 채워졌다. 사유재산이 사라진 사회주의체제에서 통제권은 곧 특권과 부를 의미했다. 소련의 지배엘리트들은 권력을 바탕으로 자신들의 지대(rent)를 극대화시켰다. 새로운 독재체제에서 지배엘리트들은 대의정부체제에서보다 더 많은 부를 전유할 수 있었다. 지배엘리트들은 국가의 예산과 희소가치에 손쉽게 접근할 수 있었으며, 고액의 보수와 지위에 따른 특권을 손쉽게 획득했다.[105] 계획경제와 통제체제 속의 관료체제는 소련사회의 기능에 중요한 역할을 수행했으며, 정치엘리트들은 이러한 체계의 핵심적인 위치를 차지했다. 소련사회는 자본가계급의 근절과 더불어 통제를 위한 관료층을 낳게 된 것이다. 밀로반 질라스의 '새로운 계급'이나 보슬렌스키의 '노멘클라투라'는 모두 이를 지칭하는 말이었다.[106]

소련체제가 붕괴했음에도 불구하고 구체제의 이익집단들은 사라지지 않았을 뿐만 아니라 성숙되지 못한 시민사회와 약화되어 가는

선되지 않았으며, 탈사회주의체제전환기에 부담스러운 유산으로 물려주었을 따름이었다. 조한범, 『러시아 탈 사회주의체제전환과 사회갈등』, pp.26 – 27.

105) J. Winiecki, *Resistence to Change in the Soviet Economic System*(London and New York: Routledge, 1991), p.3.

106) 서재진 · 조한범 · 장경섭 · 유팔무, 『사회주의 지배엘리트와 체제변화』, pp.39 – 40.

국가의 통제력 사이에서 오히려 더 강화된 자율성을 획득하는 현상으로 나타났다. 소련체제의 비효율성의 주요 원인이었던 관료적 통제 이외에 러시아를 지배할 수 있는 기제는 없었으며, 이들의 정점에 위치한 엘리트들인 노멘클라투라들은 큰 타격을 받지 않았다. 러시아사회의 체제개혁은 경제의 하부구조만이 아니라 정치체제 및 행정－명령경제체제의 근간을 이루었던 관료기구의 개혁을 요구했다. 그러나 개혁은 굳건한 구관료제도의 기초 위에서 이루어졌다. 개혁 과정에서도 러시아에서 행정－명령경제체제의 비효율성의 주원인이었던 관료체제는 크게 변화하지 않았다. 민영화 이후에도 경제엘리트들은 이전의 자리에 그대로 남아 있었으며, 지위에 아무런 변동이 없었다.

시장경제로의 이행은 노멘클라투라들에게 과거에 비해서 오히려 한 가지 가능성을 더 부여했다. 그것은 더 이상 음성적인 특권을 통해서만 물질적인 풍요를 누리지 않아도 된다는 것이었다. 시장경제라는 이름하에 이제 이들은 '정당하고 합법적인 유산자'로서 행세할 수 있게 되었다. 이미 1990년 말에 소련 공산당은 상업은행을 설립했으며, 경화를 받는 호텔을 세우는 등 러시아에서 가장 큰 기업으로 성장했다. 특히 투기 및 금융거래 등 비생산적인 분야에 몰려 있던 이들의 경제행위는 이후의 교란된 경제 상황과 맞물려 커다란 이익을 창출하게 되었다. 당기관들의 막대한 재산들은 공산당의 지배적인 위치의 소멸 과정에서 점차 당료들의 재산으로 바뀌어 갔다.107) 권력과 재산 사이의 긴밀한 연관관계라는 점에서는 이전과 같았지만 이제 이들은 합법적으로 재산을 소유할 수 있게 되었

던 것이다.108)

2) 중국

중국의 공산주의혁명은 부패하고 억압적인 국민당의 관료기구를 파괴했지만, 국가의 통일 및 신속한 공업화의 추진을 위해서 거대한 관료제가 빠르게 성장해 갔다. 기존 봉건질서의 폐해를 극복하고 낙후된 경제조건에서 벗어나기 위해서는 정치적 중앙집권화와 신속한 경제발전이 무엇보다도 절박한 문제였고, 따라서 공산당은 주요 생산수단을 국유화함으로써 정치권력을 독점했을 뿐 아니라 국가경제에 대한 통제력까지 갖게 되었다. 이러한 상황에서 방대한 관료기구가 사회를 능가하는 지배적인 사회세력이 되는 것은 필연적인 일이었다. 사회주의국가에서는 대안적 권력구조나 정치적 표현의 채널이 없었기 때문에, 국가 자체가 정치적 투쟁의 장이 되었고 이러한 과정 속에서 대중의 자발적 참여는 그 의미가 퇴색되거나 동원적 성격을 띨 수밖에 없었다. 따라서 코뮌·혁명위원회 등 관료제의 폐해를 극복하기 위한 대안적 지배형태의 실험이 문혁시기에 시도되기도 하였지만, 결국 군의 개입과 당 조직의 회복으로 귀결되고 결과적으로 당의 무오류성과 당 영도의 절대적 원칙이 재차 강조되었다. 이러한 역사적 교훈으로 인해 개혁 이후 중국의 지도자는 모든

---

107) B. Kagarlitsky, *Disintegration of Monolith*, 김남섭 역, 『소련단일체제의 와해』 (서울: 창작과 비평사, 1993), pp.51 – 52.

108) 서재진·조한범·장경섭·유팔무, 『사회주의 지배엘리트와 체제변화』, pp.45 – 46.

문제를 당의 영도원칙 내에서 해결하려 하지만, 당의 영도원칙의 범위를 벗어나거나 이와 충돌하는 문제들이 점차 증가하면서 당 영도를 핵심적 특징으로 하는 중국식 사회주의가 위기를 맞게 되었다.109)

모택동은 유명한 모순론에서 '적과 우리(인민) 사이의 모순'이 반제·반봉건 혁명 및 사회주의적 체제 이행을 통해 상당히 해소가 되었지만 다양한 '인민 자신들 사이의 모순'이 좀처럼 극복되지 않거나 오히려 악화되고 있다고 보았다. 후자 가운데에서도 '인민 정부와 인민 사이의 모순'이 중요한데 구체적으로 국가, 집체 및 개인 이해의 사이, 민주주의와 중앙집중주의 사이, 지도부와 피지도부 사이, 관료주의적 간부와 인민 사이 등에서 나타난다는 것이다. 이러한 모순들은 결국 과도하게 집중화된 국가권력을 매개로 당, 국가엘리트와 기층 인민 사이에 지배관계가 나타나고 있음을 인정한 것이며, 모택동은 바로 이 이유 때문에 사회주의 중국에서 혁명적 정치투쟁이 계속되어야 한다고 주장했다.110)

모택동은 간부들에 대해 경제적 지배계급 혹은 관료적 신분계급이라고 구체적으로 성격 규정을 하지는 않았고 다만 실제 정치투쟁 과정에서 극복되어야 할 중요한 문제점들을 제시하였다. 예를 들어

---

109) 유세희 편, 『현대중국정치론』(서울: 박영사, 2005), p.24 - 25.

110) 1980년대 들어 정치/행정 개혁에 나선 등소평 역시 권력의 과다 집중을 핵심적 문제로 보고 이로 인해 "① 기구는 중첩되고 인원은 과다하나 공작은 제대로 안한다. ② 고위층 간부들은 권력을 남용하고 대중을 이탈하며 세월만 허송한다. ③ 당이 모든 일을 간섭하므로 정부의 기능이 약화된다. ④ 개인독재가 유행하여 독단 전횡 풍조가 만연한다. ⑤ 간부들 뇌리 속에 특권 사상을 심어 준다."와 같은 병폐가 나타난다고 지적했다. 마중가, "중국 정치체제개혁 연구", 『중소연구』 19권 3호, 1995, p.82.

간부들 사이에서 인민들의 상전으로 군림하려는 봉건주의적 태도, 인민들을 일방적이고 획일적으로 통제하려는 관료주의적 태도, 인민들의 자발성과 창의성을 무시한 기술주의적 태도가 팽배해 있으며 이는 문화혁명과정에서 보인 것과 같은 기층 인민들의 급진적인 정치투쟁을 통해서만이 불식될 수 있다는 것이다.111) 이를 통해 분명히 드러나는 사실은 모택동이 소련 등에서 '국가자본주의'라고 비판받은 국가적 소유, 관리 경제체계 자체를 중국에서 전면 폐지시켜 간부와 인민 사이의 어떠한 경제적 착취관계를 극복하려 들지는 않았다는 것이다. 모택동의 해법은 도덕주의적 본질을 갖고 있었으며 간부들의 잘못된 생각과 태도를 바로잡는 정치적 투쟁에 초점이 맞추어졌다.112) 이를 위해 개인들의 혁명 전 계급성분을 간부임용과 일상적 정치투쟁에 중요한 준거로 삼는 관행을 강화하고, 간부들을 소속 단위의 인민들 앞에서 자아 비판시키고 나아가 오지로 하방(下防)시켜 인민들로부터 배우게 했으며, 기층 노동자들이 위원회 조직을 통해 직접 생산관리에 나서도록 하는 등의 조치가 취해지기도 하였다.

문화혁명113)은 중국 인민으로 하여금 모택동의 생각에 동조하든

---

111) 이 같은 모택동의 시각은 마르크시스트적일 뿐 아니라 베버주의적이기도 하다. 즉 국가엘리트의 관료주의적이고 기술주의적인 태도에 의해 일반인들이 체제에 일방적으로 종속되며 나아가 체제 자체의 정치적, 기능적 위기가 야기된다는 주장은 하버마스(Habermas) 같은 베버주의자들이 서구 자본주의사회에 대해 적극적으로 개진한 것과 같은 것이다.

112) Hong Yung Lee, *The politics of the Chinese Cultural Revolution*(Berkeley: University of California press, 1978).

113) 모택동의 문화대혁명은 일종의 당과 국가의 관료에 대한 파괴였다. 그리고 대중들의

동조하지 않든 국가엘리트들과의 정치적 투쟁관계에 돌입하도록 만들었다. 특히 도시 지역에서는 일부 급진적 청년인구의 극한투쟁을 계기로 정치, 경제, 사회질서의 심각한 동요가 일어났으며, 이후 중국은 문화혁명의 상흔을 아물도록 하는 일에 물질적, 정신적 자원이 소진되는 결과가 나타났다. 문혁사인방의 발호와 몰락, 주은래 및 모택동의 사망, 정치권력 장악을 위한 보수파와 실용파의 암투로 이어지는 중앙 권부의 혼미 속에서 각 지역사회와 생산단위는 위태로운 정치, 경제, 사회질서를 스스로 안정화시켜야 하는 과제에 직면하였다.

문혁에서 가까스로 살아남거나 겨우 복귀한 기층의 당, 정부, 기업 간부들은 이전의 정치구조와 경제체제가 공식적으로 붕괴하지는 않은 상황에서 그들의 정치, 경제적 기득권을 어떻게든 유지해 보려고 애썼다. 그러나 문혁을 통해 모택동의 독려하에 권력자에 대한 성공적인 도전 경험을 가졌던 기층 인민들을 이전처럼 일방적 지시와 통제의 대상으로 다룰 수는 없었다. 이에 따라 기층 단위의 간부들은 소속 인민들에 대해 그들의 정치적 권위에 복종하는 것을 전제로 다양한 경제적, 사회적 배려를 하는 일종의 고객주의적 관계

적극적인 참여를 통한 관료제의 타파와 혁명이념의 절대성을 주장했던 것이다. 이러한 중국의 유형을 가리켜 보겔(Ezra E. Vogel)은 '정치화된 관료제(Politicized Bureaucracy)'라고 하면서, 관료기능의 정치화, 행정의 당 정책집행 도구, 당의 동원목표 실현을 위한 효과성(effectiveness)의 중시, 행정에 대한 정치의 침식 등으로 개념화한 바 있다. Ezra E. Vogel, "Politicized Bureaucracy: Communist China", Fred W. Riggs(ed.), *Frontiers of Development Administration*(Durham: Duke Univ. Press, 1970), pp.562－565; 정영철, 『김정일 체제 형성의 사회정치적 기원: 1967－1982』(서울: 서울대학교 대학원 박사학위논문, 2001), p.279 재인용.

를 확립시켜 나갔다.114)

이 같은 지역적 정치 환경의 변화는 군중노선의 전통과 결합하여 지방 간부들로 하여금 매우 독특한 정치, 사회적 성격을 띠게 하였다. 불가능하게 보였던 공산 혁명을 성공시킨 조직적 비결로 간주되는 군중노선은 기층 간부들로 하여금 인민들의 실태와 욕구를 구체적으로 파악해 상부로 전달하고 이를 반영해 결정된 공산당의 정책을 실행하는 데 인민들의 적극적 지지와 참여를 끌어내는 핵심적인 역할을 맡도록 하였다.115) 기층 간부들의 이러한 역할은 혁명 이후 사회주의체제를 확립하고 경제발전을 추진하는 과정에서도 계속 기대되었다.116)

제3절 북한 관료문화에 관한 분석틀

1. 북한 관료문화의 개념

북한의 공간문헌에서 '관료문화'를 공식적으로 사용하고 있지는

---

114) Andrew G. Walder, *Communist Neo −Traditionalism: Work and Authority in Chinese Industry*(1986); Jean Oi, *State and Peasant in Contemporary China*(Berkeley: University of California Press, 1989).

115) 김일평, 『중국혁명과 군중노선』(서울: 정음사, 1987); Mark Selden, *The Yenan Way in Revolutionary China*(Cambrige: Harvard Universty press, 1971).

116) 서재진·조한범·장경섭·유팔무, 『사회주의 지배엘리트와 체제변화』, pp.73 − 76.

않다. 다만, '관료주의'를 "착취사회의 산물이며 적대적 계급사회에서 근로인민을 착취, 억압하기 위하여 착취계급이 쓰는 고유한 반인민적 통치방법이다. 그러므로 관료주의는 착취계급이 청산되고 근로인민이 나라의 주인으로 되어 있는 사회주의사회에서는 용납될 수 없다. 관료주의는 또한 모든 근로자들을 착취와 억압에서 해방하며 그들의 자유와 행복을 위하여 싸우는 공산주의자들의 혁명투쟁의 목적과도 근본적으로 배치된다. 사회주의사회에서 관료주의가 나타나게 되는 것은 낡은 사상 잔재와 주관주의가 있기 때문이며 혁명적 군중관점이 서 있지 않고 정치적 식견과 사업능력이 어리기 때문이다. 관료주의는 여러 가지 형태로 나타난다. 그것은 일꾼들이 아래 실정을 모르고 무턱대고 내리먹이며 틀만 차리고 자기 사업을 면밀히 연구하지 않으며 자기가 맡은 일을 책임적으로 집행하지 않는 데서, 직권을 가지고 군중을 억누르는 데서, 군중 속에 들어가지 않고 군중에게 명령, 호령하고 위협, 공갈하는 데서 인간성이 없고 인민생활에 무관심한 데서, 군중의 신소와 청원을 잘 받아들이지 않는 데서, 개인의 안일과 공명, 출세를 위해 자기의 직권을 악용하며 세도를 쓰는 데서 나타난다."117)라고 함으로써 관료문화의 한 형태를 부정적 관점으로 표현하고 있다.

이와 관련하여 북한의 조선말대사전에서도 관료주의, 관료화에 대하여 '관료주의'는 "① 착취사회에서 봉건제도나 자본주의제도하에서 관료배들이 강권을 휘두르면서 인민들을 억압하고 착취하는 반

---

117) 『정치사전』(평양: 사회과학출판사, 1973), pp.191 - 192.

인민적 통치방법, ② 인민대중의 의견을 귀담아듣지 않고 아래 실
정을 알려고 하지 않으며 대중의 의사와 어긋나고 현실에 맞지 않
는 것을 무턱대고 내리먹이면서 인민들의 이익에 대치되는 행동을
하며 호령과 욕설로 사업을 배치함으로써 혁명에 손실을 주고 당과
대중을 이탈시키는 유해로운 낡은 사업 방법이나 작풍"으로, '관료
화'는 "사업방법이나 사업 작풍에서 낡은 사회의 반인민적 관료들
이 하는 것처럼 하거나 되는 것"118)으로 규정하여 위의 내용과 별
차이가 없음을 알 수 있다.

일반적으로 부정적 의미의 관료주의와는 달리 관료제(bureaucrac
y)119)는 상하계층의 존재, 규칙에의 의존, 분업과 전문화 등의 특징
을 가진 법적 권위에 기초를 둔 대규모 조직을 말한다.

한편 북한 관료문화를 현실의 설명을 위한 도구로 사용하기 위해
서는 좀 더 조작적으로 개념(operational definition)을 정의하지 않
으면 안 된다. 관료문화 개념은 비교적 체계화된 이론으로서 이른바
유교 내지는 유학을 통해 접근하는 방법이 있을 수 있다. 그렇지만
유교문화120)는 단순히 이념이나 이론이 아니라 복잡한 역사적 실제

---

118) 『조선말대사전 1』(1992), p.512.

119) 김일성도 마르크스나 레닌의 견해에서 나타나는 바와 같이 관료제에 관하여 부정적
    입장을 견지하면서, 끊임없이 '관료주의'에 대해서 비판하고 퇴치할 것을 강조한다.
    그러나 김일성의 이러한 비판은 '관료주의'에서 나타나는 병폐이지, 근원적으로 관료
    제 자체를 부정한 것은 아니었다. 김일성의 관료제의 부정적 요인에 대한 시정·개
    혁의 구체적 표현이 '군중노선'에 입각한 '청산리방법'이나 '대안의 사업체계'라고 할
    수 있다. 백인학, 『북한의 사회주의건설과 체제성격 변화에 관한 연구』(고려대학교
    대학원 정치외교학과 박사학위논문, 1991), p.72.

120) 유교문화의 요소로는 서구의 개인주의와 다른 공동체적 구속성, 위계, 질서와 안정,
    권력형태의 이중성, 수직적 권력관계, 수평적 관계의 부재, 중앙집권적 관료제와 각기

에서 구체적인 형태로 존재해 왔다는 점을 고려한다면, 유교문화의 특정한 측면에 초점을 맞추지 않으면 안 된다.

따라서 본 연구에서는 북한 관료문화란 "북한 관료들이 그 사회의 전통문화 및 사회주의 정치문화, 당－국가 관료제 그리고 통치이데올로기로서 독특한 주체사상으로 형성된 행정구조에 대해 지니고 있는 특유의 관념, 상징, 유형화된 형태 및 그 행동·생활양식의 총체"를 의미하는 것이라고 규정하고자 한다.

2. 북한 관료문화의 형성 요인

1) 정치문화

(1) 유교적 가부장제 전통문화

북한 관료문화의 정치 문화적 요인으로 유교적 가부장제 전통문화를 들 수 있는데 이는 북한 사회주의체제의 특성에서 연유한다고 볼 수 있다.

사회주의적 지배구조는 계획경제와 당 조직에 의해 형성되었다. 현실 사회주의국가들은 체제에 대한 반대를 줄이고 정당성을 확보하기 위해 감시활동과 사회적 재분배와 복지에 대한 약속을 활용하였다. 이 가운데 사회적 재분배와 복지에 대한 약속에 주목하여 사

단절된 촌락, 단위사회 등이 지적되고 있다. 김영진·배정한·이상준·장덕준, 『탈사회주의체제전환과 문화』(서울: 아카넷, 2006), p.19.

회주의적 지배구조의 특징을 가부장제(paternalism)에 비유하기도 한다.[121]

가부장제는 수령이 모든 사회자원을 소유하고, 사회구성원들에게 분배해 준다는 의미다. 이를 통해 당 - 국가는 주민들의 충성을 유도하는 것이다. 특히 북한체제의 경우에는 '사회주의 대가정론', '어버이 수령' 등의 담론에서 알 수 있듯이 가부장적 특징이 견고하게 구조화되어 있다.

물론 사회주의적 지배에 있어 물리적 감시와 제재도 중요한 부문이지만, 이러한 감시활동도 당 조직에 의한 포괄적인 사회적 재분배와 복지기능을 기반으로 이루어지고 있다고 볼 수 있다. 사회주의체제는 바로 이 같은 가부장적 지배관계를 통해 당 - 국가 조직 내부에서 혹은 당 - 국가 조직과 일반주민들과의 관계에서 비교적 높은 수준의 정치적 규율과 지배·피지배관계를 유지해 올 수 있었다.

이같이 가부장적 지배관계는 중앙계획경제라는 독특한 경제조직의 형태, 관료층이나 일반 주민층 모두 그들의 상급자들에 대한 조직화된 의존(organized dependence)관계, 그리고 정치적 행태를 감시하는 많은 수단 혹은 주민층의 정치적 행태에 상응한 상벌(賞罰) 능력에 의해 유지되어 왔다.[122] 이러한 특성들은 사회주의 당 - 국

---

121) 사회주의적 가부장제는 국가소유제 자체가 야기한 결과물로 국가와 관료에 대한 일반 주민들의 의존성을 설명하는 개념이다. 이와 관련 왈더(Walder)는 현대 공산주의 사회는 역사적으로 새로운 체제로서 '제도화된 후견주의(institutionalized clientelism)'라고 규정한다. *Andrew G. Walder, Communist Neo - Traditionalism: Work and Authority in Chinese Industry*(1986), p.8.

122) 정세진, 『북한의 이차경제와 지배구조의 변화에 관한 연구』(서울: 중앙대학교 대학원 박사학위논문, 1999), p.13.

가가 막대한 권력을 지속적으로 행사할 수 있게 뒷받침하는 제도적 기반들이다.[123]

북한 「정치사전」(1973년 판)에서는 관료주의의 형성요인으로 "사회주의사회에서 관료주의가 나타나게 되는 것은 낡은 사상 잔재와 주관주의가 있기 때문이며 혁명적 군중 관점이 서 있지 않고 정치적 식견과 사업 능력이 어리기 때문이다."라고 설명한다.

여기서 '낡은 사상 잔재'란 조선시대의 유교적 봉건사상과 일본의 식민통치 사상을 지칭한다. 즉 북한식으로 표현하면 '착취사회'의 사상을 말한다.

이러한 유교문화는 전통적 관료문화를 권위주의적 특성을 갖게 했으며, 권위주의는 북한의 관료문화 형성에 크게 영향을 미쳤다고 볼 수 있다.

특히 조선시대 유교적 봉건국가에서 형성된 족벌주의(nepotism), 가족주의(familism)와 집단주의 등 가부장적 전통문화는 김일성이 유일지배체제를 확립하는 과정에서 이를 이용하였고 북한 관료들이 민주주의나 법치주의를 경험하지 못한 상태에서 일제 식민통치에서 해방된 후 곧바로 사회주의체제로 이행됨으로써 그것이 상당 부분 왜곡된 형태로 관료들의 인식 속에 잔존하여 이것이 행동을 통해 표출되었다.

조선시대 이래 한국 사회를 지배해 온 유교적 전통은 강력한 절대권력의 통치자에 의한 후원주의적(paternalistic) 통치체제가 북한

---

123) 이무철, "북한의 국가능력 약화와 분권화 가능성," 『북한 실태 (Ⅱ)』 (서울: 통일부, 2000), p. 164.

에 정립되는 데 상당한 기여를 하는 것으로 평가되고 있다.[124]

북한 정치체제에서의 이러한 상황은 치자와 피치자, 즉 당과 인민대중 간의 가부장적 권력관계의 설정을 통해서 정통화되고 있다. 가부장적 권력관계에서 치자와 피치자의 관계는 전자가 후자를 친권적으로 후견하는 관계로 상정되어 있다. 피치자는 자신의 이익을 스스로 인식하거나 방어할 수 없는 것으로 간주되고 있으며, 치자는 그러한 피치자를 대리하여 후자의 이익을 개념정의하고 옹호해 줌을 대가로 자신의 통치권을 정당화하고 있다.[125]

유교적 가부장제 전통문화는 어떤 형태로 북한 관료문화에 나타나는가?

첫째, 엄격한 위계질서이다. 유교식의 엄격한 신분제도에 의한 위계질서 구조는 북한의 조직구성 기본원칙이라고 주장하는 '민주집중제(democratic centralism)'의 실제 운용과정에 영향을 미쳤다고 볼 수 있다. '민주집중제'의 요체는 모든 문제 해결에서 ① 개인은 조직에, ② 소수는 다수에, ③ 하부는 상부에, ④ 전체 성원과 조직은 중앙에 절대 복종하며, ⑤ 하부기관은 상부기관의 결정을 의무적으로 집행하며 상부기관은 하부기관의 사업을 계통적으로 지도하는 것이라고 설명한다. '민주집중제'는 북한 사회에서 실제 적용단계에서는 '집중'만 남고 '민주적' 요소는 도외시되었다.

이는 김일성 1인 독재체제를 정당화하는 논리로 이용됐기 때문이기도 하겠지만 유교적 전통문화 요소도 여기에 어느 정도 영향을

---

124) 통일부 통일교육원, 『2006 북한이해』(서울: 통일부 통일교육원, 2006), pp.30 – 31.
125) 김창희, 『북한정치사회의 이해』, p.430.

미쳤음을 부인할 수 없다고 하겠다. 이 같은 전통이 북한 관료들 속에서 권위주의 행태로 나타났다.

둘째, 족벌주의 요소를 들 수 있다. 이는 북한 권력 엘리트의 상당수가 김일성 - 김정일의 친인척[126]이라는 사실에서도 확인할 수 있다.

셋째, 집단주의 전통이다. 전통사회의 공동생활 원리가 사회주의적 집단주의 원리와 결합되어 나타난 동료 집단 사이의 비교(peer comparison) 혹은 동료집단의 압력(peer pressure)과 같은 경향은 관료주의의 만연 가능성을 높여 준다.

이에 의하면 주변에 있는 관료들이 관료주의화하면 자신도 행동통일의 차원에서 이에 동참하지 않을 수 없게 된다. 이는 관료들 속에서 무사안일주의와 동조과잉 행태를 조장하게 된다.

이와 같이 북한 사회주의체제에 잔존해 있는 전통문화 중 가부장적 요소는 밀폐된 체제에서 관료부패의 중요한 요인이 되고 있다. 물론 공식적으로 북한은 사회주의 건설기에 이러한 전통을 반사회주의적인 것으로 규정하고 반제반봉건 식민주의 차원에서 타파의 대상으로 삼았다. 그럼에도 불구하고 가부장적 전통문화는 김일성이 유일지배체제를 확립하는 과정에서 부당하게 활용됨으로써 그 내용이 상당 부분 왜곡된 채로 잔존해 오고 있다.[127]

북한은 1950년대 이래 유교가 지배계급의 이데올로기로 작동하는 반동적 역할을 수행하고, 인민의 사상적 · 정치적 생활과 윤리도덕

---

126) 현성일, 『북한의 국가전략과 간부정책의 변화에 관한 연구』, pp.135 - 141 참조.

127) 김성철, 『북한 관료부패 연구』, pp.30 - 31.

에 해독을 끼치고, 혁명투쟁을 약화시켜 건설사업과 사회 발전을 방해한다는 인식론적 비판과 함께 이를 신봉하는 것을 금했다. 그럼에도 북한은 유교의 실체를 완전 혁파하지 못한 채 오히려 유교가 지도급 인사 및 주민들의 의식구조와 생활양식 모두에 깊이 존재하고 있는 실정이다. 심지어 유교를 체제유지 차원에서 최대한 활용하는 것처럼 보이기도 한다. 이를테면 유교의 인간 중심 세계관을 수령 중심의 주체사상으로 대체하고, '전통적 가족주의적 정향'을 이용한 유기체적 가족국가관과 사회정치적 생명체론 등을 거론할 수 있다.128)

이와 같이 북한의 경우 유교사상을 봉건적이라고 비판하면서도 실제로는 유교적인 가치체계가 사회 곳곳에 상당히 남아 있으며 오히려 강화된 형태로 작용하고 있다. 즉, 김일성 우상화와 김정일 세습체제가 공고화되면서 유교적인 혈연주의, 가족주의 및 가부장제가 강조되었다. 이렇게 선택적으로 재창출된 유교적 전통은 직접 정권 지향적인 충효정신으로 연결되어 통치이데올로기화되었다.129) 이렇듯 유교주의 정향은 대내외적인 환경과의 끊임없는 교호작용 속에서도 북한의 관료문화 속에 깊숙이 잔존하고 있다.

(2) 전체주의의 정치문화

북한의 정치문화는 전체주의적 독재이다. 특히 오늘날 북한의 정

---

128) 이헌경, "북한의 유교문화 실태 연구", 『통일과 북한 사회문화』 하권(서울: 민족통일연구원, 1995); 김성수, "1990년대 주체문학에 나타난 충효이데올로기", 『현대북한연구』 5권 1호(서울: 경남대학교 북한대학원, 2002), p.213 재인용.

129) 이경숙, "남북한 사회문화의 특성", 숙명여자대학교 통일문제연구소 편, 『남북한 사회문화 비교』(서울: 숙명여자대학교 출판부, 1999), p.35.

치문화는 이른바 주체문화에 내포된 전통적 정치문화의 요소가 혼합되어 전체주의적, 관료주의적, 전제·권위주의적, 민족주의적, 집단주의적, 사회유기체의 물질 문화적 특성으로 나타나고 있다.[130] 소수 공산당엘리트가 대중을 동원하고 조종하며 대중의 적극적 참여와 지지를 요구하는 북한정권의 독재는 대중의 적극적 참여 여부를 고려함이 없이 권력을 유지하고 정당화하려고 노력하였던 전통적 일인독재나 왕조적 전제와 구별하는 의미에서 전체주의적이라고 불리고 있다.

북한노동당은 마르크스·레닌주의의 조직원칙에 입각하여 프롤레타리아독재체제 수립을 위한 중앙지배의 원칙을 확립하여 당을 통치능력의 근간으로 삼고 있으며 이로 말미암아 전체주의적 정치문화의 일반적인 구조인 위로부터의 인조적 정치문화가 형성되어 있다 하겠다.

전체주의 정치문화의 특징인 ① 강제적 역할이 지배적이라는 점, ② 권력의 역할이 기능상 불안정하다는 점, ③ 동질성의 인조화 등에 있다고 한다면 북한은 본질적으로 마르크스·레닌적 이데올로기에 입각하여 이 이데올로기를 구현하는 구체적인 인물로 김일성을 우상화하고 있으며, 이를 정점으로 창조된 제 가치를 전체 북한주민의 가치로 화하기 위하여 이데올로기 목표의 동원조직인 노동당을 유일당으로 하여—물론 우당인 복수정당제를 형식상 취하고 있다—인조적 동질문화를 강제와 폭력으로 정착시켜 놓았다.

---

130) 김영수, 『북한의 정치문화: 「주체문화」와 전통정치문화』, pp.180-187; 윤황, 『북한체제의 지탱력에 관한 분석』(건국대학교 대학원 박사학위논문, 1998), p.470.

그리하여 모든 형식의 조직에는 강제요소가 가득 차 있고 강제가 지배적이라는 예는 레닌의 이른바 국가를 무장한 사람들의 조직체라는 정의에 잘 반영되어 있다.131)

북한체제는 원래 '가지지 않은 자들의 독재'라는 이른바 '프롤레타리아독재'의 원칙을 수용하여 수립된 정치체제였다. 그러나 오늘날 북한체제는 '봉건왕조체제', '부자세습체제' 등으로 평가되고 있다. 이는 다수의 가지지 않은 자들로 시작된 '좌'의 전제형태가 오늘날 강한 자 그리고 우수한 자의 지배형태인 '우'의 전제형태로 바뀌어 왔음을 뜻한다. 이런 특성은 수령의 절대적인 권한과 특출한 자질을 기초로 하여 체계화되고 있는 주체사상의 수령론에 잘 나타나고 있으며, 김일성－김정일 부자세습체제를 정당화하는 후계자론에도 강하게 내재되어 있다.

이렇게 주체사상 이론체계에 전제적 권위주의 특성이 나타나고 있는 원인은 전통문화의 영향력과 이를 통치차원에서 활용한 북한 통치엘리트들의 통치철학에서 찾을 수 있다. 북한의 경우는 공산화 과정에서 전통적 봉건성을 씻어 내는 과도기로서의 혁명적 근대 시민사회 단계를 거치지 않았다. 그 결과 조선조의 정치사회구조가 일제식민통치를 지나면서도 크게 변하지 않았다. 예컨대, 조선조 전통사회의 사회 작동 원리인 삼강오륜에 따른 가부장적 전통, 주자학적 왕도정치사상, 전통적 중앙 집권통치 경향 및 관료제 전통, 신분제에 따른 사회구조와 계급의식, 그리고 일제의 무단적 식민통치, 관

---

131) 민병천 편저, 『북한 공산주의』(서울: 대왕사, 1989), pp.75－76.

존민비적 사고방식 등의 전통적 요소가 존속될 수 있었다. 한편 이런 문화적 요소를 지배체제의 정통성을 확립하는 데 활용하고자 했던 통치엘리트들의 통치철학이 결과적으로 주체사상의 권위주의적 특성을 배태시킨 원인이라고 할 수 있다.

요컨대, 마르크스주의가 러시아 풍토와 결합하여 레닌주의를 낳고 이 마르크스 – 레닌주의가 중국문화에 접합되면서 모택동 사상으로 각색되었듯이, 해방 이후 소련에 의해 유입된 마르크스 – 레닌주의가 이전의 전통문화와 결합하는 과정에서 전제적 권위주의적 특성이 형성되었던 것이다. 특히 북한 정치체제는 레닌주의에서의 일당지배체제를 일인지배체제로 변형시킴으로써 레닌주의에서의 일당독재론과도 다른 통치형태를 만들어 냈다. 즉 레닌은 사회주의를 위해서 전제주의를 내세웠던 반면, 북한은 이와는 달리 사회주의를 위해서라기보다는 김일성 수령을 위하는 전제주의를 목표로 삼았던 것이다.[132]

2) 관료제

일반적으로 당 – 국가 관료제에서는 '당의 우위성'과 '당의 절대성'을 원칙으로 하나 북한의 경우는 '수령의 유일적 영도제'에 의해 당의 절대성보다는 수령의 절대성이 강조되어 모든 권위의 원천을 수령 1인에게 한정시키고 있다. 따라서 당은 수령의 지배를 실현하

---

132) 김영수, "국가 이데올로기의 변화: 이데올로기적 국가장치의 역할을 중심으로", 최완규 엮음, 『북한의 국가성격 변용에 관한 연구: '예외국가'의 공고화』(서울: 한울아카데미, 2001), pp.92 – 93.

기 위한 권력적 도구로서의 성격을 띠며, 당과 국가의 관계도 이러한 수령의 절대적 지위를 전제로 설정되었으며, 1972년 사회주의 헌법이 제정된 이후부터는 국가의 역할이 상대적으로 강화되었다.

또한 다른 사회주의국가와 마찬가지로 북한도 민주주의 중앙집권제(Democratic Centralism)를 통치구조에 관한 기본원칙으로 채택하고 있다. 이로 인한 북한 관료제의 특징은 중앙집권제와 집중화 현상이다. 한 걸음 더 나아가 수령의 유일적 영도제와 결합하여 수령 1인에게 모든 권력을 집중시키는 결과를 초래하고 있다. 다시 말하면 북한 관료제는 민주주의 중앙집권제와 수령의 유일적 영도제에 의해 수령에 대한 극단적인 권력집중 현상 및 과도한 중앙집권 현상과 국가기구 내에서도 행정상의 집권이 심화되고 있다.[133]

북한을 위시한 20세기 사회주의사회에서 국가는 경제와 사회에서 '조정'의 역할을 떠맡는다. 특히 소유관계가 국가적 소유로 되어 있어 이를 조정하기 위한 거대한 관료기구가 설립된다. 정치영역뿐 아니라, 생산과 사회에 대해서도 관료적으로 조정을 실시한다. 이를 '관료적' 조정 양식이라고 할 수 있는데, 이는 이 체제가 행정적 위계제에 의해 형성되었기 때문이다.[134]

따라서 북한의 관료제도 조직의 엄격한 계층제, 점증하는 능률성 및 전문성 추구 등 관료제적 일반성을 지니고 있다. 그리고 정치기

---

133) 이강래, 『북한관료제의 성격과 변화과정에 관한 연구: Max Weber의 관료제 이론을 중심으로』, p.246.

134) Micheal Burawoy 저·정범진 역, 『생산의 정치: 자본주의와 사회주의의 공장체제』(서울: 박종철출판사, 1999), p.22. [*The Politics of Production: Factory Regime Under Capitalism and Socialism*(London: Verso, 1985)] 참조.

능과 관료기능의 중첩 또는 융합현상, 정치화된 관료제, 당관료와 국가 행정 관료로 이원화되어 있으면서도 한 덩어리의 일체성을 이루고 있는 것이 북한의 관료제이다.135)

(1) 당 – 국가 관료제

북한체제에서는 당 – 국가관료체제(party – state bureaucracy)로 집약되는 정치적 권위구조의 정통성이 대중의 동의에서 연원하지 않을뿐더러 대중들의 요구(Input)가 자율적인 집단형성을 통하여 행정과정에 투입될 수 없다. 따라서 대중은 참여의 주체가 아닌 지배 내지 동원의 객체로서 존재하며, 서구 민주주의체제에서 볼 수 있는 다원적이고 경쟁적인 정당, 자발적인 결사체로서의 이익집단이 존재하지 않는다.136)

당 – 국가체제는 중앙집권적이고 훈련된 당이 정치권력을 독점하여 당관료제를 국가 관료제 위에 포개어 놓고, 사회의 모든 공공기관과 단체들로 하여금 당 지도자가 결정한 목표달성에 종사케 하는 체제라고 할 수 있다.

소련을 비롯한 공산국가의 당 – 국가 관료제는 ① 국가계서제에서의 상관에 대한 종속과 당 기구에의 종속이라는 국가기구 또는 국가 관료의 이중적 종속, ② 모든 수준의 국가 관료들의 당 가입, ③ 국가 관료제 내에서의 상호 통제와 엄격한 감독체계, ④ 지방당위

---

135) 김창희, 『북한정치사회의 이해』, pp.48 – 49.

136) 박완신, 『신 북한행정론』(서울: 지구문화사, 2002), p.186.

원회의 지도와 당세포 및 당원들에 의해 행해지는 공공기관, 관청들, 기업체에 대한 통제체계 등 제 원칙에 기초하고 있다.

그리하여 공산국관료제는 당－국가관료에 의한 지배 및 정치현상이 야기되고 있을 뿐만 아니라, 정치적 기능과 관리제적 기능이 결합됨으로써 '관료기능의 정치화' 또는 '정치화된 관료화'가 창출되어, 정치적 내용이 충만한 일당행정이 심화되어 있다.

이 같은 현상은 정치와 행정을 일체화시키고, 당계서제·행정계서제의 겸직 내지 구성원의 중첩현상을 촉진시켰으며, 이중구조의 당관료와 국가행정관료가 당 통제와 지시 속에서 일체화되거나 융합된 일원론적 특수관료제로 발전되었고, 또 위로부터 말단에 이르기까지 정치화된 관료제는 이른바 최고권력적(주권적)관료제(sovereign bureaucracy)로서의 특수성을 지니고 있을 뿐만 아니라, 마이어(Alfred G. Meyer)의 주장처럼 '거대한 복합적 관료제(A large complex bureaucracy)' 또는 '전 사회에 확산된 거대한 현대적 주식회사와 같은 관료제'로 볼 수 있다.

공산주의국가에서는 전문관료라 할지라도 그들이 누려 온 기득권의 보전이라는 측면에서 새로운 변화에 대한 두려움을 갖고 있다는 것이며, 더구나 비전문적 당관료들은 '변화에 대한 저항'이 심하다는 것이다. 그리하여 일종의 '관료적 보수주의'가 팽배해 있는 경우가 허다하지만 산업화의 추세에 따라 합리성과 전문성을 증진하려는 개혁성이 강력하게 대두되고 있는 한편, 제도적 운영 면에서 새로운 변화에 저항하는 보수성이 또한 강고하게 자리 잡고 있는 이중 구조적 대립과 갈등상황이 반복되어 왔다.137)

북한에서도 통제의 효율성 강화와 정책의 통일성, 정책갈등 등의 원활한 조정을 위하여 당의 계층제와 행정기구의 계층제를 이른바, 이중직제도(device of dual office holding) 내지 구성원 중첩(membership overlap) 등을 통해 밀접히 연결, 유기적인 통제를 하고 있다. 즉, 북한 권력구조의 핵심기관들 간에 그 기능과 역할이 상이함에도 불구하고 한 사람이 여러 기관의 직을 맡고 있다. 이러한 극소수의 차별화되고 선택된 엘리트들에 의한 통제 위주의 관료체제 운영은 자연히 전문성보다는 당성이나 충성심, 혁명성을 강조하게 되고, 폐쇄적인 운영구조를 갖게 된다.[138]

그 결과 권력을 행사하는 사람과 그렇지 않은 일반 대중 사이에는 신분에 따른 괴리가 발생하고, 업무와 관련된 합목적적인 행위보다 원래의 의도에서 벗어난 일탈행위가 발생하는 경우가 많다. 이것은 흔히 관료주의라는 이름으로 오래전부터 비판의 대상이 되어 온 것으로서, 후원 - 수혜관계, 책임회피, 뇌물수수 등 수많은 관료부패의 근원이 된다.[139]

(2) 중앙집권적 권력구조

민주주의 중앙집권제(Democratic Centralism)는 사회주의적 통치구조에 관한 기본원리이며[140] 북한 관료제 구성의 원칙이다.

---

137) 백인학, 『북한의 사회주의건설과 체제성격 변화에 관한 연구』, pp.69 - 72.

138) 전신욱, "정권기관과 행정체제", 민병천 외, 『북한학 입문』(서울: 도서출판 들녘, 2001), p.105.

139) 김성철, 『북한 관료부패 연구』, p.25.

이러한 민주주의 중앙집권제의 원칙은 노동당 규약 제11조에 수용되어 있으며 이것은 다음과 같은 네 가지 원칙으로 구성되어 있다. 첫째, 당원은 당 조직에 복종하는 '조직우위의 원칙', 둘째, 소수는 다수에 복종하는 '지수지배의 원칙', 셋째, 하급 당 조직은 상급 당 조직에 복종하는 '상급 당 조직 우위의 법칙', 넷째, 전체 당 조직은 중앙위원회에 복종하는 '중앙지배의 원칙'이 그것이다.[141]

또한 북한의 현행헌법 제5조에서는 "조선민주주의인민공화국에서 모든 국가기관들은 민주주의 중앙집권제 원칙에 의하여 조직되며 운영된다."고 규정하여 국가기구 구성의 원칙으로 채택되고 있다. 북한은 민주주의 중앙집권제에 대하여 "사회주의 헌법은 민주주의 중앙집권제를 국가기관들의 조직과 운영의 기본원칙으로 확고히 규정함으로써 프롤레타리아독재의 강력한 무기인 우리 국가기관들의 기능과 역할을 끊임없이 높여 나갈 수 있는 튼튼한 법적 담보를 마련하여 주었다."고 설명한다.[142]

또한 북한은 "국가기관 조직과 활동에서 민주주의 중앙집권제 원칙은 인민들의 지방적 창발성과 독자성을 최대한으로 발양시키는 조건하에서 나라의 사회, 경제, 문화생활의 기본문제들에 대한 중앙적인 통일적, 계획적 지도를 보장한다. 따라서 민주주의 중앙집권제는 상호 연관되고 상호 의존하는 두 측면—민주주의적 측면과 중앙

---

140) 장명봉, "북한의 사회주의 헌법", 전인영 편, 『북한의 정치』(서울: 을유문화사, 1990), p.189.

141) 전용헌, 『북한정치체제의 변화에 관한 연구』(고려대학교 대학원 박사학위논문, 1991), p.73.

142) 『조선민주주의인민공화국 사회주의 헌법해설』(평양: 인민과학사, 1973), p.12.

집권적 측면으로 이루어지고 있다.143)고 주장한다. 이와 같이 민주주의 중앙집권제는 민주주의적 측면과 중앙집권적 측면이 상호 유기적으로 결합되어 있다.

민주주의적 측면이란 "각급 주권기관들을 비롯한 행정기관, 재판기관 등을 인민대표들로 구성하고 자기의 사업에 대하여 인민 앞에 책임지게 하며 모든 국가기관들이 인민대중의 의사와 요구에 기초하여 결정을 채택하고 그에 따라 활동하며 인민대중을 국가사업과 국가관리에 일상적으로 참가시키며 지방의 창발성을 전면적으로 발양시키는 것" 등을 기본 내용으로 한다. 또한 중앙집권제란 "아래 기관이 위 기관에 복종하고, 위 기관의 결정·지시를 의무적으로 집행하며, 지방기관은 중앙기관에 복종하고 중앙기관의 통일적 지도 밑에 움직이며 모든 국가기관들은 수령의 명령 지시에 무조건 복종하고 그것을 어김없이 집행하며 수령의 유일적 영도 밑에 움직이는 것"을 의미한다.144)

그러나 북한에서의 민주주의 중앙집권제는 실제로 '민주주의'보다는 '중앙집권'에 중점을 두고 있음을 알 수 있다. 북한은 "사회주의 국가기관의 조직과 활동원칙으로서의 민주주의 중앙집권제는 본질에 있어서 중앙집권제하에서의 민주주의, 즉 중앙집권제를 선행시키는 조건에서의 민주주의다. 바로 여기에 민주주의와 중앙집권제의 호상관계의 특징이 있다."고 주장하여145) 민주주의 중앙집권제는 본

---

143) 과학원 경제법학연구소 편, 『조선민주주의인민공화국의 국가사회제도』(동경: 일본평론사, 1963), p.113.

144) 사회과학출판사 편, 『주체사상총서 제9권: 영도체계』(서울: 지평, 1989), p.154.

질상 "중앙집권제 아래에서의 민주주의, 즉 중앙집권제를 선행시키는 조건에서의 민주주의를 의미하여 민주주의보다는 중앙집권제에 초점을 두고 있음"을 알 수 있다.

결국 북한에서는 민주주의 중앙집권제에서의 '중앙'이란 국가 주석을 의미하는 이상 결과적으로 국가주석의 1인 집권체제를 보장하기 위한 제도적 장치에 불과한 것이라고 할 수 있다.[146]

한편 북한 사회주의 헌법의 규정에도 불구하고 형식적인 것으로 제한된 범위 내의 민주주의 방식만 허용할 뿐이며 현실적으로는 엄격한 권력 위계질서를 강조하고 있기 때문에 이러한 원칙이 지켜지지 않고 있다. 명목상으로는 하부조직의 결정이나 의견 등이 상부에서 수용되고 상부조직의 결정이 하부조직들에 의해 무조건 받아들여지는 것은 아니지만 실제적으로는 상부의 결정이나 지시를 하급조직에서 번복한다는 것은 거의 불가능하며,[147] 만약 상부의 결정과 지시를 거역하는 경우에 상급조직 검열위원회의 징계조치 대상이 된다.

이러한 민주주의 중앙집권제를 채택한 북한 관료제가 갖는 특징은 철저한 중앙집권제와 집중화 현상이다. 한 걸음 더 나아가 수령의 유일적 영도제와 결합하여 수령 1인에게 모든 권력을 집중시키는 결과를 초래하고 있다. 다시 말하면 북한 관료제는 민주주의 중앙집권제와 수령의 유일적 영도제에 의해 수령에 대한 극단적인 권

---

145) 사회과학출판사, 『주체의 사회주의 헌법리론』(평양: 사회과학출판사, 1977), p.135.

146) 김운용, "북한의 헌법과 권력구조", 『북한법률행정 논총 제5집』(고려대 법률·행정연구소, 1982), pp.16 - 17.

147) 전인영, "조선노동당: 북한사회의 지도세력", 전인영 편, 『북한의 정치』(서울: 을유문화사, 1990), p.214.

력집중 현상 및 과도한 중앙집권 현상과 국가기구 내에서도 행정상
의 집권이 심화되고 있다.148)

이와 같이 사회주의사회의 조직 원리는 민주주의적 중앙집권제
원칙에 기초하며, 이는 경제 관리에도 적용된다. 민주주의적 중앙집
권제란 지도와 대중의 결합, 위로부터 국가의 중앙집권적 지도와 밑
으로부터 대중의 창발성의 결합을 의미한다.149) 여기서 지도의 기
본 임무는 대중의 창발성과 적극성, 자각성을 촉진 발양시키는 것이
다. 그러나 일부 행정경제 지도간부들은 대중의 창발성과 적극성,
자각성을 오히려 저해하였다. 대중 지도에서 관료주의였으며, 앞서
나가는 대중과 이를 가로막는 지도 사이의 모순과 갈등이었다.

3) 통치이데올로기

북한 관료문화의 지배이념은 마르크스 - 레닌주의가 아닌 주체사
상이다.

주체사상이 북한 관료문화의 지배이념으로 채택됨에 따라 북한
관료문화는 어떤 공산국가보다도 이념적 색채가 강한 특징을 나타
내고 있다.

지배적 이데올로기는 지배엘리트가 누리고 있는 정치적 독점을
운영하는 일련의 원칙들을 대변하거나 또는 그러한 정치적 독점을

---

148) 이강래, 『북한관료제의 성격과 변화과정에 관한 연구: Max Weber의 관료제 이론을
    중심으로』, pp.73 - 75.
149) 김정일, "경제 건설에서의 인민 정권의 조직적 및 지도적 기능", 『근로자』 1957년 제
    6호, p.29.

합리화하는 것이다. 그들은 인민들이 추종자가 되어 당 지도자들의 무차별한 이념적 지도에 무관심하기를 바란다. 반면에 노동자, 농민, 근로인테리들은 제한된 참여에 못마땅해 한다. 그러나 한편에서는 모든 사람들의 적극적인 참여를 통해 공산주의는 달성된다는 태도를 지니고 있다. 다시 말하면 인민들은 참여에 대하여 무관심한 것은 아니지만, 추종자로서의 역할을 오히려 선호하고 있으며 복종적인 참여로써 그들의 역할에 만족한다고 볼 수 있다.150)

북한에서 주체사상은 이 양자를 만족시켜 주고 있는 사상으로 보인다. 주체사상이 '인간중심의 세계관이며 인민의 자주성을 실현하기 위한 혁명사상'이라 하여 인민들의 주인의식을 강조하는데, 그 속성을 보면 수령의 지도를 받아야만 인민의 자주적 창조적 입장에 설 수 있다는 수령의 지배논리를 유도하고 있다. 북한은 우리의 전통문화와 완전히 이질적인 정치이념인 마르크스-레닌주의를 그대로 북한에 이식하기 위하여 초기에는 공산주의 교양을 계속 정치 사회화시켰다. 그리고 내외의 정세가 변함에 따라 그들의 통치이데올로기를 마르크스-레닌주의에서 김일성 주체사상으로 수정을 가하였다.151) 김일성이 1960년대 이후 주체사상을 강조하면서 비정상적인 이데올로기화를 진행시켰다. 수령제는 조선시대의 봉건제도와 마찬가지로 봉건적 승계라고 할 수 있다. 그 후 김정일은 김일성의 혁명사상과

---

150) 김재영 외, 『정치문화와 정치사회화』(서울: 형설출판사, 1990), p.365; 김창희, 『북한정치사회의 이해』, p.53.
151) 신광민, 『북한 정치사회화 과정에서의 군의 역할』(서울: 동국대학교 대학원 박사학위 논문, 2003), p.33.

정치체제의 기본원리를 발전시키면서 김일성의 항일 빨치산을 찬양하고, 북한의 자주독립정신과 정통성 유지를 위하여 김일성이 이루어 놓은 주체사상을 기반으로 자신의 권력기반을 공고화시켜 나갔다.152)

이와 같이 김정일은 혁명적 수령관에 기초하여 수령의 유일적 지도가 중앙으로부터 말단에 이르기까지 체계적으로 관철됨으로써 당과 국가의 모든 제도·질서가 규율되도록 유일지도체계를 확립하였다. 유일지도체계는 혁명적 수령관, 사회정치적 생명체론 등 주체사상의 이론화 작업에 의해서 정당화되고 있으며, 사회정치적 생명체는 혁명적 수령관에 기초해서 형성된 당·국가·사회를 포괄하는 총체적 의미의 사회체제로 규정될 수 있다.153)

이렇게 주체사상이 북한의 정치 분야뿐만 아니라 사회의 전 분야를 총괄하고 북한 사회 구성원을 동원할 수 있는 이념적 문화로 작동할 수 있었던 것은 무엇보다도 김일성을 비롯한 북한 통치엘리트들의 노력에 기인한다고 할 수 있다. 즉 새로운 체제에 맞는 새로운 정치문화를 그리고 「주체」라는 명분에 적합한 관료문화를 형성해 가려는 꾸준한 교화작업(indoctrination)의 결과라고 할 수 있다. 아울러 「주체」의 내용이 민족적 자긍심을 내세우고, 반사대주의를 표방함으로써 주체사상 자체가 인민들이 거부할 수 없는 요소를 내포하고 있었다는 것도 큰 요인이라 할 수 있다.154)

---

152) 이종국, "김정일체제의 수령제와 당·정·군 관계", 오일환 외, 『현대북한체제론』(서울: 을유문화사, 2000), p.197.

153) 최대석, "주체사상과 북한체제", 오일환 외, 『현대북한체제론』(서울: 을유문화사, 2000), pp.170 – 173.

154) 김영수, 『북한의 정치문화: 「주체문화」와 전통정치문화』, p.61 참고.

3. 분석틀

북한의 관료문화는 전통 문화적 요인으로 유교적 가부장제 전통 문화와 전통적 공동체 의식에 의한 집단주의 문화가 형성되었다. 사회주의 정치 문화적 요인으로는 산업화(축적)전략 갈등에 따른 종파주의, 지방·가족·연고주의(nepotism) 등의 관료문화가 나타나며, 갈등 극복과 관료문화의 병리현상인 관료주의를 극복하기 위한 방편의 하나로 동원화와 군중노선이라는 집단적 성격의 모습이 주요 형태를 이루며 나타난다. 이러한 북한의 군중노선은 관료문화를 전체주의적인 동원체제적 성격을 띠게 하였다.

북한 관료제는 공산관료제의 일반적 특색에 따르면서도 후진적이고 가장 경직된 것임을 알 수 있다. 김일성은 장기간에 걸친 1인체제하에서 군비증강과 중공업에 치중하고, 농업협동화(집단화) 방식을 취하며, 기술과 절약과 교육을 강조하고, 여러 가지 대중동원 방법에 의거해서 성과를 올리려고 하였으며 당을 중심으로 광범한 계획과 통제를 실시하였다. 당을 최고로 하고 그 밑에 소위 사회주의적 생산관계를 수립하고 국방력과 경제력을 강화한다는 미명하에 민중은 극한적인 혹사와 강행을 당하고 있다고 하겠고, 소위 '국가주권기관'과 '국가관리기관'을 구별하여 관료제는 당을 떠나서는 생각할 수 없고 당 집권화의 희생물이 되었다.155)

이를 위한 지도-대중의 결합과 사회적 재생산의 극대화를 위한

---

155) 이서행, 『새로운 북한학: 분단시대 통일문화를 위하여』(서울: 백산서당, 2002), p.169.

현지지도는 행정과정에 대중의 참여와 현장지도를 강조하는 장점이 있지만 민주주의 중앙집권제의 구조 속에서 이루어지게 되어 중앙통제의 틀을 벗어나지 못하는 한계가 있다. 또한 대중동원은 관료제의 공식화와 제도화 수준을 낮추어서 근대관료제로의 발전을 저해하고 전문 관료에 의한 전문성과 기술성을 확보하기 어려워서 행정의 질적 저하를 초래하는 측면도 있다.

한편 통치이데올로기로서의 주체사상은 마르크스 - 레닌주의를 북한 실정에 창조적으로 적용하기 위한 실천이데올로기로서의 발전전략으로 기능했다고 볼 수 있으며, 관료문화의 사회주의적 행동양식 개조를 위한 기제로도 활용되었다.

따라서 북한의 관료문화는 전통문화 및 사회주의 정치문화, 당 - 국가 관료제 그리고 통치이데올로기로서 독특한 주체사상의 구조적 동인에 의하여 형성되어 왔다. 초기 사회주의체제 건설기에 집단주의의 관료문화는 정(正)의 동인으로 작용하였으며, 김일성이 지속적으로 비판하여 온 관료주의 등은 부(負)의 동인으로 작용하였다. 이에 본 책에서는 북한 관료문화의 구조와 형성요인 분석을 통하여 북한 관료문화의 특성을 주체문화의 순기능적 관료문화가 정(正)의 동인으로 작용하는 주체 기능적 관료문화와 주체문화의 역기능적 관료문화가 부(負)의 동인으로 작용하는 주체 역기능적 관료문화, 그리고 모순적 주체문화와 역기능적 관료문화가 부(負)의 동인으로 작용하는 주체 모순적 관료문화로 규정하였다.

이후 북한의 관료문화는 전통 문화적 요인으로 공동체 의식에 기초한 집단주의 문화가 개인주의적 문화로 변질되며, 계획실패로 인한 정치적 보상체계의 변화는 일탈의 관료문화를 가져옴으로써 사회주의 정치 문화적 관료문화가 변화하는 촉매제 역할을 하게 된다. 이와 같은 맥락으로 주체사상의 인식·생활양식의 변화는 지배이데올로기의 변화와 위기관리 방식으로서의 선군사상이 대두된다. 그러나 선군정치하의 당-국가 관료제는 지속하면서 비사회주의 현상과의 반관료문화 투쟁은 계속된다.

따라서 북한 관료문화 흐름의 변화를 다음과 같이 전망할 수 있다. 먼저, 정치 문화적으로는 전통적 집단주의 관료문화의 변화와 실리주의 정치문화 확산, 다음으로 관료제는 선군정치하의 당-국가 관료제 속에서 반사회주의적 관료문화는 지속된다. 끝으로 주체사상을 구현한 선군사상이 위기관리 방식의 작동 원리로 기능한다.

이와 같은 북한 관료문화의 분석틀을 그림으로 그리면 다음과 같다.

〈그림 2-1〉 북한 관료문화의 분석틀

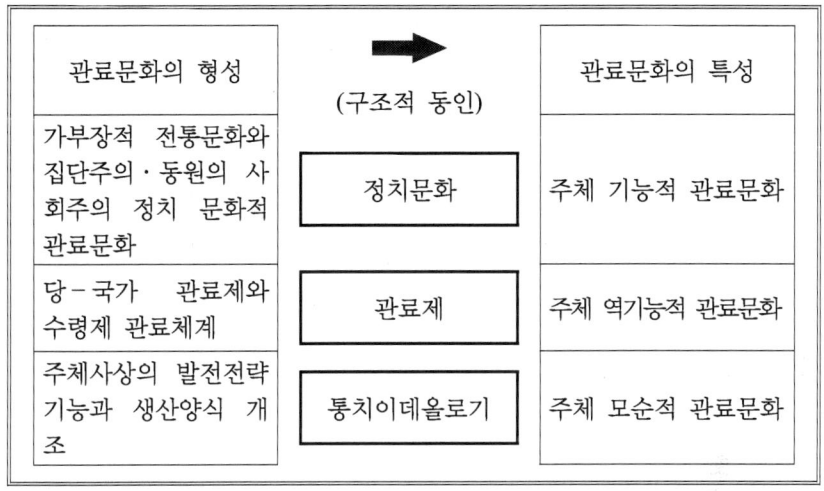

관료문화의 형성	(구조적 동인)	관료문화의 특성
가부장적 전통문화와 집단주의·동원의 사회주의 정치 문화적 관료문화	정치문화	주체 기능적 관료문화
당-국가 관료제와 수령제 관료체계	관료제	주체 역기능적 관료문화
주체사상의 발전전략 기능과 생산양식 개조	통치이데올로기	주체 모순적 관료문화

관료문화 흐름의 변화 전망

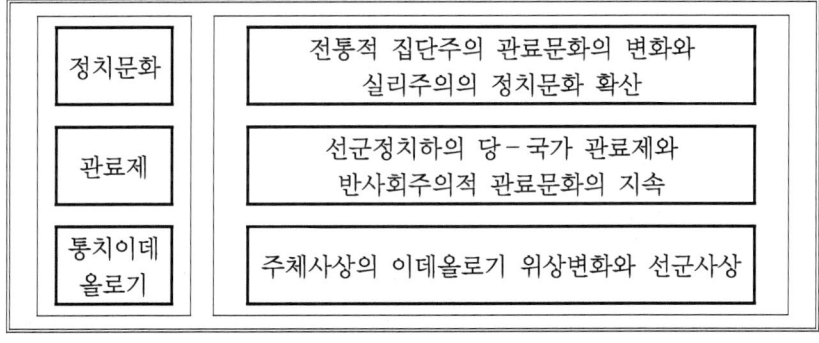

정치문화	전통적 집단주의 관료문화의 변화와 실리주의의 정치문화 확산
관료제	선군정치하의 당-국가 관료제와 반사회주의적 관료문화의 지속
통치이데올로기	주체사상의 이데올로기 위상변화와 선군사상

제3장 북한 관료문화의 구조와 형성

북한의 관료문화는 전통문화 및 사회주의 정치문화, 당 - 국가 관료제(Party - State Bureaucracy) 그리고 통치이데올로기로서 독특한 주체사상의 구조적 동인에 의하여 형성되어 왔다.

북한에서 관료문화는 한국전쟁을 거치면서 본격적으로 제기되었다. 북한은 한국전쟁 이후 간부들의 지도 수준 제고를 가장 중요한 문제로 규정하고, 이를 위해 무엇보다 관료주의 퇴치를 가장 중요한 과제로 내세웠다. 관료주의[1] 문제는 1954년 3월 당중앙위원회 전원회의와 특히 1955년 4월 당중앙위원회 전원회의에서 전면적으로 제기되었다.

김일성에 따르면, 관료주의란 당과 대중을 이탈시키는 반인민적 사업 작풍을 총칭하며, 인민을 위한 진정한 복무와 대립되는 개념이

---

1) 관료주의 문제는 국제 공산주의 운동이 공통적으로 직면했던 문제였다. 관료주의는 사회주의 계획경제의 불가피한 산물이지만, 스탈린식 발전 모델은 정책 결정의 과도한 중앙집중화로 국가 행정 관료 조직의 '관료화'를 더욱 조장하는 것이었다. 관료화의 결과는 일상화와 안정화로서 조직에서 활력을 빼앗고, 당 정책의 집행을 방해하는 것이었다. 최고 지도자의 명령이 중간층의 복잡한 관료 장치에 매몰되어 하부에서 행동으로 전환되지 못하였던 것이다. 이것은 소련과 중국 모두의 공통적 현상으로서, 정책 결정권자에 대한 이와 같은 관료적 제약은 '지방주의'로 비판되었다. 지방주의란 상부의 의도보다 자기가 소속된 개별 조직의 이익에 일차적으로 헌신하는 것을 의미했다. 조직이기주의에 기초한 관료적 이익의 추구였다. Franz Schurmann, *Ideology and Organization in Communist China*(Berkeley and Los Angeles, University of California Press, 1968), pp.238 - 239.

다.[2] 따라서 반인민적인 것은 모두 관료주의로 규정된다. 그러나 인민대중을 위한다는 구실 밑에, 개별 생산 단위에 속한 개별 대중들의 이익을 위해 기업소에서 생산 계획을 적게 세우려 하거나 협동농장에서 농산물 수확고를 의도적으로 적게 보고하는 등의 기관본위주의, 지방본위주의 역시 반인민적인 것으로 비판되었다. 경제사업에서 내부 예비를 사장시키는 것도 관료주의로 비판되었다.[3]

따라서 북한의 관료문화는 전후 종파주의 등 정치적 혼란과 경제·사회적 위기극복을 위한 집단주의·군중노선으로부터 형성되었다고 볼 수 있다.

북한에서는 관료문화의 병리현상인 관료주의를 극복하기 위한 방편의 하나로 집단주의와 군중노선을 채택하여 대중동원을 활용해 왔다. 이러한 집단주의와 군중노선은 건국 후 1960년도까지는 '천리마운동' 형태로, 1960년대에는 '청산리방법'과 '대안의 사업체계'의 형태로, 1973년 이후에는 '3대혁명 붉은기 쟁취운동'을 중심으로 추진되었다. 이러한 북한 군중노선의 확립은 주체적인 사회주의 건설, 중공업우선, 경공업·농업의 동시발전이라는 노선과 긴밀히 결합되어 있다.

특히 천리마운동은 중공업 우선 전략이 주체적인 힘, 북한 대중의 창발력에 의존하여 실현될 수 있음을 보여 준 군중노선의 구체

---

2) 김일성, "관료주의를 퇴치할데 대하여"(조선로동당중앙위원회 전원회의에서 한 보고 1955년 4월 1일), 『김일성저작집 제9권』(평양 조선로동당 출판사, 1980), pp.268–271.

3) 김정환, "당의 통일 단결의 가일층의 강화를 위한 투쟁은 당원들의 선차적 과업", 『근로자』 1957년 제1호, p.14.

적 형태였다. 그에 비해 청산리정신·방법, 대안의 사업체계는 당－국가기관과 대중과의 연계 고리를 형성하는, 즉 사람과의 사업을 선행시키는 군중노선의 실천지침이었다.

따라서 군중노선과 동원의 관료문화는 중공업 우선 전략과 긴밀한 관계를 갖고 형성되었으며, 그 과정에는 정치·사상 투쟁이 동반되었다.

한편 북한의 군중노선은 북한 관료문화를 전체주의적인 동원체제적 성격을 띠게 한다. 그리고 행정과정에 대중의 참여와 현장지도를 강조하는 장점이 있지만 민주주의 중앙집권제의 구조 속에서 이루어지게 되어 중앙통제의 틀을 벗어나지 못하는 한계가 있다. 또한 대중동원은 관료제의 공식화와 제도화 수준을 낮추어서 근대관료제로의 발전을 저해하고 전문 관료에 의한 전문성과 기술성을 확보하기 어려워서 행정의 질적 저하를 초래하는 측면도 있다.

제1절 정치문화와 관료문화

1. 전통문화의 사회주의 개조 갈등과 관료문화

1) 가부장적 전통문화의 사회주의적 개조

(1) 농업협동화와 집단주의

북한에서 가부장제적 전통문화의 사회주의적 개조는 농업협동화를 통한 집단주의과정에서 이뤄졌다.

1946년 초에 실시됐던 토지개혁이 반봉건 민주주의혁명의 기초과정을 이루는 변혁이었고, 봉건적인 지주적 토지소유제도의 폐기와 토지의 재분배를 중심으로 하는 변혁이었다면, 1953년부터 시작된 농업협동화는 소농민경영이 압도적 비중을 점하고 있는 상태하에서 제기된 농업의 사회주의적 개조의 과정이었고, 농민의 집단적 소유제에 기초한 사회주의적인 집단적 대경영으로 이행하는 변혁이었다. 다시 말해 토지개혁이 농민자신의 요구에 기초하고 변혁의 기초에 농민을 두었던 데 반해, 농업협동화는 프롤레타리아의 공업 및 농업의 재편성 과정에 포함되는 변혁의 의미를 지니고 있었다.[4]

농업협동화가 한국전쟁이 종결된 후 바로 제기될 수밖에 없었던 이유는 첫째, 전쟁을 통해 피폐된 농촌경영의 시급한 복구의 필요성과, 둘째, 전쟁 기간 동안 농촌을 중심으로 발생한 이른바 「반동분자」들을 제거하고 농촌을 강화하여 북한을 혁명적 민주기지화해야 하는 데 있었다.[5]

이는 북한 사회를 사회주의체제로 개혁하는 데 있어서 일차적인 성공을 의미하는 것이었고 사회주의의 승리를 장담할 수 있는 근거가 되었다. 왜냐하면 협동화를 시행하는 동안 농업의 산출량은 감소

---

4) 장상환, "토지개혁과 농업협동화 과정의 특질", 염홍철 외, 『북한사회의 구조와 변화』 (서울: 경남대학교 극동문제연구소, 1987), pp.96-97.

5) 장상환, "토지개혁과 농업협동화 과정의 특질", pp.115-116; 김종채, "북한 농촌사회의 변모", 강정구 외, 『북한의 사회』(서울: 을유문화사, 1990), pp.108-109.

되지 않았고, 반대로 그 과정은 생산에서 점차적인 증가를 가져왔기 때문이다. 또한 협동화의 완성은 사회적인 측면에서 착취의 주된 근원이 농촌지역에서 완전히 제거되었다는 것을 의미했기 때문이다.6)

그런데 농업협동화의 또 다른 중요한 의미는 사회구성원의 심리체계 및 문화구조를 전통적인 영역으로부터 벗어나게 할 수 있는 제도적 장치를 마련했다는 데 있었다. 실제로 농업협동화가 진행되는 과정에서 사회성원들은 전통적 가족구조 및 생활관습에서 벗어나 동원될 수밖에 없었고, 새로운 생산방식 및 분배방식으로 인하여 기존의 전통적인 생활패턴 및 사고방식을 바꾸지 않고는 새로운 사회구조에 적응하기 어려웠다. 그 결과 전국적인 농업집단화 조치는 점차 사회구조의 전통적 요소의 성격을 변질시켜 가고 있었다.

무엇보다도 중요한 변화는 가족 권위의 상징인 아버지(父)의 위상변화였다. 북한 사회주의체제에서는 무엇보다도 사유재산권을 인정하지 않음으로 인해서 가정은 가정 중시의 생활영위보다 전체사회에 구속성을 더 갖게 되었다. 즉 자주의 가재권이 상실됨으로 인해 실질적인 가독권을 행사할 수 없게 되고 더욱이 당이나 단체가 식구들을 묶어 둠으로 인해 가장은 형식적인 가족의 대표로 전락하게 되었다. 게다가 1947년에 호적제도를 폐지함으로써 실제로 행사할 수 있는 부권은 미미한 것이 되고 말았다. 이는 전통적으로 인식되어 온 절대적 권위의 산화를 의미하는 것이었다. 전통적 권위의 상징인 부권의 약화와 함께, 가족들의 퍼스낼리티도 조직생활을 통한

---

6) 엘렌 브룬(Ellen Brune)·재퀴스 허쉬(Jacques Hersh) 저·김해성 역, 『사회주의 북한: 북한 경제발전 연구』(서울: 지평, 1988), pp.100 - 101.

집단활동을 함으로써 지금까지의 내향적이고 가족의존적인 성향에서 점차 외향적이고 집단 중심적으로 변하고 있었다.[7]

(2) 농업 집단화 갈등과 관료문화

1950년대 북한은 가히 사회혁명의 시대였다. 북한은 농업 협동화와 개인 수공업 및 자본주의적 상공업의 협동화를 통해 생산 수단에 대한 사회적 소유에 기초한 사회주의적 생산관계를 전면적으로 확립하는 등 사회 전반에 걸쳐 급진적인 사회 변화를 추구하였다. 1954년부터 본격화된 생산관계의 사회주의적 개조는 1958년 8월 완료되었다. 농업 협동화는 농촌에서 개인농과 계급적 차이를 없앰으로써 농촌에서 계급 구조와 사회 구조의 근본적인 변화를 가져왔다. 이러한 사회 변화는 우선 무엇보다 계급투쟁의 관점에서 이데올로기적 목표에 의해 인도되었다.

북한에서 농업 협동화 운동은 3단계에 걸쳐 완성되었다. 첫 번째 단계는 1954년 10월까지의 경험적 단계로서, 이 단계에서 농업 협동화의 주요 대상은 빈농이었다. 이 단계에서 이루어진 농업 협동화 비율은 1953년 12월 총농가 호수의 1.2%, 1954년 6월 2.0%, 1954년 10월 21.5% 등이었다.[8] 1954년 상반기까지 북한의 농업 협동화 운동은 매우 완만한 속도로 추진되었던 것이다. 당시 북한의 곡물

---

7) 김영수, 『북한의 정치문화: 「주체문화」와 전통정치문화』, pp.148 - 150.

8) 김일성, "농촌 경리의 금후 발전을 위한 우리 당의 정책에 관하여"(1954. 11. 3), 『김일성선집 제4권』(평양: 조선로동당출판사, 1963), p.177; 조선로동당출판사, 『상급학습반 참고 자료 3』(평양: 조선로동당출판사, 1958), p.94.

생산량은 1953년 233만 톤, 1954년 230만 톤 수준으로 정체되어 있었다.9) 이러한 상황에서 북한의 농업 협동화 운동은 1954년 11월 3일 개최된 당중앙위원회 전원회의를 계기로 하여 두 번째 단계인 대중적 단계로 발전하게 된다. 이 전원회의에서 김일성은 개인농이 농업 발전을 저해하고 있다며 농업 발전을 위해 농업 협동화를 강력히 주장하였다.

이 단계에서 이루어진 농업 협동화 비율은 1954년 12월 총농가 호수의 31.8%, 1955년 6월 44.7% 등이었다.10) 이것은 1954년 가을부터 1955년 봄 사이에 농업 협동화가 매우 급진적으로 추진되었음을 보여 준다. 이것은 농민들의 반발을 불러일으켰다.11) 아마 중농들이 반발하였을 것이다. 농업 협동화 운동의 위기였다. 농업 생산이 정체된 상태에서 무리하게 추진된 곡물 수매 사업은 농민들의 불만을 더욱 가중시켰다. 이러한 상황 전개는 경제 발전 전략을 둘러싸고 한국전쟁 이후 계속되어 온 당내 정책 갈등을 더욱 증폭시켰을 것이다.

---

9) 『로동신문』, 1957. 2. 24, "전후 복구 발전 3개년 실행 총화에 관한 중앙통계국 보도", 고려대 아세아문제연구소, 『북한연구자료집 제3집』(1978), p.46; 김일성, "사회주의 혁명의 현 단계에 있어서 당 및 국가사업의 몇 가지 문제들에 대하여"(1955. 4. 4), 『김일성선집 제4권』(평양: 조선로동당출판사, 1963), p.282; 『조선중앙연감』 1958년, p.27. 당시 북한의 곡물 생산량 통계는 여러 차례 변동되었는데, 이에 대해서는 서동만, "50년대 북한의 곡물생산량 통계에 관한 연구", 『통일경제』 1996년 2호, pp.69 - 88 참조.

10) 『조선중앙연감』 1959년, p.193, p.330; 조선로동당출판사, 『상급학습반 참고 자료 3』, p.94.

11) 김연철, 『북한의 산업화 과정과 공장 관리의 정치(1953 - 70): '수령제' 정치체제의 사회경제적 기원』(서울: 성균관대학교 대학원 박사학위논문, 1996), pp.89 - 97 참조.

"한때 일부 교조주의자들은 '사회주의적공업화를 실현하지 않고
는 생산관계의 개조가 불가능하다.'느니, '현대적 농기계가 없이는
농업을 협동화할 수 없다.'느니 또는 '사회주의적 개조의 속도가
지나치게 빠르다.'느니 하면서 우리 당의 사회주의적 개조정책에
대하여 의심을 품었으며 동요하였습니다. 이러한 사람들은 전후시
기에 사회주의적 개조가 빨리 발전한 것이 우리나라의 구체적 실정
을 반영하는 합법칙적 현상이라는 것을 모르고 있었습니다."12)

대체적으로 보아, 김일성의 노선은 군부와 빈농에게 유리하고, 중
농과 부농에게 불리한 것이었다. 때문에 군부와 빈농은 김일성의 노
선을 지지하였을 것이며, 부농과 중농은 소련파와 연안파의 노선을
지지하였을 것이다. 행정 관료, 관리자, 기술자 등은 자신의 입장에
따라 일정한 태도 차이가 있었을 것이다. 또 소비보다 축적을 우선
시하고, 경공업보다 중공업을 우선시하는 김일성의 노선은 도시 근
로자들에게 불리한 것이었다.

하지만 농업 협동화에 대한 농민들의 반발과 당내 저항에도 불구
하고 농업 협동화에 대한 김일성의 기본 입장에는 전혀 변화가 없
었다. 김일성의 입장은 확고했다. 1955년 4월 1일 당중앙위원회 전
원회의에서 발표된 '우리 혁명의 성격과 과업에 관한 테제'에서 김
일성은 개인농이 농업 생산력 발전에 결정적인 장애가 되고 있다며,
농업 생산력 발전을 위한 농업 협동화는 '사회 경제 발전의 필연적
요구'라고 선언하였다.13) 이 전원회의에서 그동안 김일성의 노선과

---

12) 김일성, "조선로동당 제4차대회에서 한 중앙위원회사업총화보고"(1961년 9월 11일), 『
김일성저작집 제15권』(평양: 조선로동당출판사, 1981), pp.170 - 171.

정책에 제일 먼저 반기를 들었던 연안파의 지도적 인물인 박일우 (내무상)와 방호산(5군 단장)이 관료주의로 비판받고 숙청되었다.[14] 중공업 우선 노선과 농업 협동화에 대한 당내 반대 세력의 기선을 제압한 것이었다.

1955년 4월 전원회의는 당내 반대 세력을 제압하고, 중공업의 우선적 발전에 기초한 급속한 공업화 정책과 농업 협동화 등 생산관계의 사회주의적 개조, 즉 김일성의 노선과 정책을 북한의 사회주의 경제 건설의 기본 방향으로 명확히 규정하였다. 때문에 '4월 테제'는 김일성의 노선과 정책의 사실상의 승리를 의미했다.[15] '4월 테제'의 실천과 관련하여 1955년 4월 전원회의는 관료주의 문제, 계급 교양 문제, 종파주의 문제 등 3가지 문제를 집중적으로 논의하였다.

먼저 김일성은 당을 분열시킬 수 있는 종파 행동을 배격하고 당의 통일과 단결을 강화할 것을 요구하였는데, 이것은 당내 정책 갈등을 종결하고 '4월 테제'를 중심으로 한 당의 통일과 단결을 요구하는 것이었다. 또 김일성은 농업 협동화 운동과 곡물 수매 사업에 대한 농민들의 반발과 관련하여, 그 원인을 지도 간부들의 관료주의적 사업 작풍과 농민들의 의식 부족에 기인하는 것으로 파악하였으며,[16] 그에 따라 지도 간부들의 관료주의에 대한 강력한 비판과 아울

---

13) 김일성, "우리 혁명의 성격과 과업에 관한 테제: 모든 힘을 조국의 통일 독립과 공화국 북반부에서의 사회주의 건설을 위하여"(1955. 4), 『김일성선집 제4권』(평양: 조선로동당 출판사, 1963), pp.196–213 참조.

14) 신경완, "곁에서 본 김정일 上", 『월간 중앙』 1991년 6호, p.388.

15) 1954년 11월에서 1955년 4월 사이의 정치 과정은 경공업 우선 노선이 패배하고 중공업 우선 노선이 승리하였음을 보여 주고 있는데, 이에 대해서는 徐東晩, 『北朝鮮における 社會主義 體制の成立 1945–61』(東京大 박사학위논문, 1995), pp.361–365 참조.

러 당원들과 농민들을 대상으로 한 계급 교양 사업이 강화되었다.[17]

2) 사회주의 개조 갈등과 관료문화

북한에서 집단주의 문제는 1958년 8월 농업 협동화 등 생산관계
의 사회주의적 개조가 완료되면서 전면적으로 제기되었다. 새로운
사회주의적 생산관계는 집단주의를 요구하였지만, 관료와 근로자들
의 의식과 행위는 여전히 개인주의에 의해 지배되고 있었던 것이다.

북한의 설명에 따르면, 당시 개인이기주의는 다음과 같은 형태로
표출되었다. 첫째, 국가재산과 사회공동재산을 탐오 낭비한다. 둘째,
노동에 대한 불성실한 태도로서, 자기사업을 형식적으로 대하며 열
성을 내지 않고 창발성을 발휘하지 않는다. 오직 자기 일만 생각하
고 집단의 이익, 사회의 이익을 무시한다. 셋째, 국가에 대한 의무
를 충실히 수행하지 않으며, 농민들은 국가수매사업에 잘 응하지 않
는다. 넷째, 일부 지도간부들의 출세주의, 공명주의, 허풍 치기로서,
이는 대중의 창조적 열성과 적극성을 저해한다.[18] 개인주의, 이기주
의는 농민들 속에 가장 뿌리 깊게 잔존하였다. 농민들은 협동조합
전체 성원이 이해관계보다 자기 개인의 이해관계를 더 높이 내세우

---

16) 이에 대해서는 김일성, "당원들의 계급 교양 사업을 더욱 강화할 데 대하여"(1955. 4. 1),
   "관료주의를 퇴치할데 대하여"(1955. 4. 1), "사회주의 혁명의 현 단계에 있어서 당 및 국
   가 사업의 몇 가지 문제들에 대하여"(1955. 4. 4), 『김일성선집 제4권』(평양: 조선로동당
   출판사, 1963) 참조.

17) 이태섭, 『북한의 집단주의적 발전전략과 수령체계의 확립』(서울대학교 대학원 박사학
   위논문, 2001), pp.33 - 39.

18) 최정현, "개인 이기주의에 반대하며", 『근로자』 1960년 제2호, p.22.

며, 공동작업에서 이탈하여 작업계획에 혼란을 초래하고, 공동작업에 참가해서는 쉬운 일만 하려 하며, 일은 남보다 적게 하고도 남보다 많은 노력점수를 받으려 하고, 공동재산을 탐오 낭비하였다.[19]

"인민 경제에서 국가 및 협동적 소유는 사회주의의 튼튼한 물질적 기초를 이루고 있다. 그러므로 국가 및 협동적 재산을 소중히 관리하며 부단히 확대 강화하는 것은 우리의 사명을 촉진시킴에 있어서 매우 중요한 의의를 가진다. 그러나 우리의 일부 근로자들 특히 일부 조합원들은 자기의 소유만을 귀중히 여기던 낡은 사회의 사상을 청산하지 못하고 있다. …… 우리나라의 생산관계는 어느 누구를 물론하고 자기 개인만을 위해서가 아니라 전체 사회를 위하여, 집단을 위하여 일할 것을 요구하고 있다. …… 일부 조합원들과 관리 간부들은 국가에 대한 임무 수행 시에는 나라의 살림살이나 노동계급의 처지는 별로 생각지도 않고 자기 앞의 이익만을 주로 따짐으로써 국가의 농산물 수매 사업에 적지 않은 저애를 주고 있다."[20]

또 농민들은 노력일을 더 많이 취득하기 위해 작업의 질보다 양에 치우쳤다. 예컨대 평안남도 숙천군 광천농업협동조합 농민들은 모내기 할 때 평당 120본의 모를 심는 대신 평당 96본의 모를 심었다. 이것은 적지 않은 농민들이 제가끔 더 많은 노력일을 취득하려고 평당 본 수를 줄이면서까지 이양 면적을 확대하는 데만 몰두한 결과였다. 평안남도 숙천군 연풍농업협동조합에서는 농민들이 한 포

19) 김정환, "현 시기 농민들 속에서의 계급 교양", 『근로자』 1957년 제5호, pp.52 – 53.
20) 최정현, "개인 이기주의에 반대하며"(1960. 2), p.22.

기에 2∼3본씩 마구 모를 심었다. 이 조합에서 "이런 경향은 일반성을 띤 현상이었다." 또 조합의 이익보다 개인의 이익을 우선시하고, 작업반 본위주의와 조합 본위주의로 인해 작업반 간·조합 간의 상호 협조와 협력이 결여되었으며, 개인적인 안면 정실 관계로 인해 부정적인 현상들에 대해 서로 융화 묵과하는 태도가 나타났다.21)

이러한 개인주의, 이기주의는 노동 계급 속에서도 존재하였으며, 경제 지도 간부들 속에서도 존재하였다. 이러한 배경 속에서 북한은 1958년 생산관계의 사회주의적 개조가 완료되자, 사회주의적 사상과 도덕, 생활 관습을 확립하기 위한 '문화혁명'을 성숙한 당면 주요 과업으로 제기하였다.22) 새로운 사회제도 변화 이후 1958년 하반기에 들면서 마침내 개인의 의식과 행위 변화가 사회 혁명의 가장 중요한 당면 과업으로 제기되었던 것이다.

물론 1958년 당시 북한에서 가장 중요한 국가적 과제는 기술혁명이었다. 북한에서 기술 혁신이 주요 과제로 제기된 것은 생산관계의 사회주의적 개조가 완료되던 1958년이었으며,23) 1958년 집단적 혁신 운동 역시 이러한 배경 속에서 제기되었던 것이다. 북한에서 '기술혁명'의 개념이 처음 제시된 것도 1958년이었다. 게다가 1958년을 지나면서 급속한 공업화에 따라 노동력 문제가 가장 긴장된 문제로 제기되었는데,24) 이것은 기술 혁신의 필요성을 더욱 증대시켰다.

---

21) 김봉섭, "농민들 속에서의 집단주의 교양", 『근로자』 1958년 제12호, pp.43 – 47.

22) 편집국, "인민 생활에서의 문화성 제고는 현시기 우리나라 문화혁명의 중요 과업", 『근로자』 1958년 제6호, p.52.

23) 방호식, "현 기술적 개건기에 있어서의 기계 제작 공업의 임무", 『근로자』 1958년 제8호, p.32.

1958년 당시 문화혁명은 이러한 기술혁명의 성과적 수행을 보장하기 위한 것이었다.[25] 때문에 1958년 당시 문화혁명의 가장 중요한 과업은 근로자 대중의 일반 지식 수준과 기술 수준을 높이는 것이었으며,[26] 공산주의 사상 교양은 문화혁명의 중요 과업의 하나로 규정되었다.[27] 기술혁명과 관련하여, 문화혁명을 통한 기술지식의 대중적 보급의 중요성이 강조됨에 따라 무엇보다 기술교육이 강화되었다. 1958년 최고인민회의 제2기 제4차 회의는 전반적 중등 의무 교육제를 실시하며 기술 의무 교육제 실시를 준비하는 데 관하여 토의하고 이에 관한 법령을 채택하였다.

이렇듯 1958년 당시 북한에서 혁명 과업의 우선순위는 기술혁명, 문화혁명(기술 지식 보급), 사상혁명의 순서로 이루어져 있었으며, 당시 사상혁명은 문화혁명의 개념 속에 포괄되어 있었다.[28] 그러나

---

24) 장길준, "편지 토의 사업에서 얻은 성과와 그를 공고 발전시키기 위한 몇 가지 문제", 『근로자』 1959년 제2호, p.100.

25) 김일성, "공화국 창건 10주년 경축 대회에서 한 보고"(1958. 10. 10), 하앙천, "우리나라에서 문화혁명의 가일층의 촉진을 위하여 제기되는 몇 가지 문제", 『근로자』 1958년 제10호, p.32에서 재인용, 당시 김일성은 기술혁명을 농촌 경리의 가장 중심적인 과업으로 제기하고, 농촌 경리의 기술적 개조는 농민들의 의식 개조를 촉진하게 될 것이라고 주장하였다. 김일성, "우리나라에서 사회주의적 농업 협동화의 승리와 농촌 경리의 금후 발전에 대하여"(1959. 1. 5), 『김일성선집 제6권』(평양: 조선로동당출판사, 1964), p.188. 또 김일성은 "생산의 발전은 생산 도구의 변화로부터 시작되며 근로자들의 의식도 결국은 그들이 어떠한 방식으로 생산하는가에 의해 결정된다."고 피력하였다. 김일성, "사회주의 경제 건설에서 제기되는 당면한 몇 가지 과업들에 대하여"(1959. 12. 4), 『김일성선집 제6권』(평양: 조선로동당출판사, 1964), pp.480 - 481.

26) 하앙천, "우리나라에서 문화혁명의 가일층의 촉진을 위하여 제기되는 몇 가지 문제", 『근로자』 1958년 제10호, pp.33 - 34.

27) 유철목, "현시기 농촌 문화혁명의 촉진을 위하여", 『근로자』 1958년 제7호, p.24; 권두언, "공산주의 교양을 강화하자.", 『근로자』 1958년 제12호, p.18.

28) 김일성, "사회주의 건설에서 소극성과 보수주의를 반대하여"(1958. 9. 16), 『김일성선집

1958년 11월 '공산주의 교양에 대하여'라는 김일성의 연설을 통해 이 순서는 뒤바뀌게 된다. 개인주의, 이기주의를 근절하고 공산주의, 집단주의 사상으로 사람들을 무장시키는 '사상혁명'이 마침내 북한의 가장 중요한 혁명 과업으로 규정되기에 이른 것이다.29)

농업 협동화가 완료되던 1958년 8월 9일 김일성은 시, 군 인민위원회 위원장 강습회에서, 이기주의를 사회주의 건설의 '가장 큰 장애'라고 규정하고 혼자서 잘살려고 할 것이 아니라 모두가 서로 돕고 단결하여 공동의 이익을 위해 헌신하는 '집단주의 사상'으로 도시와 농촌 근로자들을 교양할 것을 역설하였다.30) 이어 김일성은 1958년 11월 20일 전국 시, 군 당위원회 선동원들을 위한 강습회에서 개인주의와 집단주의 문제, 공산주의 사상 교양 문제를 마침내 전면적으로 제기하였다. 이 강습회에서 김일성은 '공산주의 교양에 대하여'라는 연설을 통해 개인주의를 강도 높게 비판하고 전체 인민을 대상으로 하여 집단주의를 핵심으로 하는 공산주의 사상 교양을 전면적으로 전개할 것을 제기하였다.

이 연설에서 김일성은 혁명 투쟁의 기본 내용을 새것과 낡은 것의 투쟁, 진보와 보수의 투쟁, 적극과 소극의 투쟁, 집단주의와 개인주의의 투쟁, 총체적으로 사회주의와 자본주의의 투쟁으로 규정하고, 자본주의 사상의 여독인 "개인주의가 우리의 공동 위업을 좀먹

제6권』(평양: 조선로동당출판사, 1964), p.101.

29) '사상혁명'이라는 개념이 처음 등장하는 것은 권두언, "당적 사상 체계의 더욱 튼튼한 확립을 위하여", 『근로자』 1959년 제5호, p.3이다.

30) 김일성, "시, 군 인민위원회의 당면한 몇 가지 과업에 대하여"(1958. 8. 9), 『김일성선집 제6권』(평양: 조선로동당출판사, 1964), pp.10－11.

고 있다."며, "낡은 자본주의 사상 잔재를 극복하고 전체 근로자들을 공산주의 사상으로 무장시키는 것이 가장 중요하다."고 역설하고, 이것을 모든 당원들 앞에 나서는 '현 시기의 중심 과업'으로 규정하였다.[31]

김일성에 따르면, 과도기의 기본 모순은 자본주의와 사회주의의 모순이었다. 하지만 북한에서 사회주의와 자본주의의 모순은 모택동과 달리 계급과 계급의 모순, 제도와 제도의 모순이 아니라,[32] 사회주의사회제도와 개인의 사회적 의식 사이의 모순, 즉 집단주의적인 사회제도와 개인주의적인 의식과 생활태도의 모순이었다. 집단주의가 사회주의를 대표하며 새로운 사회제도 속에 구현되어 있다면, 개인주의는 자본주의의 잔재로서 개인의 의식과 행위 속에 잔존하고 있었다.

이러한 모순 속에서 북한은, 자본주의 제도에 비한 사회주의 제도의 우월성은 하나의 '가능성'일 뿐이며 이 가능성을 '현실성'으로 전화시키는 데 있어 "주관적 요인의 능동적, 의식적 활동이 결정적 역할"을 하는 것으로 평가하였다.[33] 이것은 사회주의사회제도를 절대화하는 제도 중심론적 사고방식으로서, 이러한 논리에 따르면 사회제도와 개인의 의식 사이의 모순은 결국 개인의 의식과 행위의

---

31) 김일성, "공산주의 교양에 대하여"(1958. 11. 20), 『김일성선집 제6권』(평양: 조선로동당출판사, 1964), pp.130 – 135.

32) 모택동은 과도기의 모순을 이렇게 인식했기 때문에 하나의 계급이 다른 하나의 계급을 타도하는, 하나의 제도가 다른 하나의 제도를 타도하는 문화대혁명으로 나아가게 된다.

33) 권두언, "사회주의 건설의 대고조", 『근로자』 1958년 제8호, p.9.

빈곤에 기인하게 된다. 다시 말해 새로운 사회제도에 문제가 있는 것이 아니라, 제도 반응적인 집단주의적 의식과 행동의 결핍에 문제가 있다는 것이다. 따라서 사회주의사회 발전을 위한 결정적인 과제는 새로운 사회제도에 부합되게 개인의 의식과 행위를 공산주의적으로 변화시키는 것이 된다. 이것이 바로 북한의 사상론, 사상 결정론이다.

카소프(Allen Kassof)의 지적대로, 개인과 집단에 의한 개별적 이익 추구는 이익 일체에 대한 중앙의 요구에 역행하는 것으로서, 개인주의는 체제의 장기적 목표를 파탄시킬 수 있는 것이었다.[34] 때문에 북한에서 개인주의와 이기주의, 소극성과 보수주의, 조직이기주의 등은 사회주의 건설을 저해하는 '주되는 장애물'로 규정되었으며, 전체 근로자들을 공산주의 사상으로 철저히 무장시키는 것은 '가장 절박하고도 중요한 과업의 하나',[35] '모든 문제 해결의 기본 고리'로 규정되었다.[36] 사상 개조를 통한 새로운 공산주의적 인간형의 창출이었다.

당시까지 일반 대중에게 요구된 것은 사회주의사상이었으나, 김일성의 1958년 11월 연설을 통해 이제 일반 대중에게도 공산주의 사상이 요구되었다. 당시 당원들에게 가장 중요한 과업이 당적 사상 체계의 확립이었다면, 일반 대중에게 가장 중요한 과업은 공산주의

---

34) Allen Kassof, "The Administered Society: Totalitarianism without Terror", *World Politics*, Vol.XVI, No.4(July, 1964), pp.558 - 575.

35) 권두언, "공산주의 교양을 강화하자.", 『근로자』 1958년 제12호, pp.18 - 19.

36) 권두언, "당적 사상 체계의 더욱 튼튼한 확립을 위하여", 『근로자』 1959년 제5호, p.5.

사상 교양이었다. 또 당까지 보수를 타산하는 사회주의적 노동이 강조되었으나, 김일성의 1958년 11월 연설 이후에는 이제 보수를 타산하지 않는 공산주의적 노동이 요구되었다.[37] 여기서 노동에 대한 공산주의적 태도란 국가와 집단의 이익을 위해 자각적이며 적극적으로 일하는 공산주의적 품성을 의미했다.[38] 개인주의의 배격과 집단주의의 추구였다.[39]

2. 사회주의 정치문화와 관료문화

1) 산업화(축적) 전략과 정치적 갈등의 관료문화

(1) 정치적 갈등과 관료문화

한국전쟁의 종결과 더불어 1950년 중반 북한은 국내외적인 위기 상황에서 새로운 발전전략을 모색하지 않을 수 없었다. 한국전쟁 이후 발전 노선을 둘러싼 논쟁은 중공업 대 경공업 가운데 어느 부문을 우선 발전시킬 것인가 하는 투자의 우선성 문제에 초점이 맞춰져 있었다. 소련 모델을 수용하려는 세력과 이를 제압하려는 세력 사이의 정치적 대립으로 비화되었다. 소위 '8월 종파' 사건의 계기가 되었다.

---

37) 레닌에 따르면, 공산주의적 노동이란 "사회를 위한 무상 노동"으로서, 그것은 "보수를 타산하지 않는, 보수를 조건으로 하지 않는 노동이다.", 권두언, "공산주의 교양을 강화하자."(1958. 12), p.23.

38) 김봉섭, "농민들 속에서의 집단주의 교양", 『근로자』 1958년 제12호, p.46.

39) 이태섭, 『북한의 집단주의적 발전전략과 수령체계의 확립』, pp.129 – 133.

'8월 종파사건'은 종파주의와 민족주의라는 근원적으로 상이한 두 개념이 서로 결합하는 계기를 마련해 주었던 것이다. 애초에 '종파주의(communalism)' 문제는 전쟁 중 해이해진 당의 기강을 바로잡고, 정전 후를 대비한 당 조직 강화작업의 일환으로 제기되었다. 당내 관료주의의 해악과 더불어 종파주의는 당의 단결을 저해하는 병폐로서 지적되었을 뿐, 소련이나 중국에 대한 비판이나 그 영향력으로부터의 독립 등의 이슈로 연결되지는 않았다. 즉, 당시 종파주의 문제는 개념상 파벌형성에 따른 '가족주의'적 해악과 그에 따른 당의 약화 등 당 내부 문제의 성격을 갖는 것으로 원칙적으로는 외부적 요인(소련 및 중국의 영향력)에 대한 견제의 의미는 그리 중요하지 않았다. 이렇듯, 당 내부적 성격을 띠던 종파주의 문제는 1955년에 이르러 '공산주의의 조선화'라는 민족주의 문제로 발전했다.[40]

1956년의 정치적 위기와 관련한 중요한 단서를 1955년 4월 전원회의와 같은 해 12월 28일 '당선전선동일꾼'들에게 행한 김일성의 일련의 연설에서 찾고 있다. 김일성은 전쟁 중 세 차례의 전원회의[41]에서 종파주의를 단지 과거 국내 공산주의운동의 병폐와 연결지었던 데 반해, 4월 전원회의에서는 '소련파', '연안파', '국내파' 모두에 대한 반종파주의적 비판을 제기했다. 김일성은 "당의 정치적

---

40) 백준기, "1950년대 북한의 권력갈등의 배경과 소련", 『1950년대 남북한의 선택과 굴절』 (서울: 역사비평사, 1998), pp.448 – 449.

41) 한국전쟁 중에 소집된 제3차(1950. 12), 제4차(1951. 11), 제5차(1952. 12) 전원회의에서 김일성은 전후 당이 따라야 할 총노선의 기본방향을 제시하고 당의 '강철 같은 규율'을 저해하는 병폐로서 관료주의와 더불어 종파주의의 해악을 지적하면서 종파주의 문제를 공식적으로 제기하였다. 특히 김일성의 5차 전원회의 보고서는 1953년 '국내파' 숙청 시 기본문건 역할을 하였다.

토대가 남북조선, 소련, 중국에 기반을 둔 사람들로 구성되어 있는데, 종파주의자들은 이를 이용하여 그들의 출신지역에 대한 대표성을 공공연히 과시하고 있다."고 비판하고 특정인들(이승엽, 허가이, 박일우 등)을 비난하면서, "이들이 소련이나 중국, 남한 어디에서 왔건 간에 조선로동당원임을 명심해야 할 것이며, 당 정신이 결여된 사람들은 당과 혁명 사업에 대한 어떠한 전망도 없고"[42], 이전에 외국에서 활동했던 지도일꾼들(연안계, 소련계)의 '출세주의'적 경향을 비난하면서 특히 연안계 박일우, 김운, 방호산 등을 출세분자로 비판했다.[43]

전후복구 3개년계획(1954~56) 중반에 소집된 4월 전원회의에서 김일성은 정치 및 경제 영역에서의 발전을 가로막고 있는 당원과 관료의 자질문제에 대한 문제인식하에 당의 강화와 당내 문제 해결을 강조한 것이었다.

김일성이 전후복구과정에서 당원과 관료들의 자질을 문제 삼고, 소위 지도부들의 '종파주의'와 '출세주의'를 비판한 이유는 전후 북조선 사회주의 건설을 위한 정치·경제적 노선설정과 관련된 것이었다. 당내 다양한 세력들은 일사불란하게 진행되어야 할 전후복구과정과 향후 경제발전노선 설정에 걸림돌이 되었다.

어떤 경제발전노선인가? 그리고 그 발전노선을 계획하고 집행하고 현장에 관철시킬 사람은 누구인가 하는 문제는 당시로서는 사활적 이해관계가 걸린 문제였다.

---

42) 백준기, "1950년대 북한의 권력갈등의 배경과 소련", pp.445-446.
43) 백준기, "1950년대 북한의 권력갈등의 배경과 소련", p.470.

"사대주의, 교조주의에 사로잡힌 반당 종파분자들은 '인민생활이 어려운데 중공업 건설에 치우친다'느니, '기계에서는 밥이 나오지 않는다'느니, '어느 나라에서도 이러한 정책을 실시해 본 적이 없다'느니 하고 잡소리를 치면서 우리 당 경제 건설의 기본노선을 반대하고 나섰다. ...... 이자들은 모든 것을 당면한 소비에 돌려야 한다고 주장하였다."44)

당시 연안계와 소련계가 중심이 된 반대파들은 "우리 당이 소련 공산당 제20차 대회를 이단시한다느니, 인민생활이 곤란한 중공업에만 치중한다느니, 간부정책이 틀렸다." 등의 논리를 내세워 김일성을 중심으로 한 세력들을 비판했다.

그러나 김일성은 반대파들의 거센 반발에도 불구하고, 사회주의 북한의 근대화 전략으로 중공업 우선 성장전략을 지지·고수했고, 이를 지지하는 관료들을 중심으로 정국을 돌파하고자 했다. 북한 전 지역이 초토화된 상황에서 전쟁복구는 일사천리로 진행되어야만 했다. 그리고 전후복구과정에서 사회주의 우방국들의 전폭적인 지원은 영구적인 것이 아니었다. 선택과 집중, 김일성은 한정된 자원과 부족한 인적 자원을 한 방향으로 모아 내야만 했다. 그의 정책을 지지하지 않는 세력들은 모두 비판의 대상이 되었다. 부족한 노동력과 자질에도 불구하고 전후복구와 공업화, 근대화에 필요한 새로운 관료(간부)들이 필요했다. 결국 '틀린 간부정책'은 김일성과 그의 정책을 지지하는 관료(간부)들에 대한 비판이었다. 이러한 '새로운 관료'

---

44) 조선로동당출판사, 『조선로동당략사』(평양: 조선로동당출판사, 1979), pp.401－402.

들은 향후 유일사상체계 확립과정을 거치면서 주체적 관료문화를 형성하는 원형의 역할을 수행했다.

(2) 반종파 투쟁과 관료문화

1958년 3월 조선노동당 제1차 대표자회 이후 '반종파 투쟁'에서[45] '가장 중심적인 문제'로 부각된 것은 종파의 "온상으로 되는 지방주의, 가족주의를 청산하는 문제"였다.[46] 가족주의, 지방주의는 친척 친우 관계, 동창 동향 관계, 사제 관계, 선후배 관계, 직위 관계 등 개인적인 안면 정실 관계를 당적 원칙과 당적 이익보다 앞세우는 것을 의미했다.[47] 다시 말해 가족주의, 지방주의는 당적·국가적 이익보다 개별 집단과 지역의 개별적 이익을 우선시하는 것을 의미했다.[48] 지방주의와 가족주의의 척결은 1958년 생산관계의 사

---

45) 당대표자회 이후 '종파주의'의 여독을 완전히 뿌리 뽑기 위해 중앙당 집중 지도 사업이 더욱 강화되었으며, 각급 당 조직에서도 종파 여독 청산을 위한 사상 투쟁이 계속되었다. 1958년 연안파의 여독과 잔재가 완전히 제거되자, 1959년부터는 소련파가 주된 표적이 되었다. 소련파에 대한 숙청은 1962년까지 계속되었다. 이 과정에서 소련 국적을 유지하고 있던 대부분의 소련파는 소련으로 귀환하였다. 소련파의 소련 귀환은 1962년까지 계속되었다. 안드레이 란코프 저, 김광린 역, 『북한 현대 정치사』(서울: 도서출판 오름, 1999), p.127.

46) 편집국, "조선 공산주의 운동의 통일 실현에 있어서의 획기적 사변", 『근로자』 1963년 3월(상) 제5호, pp.3 – 4.

47) 김일성, "당의 조직적 사상적 강화는 우리 승리의 기초"(조선로동당중앙위원회 제5차 전원회의에서 한 보고 1952년 12월 15일), 『김일성저작집 제7권』(평양: 조선로동당출판사, 1980), pp.413 – 414; 김국훈, "현 시기 당내 사상투쟁에서의 몇 가지 문제", 『근로자』 1957년 제11호, pp.71 – 72.

48) Geert Hofstede에 따르면 개인적 특성에 따라 타인과 구별되는 개인주의 사회와 달리, 소속 집단에 따라 타인과 구별되는 집단주의 사회에서 사람들은 내집단 구성원과 마치 가족과 같은 유대 관계를 형성하고, 집단 귀속성 즉 내집단과 외집단을 구별하는 경향이 있다. 이러한 집단주의 사회에서는 가족적 유대 관계와 같은 인간적 관계, 개

회주의적 개조가 완료되어 농업을 비롯한 인민경제 전체가 계획경제의 틀 속에 포괄됨에 따라 더욱 중요한 과제로 제기되었다. 토지의 사적 소유는 지역 체계의 중요한 물적 기반이었으며, 농업협동화의 완성은 지역 체계와 지방주의를 타파하여 중앙집권체계를 구축하는 것이었다.

그런데 1950년대 중반 당시, 북한에서도 국가 재산이 착복과 낭비, 수뢰 현상이 만연해 있었다. 예컨대 소비조합에서 1953년 상반기 동안 낭비, 착복된 액수는 약 2억 3천만 원 수준에 달했는데, 같은 기간 소비조합의 총수익이 4억 3천만이었음에 비추어 볼 때 문제는 심각한 것이었다. 또 1955년 4월 당중앙위원회 전원회의는 전 국영 및 협동조합 부문 재산의 약 3분의 1이 착복되었거나 낭비되었다는 결론을 내렸다.[49]

당시 개인 상공업의 사회주의적 개조운동은 개인 상공업과 연결된 국가 재산에 대한 착복, 절취, 수뢰 현상을 근절하는 효과가 있었다. 때문에 당시 국가 재산에 대한 착복, 절취, 수뢰 현상의 만연은 1950년대 초 중반의 당내 정책 갈등에서 농업 협동화와 개인 상

인적 관계가 무엇보다 중요하다. 또 집단주의 사회에서는 직장도 하나의 내집단으로 기능하며, 사업에서도 일 관계 그 자체보다 인간적 관계가 무엇보다 중요하다. Geert Hofstede, *Cultures and Organizations: Software of the mind*(institute for Research on Intercultural Cooperation: University of Limburg at Maastricht, The Netherlands, 1991), 차재호 · 나은역 역, 『세계의 문화와 조직』(서울: 학지사, 1995), pp.83 - 115. 그리고 집단 귀속성이 강해질수록 외집단에 대한 배타성, 구획 짓기는 더욱 강화되며, 집단적 귀속성과 집단적 배타성의 극단적 형태가 바로 가족주의이다. 정호근, "집단주의와 개인주의의 이중성", 『사회비평』 1999년 겨울호 제22호, pp.38 - 41.

49) 백준기, "정전 후 1950년대 북한의 정치 변동과 권력 재편", 경남대 북한대학원, 『현대 북한 연구』 제2권 제2호, 1999, p.21.

공업의 사회주의적 개조를 추구하는 김일성의 노선과 정책에 더욱 명분을 실어 주었을 것으로 평가된다. 그러나 국가 재산에 대한 탐오 낭비 현상은 비록 감소되었다 하더라도 1960년대 이후까지 계속되었으며, 심지어 의사들은 사망자 또는 퇴원자의 이름으로 처방전을 내고 약을 타서 팔아먹는 행위까지 있었다.[50]

국가 재산의 착복, 절취 현상에 대한 북한의 기본 인식은 다음과 같다. "국가 재산의 탐오 낭비와 횡취, 부화방탕 등의 반국가적 현상들도 많은 경우에 가족주의에 기초하면서 발생한다. 오늘 국가 기관, 협동 단체들에서 국가 재산, 공동 재산의 횡취와 낭비는 순전히 단독으로는 거의 불가능하며 많은 경우에 몇몇 분자들이 결탁하거나 또는 호상 묵과하는 분위기 속에서 진행된다."[51] 이러한 가족주의와 지방주의는 개인이기주의에서 출발하며 개인 간의 정실 관계는 가족주의를 발생시키는 시초였다.[52]

"기관본위주의도 많은 경우에 가족주의와 연결되어 있다. 기관본위주의는 결국 자기 직장이나 자기 부서를 전반적, 당적 또는 국가적 견지와 대치시키는 경향이며 이는 기관이나 부서를 본위로 하는

---

50) 김일성, "국가재산을 애호절약하며 수산업을 더욱 발전시킬데 대하여"(조선로동당중앙위원회 제4기 제19차 전원회의에서 한 결론 1969년 6월 30일), 『김일성저작집 제24권』(평양: 조선로동당출판사, 1983), p.14. 소련의 경우, 1960년대에 단행된 실용주의적 경제 개혁은 사적 소유의 재출현과 함께 횡령·뇌물 수수 등 부정부패를 더욱 증대시키는 작용을 하였다. J. Wilczynski 저·배연수 역, 『사회주의 경제학』(대구: 영남대학교 출판부, 1986), p.177. [*The Economics of Socialism*(London: George Allen & Unwin, 1970)].

51) 김시중, "지방주의와 가족주의의 해독성", 『근로자』 1958년 제4호, p.50.

52) 편집국, "당적 사상 체계를 확립하자.", 『근로자』 1959년 제11호, p.34.

가족주의의 표현인 것이다. 기관본위주의가 지배하는 곳에서는 기관 또는 그 부서 내부에 있는 부정적 경향, 심지어는 비당적 경향까지도 융화 묵과되며 동시에 이 부정적 현상들이 상부와의 관계에서는 비밀로 되어 있는 경우가 많다." 그 결과 국가적 견지에서 많은 인적 물적 예비가 원만하게 동원 이용되지 못하는 결과를 가져왔다.[53]

간부 사업에서도 지방주의, 가족주의 경향이 없어지지 않고 동향 관계 등 개인적인 안면 정실 관계에 따라 간부 사업을 하는 편향이 지속되고 있었다.

> "지방주의는 당과 국가의 이익보다 자기 지방의 협소한 이익과 자기 자신의 공명을 전면에 내세우는 사상경향이며 가족주의는 몇몇 사람들끼리 무원칙한 정실관계를 맺고 서로 싸고돌면서 비조직적이며 비원칙적으로 행동하는 사상경향이다. 지방주의와 가족주의는 개인영웅주의와 개인이기주의에 뿌리를 두고 있다. 지방주의와 가족주의는 당의 통일단결을 저해하는 종파주의를 낳게 하는 근원으로, 온상으로 된다. …… 간부사업에서도 지방주의, 가족주의 경향이 없어지지 않고 친척관계, 동향관계에 따라 간부사업을 하는 편향이 지속되고 있었다."[54]

요컨대 부정부패와 같이 사회적·국가적 이익을 침해하며 개별적 이익을 추구하는 개인이기주의와 조직이기주의는 개인 간의 안면

---

53) 김시중, "지방주의와 가족주의의 해독성"(1958. 4), p.50.
54) 조선로동당출판사, 『위대한 수령 김일성 동지의 불멸의 혁명 업적 제7권』(평양: 조선 로동당출판사, 1998), pp.333 - 335.

정실 관계에 기초한 가족주의, 지방주의와 연결되어 있다는 것이다. 이에 따라 개인 간의 안면 정실 관계와 무원칙한 결합, 부정적인 현상과 결합에 대해 상호 융화·묵과하는 태도가 배격되고, 부정적 현상과 결합에 대한 엄격한 상호 비판과 그에 기초한 원칙적인 단결이 요구되었다. 부정적 현상과 결합에 대한 호인적 태도, 보신주의적 태도, 비원칙적인 태도, 관대한 태도, 비겁한 태도 등 "부정적 현상과 결합에 대한 융화 묵과의 태도, 호상 비판을 꺼리는 태도는 본질상 가족주의와 통하는 것"으로 비판되었다.55) 당적 원칙, 계급적 원칙을 벗어나 착복, 절취, 수뢰와 같은 부정부패를 포함해 부정적인 현상과 결함을 서로 융화 묵과하는 '인간적' 관계, '개인적' 관계, '인격적' 관계가 배격되었던 것이다.

여기서 당적 원칙이란 당과 인민과 혁명의 근본적 이익의 관점을 의미하며, 이러한 당적 원칙에 기초한 동지적 관계, 동지적 단결이 요구되었다.56) 이와 달리 개인적인 안면 정실 관계는 가족주의적 분위기를 형성하며 결함에 대한 비판 분위기를 흐리게 하고 무규율성을 조성하며,57) 개인 간의 무원칙적인 결합은 당 정책을 집행하지 않거나 왜곡 집행하는 자들과 투쟁할 수 없게 하는 것으로 비판되었다.58) 이렇듯 북한이 추구하는 동지적 협조와 단결, 동지적 관계란 사회적 이익을 저해하며 개별적 이익을 추구하는 개인적인 안

---

55) 김시중, "지방주의와 가족주의의 해독성"(1958. 4), p.51.

56) 김국훈, "현 시기 당내 사상투쟁에서의 몇 가지 문제"(1957. 11), p.72.

57) 김익선, "레닌적 당 생활 규범에 충실한 우리 당의 통일 단결은 조선 혁명 승리의 기초", 『근로자』1957년 제10호, p.59.

58) 편집국, "당적 사상 체계를 철저히 확립하자.", 『근로자』1959년 제11호, p.34.

면 정실 관계를 배격하는 것이었다.

여기서 개인 간의 무원칙한 결합과 개인적인 안면 정실 관계에 기초한 가족주의, 지방주의를 퇴치하기 위해 제시된 대책이 바로 당 중앙위원회를 중심으로 한 통일 단결이었다.[59] 즉 지방주의, 가족주의를 비롯해 "종파주의를 반대하는 투쟁에서 제일 중요한 것은 당의 단결을 고수하기 위해서 당중앙을 옹호하는 것"이었으며, 이를 위해 개인은 당 조직에 복종하고 모든 당 조직은 당중앙에 복종하는 민주주의적 중앙집권제 원칙이 강조되었다.[60]

당중앙위원회를 중심으로 한 통일 단결은 그 "어떠한 분자도 종파로서 존재할 수 없으며 더욱이 자기의 세력을 가질 수 없게" 하는 것일 뿐만 아니라,[61] 사회적·국가적 이익을 침해하며 자신의 개별적 이익을 추구하는 가족주의와 지방주의에 대한 반동으로서 사회적·국가적 이익의 우위성을 추구하는 것이었다. 당 정책의 절대화 역시 사회적·국가적 이익의 우위성을 추구하는 것이었으며, 가족주의와 지방주의, 기관본위주의는 당 정책과 당중앙위원회의 지도에서 벗어나 자신의 개별적 이익을 추구하는 것이었다.

요컨대 1950년대 북한에서 당과 대중의 통일 단결, 즉 사상적 통

---

59) 김시중, "지방주의와 가족주의의 해독성"(1958. 4), p.51.

60) 김일성은 "지방주의, 가족주의도 그 본질에 있어서는 역시 종파주의"라고 규정하고, 종파주의, 가족주의, 지방주의, 기관본위주의를 극복하기 위해 전당이 당중앙의 영도에 복종할 것을 요구하였으며, 당의 이익과 당의 통일 단결을 위해 개인의 희생을 요구하였다. 김일성, "제1차 5개년 계획의 성과적 수행을 위하여"(1958. 3. 6), 『김일성선집 제5권』(평양: 조선로동당출판사, 1963), pp.383 – 393.

61) 김정환, "당의 통일 단결의 가일층의 강화를 위한 투쟁은 당원들의 선차적 과업"(1957. 1), p.12.

일 단결의 중심으로서 당 정책의 절대화와 조직적 통일 단결의 중심으로서 당중앙위원회의 절대화는 각 개인과 개별 집단의 개별적 이익 행동에 대한 사회적·국가적 이익의 우위성을 추구하는 것이었으며, 결국 당 정책 집행에서 행동의 통일성을 추구하는 것이었다. 북한에서 당 정책과 당중앙위원회는 개인적인 안면 정실 관계 등에 기초하여 개별적 이익을 추구하는 개인주의·가족주의·지방주의·기관본위주의에 대한 반명제였던 것이다.

북한의 반지방주의·반가족주의 투쟁은 1958년 3월 제1차 당대표자회 이후 전당적 차원에서 광범하게 전개되었으며, 이것은 지방당 조직에 대한 중앙당의 집중 지도 사업을 통해 이루어졌다. 당시 지방 당 조직에 대한 중앙당의 집중 지도 사업은 당의 노선과 정책을 받아들이지 않고 각 지방에서 제멋대로 행동하던 지방주의, 가족주의에 결정적인 타격을 가하고 당중앙의 통일적 지도가 하부 말단에까지 제때에 정확히 미치게 하고 당의 통일 단결을 강화하는 데 큰 의의가 있었던 것으로 평가되었다.[62] 각급 당 조직에 대한 당중앙위원회의 중앙집권적지도체계의 확립이었다.

특히 1959년 3월 김일성이 직접 지도한 함경북도에 대한 중앙당 집중 지도 사업은 반지방주의, 반가족주의 투쟁을 본격화하는 중요한 전환점이 되었다. 당시 지방의 당-정 간부들은 중앙의 명령을 무시하고 각자 자신의 지방적 이익을 추구하는 경향이 있었는데, 1958년 이후에 있은 일련의 지역 분권화 조치는 이러한 지방주의적

---

62) 조선로동당출판사, 『위대한 수령 김일성 동지의 불멸의 혁명 업적 제7권』, p.336.

경향을 더욱 조장하였을 것이다. 당시 중앙당의 지도로부터 벗어나는 지방주의, 가족주의 경향이 가장 심하게 남아 있던 곳은 바로 함경남북도였다.

예컨대 함경북도 내의 많은 당 단체들에서는 당중앙위원회의 결정과 지시가 내려가면 지도 간부들이 한 번 훑어보고는 다른 사람들에게 알려 줄 생각은 하지 않고 철궤에다 넣고 자물쇠를 채워 버렸다. 그 결과 함경북도 내의 많은 당, 정권기관 일꾼들은 당 정책과 당 결정을 잘 모르고 있었으며, 당 정책과 중앙당의 결정이 제대로 집행되지 않고 있었다. 이에 1959년 3월 함경북도 당위원회 확대 전원회의에서 김일성은 지방주의와 가족주의를 청산하는 것을 함경북도 당 사업의 가장 중요한 과업으로 제시하고, 당 정책에 기초하여 "당중앙위원회 위원장으로부터 이당 위원장에 이르기까지 나아가서 100만 당원이 모두 숨을 쉬어도 같은 숨을 쉬고 말을 하여도 같은 말을 하고 일치하게 행동"할 것을 역설하였다.63) '당적 사상 체계'의 확립이었다.64)

63) 김일성, "함경북도 당 단체들의 과업"(1959. 3. 23), 『김일성선집 제6권』(평양: 조선로동당출판사, 1964), pp.319－342. 함경남도 역시 도의 일부 일꾼들과 시, 군 및 공장 기업소의 일부 일꾼들은 당 정책이 내려와도 그것을 제대로 집행하지 않았다. 김일성, "함경남도 앞에 나서는 몇 가지 과업에 대하여"(함경남도 당, 정권기관, 사회단체, 경제기관일꾼협의회에서 한 연설 1960년 9월 2일), 『김일성저작집 제14권』(평양: 조선로동당출판사, 1981), p.318.
64) 이태섭, 『북한의 집단주의적 발전전략과 수령체계의 확립』, pp.104－109.

2) 위기돌파와 동원의 관료문화

(1) 천리마 운동과 관료문화

북한은 정치적 갈등과 종파·지방·가족주의 등의 관료문화를 극복하고자 하였다. 이를 위해 북한은 민족경제의 구축과 전후 동원이라는 집단적 기획을 위해 인민의 욕망과 역량을 엄격하게 제한하고 이를 소기의 목표에 맞게 전환시키려 했다.[65]

북한 사회주의체제의 수립과 함께 동원수단도 각기 새로운 차원으로 전개되었다. 그중에 대표적인 것이 「천리마운동」인데 1956년 12월 김일성이 '반종파투쟁'에서 벗어나 '사회주의 경제건설'로 전 대중을 몰고 가기 위한 것에서 비롯되었다.[66]

산업화 과정에서 김일성과 북한의 공식 매체들은 관료주의, 지방주의, 가족주의 문제를 지속적으로 개탄하였다. "간부 배치에서 지방주의, 가족주의 경향이 철저히 근절되지 못하고 있다."[67] "배운 것도 없이 공부도 잘하지 않고 친한 사람끼리 몰려다니면서 한자리 해 보자고 하는 가족주의 지방주의는 종파의 온상"[68], "지방주의

---

65) 임지현·김용우 엮음, 『대중독재: 일상의 욕망과 미망』(서울: 책세상, 2007), p.244 참고.

66) 이 시기에 김일성은 1958년까지 진행되었던 '반종파투쟁'을 대중동원까지 연결시키려 하였다. 즉 노동당 지도부는 1958년까지 당내 '중앙당 집중지도사업'을 강화하면서 사상투쟁과 경제건설사업을 연계시켰다. 이는 '8월종파사건'이나 '국제적 긴장상태 고조' 등을 내세워 대중들에게 긴장과 공포심의 분위기에서 '사상혁명'이나 '공산주의 교양'을 강화하도록 하는 것이다. 권오윤, 『북한체제변화론』(서울: 다다미디어, 1998), pp.318-319.

67) 염상기, "사람들과의 사업에서 중요한 것은 간부들과의 사업이다.", 『근로자』 1961년 제3호, pp.18-19.

68) 김일성, "조선인민군은 항일 무장투쟁의 계승자이다."(조선인민군 제324 군부대관하 장

가족주의를 철저히 뿌리 빼야 한다."[69])는 등 김일성의 지적은 계속되었다.

이와 같은 '주의'들이 주로 당료와 간부들 사이의 부정적 현상의 지속적인 거론은 그 사회에 이들 현상이 고질적으로 뿌리 깊게 존재하고 있었다는 반증이기도 하다. 어느 정도 보편적이었는지는 검증하기 어려워도 이들 전통적 인간관계에 뿌리를 둔 현상들이 북한의 산업화와 천리마운동이 진행되는 과정에 적어도 간부들의 상호작용 가운데 문제시되고 있었다는 것만은 확인이 되는 셈이다.[70])

북한 지도부는 내부축적의 주요 원천으로 인민대중의 혁명적 열의에 주목하고 이를 적극적으로 활용했다. 인민대중의 집단적 혁신을 강조한 '천리마'는 내부예비 동원, 절약제도 강화, 노동생산능률 제고, 설비와 노동력의 증가 없는 현존 설비의 이용률 제고 등 인적 자원을 중심으로 한 내부자원의 총동원을 통해 위기를 극복하고자 했다.[71])

병들 앞에서 한 연설 1958년 2월 8일), 『김일성저작집 제12권』(평양: 조선로동당출판사, 1981), p.100.

69) 김일성, "함경북도 당단체들의 과업"(조선로동당 함경북도 인민위원회 확대전원회의에서 한 연설 1959년 3월 23일), 『김일성저작집 제13권』(평양: 조선로동당출판사, 1981), pp.198 - 199.

70) 박광호, 『김일성 통치에서 전통의 활용에 관한 연구』(서울대학교 대학원 박사학위논문, 2003), pp.166 - 167.

71) 전후 복구기간 사회주의권 내부로부터 북한에 지원되었던 대규모 원조가 거의 끝나가는 시점이었고 언제 중단될지 모르는 형편이었다. 사회주의국가들로부터의 원조액은 1953년에 975,450.9만 원, 54년에 2,831,774만 원, 55년에 2,336,196만 원, 56년에 1,489,193.3만 원 등으로 55년과 56년 사이에 크게 감소했으며, 북한의 국가수입에서 외국의 원조가 차지하는 비율은 1954년의 31.4%에서 55년의 21.6%, 56년의 16.5%, 57년의 12.2% 58년의 4.2% 59년의 2.7% 등 급격히 감소해 가고 있었다. Hyun, Syng - il,

북한 스스로가 가지고 있던 모든 인적 자원과 물적 자원을 최대한 동원하는 방법을 뜻한다. 그것도 향상이 불가능한 북한으로서는 이를 보완하기 위하여 노동력공급의 절대량을 늘이는 방법과 더불어 기존의 인적 자원과 기술혁신에 따른 노동력 절약 및 노동생산성의 극대화에 초점이 맞춰졌다. 즉 인민들의 집단적 혁신운동과 그들을 지도·지원하는 관료들의 혁명정신이 북한 내부예비의 핵심적 원천이었던 것이다. 천리마운동은 북한 산업화 과정의 핵심 동인이고 동시에 산업화의 조직적 표현이기도 하다.

천리마운동의 특징[72]은 첫째, 집단주의 문화의 강조였다. 천리마 작업반 운동은 '전체는 하나를 위하여, 하나는 전체를 위하여'라는 구호에서도 알 수 있듯이 집단주의 문화를 만들어 냈던 것으로, 이른바 혁명적 공산주의 운동이다. 둘째, 천리마운동은 사회주의건설에서 소극성과 보수주의 등 부정적 관료문화를 타파하고 사상혁명과 기술혁명을 수행했다는 점이다. 이는 자본주의사상과 일본제국주의 사상의 잔재를 제거함으로써 사상혁명과 기술신비주의를 극복하고 전체 인민대중들 속에서 집단적 생산혁신운동이 전개되었다는 것이다. 1958년 9월 16일 전국 생산혁신자 대회에서 한 연설에서 김일성

"Industrialization and Industrialism in a Developing Socialist Country: Convergence Theory and the Case of North Korea"(Diss. University of Utah, 1982), p.174; 통일문제 연구소, 『북한경제자료집 제2호』(민족통일, 1989), p.283 등 참조. 더불어 소련은 소련 자신의 발전문제에 직면해 있었고, 중국도 대약진운동을 막 시작한 입장에서 국내경제에의 요구가 극히 큰 시점이었다. Robert Scalapino and Chong-sik, Lee, *Communism in Korea(Berkeley*, Los Angeles, and London: University of California Press, 1972), p.1219.

72) 정우곤, 『북한 사회주의건설과 '수령제'의 형성과정에 관한 연구, 1948-1972』(서울: 경희대학교 대학원 박사학위논문, 1997), p.109.

은 "혁신운동에서는 보수적이고 신비적이고 낡은 것의 방해를 물리치는 것이 중요하다."[73]고 하였다. 따라서 기술신비주의의 극복은 사회주의건설에서 일제식민지 잔재를 완전히 해소하고 이들이 공장, 기업소 등에서 노동자, 농민들과 함께 집단적 창발성이 일어났다는 집단주의 운동이다. 또한 당 간부가 현장에서 생산조건과 생산과정을 직접 파악·장악함으로써, 사회주의체제에서 불가피하게 발생하는 '정보의 문제(information problem)'[74]를 해결하는 것이다. 이는 '계획의 무정부성'을 일정도 완화시키기 위한 것일 뿐만 아니라, 생산단위 내 당의 지도·지배력을 강화[75]하기 위한 제도적 조치였다.

---

73) 김일성, "사회주의건설에서 소극성과 보수주의를 반대하여"(전국생산혁신자대회에서 한 연설 1958년 9월 16일), 『김일성저작선집 제2권』(평양: 조선로동당출판사, 1968), pp.238-246.

74) 북한 지도부가 군중노선을 끊임없이 호소하는 대상은 인민이 아니라 계획 관료이며, 군중노선의 구현을 통해서 노리는 정책적 효과는 계획 관료와 공장 및 노동자 사이의 밀접한 정보(혹은 의사)소통로를 마련하는 것이었다. Friedrich Hayek 지음, 박상수 옮김, 『개인주의와 경제질서』(서울: 자유기업센터: 1998); Janos Kornai, The Socialist System: The Political Economy of Communism(Princeton New Jersey: Princeton University Press, 1992), pp.127-130.

75) 사회주의국가에서 노동자의 생활공간인 공장 및 작업장은 단순히 생계를 해결하는 경제적 공간에 그치는 것이 아니라 지배-피지배 및 권위와 저항의 정치·사회적 문제가 중첩되어 작동하는 정치·사회적 공간이기도 하다. 때문에 공업관리체계, 구체적으로 공장관리체계에 대한 이해는 사회주의 경제동학에 대한 이해일 뿐만 아니라, 사회주의국가의 정치·사회적 동학에 대한 이해이기도 하다. 같은 맥락에서 왈더(Andrew G. Walder)는 "공산주의 경제에서 국영공장은 경제적 기업이기보다는 사회적 제도"라고 이야기하고 있다. Andrew G. Walder, *Communist Neo-Traditionalism: Work and Authority on Chinese Industry*(1986), p.28.

(2) 청산리 방법과 관료문화

1957년 이후 당 정책이 절대화되고 당적 통제가 강화됨에 따라 당 정책 집행에 있어 각급 단위의 구체성과 특수성을 무시하는 기계주의, 형식주의, 교조주의, 주관주의가 만연되었다. 자율성과 창발성의 결여였다.

이것은 위로부터의 통제 강화에 따른 불가피한 결과였다. 그러나 북한은 관료주의와 형식주의 문제를 위로부터의 통제 강화와 같은 중앙집권적 관료 조직의 문제로 파악하지 않고 지도와 대중의 문제, 즉 대중 지도에 있어 군중노선의 문제로 파악하였다. 하지만 당시 군중노선 역시 많은 경우 형식적으로 이루어지고 있었다.[76]

요컨대 당시 당과 국가, 경제 기관 사업에서 가장 중요한 결함은 당 정책에 대한 형식적 연구, 교조적 해석, 기계적 집행, 그리고 행정식 관료주의였다.[77] 때문에 형식주의와 행정식 관료주의를 퇴치하는 것은 당시 '가장 긴요한 과업'으로 제기되었다. 당시 형식주의와 행정식 관료주의는 군당위원회 사업에서 집중적으로 드러났다.[78] 예컨대 군당위원회와 군인민위원회 간부들은 현지 지도를 하지 않고, 군에 앉아서 이 일꾼들을 불러들여다가 전부 내리먹이고 있었으며, 각종 지시문을 내려 보내고 덮어놓고 하라고 소리치며 행정식 방법으로 일을 처리하고 있었다.[79]

---

76) 편집국, "혁명적 군중관점을 확립하며 당의 군중노선을 관철할 데 대한 김일성 동지의 교시", 『근로자』 1960년 제3호, p.11.

77) 서을현, "당 정책과 지방적 창발성", 『근로자』 1960년 제6호, p.13.

78) 권두언, "당 사업체계와 방법을 결정적으로 개선하자.", 『근로자』 1960년 제3호, pp.16 – 19.

1960년 2월 김일성의 강서군 청산리 현지 지도를 계기로 하여, 관료주의와 형식주의를 극복하기 위한 새로운 당 사업 체계와 방법이 도입되었다. '청산리 방법'이었다. 당위원회 제도가 정치 사업 우선 노선의 제도화, 집체적 지도 원칙의 제도화였다면, 청산리 방법은 정치 사업 선행에 기초한 군중 노선의 제도화이자 빨치산식 사업 방법의 제도화로서 '아래로 내려가는 사업 체계'였다. 즉 청산리 방법이란 아래 사람들에게 관료주의적으로 내리먹이는 것이 아니라 밑에 내려가 도와주며 걸린 문제를 해결해 주는 방법으로서,[80] 중앙이 도를, 도가 군을, 군이 이를 도와주며 지도부를 하부에, 생산 현장에 접근시키고 일꾼들이 군중 속에 들어가게 하는 사업 체계였다.[81] 또 청산리 방법은 모든 지도 간부들이 하부에 내려가 대중 속에 들어가서 대중과 상론하고 대중의 의견을 지도에 적극 인입하며 하부 실정을 구체적으로 요해하고 대중을 당 정책 관철에로 조직 동원하는 것이었다.[82]

"우리나라에서 청산리방법으로 불리고 있는 사업방법은 바로 우리 당의 군중노선을 사회주의건설의 새로운 현실에 맞게 구체화하

---

79) 편집국, "당 사업 방법을 개선할 데 대한 김일성 동지의 교시", 『근로자』 1960년 제5호, p.8.

80) 편집국, "청산리 방법은 사회주의 건설을 촉진하는 위력한 무기이다.", 『근로자』 1963년 2월(상) 제3호, p.11.

81) 신진균·리능훈, "마르크스 레닌주의적 당 사업 방법의 전면적 확립", 『근로자』 1961년 제8호, p.36.

82) 김창모·김영찬, "사회주의 건설의 모든 부문에서의 당의 영도적 역할의 제고", 『근로자』 1961년 제8호, p.19.

고 발전시킨 것이다. 청산리방법의 기본은 위 기관이 아래 기관을 도와주고 윗사람이 아랫사람을 도와주며 정치 사업을 앞세우고 군중을 발동시켜 혁명과업을 수행하도록 하는 데 있다."[83]

"관료주의를 없애며 혁명적 군중관점을 세우기 위하여서는 모든 일꾼들이 군중 속에 깊이 들어가 군중과 의논하며 군중을 동원하여 제기된 과업을 해결하는 혁명적 사업방법을 체득하여야 합니다. 국가, 경제 기관 일꾼들은 자기 사업에서 우리 당의 전통적인 혁명적 사업방법인 청산리방법을 관철하여야 할 것입니다."[84]

청산리 체계에서 이당 위원회는 생산 단위의 초급 당 단체였으며, 군당위원회는 군내 모든 당 단체들을 장악하고 이에 내려가서 일체 사업을 직접 조직하며 집행하는 말단 지도 기관이었다.[85] 군은 생산을 책임지는 마지막 단위였으며, 군당위원회는 군내 모든 사업에 대해 전적으로 책임지게 되었던 것이다. 이에 따라 군당위원회의 기구가 확대 개편되고 이담당지도원제가 도입되었으며,[86] 군당의 모든 지도 간부들은 매달 15일간 하부(이)에 내려가 사업하는 체계가 확립되었다.[87] 북한은 이와 같은 청산리 방법을 전국에 일반화하기

---

83) 김일성, "조선민주주의인민공화국에서의 사회주의건설과 남조선혁명에 대하여(발취)" (인도네시아 '알리 아르함' 사회과학원에서 한 강의 1965년 4월 14일), 『사회주의경제관리문제에 대하여 제3권』(평양: 조선로동당출판사, 1970), p.171.

84) 김일성, "국가활동의 모든 분야에서 자주, 자립, 자위의 혁명정신을 더욱 철저히 구현하자."(조선민주주의인민공화국 최고인민회의 제4기 제1차 회의에서 발표한 조선민주주의인민공화국 정부정강 1967년 12월 16일), 『김일성저작선집 제4권』(평양: 조선로동당출판사, 1968), p.553.

85) 권두언, "당 사업체계와 방법을 결정적으로 개선하자."(1960. 3), pp.17 - 18.

86) 유관칠, "협동농장경영위원회에 대한 군 당위원회의 지도에서의 몇 가지 문제", 『근로자』 1963년 1월(상) 제1호, p.30.

위해 당중앙위원회 상무위원들을 비롯한 중앙 간부들을 파견하여 전국의 군과 이에 대한 집중 지도 사업을 전개하였다.[88] 그리고 1962년 8월에 있은 지방당 및 경제 일꾼 창성 연석회의를 통해 군 당위원회의 역할이 강화됨에 따라 당중앙위원회 제4기 제12차 전원회의에서는 중앙의 간부들을 한 해 동안 고정적으로 하부에 파견하여 군을 직접 지도 방조하도록 하였으며, 그 후에는 중앙과 도급의 유능한 일꾼들을 3년 동안 고정적으로 군에 파견하여 군 사업을 지도 방조하도록 조치하였다.[89] 이러한 청산리 방법은 당의 사업 체계와 방법을 전면적으로 개선하고 그 지도 수준을 현저히 제고하는 결정적인 계기가 된 것으로 평가되었다.[90]

이와 같이 '청산리 방법'은 "당의 대중노선을 사회주의 건설의 새로운 요구에 맞게 구체화하여 발전시킨 사업방법"으로 규정되었다. 그 내용은 중간관료층의 '하방'을 정당화하는 것으로 "모든 일꾼들이 생산현장에 내려가 하부일꾼들을 책임적으로 도와주는 것"이다. 북한의 공식 설명에 따르면, 이는 '급속히 발전하는 현실'과 '이를 따라가지 못하는 일꾼들의 지도수준' 간의 불일치를 해결하기 위한 것이었다.[91]

---

87) 장기형, "군 당단체의 사업 체계와 방법을 개선하는 기본 고리", 『근로자』 1960년 제9호, p.58.

88) 사회과학백과사전종합출판사, 『조선로동당의 사회주의 건설 령도사』(평양: 사회과학백과사전종합출판사, 1995), p.109.

89) 조선로동당출판사, 『위대한 수령 김일성 동지의 불멸의 혁명 업적 제7권』, p.348.

90) 신진균·리능훈, "마르크스 레닌주의적 당 사업 방법의 전면적 확립"(1961. 8), p.38; 이태섭, 『북한의 집단주의적 발전전략과 수령체계의 확립』, pp.152 - 155.

91) 김일성종합대학 경제학부 교원 일동, 『청산리 교시와 사회주의체제건설』(평양: 조선로

(3) 대안의 사업체계와 관료문화

대안의 사업체계는 위와 같은 '청산리식 지도방법'을 공업관리체계에 도입한 것이었다. 바로 위기돌파 전략으로 채택했던 지도형태로 중간관료층의 기능 전환에 초점이 모아졌다.[92] 즉 대안의 사업체계는 관료주의, 기관중심주의를 배제하고 대중노선을 구현하고자하는 의도에서 만들어진 것이며, 당이 기업(공장)을 장악하여 기업(공장)의 최고기구가 됨과 동시에 당 조직과 당 활동을 통하여 대중의 정치, 사상적 의식을 적극화시킴으로써 기업(공장)과 노동자를 관리하려는 의도로 된 것이다. 김일성은 지배인유일관리제는 관료주의, 기관본위주의, 개인주의, 이기주의적이라고 지적하면서 대안의 사업체계를 창출하였다.

"지난날의 공장관리체계는 사회주의적인 것이기는 하였으나 자본주의적 잔재를 많이 가지고 있는 관리체계였다고 말할 수 있습니다. 거기에는 관료주의적이며 기관본위주의적이며 개인이기주의적인 요소가 많이 남아 있었습니다. 우에서 아래에 내려가 도와주는 것이 아니라 관료주의적으로 호령만 하였으며 직장 사이에는 서로돕는 기풍이 적었으며 사람들 사이에도 '너면 너고 나면 나다.' 하는 개인이기주의적인 경향이 있었습니다. 그렇기 때문에 낡은 사업체계에서는 노동자들의 적극성과 창발성을 제대로 발양시킬 수 없었으며 사람들은 무사분주하기만 하고 생산에서는 큰 성과를 올릴수 없었습니다.

동당출판사, 1962), p.3.

92) 김연철, 『북한의 산업화와 경제정책』, p.270.

대안의 사업체계는 그전의 사업체계와는 근본적으로 다르며 공산주의적 기업 관리의 요소를 많이 가지고 있는 우월한 사업체계입니다. 이 새로운 사업체계는 '하나는 전체를 위하여, 전체는 하나를 위하여'라는 집단주의적, 공산주의적 생활원칙을 훌륭히 구현하고 있습니다. 이 사업체계에서는 윗사람이 아랫사람을 도와주며 아는 사람이 모르는 사람을 가르쳐 주며 모든 사람들이 동지적으로 도와주고 모든 직장들이 서로 밀접히 협력하고 있습니다."[93]

사회주의 제도가 수립되었음에도 여전히 관료주의적, 기관본위주의적, 개인주의적인 요소와 그 외에도 자본주의적 요소가 잔존해 있는 공업 분야의 낡은 경제 관리체제를 근본적으로 전환[94]시키고자 하는 의도에서 구축되었다.

"우리 당은 낡은 기업 관리방법인 지배인유일관리제를 없애고 당위원회를 매개 경제단위의 최고지도기관으로 규정하였으며 기업 관리에서 당위원회의 집체적 영도체계를 내왔습니다. …… 성, 국들을 비롯한 위 기관일꾼들과 기업소관리일꾼들이 생산현장에 내려가 걸린 문제들을 제때에 풀어 주며 설비, 자재를 비롯하여 생산에 필요한 모든 물자를 위가 책임적으로 보장하여 주는 정연한 체계를 세워 놓았습니다. 그리하여 경제 지도에서 명령과 호령의 방법, 관료주의적 방법은 점차 밀려 나가기 시작하였습니다."[95]

---

93) 김일성, "대안의 사업체계를 더욱 발전시킬데 대하여"(대안전기공장위원회 확대회의에서 한 연설 1962년 11월 9일), 『김일성저작집 제16권』(평양: 조선로동당출판사, 1982), p.497.

94) 류길재, "「천리마운동」과 사회주의경제건설: 「스타하노프운동」 및 「대약진운동」과의 비교를 중심으로", 최완규 외, 『북한사회주의건설의 정치경제』(서울: 경남대학교 극동문제연구소, 1993), p.72.

대안의 사업체계는 지배인유일관리제와 직접 비교되었다. 여기에서 지배인유일관리제는 사회주의 경제 관리 형태이기는 하지만 낡은 자본주의적 경제 관리 요소를 많이 가지고 있어, 광범한 생산자 대중이 경제 관리의 주인으로서의 책임과 역할을 다할 수 없다고 주장되었다. 그것은 그 어느 한 개인이 경제 관리·운영에 나서는 모든 문제를 혼자서 결정하고, 처리하거나 광범한 생산자 대중을 행정적 방법으로 지시하고 호령하는 방법으로 움직이는 것이라고 지적되었다. 즉 몇몇 관리일꾼들이 수공업적 타산이나 지배인 한 사람의 소총명에 의해 바로 진행되는 제도로 묘사되었다.[96]

따라서 대안의 사업체계는 종래의 지배인 유일관리제와는 근본적으로 달리 당위원회의 집체적 지도 밑에 군중노선을 관철하며 경제를 과학적으로, 합리적으로 관리 운영하는 주체의 경제 관리 형태로 규정되었다. 당위원회의 집단지도하에 정치적 지도와 경제·기술적 지도, 정치사업과 경제 사업을 밀접히 결합시켜 상부가 하부를 도와줌으로써 전체가 일체가 되어 기업을 관리 운영하는, 즉 당 간부들의 역할이 생산 현장에까지 영향을 미치는 체제로 자리를 잡았다.

그러나 생산 현장에서의 당위원회와 당 간부의 권한 강화는 당 권한의 침투라는 측면에서 기여했을지라도, 경제체계의 효율성이라는 측면에서는 부정적인 결과를 가져왔다. 즉, 당위원회가 생산영역은 물론이고 정치적인 영역까지 관여하는 집체적 결정기구가 되면

---

95) 김일성, "조선로동당 제5차대회에서 한 중앙위원회사업총화보고"(1970년 11월 2일), 『김일성저작선집 제5권』(평양: 조선로동당출판사, 1972), pp.441-442.

96) 김강식, 『북한의 노동』(서울: 집문당, 2003), p.52.

서 당 간부들은 경제와 정치 모두에 발언권을 행사하면서도 책임을 회피하는 경향을 나타내게 된 것이다. '경제의 정치화 현상'이 강화되면서 경제체제의 전반적인 모순이 누적되었고, 여기에 경제 침체가 장기화되면서 당 간부들은 관료주의나 무사안일주의 현상을 드러냈을 뿐만 아니라 부정부패와 같은 일탈행위에도 개입하게 되었다.[97]

이렇게 되다 보니 국가 행정기관 일꾼들의 전횡과 관료주의를 극복하고 당의 유일적 영도를 철저히 보장하기 위한 대안의 사업체계는 국가 행정, 경제기관 일꾼들의 창발성을 마비시키고 당 일꾼들의 관료주의를 합법화하는 결과를 초래하였다.

제2절 관료제와 관료문화

1. 관료제의 구조

북한은 "사회주의국가는 프롤레타리아독재의 기능을 수행하기 위한 권력기관으로서 혁명의 원수들에 대해서는 무자비한 독재를 실시하며 광범한 인민대중에 대해서는 민주주의를 보장한다."라고 정의한다. 따라서 "적대분자들에 대한 독재와 사상혁명, 경제 사업을 다 같이 잘해 나가야만" 사회주의를 발전시키고 공산주의를 건설할

---

97) 최완규·함택영·조영국, "북한 지방당사업체계의 변화 연구", 최완규 엮음, 『북한 '도시정치'의 발전과 체제 변화: 2000년대 청진, 신의주, 혜산』, pp.60 - 61.

수 있다는 것이다.98)

또한 "경제문화생활을 비롯한 나라의 모든 살림살이를 계획적으로 지도하며 인민들의 물질문화생활을 높이는 것을 자기 활동의 최고원칙으로 삼고 먹고 입고 쓰고 사는 것으로부터 교육, 문화생활에 이르는 인민생활전반을 책임적으로 돌보며 끊임없이 향상"시키는 것을 목적으로 한다. 이를 위한 방법으로 "무엇보다 먼저 혁명과 건설에 대한 수령의 유일적 영도를 온 사회적 범위에서 조직적으로 실현하며 전체 인민을 당과 수령의 두리에 굳게 묶어세우는 역할을 수행"하는 "국가는 당과 대중을 연결시키는 가장 포괄적인 인전대"라고 정의한다. 그리고 노동계급의 당은 노동계급의 전위적 정치조직으로 "본질에 있어서 수령의 사상과 영도를 실현하기 위한 정치적 무기"라고 한다.99)

국가기구는 "독재기능을 실현하기 위하여 조직되는 국가기관체계의 총체"이며 "각급 주권기관들과 국가주권의 행정적 집행기관 및 사법·검찰기관들로 구성된다. 이 기관들은 민주주의 중앙집권제 원칙에 기초"한다. 또한 국가의 기능은 "프롤레타리아독재의 무기로서 혁명의 원수들을 진압"하기 위해 인민군대와 사회안전기관, 검찰 및 사법기관들이 존재하며 "경제조직자적 및 문화교양자적 기능을 수행"한다고 정의한다. 그리고 국가주권기관은 당과 대중을 연결시키는 포괄적인 인전대로 인민들의 선거로 선출된다고 정의한다. 한편 북한은 국가의 형태를 첫째, 국가의 최고 권력기관이 어떻게 구

98) 『정치사전』(1973), p.79.
99) 『철학사전』(평양: 사회과학출판사, 1985), pp.190 - 191.

성되어 있는가에 따라 군주제와 공화제로, 둘째, 국가권력의 지역조직이 어떻게 되어 있으며 중앙기관과 지방기관의 관계가 어떠한가에 따라 단일제와 연방제로, 셋째, 국가권력이 어떤 방법으로 실현되는가에 따라 민주주의제도와 전제제도로 나눈다.[100] 북한 당국의 논리에 따르면 북한의 국가형태는 공화제, 단일제, 그리고 민주주의제도가 된다.

북한에서 국가관리는 국가주권을 실현하는 정치활동이며, 이때 국가주권은 '정치적 지배권'을 의미한다. 그러므로 국가는 "정치적 지배를 담당 실현하는 정치조직"으로, "지배계급이 자기의 의사와 요구에 맞게 사회의 모든 성원들을 다스리는 권력기구"이다. 그리고 국가관리는 첫째, 국가기구들을 조직·운영하는 것이며, 둘째, 국가기구 운영을 통해 사회 모든 성원들이 지배계급의 의사와 요구에 맞게 살도록 다스리는 활동이다. 특히 북한 당국은 "사회주의국가관리의 특징은 우선 나라를 더욱 부강하게 만듦으로써 근로인민대중의 자주적이며 창조적인 생활을 원만히 보장한다는 데 있다."라고 한다.[101]

따라서 북한은 민주집중제, 프롤레타리아독재, 당과 국가기구 관계에서 당적 지도의 우월성, 경제발전 전략이라는 20세기 사회주의의 보편적 국가원리를 공유하고 있다. 한편 북한 국가형태의 실질적인 운영양태는 공화제보다는 군주제에 가깝고, 민주주의제도보다는 전제제도에 가깝다. 이러한 전체주의적 경향은 북한의 '민주주의적

---

100) 『정치사전』(1973), pp.80 - 95.

101) 리명일, 『국가관리학』(평양: 김일성종합대학출판사, 1988), pp.6 - 7.

중앙집권제'에 대한 정의에서도 확인할 수 있다.

당과 국가, 근로단체의 조직과 활동의 근본원칙인 민주주의 중앙집권제는 조직의 통일과 전 조직의 활동을 유일적인 지도에 복종하게 하기 위한 것이다. 한편 민주주의적 특성은 모든 지도기관 성원은 선거되며, 사업에 책임을 지고 선거자들로부터 소환받을 수 있다는 것이다. 그러나 민주주의적 중앙집권제는 "수령의 유일적인 영도 밑에서만 성과적으로 실현될 수 있다." "당과 전체 인민의 조직적 의사의 유일한 체현자인 수령은 당, 국가, 근로단체 등 프롤레타리아독재체계의 총체를 유일적으로 지도"하기 때문이다.[102]

1) 당 – 국가 관료제

북한의 정치체제는 다른 공산국가의 경우와 마찬가지로 당 – 국가 체제(the Party – State – System)이며, 북한 관료제도 당 – 국가 관료제(the Party – State Bureaucracy)를 기본 틀로 하고 있다. 당 – 국가 체제는 "공산당은 지배하는(rules) 것이지, 통치하는(governs) 것이 아니다."라는 원칙에 따라 당은 지배하고 국가는 통치하는 존재로 양자의 관계가 설정된다.[103] 북한의 당과 국가기구와의 관계에서도 ① 국가기구는 자신의 상급기관과 해당 당 기구에 대한 이중적 종

---

102) 리명일, 『국가관리학』, pp.435 – 436; 박영자, "북한의 중앙국가기관: 체계와 운영", pp.344 – 347.

103) Julian Towester, *Political Power in the USSR(N.Y.*: Oxford University Press, 1948), pp.78 – 183.

속관계, ② 당의 리더십과 당에 대한 의존성을 강화하기 위해 모든 수준의 국가기구 소속 관료들의 당 가입, ③ 국가 관료제 내에서 서로 다른 집단 간에 상호 통제력을 행사할 수 있도록 정치, 법률, 경찰의 감독체계, ④ 지방 당위원회의 지도에 따라 당세포의 지시를 받은 당원들에 의한 공공기관의 통제체계 등과 같은 당 - 국가 관료제의 일반적 특징들[104]이 나타난다. 이러한 일반적 성격을 전제로 하여 북한의 당과 국가기구와의 관계에서 나타난 특징들을 검토해 본다.

첫째, 일반적인 당 - 국가 관료제에서는 국가에 대한 '당의 우위성'과 '당의 절대성'을 원칙으로 하나 북한의 경우에는 '수령의 유일적 영도제'에 의해 이 원칙이 변형되고 있다. 북한의 1992년 헌법 제11조에서는 "조선민주주의인민공화국은 조선로동당의 영도 밑에 모든 활동을 진행한다."고 규정하고 있어서 국가에 대한 당 우위성은 확립되고 있으나, 앞에서 논의한 '수령의 유일적 영도제'로 말미암아 당의 절대성보다는 수령의 절대성이 강조되고 있다. 이와 같은 북한의 수령중심체제는 다른 공산국가들이 당을 지배권위의 원천으로 보는 것과 달리 모든 권위의 원천을 수령 1인으로 한정하고 있는 점에서 지배자의 신성성에서 지배의 정당성을 찾는 동양적 전제군주에 가까운 신정 체제라고[105] 볼 수 있다.

---

104) Maria Hirszowicz, *The Bureaucratic Leviathan: A Study in the Sociology of Communism*(1980), pp.22 - 23.

105) 이상민, "당 - 국가 관료제", 고성준 외, 『전환기의 북한 사회주의』(서울: 대왕사, 1992), p.130.

둘째, 북한의 당과 정부기구의 관계는 상호 유기적 관련성을 갖도록 병렬적으로 설치하며 당직과 국가직의 겸직의 원칙에 의해 양 기관을 점하는 자의 융합성에 의해 하나로 통합된다.106) 당-국가 관료제 이론에 의하면 국가기관은 권력의 원천인 당의 정책노선을 집행하는 하위체계에 불과하나 북한의 국가기관은 국가통치에 있어서 노동당의 긴밀한 협조자의 기능을 수행하며 동시에 당과 국가기관의 피라미드 구조의 최정점을 1인이 장악하여 이로써 당과 국가의 권력이 사실상 합치하는 결과를 이루어 철저한 1인 권력체제를 제도화하고 있다. 이에 대해 북한에서는 "공화국의 국가 제 기관은 유일한 체계를 이루고 있다. 공화국에서 인민정권의 유일성은 국가기관체제의 유일성의 전제이다."라고 말하고 있다.107)

셋째, 국가기구에 대한 당 우위의 원칙상 모든 관료에 대한 통제는 당 통제의 특징을 갖는다. 관료제에 대한 당 통제는 통제수단으로 앞에서 살펴본 바와 같이 이중겸직장치와 행정기관에 대응하는 당기관의 병립을 들 수 있다. 먼저 당의 관료가 국가관료직을 겸직함으로써 당의 결정과 지시를 직접적으로 전달, 집행할 수 있어 국가관료는 당관료의 지시와 통제를 받게 된다. 또한 노동당의 계층제와 행정기관의 계층제가 종적, 수평적으로 긴밀히 상호 연관되어 있어서 당의 감시, 감독, 통제는 이러한 조직체계를 통해 이루어지므

---

106) 윤일균, 『북한 행정체계에 관한 연구』, p.8.

107) 북한과학원 경제 · 법학연구회 편, 『朝鮮民主主義人民共和國의 國家社會體制』(日本: 東京評論社, 1966), p.121; 이강래, 『북한관료제의 성격과 변화과정에 관한 연구: Max Weber의 관료제 이론을 중심으로』, p.77 재인용.

로 행정기구는 당 집권화의 희생물로 전락되어 자율성과 전문성을 발휘하기 어렵다.[108] 그리고 1970년대 이후부터는 이러한 당의 통제뿐만 아니라 김정일이 주도한 3대혁명소조가 각급 사업장과 각급 관료기관에 대한 감시, 통제를 실시하고 있어서 이중, 삼중의 중복 통제와 과잉 감시체제로 인하여 행정관리상의 혼란과 비능률을 야기하고 있다.

2) 중앙집권적 권력구조

집권과 분권은 의사결정권이 정부조직의 지방과 중앙 간에 어디에 존재하는가에 따라 결정이 되는 것이다. 어느 나라의 정치·행정체제가 집권과 분권 중 어떠한 체제를 형성하는가는 그 나라의 역사, 문화, 정치체제와 밀접한 관계를 맺고 있다. 공산권에서는 이와 관련하여 민주적 집권제라는 용어의 제도를 사용하고 있으며, 북한도 마찬가지로 이러한 개념을 도입 사용하여 분권적 경향을 강조하고는 있지만 실제에 있어서는 고도의 집권성을 지니고 있다.

그들은 "개인은 조직에, 소수는 다수에, 하부는 상부에, 전체 성원과 조직은 중앙에 절대 복종하며 하부기관은 상부기관의 결정을 의무적으로 집행하여야 하며 상부기관은 하부기관의 사업을 계통적으로 지도한다."는 내용으로 중앙집권을 설명하고 있다.[109] 이러한

---

108) 김운태, "북한정권기관(행정기관)의 조직 변천에 관한 연구", 평화통일연구소 편, 『통일정책』제3권 1호(1977), p.203.

109) 북한 노동당 규약 제2장 제11조 ①, ②항 참조.

중앙집권제는 그간 소련을 비롯한 사회주의국가들에서의 모든 조직 및 운영의 원칙이 되어 왔는데, 최근에는 정치개혁으로 인하여 중앙에 집중된 권한의 대부분을 지방정부기관에 이관하는 조치 등을 취하고 있다. 그러나 북한에서는 아직까지 권력의 분권화 징후는 찾아볼 수 없으며, 오히려 중앙에 보다 집중되는 경향이 있다.[110]

> "당의 민주주의중앙집권제라는 것은 광범한 당원대중의 의사를 모아 노선과 정책을 세우고 당 지도부를 선거하며 그 지도부가 세워진 노선과 정책을 실천하기 위한 투쟁을 유일적으로 지도하는 것을 말합니다."[111]

북한 헌법 제5조[112]에 "모든 국가기관들은 민주주의중앙집권제원칙에 의하여 조직되고 운영된다."고 규정하고 있으며 북한이 그들의 국가행정조직이 이러한 원칙에 의하고 있음은 다른 공산국가들이 권력통합의 민주주의적 중앙집권제를 그 통치원칙으로 하고 있는 것과 깊은 연관을 가진다.

국가조직의 민주주의적 중앙집권제는 레닌이 "통일을 파괴함이 없이 지방적 특수성에서 통제를 실현하는 수단"이라고 강조한 이래 모든 사회주의국가에서 통용되고 있는 제도이다.

즉 소련에서는 1963년 제23차 공산당대회에서 이 제도에 대한 원칙을 확인하였고 동 헌법 제3조에서 "소비에트국가의 조직과 활

---

110) 배종철, 『북한행정체제의 정책결정에 관한 연구』, pp.37 - 40.

111) 김일성, "함경북도 당단체들의 과업"(1959. 3. 23), 『김일성저작집 제13권』, p.200.

112) 『조선민주주의인민공화국법전(대중용) 상권』(평양: 법률출판사, 2004), p.8.

동은 민주주의적 중앙집권제 즉 위에서 아래에 이르기까지의 모든 국가권력 기관의 선거제, 이들의 인민에 대한 보고의무제 및 상급기관의 결정에 의한 하급기관의 구속원칙에 따라 수립된다. 민주주의적 중앙집권제는 통일적인 지도와 현지의 자발성 및 창조적 적극성, 위임된 의무에 대한 개개의 국가기관과 공무원의 책임에 의한다."고 하고 있다. 그리고 구동독은 1974년 헌법 제47조에서 "민주적 집중주의의 권한하에 실현되는 근로인민의 주권은 국가조직의 주도적 원칙이다."며 이러한 원칙을 규정하였었으며, 1978년 중국 헌법 제3조에서 "모든 권력은 인민에게 속한다."고 하면서 "전국 인민대표대회 및 기타의 국가기관은 일률적으로 민주집중제를 실행한다."고 하고 있다.

북한은 노동당규약 제2장 「당의 조직원칙」에서 규정되어 있던 민주주의적 중앙집권제를 1972년 개정헌법에 규정했다. 이러한 민주주의적 중앙집권제는 첫째, 최고 국가권력기관 및 지방 국가권력기관은 인민의 선거에 의하여 구성되고, 둘째, 제 국가기관은 이러한 국가권력기관에 의하여 구성되며 그에 대한 책임을 지고 또한 그 사업을 보고하며, 셋째, 국가권력은 궁극적으로 최고 국가권력기관에 집중되고 상급기관의 결정은 하급기관을 구속하며, 넷째, 각 기관 내부에서는 소수는 다수에 복종하고 지방은 중앙에 복종한다는 것을 말한다.

"민주주의중앙집권제라는 것은 광범한 당원대중의 의사를 모아 노선과 정책을 세우고 당 지도부를 선거하며 그 지도부가 세운 노선과 정책을 실현하기 위한 투쟁을 유일적으로 지도하는 것을 말한다. 당의 민주주의중앙집권제의 중요한 요구는 당원은 당 조직에, 소수는 다수에, 아래 당 조직은 위 당 조직에, 전체 당원들과 당 조직은 당중앙에 복종하는 것이며 기층 당 조직으로부터 당중앙에 이르기까지 모든 당 지도기관을 민주주의적으로 선거하고 모든 당원들이 당 활동과 관련한 창발적인 의견을 충분히 제기할 수 있게 하는 것이다."113)

민주주의적 중앙집권제는 그 용어가 가리키는 것과 같이 민주주의와 중앙집권주의라는 두 요소의 결합이다. 국가기관들의 조직과 운영에 있어서의 민주주의란 국가기관들이 나라와 사회의 주인인 인민대중의 의사에 따라서 조직하고 운영하는 것이다. 모든 국가기관들이 인민에 의하여 선거되고 그 앞에 책임을 지며 인민이 선거한 자들을 인민이 소환할 수 있는 이유로 민주적이라고 한다. 즉 '민주'라 함은 공산당을 비롯하여 모든 국가기관이나 외곽단체에서 그 대행 및 지도기구를 자체에서 선임하고, 피선임기관은 선임자에 대하여 활동을 보고하고 책임을 진다는 것을 의미한다.

한편 상급기관이 하급기관을 직접 통괄하고 상급기관에 의하여 채택된 결정이 하급기관에 대해 구속력을 갖는다는 의미에서 중앙집권적이라 할 수 있다. 한편 이러한 집권화는 두 가지의 개념을 가지며 그중 하나가 통치상의 집권화이며, 다른 하나는 행정적 집권화이다. 통치상의 집권화는 국가행정기관과 지방행정기관 간의 권한

---

113) 고갑종, "민주주의중앙집권제는 로동계급의 혁명적당건설의 중요원칙", 『근로자』 1991년 제4호, p.53.

의 배분에 있어서 국가행정기관에 집중되어 있는 경우를 말한다. 행정적 집권화란 중앙행정기관이건 지방행정기관이건 하나의 행정적 조직체 내에서 권한이 상층 내지 최상층에 집중되어 있는 것을 말한다.

통치상의 집권화와 행정적 집권화는 이론적으로는 반드시 일치하는 것이 아니다. 즉 통치상의 집권화가 일어난 경우라도 행정적 집권화가 일어날 수 있는 것이며, 그와는 달리 행정적 집권화가 일어나는 경우에 통치상의 분권화가 있을 수 있는 것이기 때문이다. 논리상으로는 양자가 분리될 수 있는 것이지만 사실상 양자는 밀접하게 일치하는 경향을 띠고 있다. 즉, 통치상의 집권화가 강하게 일어나고 있는 사회에서는 행정적 집권화도 뒤따른다. 이러한 현상은 북한 사회에서는 기존의 권위주의적 토대 위에 하부가 상부에 절대 복종하여야 한다는 북한 공산당지배체제로 인해 통치상의 집권화가 행정상의 집권화와 일치하지 않을 수 없게 되었다.114)

이와 같이 북한의 프롤레타리아독재체제의 조직원칙은 민주와 집권을 배합한 방식으로서의 민주집권주의원칙이라고 한다. 사실 이것의 핵심은 중앙의 통일적이며 획일적인 지도에 있으며 그들도 민주주의적 중앙집권제를 "상부의 지도와 하부의 창발력을 통합시키는 것"이라 표현하고 있다.115)

---

114) 최고 정책결정자의 권력집중화 현상은 정책집행에서 현상파괴적인 혁명적 성격을 띨 수 있어 테러 등 폭력적 통치의 오류를 범한다고 했다. David Braybrooke and Charles E. Lindblom, *A Strategy of Decision*(New York: Free Press, 1963); Charles Lindblom, *The Intelligence of Democracy*(New York: Free Press, 1965).

115) 배종철, 『북한행정체제의 정책결정에 관한 연구』, pp.76 - 78 재인용.

3) 수령제 관료체계

북한체제는 당-국가체제의 사회주의 일반원칙을 바탕으로 수령의 유일적 영도체계가 구현되는 '수령제' 사회주의이다.[116] 북한의 수령제 사회주의는 사회주의대가정론, 어버이 수령, 사회정치적 생명체론 등의 담론구조가 보여 주듯이 사회주의 가부장적 지배구조의 특징을 지니고 있다.[117]

수령제 정치체제는 사회주의적 생산양식을 토대로 그 위에 구축된 프롤레타리아독재라는 특징을 지닌 동시에 당-국가체제 위에 수령을 추대한 북한의 독특한 정치체제라고 규정할 수 있다.[118] 수령제란 최고지도자인 정치적 수령의 절대 권력과 권위를 바탕으로 사회 전체를 일사불란하게 운영하는 정치체제라고 할 수 있다. 이 체제에서는 당-국가체제 위에 수령의 절대적 권위와 유일적 지배가 체현되는 권력구조를 특징으로 한다.[119]

북한에서의 관료제는 모택동시대와도 다르고 소련의 관료제화의 경험과도 다른 길을 걸었다. 그것은 소위 '중도노선'으로 이야기할 수 있는 것으로서, 수령제를 정점으로 한 일종의 '수령제 관료체계'를 구축한 것이다. 즉 수령제라는 틀에서 수령의 영도를 실현하기

---

116) 스즈끼 마사유끼 지음·유영구 옮김, 『김정일과 수령제 사회주의』(서울: 중앙일보사, 1994), pp.71 - 93.

117) 강성종, 『북한의 강성대국 건설전략』(서울: 한울아카데미, 2004), p.93.

118) 김광용, 『북한 수령제 정치체제의 구조와 특성에 관한 연구』(서울: 한양대학교 대학원 박사학위논문, 1995), p.281.

119) 이종석, 『김정일시대 북한의 권력구조와 당·군·정 관계에 관한 연구』(서울: 경희대학교 대학원 박사학위논문, 2003), p.53.

위한 것으로 관료체계를 조직하고 강화시켰던 것이다. 일종의 조직화의 과정으로서 관료제도를 발전시킨 것이었다. 관료조직의 이익집단화도, 관료조직의 파괴도 아닌 관료조직의 '조직화'였다.[120]

수령체계의 확립은 김일성의 독특한 집단주의적 발전전략을 제도화·구조화시키는 결정적인 역사적 전환점이 되었으며, 그에 따라 북한 사회의 조직운영 원리는 근본적으로 재편되었다. 수령의 유일중심으로 당과 대중의 집단주의적 통일단결을 '전면적으로 심화 완성'시키는 방향에서 사회체계를 전면적으로 재편성한 것이 그것이다. 1950년대 후반 당적 지도체계의 확립이 무엇보다 당과 국가 관료조직의 위상과 역할 재편을 가져왔다면, 1960년대 후반 수령체계의 확립은 무엇보다 최고 지도자와 당 조직의 위상과 역할 재편을 가져왔다.

1967년 수령체계가 확립됨에 따라 집단주의적 통일단결을 강화함에 있어 특히 가장 중요한 방법으로 새롭게 부각된 것은 조직과 규범이었다. 다시 말해 수령체계는 이데올로기를 통한 개인의 의식변형의 한계 속에서 개인의 행위에 대한 조직적·규범적 통제가 결정적으로 강화되는 지점에서 성립되는 것이었다. 특히 북한에서 조직생활은 조직성원들의 부정적인 현상과 결함에 대한 일상적인 상호비판과 자기비판 즉 사상투쟁을 핵심으로 하여, 사상교양과 조직 규범적 통제(규율), 조직 실천 활동까지 모두 포괄하는 것이었으며, 또 군중노선에 기초한 지도와 대중의 결합 역시 조직 내에서 조직

---

120) 정영철, 『김정일 체제 형성의 사회정치적 기원: 1967 - 1982』, p.279.

을 통해 조직적으로 이루어지는 것이었다.[121]

북한체제가 이데올로기를 바탕으로 가부장제적 지배관계를 형성할 수 있었던 특징을 보면, 무엇보다도 당 조직과 중앙계획경제이다. 다시 말해 사회주의체제에서의 정치권력은 독특한 레닌주의적당 조직과 스탈린주의적 중앙계획경제에 기초해 왔다. 당 조직은 첫째, 당 조직의 위계질서 및 명령구조, 둘째, 당의 지도와 명령을 거스르는 대안적인 정치행위에 대한 억압 및 당원들의 충성심과 규율등을 통해 체제유지에 기여해 왔다. 그리고 중앙계획경제는 당지배의 가장 효율적인 메커니즘이 되어 왔는데 특히 당 조직들이 자원의 수입·분배 문제 등에 대한 결정권을 독점적으로 행사해 왔기때문이다. 지배정당은 정치적 충성심에 의한 경력 보상, 그리고 정치적 위계구조에 따라 물질적 특권을 부여하는 체제를 형성시키면서 그들이 독점적인 자원소유권을 정치적 목적에 종속시켜 왔던 것이다. 이같이 지배정당은 당 조직 내부에서 자원들을 제공함으로써정치적 규율과 충성심을 강화할 수 있었으며, 따라서 계획경제는 당지배의 경제적 토대가 되어 왔던 것이다. 요컨대 사회주의체제는 계획경제를 통해 자원을 중앙집중화시키고 이를 정치적 공적에 따라차등적으로 재분배해 왔던 것이다.[122]

실제 사회주의의 역사적 경험을 보면 사회주의적 지배 혹은 정치라는 것은 계획경제와 맞물려 있는 사회주의적 가부장제를 통해 관

---

121) 이태섭, 『북한의 집단주의적 발전전략과 수령체계의 확립』, p.298.

122) Andrew G. Walder(ed.), *The Waning of the Communist States: Economic Origins of Political Decline in China and Hungary*(1995), pp.1 – 2.

철되어 왔다. 가부장제는 국유화 자체가 야기한 것으로서 당이 사회의 전체 생산물을 거두어 모든 사회구성원들에게 주택, 식량, 의료 등 사회보장 전부를 책임지고 분배해 준다는 개념이 기초로 되고 있다.

북한체제의 경우에도 다른 사회주의체제와 마찬가지로 가부장제적 지배의 본질은 당연히 오랜 기간 동안 불가피하게 국가와 관료에 대한 일반주민의 강력한 의존을 형성시키면서 구조화되었다. 즉 경제 전반의 통제 관리를 관료조직이 관장함에 따라 철저히 가부장제적 지배의 특성이 강화되어 왔던 것이다. 왜냐하면 당중앙이 자원의 배분과 소득 고용부문 등을 직접적으로 통제하는데, 이 통제과정에서 당중앙은 간부들에게 그들의 하급자들이 필요로 하는 재화와 용역들에 대한 분배재량권을 제공하기 때문이다.

정치적 맥락에서 보면, 바로 이러한 의존관계의 본질이 주민들을 국가조직망 내에 속박시키는 것으로서 사회주의체제의 지배관계의 핵심적 기반이 된다.123) 사회주의체제의 정치권력은 바로 이러한 가부장제적 지배관계를 통해 당－국가 조직 내부에서 혹은 당－국가 조직과 일반 주민층과의 관계에서 비교적 높은 수준의 정치적 규율과 지배－피지배 관계를 유지해 올 수 있었다. 즉 정치적인 지배－피지배관계는 계획경제라는 독특한 경제조직의 형태, 관료층이나 일반 주민층 모두 그들의 상급자들에 대한 조직화된 의존관계,

---

123) Barret McCormick, *Political Reform in Post－Mao China: Bureaucracy and Democracy in a Leninist State*(Berkeley: University of California Press, 1990), pp.61－64.

그리고 정치적 행태를 검시하는 수단이나 정치적 공적에 상응한 상벌 능력에 의해 유지되어 왔다. 이러한 특성들은 사회주의 당 - 국가가 권력을 지속적으로 행사할 수 있게 뒷받침하는 제도적 기반들이다.124)

2. 관료제 · 관료통제와 관료문화

1950년대는 지배 권력 내부의 독점적 헤게모니 구축을 위한 투쟁을 통해 권력구조가 변동되었으며, 지배 권력과 중간관료층 간의 관계망, 중간관료층과 대중과의 관계망의 초기적 형태가 구축되었다. 이것이 북한의 관료체제 초기의 '원형'을 이루었다. 여기에 새롭게 맺어지는 관계가 바로 중간관료층을 배제한 지배 권력과 대중의 직접적 관계 구축이었다. 이것은 중간관료층을 통제하기 위한 '우회전술'이기도 했으며, 지배 권력의 상징성을 강화함으로써 지배의 안정성을 추구하기 위한 전술이기도 하다. 그 예가 김일성의 '현지지도'이며, 당중앙위원회가 직접적으로 진행하는 '집중지도사업'이었다.125)

1950년대 말부터 북한 사회의 관료조직의 거대한 변화가 발생했다. 집단적 혁신운동, 천리마작업반운동 등 대중동원운동을 통해 중간 관리층을 무력화시키고 중앙과 현장이 직접 관계를 맺는 관리방

---

124) 강성종, 『북한의 강성대국 건설전략』, pp.93 - 95.
125) 김종욱, 『북한의 관료체제와 지배구조의 변동에 관한 연구』, p.82.

식이 제도화되었다. 청산리방식, 대안의 사업체계, 새로운 농촌문제 해결방안 등 새로운 관리 운영시스템의 도입에도 불구하고 간부의 문제는 해결되지 못했다.

경제 규모가 커지고 복잡해짐에 따라 지속적인 간부의 충원이 필요했겠지만, 현실에서 준비된 간부는 부족했다. 4차 당대회가 지난 1962년에도 간부교양 문제가 지속적으로 제기되었다. 시·군 당 지도원 중 중등교육 이상을 받은 간부들이 적었고, 현장경험 또한 6개월 미만인 간부들이 태반이었다. 중간 관료층의 부족, 경험 부재, 만성적인 관료주의로 인해 지도부의 계획이 제대로 관철되지 못했다.

1950년대 중반부터 전개되었던 중앙당 집중지도 방식과 수상의 현지지도가 반복적으로 진행될 수밖에 없었다. 현지지도와 집중지도를 통해 모범을 창출하고 확산하여 문제를 해결하려는 방법은 실적 없는 반복이었다. 김일성은 청산리를 16회나 현지지도 했고, 1회 현지지도도 약 10~15일에 걸쳐 진행되었다. 청산리의 경우 15일 동안 호별 방문, 당원협의회, 작업반협의회, 일터에서 생산자와 직접 대화, 계층별 좌담회, 이당 위원들과의 협의회, 관리일꾼협의회 등을 개최했다.

이와 같이 간부정책이 항상 문제로 등장하는 원인은 바로 이중적 위계질서에 있다. 지배자-관료-대중으로 연결되는 위계적 질서는 지배자-관료, 관료-대중, 지배자-대중의 3개의 관계구조를 만들었다. 관료들은 자신의 미래와 생존을 위해 지배자에게는 충실한 아부자가 되었고, 반대로 대중에게는 '거만한 존재'로 등장했다. 지배자는 관료의 아부에 대중의 흐름을 알지 못하며, 대중은 관료들의 거만한 태도에 의해 지배자의 의도를 왜곡적으로 받아들인다. 이를 해소하려는 지배자의 방법이 바로 중앙당 집중지도와 수상의 직접 현지지도였다. 중간 관료층을 압박하기 위한 지배자와 대중의 직접 대면은 일면 성공적이었다. 그러나 곧이어 관료들의 또 다른 왜곡에 직면하게 되었다.

또한 관료조직은 지속적으로 자기 부서의 권한과 규모의 확대를 요구했다. 김일성은 "얼마 전(1958년 초반으로 추정─필자)에 당중앙위원회 조직지도부에서는 군당에 농업부도 내오고 산업부도 내오고 그 밖에 다른 부서들도 많이 내오자는 것을 제기"했고, 군당위원회 정원을 늘리자고 제안하는 등 인력 확충의 요구가 높다고 비판했다.126) 1962년 당중앙위원회 제4기 제3차 전원회의 확대회의에서 김일성이 당 조직별 임무를 다시 한 번 규정해 준 것도 이와 같은 '조직이기주의', '기관본위주의'에 기인했다. 이런 현상은 정보의 독점을 통해 이익을 추구하려는 경향 때문이다. 자재정보의 소통은 자재의 이동을 의미했고, 예비정보의 소통은 예비의 동원을 의미했다. 자재를 비축하고 예비를 숨김으로써 지시된 계획목표 달성을 손쉽게 하려는 것이었다. 반대로 생산능력을 낮추어 보고하는 정보 왜곡을 통해 계획목표를 낮게 받으려는 것도 관료들의 처벌방지를 위한 이익추구였다.

이런 현상은 기본적으로 관료체제의 위계적 속성과 계획경제의

---

126) 김일성, "당사업을 개선할데 대하여"(도, 시, 군 당위원장들과 인민위원회 위원장들 앞에서 한 연설 1958년 3월 7일), 『김일성저작집 제12권』(평양: 조선로동당출판사, 1981), p.137.

본질적 모순에 있다. 처벌받지 않기 위한 비축현상, 수평적 관료들 간의 승진과 특권에 대한 경쟁적 속성, 정보의 독점을 통해 하위 위계에 대한 통제력의 확대 등이 작동하는 것이다. 또한 지배자의 지시이행과 유리되어 자신의 생존과 이익을 추구하려는 자립적 경향이 시간이 지나면 지날수록 강화된다. 위의 지시는 가급적 줄이고, 하부에게는 많은 권한을 행사하고자 하는 경향이다.127)

1) 관료제의 모순과 관료문화

북한 관료제는 공산관료제의 일반적 특색에 따르면서도 후진적이고 가장 경직된 것임을 알 수 있다.

당을 최고로 하고 그 밑에 소위 사회주의적 생산관계를 수립하고 국방력과 경제력을 강화한다는 미명하에 민중은 극한적인 혹사와 강행을 당하고 있다고 하겠고, 소위 '국가주권기관'과 '국가관리기관'을 구별하여 관료제는 당을 떠나서는 생각할 수 없고 당 집권화의 희생물이 되었다. 기술자와 행정 및 경제를 담당하는 정치적 관료가 새로운 계급으로 나타나고, 노동자는 권력에 대한 영향이나 통제에서 제외되어 왔다. 민중은 동원의 의미에서 참여는 있어도 통제의 의미에서 참여는 없다는 일반적 특색이 여기서도 적용되며, 새로운 단계에는 군인도 포함될 것이다. 노동자와 민중은 본래의 말대로 주인은 되지 못하고 혹사와 착취의 대상이 되고 있을 뿐이며, 자원부족을 외부세계와의 교류를 차단한 채 내부에서의 자력갱생적인

---

127) 김종욱, 『북한의 관료체제와 지배구조의 변동에 관한 연구』, p.175 - 177.

노동강화로 보충해 나가려는 듯이 보인다.

공산국가의 관료제가 정책을 부여받아 집행하는 데 어느 정도의 능률성과 효과성을 나타내는가는 고사하고 병리와 역기능 면이 대체로 알려져 있어, 공산관료제도 이 부분에서는 문제가 있다는 것을 알 수 있다. 이러한 관료제의 문제점이 공산국가의 광범한 행정작용의 범위에 비해 상대적으로 적은 것인지, 경제 관리와 경제 목표 달성노력에서 오는 불가피성인지, 아니면 비공산국가의 문제점과는 성질이 다른 것인지는 연구과제이지만 관료제의 문제점에 속한다는 것만은 알 수 있다. 공산국가에서는 선진·후진을 막론하고 그 문제를 해결하지 못했을 뿐 아니라 해결하기 어려우며, 현재의 관료제를 대체할 새로운 조직방식을 고안해서 정착시키는 데 성공하지도 못했다.

공산국가 관료제의 문제점은 당의 수뇌부나 기관지에서 관료제를 비판하고 독려하는 과정에서 외부에 알려진 것이 많다는 점에서 그 심각성을 알 수 있다. 또한 당과 집정기관이 관료제에 의존하면서도 불신하고 경계하며 억제한다는 점이다. 절약과 능률, 기술과 과학 관리능력과 목표달성을 계속 강조하면서도 구체적인 방법에는 큰 발전이 없고 후진적이며, 당 수뇌부와 관료제 사이에 합일할 수 없는 괴리를 나타낸다는 점에 큰 문제가 있다. 북한의 경우 기술혁신에 관해서는 천리마운동과 집단적 기술혁신, 당 통제하에서의 방법 개선이 강조되어 왔고, 절약과 기술혁신, 교육의 강조 외에 장기 및 단기계획의 수립, 시기별 프로그램의 결정, 사업성과의 평가(이른바 사업총화)를 하고 있는 것을 알 수 있다. 아울러 관료주의의 배격을 거듭 강조하고, 생산 현장이나 군중 속에 들어가야 한다고 하며 사회주의하에서의 상하관계는 명령·집행의 관계가 아니라 혼연일체가 되어 과업을 해결해 나가는 '동지적 관계'라고 하기도 한다. 그런데 이러한 것만으로는 해결되지 않고 계속 여러 가지 문제점을 나타내고 있다.

북한 관료제의 모순은 다른 공산국가와 공통적인 것으로 지적되기도 하나 판이한 양상을 노출하고 있는 것으로 보인다. 이에 따르면 북한 관료주의의 4대 모순 중 첫째로는 그 관료주의가 권력의 화석화, 즉 권력계층의 경직성과 통치기능의 노쇠화를 가져왔고, 이에 따라 요령주의, 보신주의, 무사안일주의를 나타내게 되었다는 것이다.

둘째로 북한의 관료주의는 경제의 정체화를 가져왔다는 것으로, 중앙집권적 계획경제체제는 경제의 관료화를 촉진시켰고, 하향식 명령경제체제는 창의성을 상실한 채 비능률만 조장시키는 결과를 가져왔으며, 더욱이 자력갱생적인 이른바 주체경제는 대외협력 관계의 장애요소로 등장하였다는 것인데 이것은 외채의 문제에서도 입증되고 있는 일이다.

셋째로 김일성 1인체제의 관료화는 폐쇄화를 더욱 촉진시키고 있으며, 김일성 교시의 관철이나 무조건성·절대성은 관료주의적 인간을 만들고 창의력과 혁신성을 말살시키는 결과를 초래하고 있다.

넷째로 김일성 유일사상의 지배는 사상적인 면에서 질식화를 가져왔다는 것이다.

이러한 관료주의의 모순은 관료사회 내에 그치지 않고 사회 전체의 모순으로 확대돼, 요령주의, 보신주의, 무사안일주의 외에 형식주의, 주관주의, 경험주의, 사대주의, 보수주의, 기술신비주의, 기관본위주의, 주인답지 못한 태도와 관료주의적 사업 작풍, 허풍 치기를 하여 당을 기만하는 것, 공명심에 젖어 과장해서 보고하는 것, 지시와 호령(만)으로 모범을 보이지 않는 것, 낭비와 비능률 등으로 드러나고 있다.

김일성이 관료제에 대해서 한 비판의 내용은 위에서 든 여러 가지 병리 현상에 많이 포함돼 있는데, 그가 다음과 같이 말한 것은 간부가 의사결정에 앞서 현장에 직접 출장, 대중과의 상담을 통해서 문제점을 발견해야 한다고 한 모택동의 말과 비슷한 점이 있다. 즉 "만약에 아래에 내려간다 하더라도 군중 속에 들어가지 않고 사무실에 앉아 몇몇 일꾼이나 만나보고 올라오거나 당일치기 유람식으로 돌아다녀서는 아래의 실태를 현미경적으로 깊이 분해 파악할 수 없다."고 지적하고, "군중과 현실을 떠나서는 주관주의ㆍ관료주의ㆍ형식주의를 피할 수 없으며, 따라서 대중에 대한 과학적이며 혁명적인 영도를 보장할 수 없다."고 하였다. 그 외에도 북한에서 관료제에 대한 비판과 요망은 "광범위한 군중을 동원하여 속도전의 기세로 불이 나게 계획된 공사를 빨리 해야 한다."고 한 것[128]과 "인민경제 부문에서 낭비현상을 없애고 절약투쟁을 강화하는 것은 사회주의 경제관에서 중요한 원칙이며 오늘 우리 혁명발전의 절실한 요구"[129]라고 한 것 등 많은 것을 볼 수 있다.[130]

128) 『로동신문』, 1975. 6. 2.

129) 윤서, "생산의 정상화와 일군들의 조직사업", 『근로자』 1976년 제1호, p.50.

2) 관료통제와 관료문화

(1) 관료통제의 구조적 동인

산업화 과정에서 인격적 관계의 사회적 확대를 초래한 다른 하나의 요인은 바로 김일성의 현지지도였다. '천리마운동'의 출발 자체가 김일성의 현지지도와 이에 '감동받은' 근로자들의 분발에서 시작되듯이, '수령'의 현지지도는 산업화 추진의 중요한 축이었고 그 후에도 북한 운영의 기본 방식의 하나가 되었다. 다만 '수령'의 현지지도와 이에 따른 근로자들의 '혁명적 열의'라는 것은 성격상 조직적이고 합리적인 경제운용 방식은 아니다. '수령'과 '인민'의 일차적 대면접촉에 의한 근로열의 창출이라는 현지지도 방식은 사실은 근로열의와 '수령'에 대한 충성심을 구별할 수 없도록 하는 방식이고, 이 점에서 '수령'에 대한 충성과 이에 대한 '보답'이라는 인간 대 인간의 관계에 의한 경제운용이라는 측면에 현저히 가깝다. 이러한 경제운용 방식이 북한 사회를 일차적 인간관계가 확산되는 쪽으로 한층 더 이끌어 갔으리라는 것은 충분히 추론이 가능한 부분이다.131)

수령의 현지지도는 경제체제 자체에서 파생하는 다양한 문제점들(계획의 무정부성)과 조직운영상의 문제점들(관료주의, 형식주의, 기관본위주의)에 대한 지도와 관리상에서 발생하는 거래비용의 절감을 의도했다. 또 한편으로 당시 정치적 위기상황의 돌파구로서 생산

---

130) 이서행, 『새로운 북한학: 분단시대 통일문화를 위하여』, pp.169 - 172.
131) 박광호, 『김일성 통치에서 전통의 활용에 관한 연구』, p.167.

말단 단위까지 권력을 미시화시키기 위한 의도하에 수행되었다. 그리고 제도 자체의 사회적 결과는 현지지도가 정치적 이데올로기 재생산의 기능을 가지면서 사회에 대한 통치의 전체적 비용을 절감하는 것으로 나타났다.

사회주의사회의 생산조직이 정치의 심장에 놓여 있다면, 그 사회는 사실상 하나의 단일한 기업 내지는 공장조직을 이루고 있는 것과 같다. 정치와 경제는 불가결한 부분, 즉 정치 없이는 경제체제가 기능할 수 없는[132] 것이다. 조직 '통치비용'이란 결국 생산을 포함한 사회 전체에 대한 그 운영에 드는 비용이라고 볼 수 있다. 따라서 그 비용은 다른 체제에 비해 엄청나게 클 수밖에 없다.

따라서 현지지도는 제도에 대한 거래비용의 절감이라는 목표 아래 생산에 관련한 '의도한 결과', 즉 경제적 의미를 산출하기도 하지만 또 역으로 이데올로기적 효과를 지니며 정치적으로는 사회에 대한 '통치비용'의 절감을 가져왔다. 이는 결국 계획경제에 내재한 다양한 문제점에 대해 통치집단이 자신의 유효한 통제권을 은혜로운 온정주의적 수단을 통해 생산과정으로 침투시키고 또한 이를 사회적으로 상징적으로 확산시킴으로써 자신들의 '통치성'을 유지하고 강화하는 수단으로 활용했음을 말한다.

또한 현지지도 방식은 북한에서 군중노선이 주요 이데올로기로 정착되는 계기를 제공했다. 현지지도는 지도 방식에 있어서 하나의 모범을 창출하는 과정이었다. 공장 내부에서 모범을 만들고 그 모범

---

132) 실비우 부르칸, 이선희 역, 『기로에 선 사회주의』(서울: 푸른산, 1990), p.11.

을 따르는 운동이 벌어지듯, 김일성이라는 최고지도자나 당중앙 자체가 지도의 모범이 되고 있는 것이다. 따라서 중간 간부들에게 "김일성 동지를 수반으로 하는 당중앙위원회의 지도방법과 작풍의 모범을 충실히 배우는 것"이 강조되었다. 여기서 모범이란 "항상 직접 현지에 내려가서 현실을 보고 대중과 토의하며 구체적 지도들을 종합분석한 데 근거하여 지도방침들을 작성하며 그것을 집체적으로 심중하게 토의하여 결정을 채택"133)하는 것이다. 이른바 '군중노선'134)이라는 논리가 이데올로기로서 강조되고 있는 것이다.135)

(2) 지도 – 대중의 결합과 관료문화

북한에서 관료통제의 대표적인 수단으로 수령의 현지지도를 들 수 있다.

김일성은 1956년 이른바 '8월 종파사건' 등으로 표면화된 당내 권력도전을 제압하고 자신의 권력기반을 재정비하기 위해 동년 12월 당중앙위원회 전원회의가 끝나자마자 강선제강소를 현지 지도했다. 당시를 회상하여 김일성은 다음과 같이 말하고 있다.

---

133) 권두언, "당사업 방법과 작풍을 더욱 대담하게 개선하자.", 『근로자』 1959년 제4호 (161), p.39.

134) 북한에서 군중노선은 "올바른 지도적 의견은 오직 군중으로부터 집중되고 그것이 또 다시 군중 속에 들어가서 견지되는 것이어야 한다는 사상"으로 규정되었다. 잘 알려져 있는 '모든 것을 인민대중의 이익으로부터 출발하는 관점', '인민대중을 위하여 복무하는 관점'이다. 군중노선에 대한 이와 같은 규정은 권두언, "당의 군중로선을 관철하자", 『근로자』 1955년 제6호 참조.

135) 김연철, 『북한의 산업화 과정과 공장 관리의 정치(1953 – 70): '수령제' 정치체제의 사회경제적 기원』, pp.218 – 219.

"나는 창고로 쓰자고 지은 집에 노동자들을 모아 놓고 연설을
하였습니다. 지금 우리 형편은 어렵다. 미국 놈들은 진달래꽃이 피
면 다시 쳐들어오겠다고 하였는데 정말 들어올지도 모른다. 어떤
나라 사람들은 이 나라와 한짝이 되어 우리를 내리누르려고 한다.
우리나라 종파 놈들은 제각기 자기 상전을 등에 업고 당을 반대하
고 있으며 이승만은 미국을 믿고 우리에게 덤벼들려고 한다. 우리
는 누구를 믿겠는가, 당신들밖에 믿을 사람이 없다, 그런데 당신들
이 낙심해 있으면 되겠는가, 형편이 이처럼 어려울수록 우리가 용
기를 내여 일해야 한다, 이렇게 모든 것을 털어놓고 다 이야기하였
습니다."[136]

이와 같이 현지지도는 그 형태나 목적에 따라 분류될 수 있으며
주로 수시 및 특별 현지지도에 의하여 모범이 창출되면 곧 정기 현
지지도를 통해 그 모범이 전국적으로 일반화된다.

이러한 성격의 현지지도가 달성하고자 하는 목적 또는 기능은 다
음과 같이 집약할 수 있다.

첫째는 구체적 현실과 인민의 지향을 반영한 정책과 방침들을 구
상하고 작성하기 위해 실태를 정확하게 파악하는 데 있다. 이는 당
관료와 기관간부들의 주관주의나 관료주의를 척결하기 위한 것이다.
김일성은 현지지도의 목적에 관해 다음과 같이 지적하고 있다.

"얼마 전에 우리나라를 방문하였던 어느 나라 사람이 나에게 왜

---

136) 김일성, "당사업에서 형식주의와 관료주의를 없애며 일군들을 혁명화할데 대하여"(조
선로동당중앙위원회 조직지도부, 선전선동부 일군들 앞에서 한 연설 1966년 10월 18
일), 『김일성저작집 제20권』(평양: 조선로동당출판사, 1982), p.496.

지방에 자주 현지 지도하러 다니느냐고 물었습니다. 그래서 그에게 사회주의 사회에서 관료주의가 나타나면 자본주의 사회의 관료주의 보다 더 무섭습니다. ...... 당이 군중의 목소리에 귀를 기울이지 않고 관료주의적으로 내리먹이면 좌우경적 편향을 범하기 마련입니다."137)

북한은 "관료주의, 주관주의, 형식주의, 본위주의 등은 모두 자본주의사상에 근원을 두고 있는 반인민적인 사업방법"으로서 "일꾼들이 관료주의를 부리고 주관주의, 형식주의, 본위주의를 한다면 당과 대중을 이탈시키게 되고 대중이 창발성과 자각성을 불러일으킬 수 없으며 결국 당의 노선과 정책을 관철할 수 없다."고 경계하고 있다.138) 이 때문에 김일성은 "현지지도를 강화하여 국가사업을 대중과 직접 토의하며 대중의 열성과 창발성에 의거하여 난관을 이겨내며 그들의 절실한 요구를 제때에 해결하여 주는 진정으로 인민적인 사업방법을 발전"시켜야 한다고 역설했다.139)

해방 후 토지개혁을 위해 김일성은 대동군과 순천군을 비롯한 평안남도 일대의 농촌에 나가 한 달 이상이나 농촌의 형편과 농민들의 요구를 구체적으로 이해했다고 한다. 또한 1973년 황해남도 은

137) 김일성, "올해 농사경험과 다음해 영농사업방향에 대하여"(농촌경리부문 지도일꾼협의회에서 한 연설 1980년 9월 21일), 『김일성저작집 제35권』(평양: 조선로동당출판사, 1987), pp.253 - 254.

138) 김성오, "수령님의 고매한 공산주의적 풍모와 혁명적 사업방법, 인민적 사업작풍을 따라 배우자.", 『근로자』 1974년 제11호, p.49.

139) 김일성, "사회주의건설에서 인민정권의 당면과업에 대하여"(최고인민회의 제2기 제1차 회의에서 한 연설 1957년 9월 20일), 『김일성저작집 제11권』(평양: 조선로동당출판사, 1981), p.319.

률 광산을 돌아보면서 김일성은 이 광산에 대한 현지지도의 목적이 "일꾼들에게 보수주의가 어느 정도인가 하는 것을 알아보는 데 있다."고 하면서 그것은 "강물이 깊은가 얕은가 하는 것을 알기 위하여 강물에 돌을 던져 본 것과 같은 것"이라고 말했다고 한다.[140]

이처럼 현지지도는 대중과 유리될 수 있는 경향을 엄격히 경계하기 위한 것이므로 자연히 검열기능을 하기 마련이다. 현지에 가서 실정을 조사하지 않으면 하부단위에서 허위보고를 하는 경우가 많다는 것도 중앙당으로 하여금 현지지도를 통한 일상적 검열의 중요성을 절감케 하는 원인이 된다. 김일성은 "지난여름에 평안북도를 현지 지도하면서 어느 한 공장에 가 보았습니다. 그 공장은 매우 중요한 공장인데 지배인과 당위원장을 비롯한 간부들이 잘 꾸리지 못하였습니다. 그들은 우리가 공장을 현지 지도할 때에도 당을 속이려고 하였습니다."라며 개탄한 적이 있다.[141]

둘째는 당의 노선과 정책을 대중들에게 이해시켜 그들로 하여금 혁명과 건설에서 창조력과 자각적 열성을 적극적으로 발휘하도록 하는 데 있다. 즉 현지지도는 "민중의 주체의식을 유발하여 제기된 문제를 성과적으로 해결하기 위해서" 존재하는 것이다.[142] 이와 관련하여 김일성은 다음과 같이 교시한 바 있다.

---

140) 편집국, "어버이수령님께서 보여주신 정력적인 현지지도의 위대한 모범", 『근로자』 1974년 제4호 p.9.

141) 김일성, "당사업과 경제사업에서 나서는 몇 가지 문제에 대하여"(조선로동당중앙위원회 과정이상 일꾼들 앞에서 한 연설 1960년 10월 19일), 『김일성저작집 제14권』(평양: 조선로동당출판사, 1981), p.418.

142) 한재만, 『김정일: 인간·사상·령도』(평양: 평양출판사, 1994), p.223.

"당의 혁명적 영도의 기본요구는 대중의 정치적 각성을 끊임없이 높이며 그들의 무궁무진한 힘과 창발성을 당 정책 집행에 최대한으로 조직 동원하는 데 있습니다."[143]

현지지도는 근로대중이 생활하고 투쟁하는 현지에서 그들을 각성시키고 고무하고 이끌어 줌으로써 당의 노선과 정책 관철에로 대중의 힘을 불러일으키기 위한 것이다. 이는 혁명과 건설의 주인이 인민대중이고 혁명과 건설을 추동하는 힘도 인민대중에게 있다고 하는 주체사상의 관점에서 당연한 것이기도 하다. 다시 말하면 현지지도는 "인민대중이 가지고 있는 무궁무진한 잠재력은 인민대중 자신이 혁명의 주인다운 태도와 입장에서 혁명위업수행에 동원될 때 비로소 높이 발양"된다는 주체사상의 전제 위에서 당 정책을 관철하도록 인민대중을 조직하고 동원하는 사업방법인 것이다.

따라서 현지지도는 대중운동인 '천리마작업반운동', '3대혁명붉은기쟁취운동' 등의 전개와 '평양속도', '비날론속도', '강선속도' 등과 같은 '속도전'과 불가분의 관계를 가지고 있다. 천리마운동의 발단은 1956년 강선제강소에 대한 김일성의 현지지도에 있다.

셋째는 한 단위에 대한 구체적 지도를 통하여 혁명과 건설에서 절박한 문제를 푸는 본보기를 창조하고 이를 일반화하기 위한 것이다. 북한은 반드시 중심 고리[144]를 찾아 한 단위에서 모범을 창조

---

143) 김일성, "조선로동당 제4차대회에서 한 중앙위원회사업총화보고"(1961. 9. 11), 『김일성 저작집 제15권』, pp.269－270.

144) 고리란 "일정한 연쇄의 체계를 이루고 있는 개별적인 사물현상"이고, 중심 고리란 "연관된 고리들 가운데서 그 고리를 추켜들면 다른 고리들이 다 따라 일어서고 그

하고 그것을 일반화하여야 당 정책이 철저히 관철될 수 있다고 본다. 김일성은 당사업에 대해 "당은 현지지도에서 반드시 중요한 한 고리를 뚫고 그 한 점에서 모범을 창조하였으며 거기에서 얻은 구체적인 경험과 교훈을 전반적으로 일반화하는 사업을 체계적으로 실시하여 일반적 지도와 개별적 지도를 결합시켰으며 지도에서 주관주의와 형식주의를 성과적으로 극복"하여 왔다고 평가했다.145)

북한이 금과옥조처럼 내세우는 '청산리방법'과 '대안의 사업체계' 등은 모두 이러한 모범화의 구체적 사례이다. 김일성은 청산리 및 강서군에 대한 현지지도를 통해 당 및 국가경제기관들의 사업체계와 사업방법을 개편했고 대안과 숙천에 대한 현지지도를 통해 인민경제관리를 변화시켰으며 창성군에 대한 현지지도를 통해 산간지대의 농촌문제를 해결하는 방도를 제시했다. 또한 그는 이러한 구체적 단위에 대한 지도를 통해 전형을 만들어 내고 이를 전국이 따라 배우도록 했다.146)

북한에서 최고지도자와 말단 단위의 직접적 접촉을 의미하는 현지지도는 최상층부와 하층부 간의 동체감을 형성하는 구체적 실현이었다. 통상 중간관리자나 현장책임자는 현실적 조건을 고려하기 마련이다. 그러나 최고지도자는 '기적'을 요구한다. 때문에 북한에서 발생한 각종 숙청작업은 이와 무관하지 않다. 그리고 최고지도자는

고리를 풀면 다른 고리들도 쉽게 풀 수 있는 고리"를 말한다. 사회과학연구소 철학연구소 편, 『철학사전』(1985), p.687.

145) 김일성, "조선로동당 제4차대회에서 한 중앙위원회사업총화보고"(1961. 9. 11), 『김일성 저작집 제15권』, p.271.

146) 이교덕, 『김정일 현지지도의 특성』(서울: 통일연구원, 2002), pp.16 – 21.

그러한 중간층을 무시하고 직접 생산자들에게 호소하는 상황이 발생하게 되는 것이다.

예를 들어 김일성의 낙원기계공장의 현지지도에서 김일성의 교시는 당위원회 및 생산협의회에서 협의를 거쳐 불가하다는 판정을 내렸다. 즉 현실적 조건에서 달성 불가능한 목표라는 것이었다. 하지만 당위원회의 지시를 직접 받은 현장 노동자들은 그 문제 해결방안을 마련하여 즉시 해결하였고 실천에 옮겼다. 이 과정에서 '기술신비화' 등 비판이 제기되었고 천리마와 대안의 사업체계의 성공적 사례로 선전되기 시작했다.[147]

최고지도자와 생산현장의 직접적인 접촉형태는 1958년 9월 당중앙위원회 전원회의 이후 광범위하게 전개된 '당의 붉은 편지' 토의 과정에서도 나타난다. 또한 집중지도방식이란 현장에 대한 집중적 지도 방식이 실행되었다. 즉 북한은 "비교적 많은 지도역량이 동원되어 개별적 부분이나 개별적 당 단체를 오랫동안 지도하느니 만큼 그 지도가 대중 속에 깊이 침투할 수 있기 때문"이라고 설명하고 있다.[148]

최상부와 최말단 간의 의사소통과 세계관의 일체의식은 대체로 수직적이고 패쇄적인 과거사를 가진 집단에서 상당한 파급효과를 나타낸다. 최상부를 자신과 별개의 존재로 인식하던 당시의 북한 인

147) 김경현, "로동자들은 기술신비주의를 어떻게 분쇄하고 있는가.", 『근로자』 1958년 제10호, p.67.

148) 원형국, "당의 군중로선의 관철과 일군들의 군중관점", 『근로자』 1958년 제2호, pp.40 -41.

민들에게 현지지도는 선악의 가치관을 떠나 심리적 안정감과 카타르시스를 제공하기에 충분한 것이었다. 집단 심리적 측면에서 최상부와 최말단부가 의식을 공유하고 있을 때 독재형태의 조직구조는 일반적 현상으로 여겨지며 그 구성원들 또한 스스로의 자기성찰을 통해 체제비판이나 의식적인 반발행위를 상쇄시키는 경향이 있는 것이다.149)

　이와 같이 수령의 현지지도는 직접 생산자들로부터 경제적 생산뿐만 아니라 정치적 잉여를 퍼내는 독특한 메커니즘을 구성하는 통치행위이다. 생산에 대한 지도와 관료주의적 문제점을 견제하는 동시에 생산자들에 대한 정치적 상징효과를 산출한다. 즉 당 관료와 책임일꾼들의 관료주의, 주관주의, 형식주의 등을 최소화하기 위한 목적 이외에 수령과 당의 권위를 하부에까지 관철시키는 가장 상징적인 통치행위인 것이다. 또 그 과정에서 동원과 조직생활이 군중노선을 통해 강화되고 상수화된다. 그러나 현지지도의 결과는 역으로 관료제적 전제(despotism)를 재산출하고 말단 생산자들의 희생을 강요한다.

---

149) 이훈구, 『사회심리학』(서울: 법문사, 1998), pp.322 – 348.

제3절 통치이데올로기와 관료문화

1. 주체사상과 동원의 관료문화

북한 관료문화의 지배이념은 마르크스 - 레닌주의가 아닌 주체사상이다.

주체사상이 북한 관료문화의 지배이념으로 채택됨에 따라 북한 관료문화는 어떤 공산국가보다도 이념적 색채가 강한 특징을 나타내고 있다.

1967년은 주체사상의 지위와 관련하여 분수령이 되는 해이다. 갑산파를 제거하고 김일성의 권력이 유일 독점권력 기반을 확립한 해이며, 이를 계기로 '유일사상체계'를 선언하였는데 바로 주체사상이 북한의 유일사상으로 승격된 것이다.

북한이 일단 유일사상체계를 도입한 이후 모든 다른 소수집단이나 사상의식은 모두 배척되었다. 가족주의, 지방주의, 종파주의, 사대주의 등을 철폐하고 당의 유일사상체계로 철저히 무장하도록 강요하였다. 김정일은 당시 주류세력을 추종하지 않는 모든 사상을 반당반혁명 분자로 규정하고 '오가잡탕'이라고 매도하였다.150) 유일사상의 배경이 김일성을 지지하는 세력의 사상을 유일사상으로 규정하려는 데 있듯이 유일사상체계의 의도도 김일성을 중심으로 하는

---

150) 김정일, "반당반혁명분자들의 사상여독을 뿌리빼고 당의 유일사상체계를 세울데 대하여"(조선로동당중앙위원회 선전선동부 일군들과 한 담화 1967년 6월 15일), 『김정일선집 제1권』(평양: 조선로동당출판사, 1992), p.230.

권력의 독점 체제를 구축하려는 데 있었음을 아래의 연설에서 알 수 있다. 김일성 이외의 다른 어떤 간부에 대한 충성도 허용하지 말 것을 지시하는 내용을 김일성의 연설에서 읽을 수 있다.[151]

"군당책임비서들과 공장당책임비서들은 도당책임비서가 내려가든 중앙당 부장이 내려가든 또는 그보다 높은 사람이 내려가든 절대로 그들에게 아첨해서는 안 됩니다. 동무들은 그 누구에게도 맹종맹동 하지 말고 당의 사상으로 사고하고 행동하여야 하며 당적 원칙, 당 의 조직규율과 질서를 위반하는 온갖 사소한 요소들과도 비타협적 으로 투쟁하여야 합니다."[152]

"당의 유일사상으로 자신을 튼튼히 무장하지 못하면 아무리 당 과 혁명에 충실하려 하여도 충실할 수 없습니다. 우리 당의 사상과 정책은 우리의 혁명투쟁을 방해하며 전진운동을 가로막는 수정주 의, 좌경기회주의, 교조주의, 사대주의, 자본주의사상, 봉건유교사상 을 비롯한 온갖 나쁜 사상을 반대하는 데서 가장 힘 있는 무기입 니다."[153]

따라서 주체사상이 본격적으로 북한 관료문화의 지배이념으로 발 전된 것은 1967년의 갑산파의 권력도전과 이들을 숙청하고 권력에

---

151) 서재진, 『주체사상의 이반: 지배이데올로기에서 저항이데올로기로』, pp.269 - 270.

152) 김일성, "당사업을 개선하여 당대표자회 결정을 관철할데 대하여"(도, 시, 군 및 공장 당 책임비서 협의회에서 한 연설 1967년 3월 17 - 24일), 『김일성저작집 제21권』(평 양: 조선로동당출판사, 1983), p.141.

153) 김일성, "인민주권을 강화하여 우리 혁명의 종국적승리를 더욱 앞당기자."(최고인민회 의 대의원선거를 위한 송림선거구 선거자들과의 상봉모임에서 한 연설 1967년 11월 11일), 『김일성저작집 제21권』(평양: 조선로동당출판사, 1983), p.445.

본격 부상한 김정일이 주체사상을 유일사상으로의 승격을 추진하면
서부터이다.

> "주체의 사업방법은 인민대중으로 하여금 혁명과 건설의 주인으
> 로서의 입장을 지키고 주인으로서의 역할을 다하게 하는 사업방법
> 입니다. 이 사업방법은 늘 군중 속에 들어가 실정을 깊이 요해하여
> 문제해결의 옳은 방도를 세우며 위가 아래를 실속 있게 도와주며
> 모든 사업에 정치 사업을 앞세워 군중이 혁명과업수행에 자각적으
> 로 동원되게 하며 격식과 틀이 없이 모든 문제를 구체적 특성과
> 환경에 맞게 창조적으로 풀어 나가는 혁명적이고 공산주의적인 사
> 업방법입니다. 이 사업방법은 언제나 군중과 생사고락을 같이하고
> 군중의 앞장에 서서 이신작칙하며 겸손하고 소박하고 너그러운 품
> 성을 지니고 대중이 온갖 창의 창발성을 다 내도록 이끌어 주는
> 방법입니다."154)

주체의 영도방법은 "모든 것은 인민대중의 힘에 의거하고 인민대
중의 창조적 힘을 발동하여 해결해 나갈 데 대한 요구를 제시함으
로써 세계와 역사의 주체로 자각된 사람들의 창조력을 배가하고 그
힘을 자주의 새 세계를 창조하는 데로 이끌어 갈 수 있는 방도를
밝혀 주고 있다."155)고 한다. 그들에 따르면 이 '혁명적 영도방법'의
기본요구는 '혁명적 군중노선'을 관철하는 것이라고 한다.156) 그리

---

154) 김정일, 『주체사상에 대하여』(평양: 조선로동당출판사, 1991), pp.67 – 68.

155) 탁진 · 김강일 · 박홍제, 『김정일지도자』 제2부(동경: 동방사, 1984), pp.4 – 5.

156) 김정일, "마르크스 – 레닌주의와 주체사상의 기치를 높이 들고 나아가자.", 『주체사상
에 대하여』, p.124.

고 그것은 김일성의 항일유격대식 사업방법에서 비롯되는 것으로 서157) 청산리방법, 대안의 사업체계, 3대혁명소조운동 등이 거기에 포함된다는 것이다.

김정일에 의하면 주체의 사업방법은 "돈과 채찍으로 사람을 움직이는 방법이나 행정식, 명령식 사업방법과는 근본적으로 대립되는 것"으로 "인민대중으로 하여금 혁명과 건설의 주인으로서의 입장을 지키고 주인으로서의 역할을 다하게 하는 사업방법"이다. 즉 "이 사업방법은 늘 군중 속에 들어가 실정을 깊이 요해하여 문제해결의 올바른 방도를 세우며, 위가 아래를 실속 있게 도와주며, 모든 사업에 정치 사업을 앞세워 군중이 혁명과업 수행에 자각적으로 동원되게 하며, 격식과 틀이 없이 모든 문제를 구체적 특성과 환경에 맞게 창조적으로 풀어 나가는 혁명적이고 공산주의적인 사업방법"이라는 것이다. 한마디로 이 주체의 사업방법은 "언제나 군중과 생사고락을 같이하고 군중의 앞장에 서서 이신작칙하며 겸손하고 소박하고 너그러운 품성을 지니고 대중이 온갖 창의, 창발성을 다 내도록 이끌어 주는 방법"158), 즉 군중노선을 관철하는 방법인 것이다.159)

2. 주체사상의 발전전략 갈등과 관료문화

157) 탁진·김강일·박홍제, 『김정일지도자』 제2부, pp.29 - 30.
158) 김정일, 『주체사상에 대하여』, pp.67 - 68.
159) 고성준, "'주체사상'의 '김일성주의'화에 관한 연구", 편집부 엮음, 『주체사상 연구』 (서울: 태백, 1988), pp.45 - 46.

북한체제의 동원단계에서 변화의 측면이 돌출되는 이유는 공산주의 정치체제가 생태적으로 가지고 있는 2중의 목표에 기인한다고 하겠다. 즉 이데올로기가 지향하는 계급 없는 사회(classless society) 실현이라는 유토피아적 목표와 현실적으로 추진하고 있는 발전 또는 근대화의 목표를 동시에 수행해야 하는 딜레마에 그 원인이 있다는 뜻이다. 그리고 이러한 딜레마와 관련된 갈등은 혁명적 전통에 사로잡힌 이념지향 관료 엘리트들(reds)과 합리적인 경제발전을 주장하는 기술관료 엘리트들(experts) 간의 갈등, 공업 및 농업 우선 발전과 같은 경제정책에 있어서의 우선순위 설정을 둘러싼 갈등, '위로부터의 혁명'의 계속 추진 여부를 위요한 갈등 등으로 표출되기도 한다.160)

그리고 동원관계의 발전 수준이 높아짐에 따라서 경제·과학기술·행정 등의 여러 분야에서 보다 분화되고 전문화된 사회의 역할 구조는 기왕의 '위로부터의 혁명' 입장에 대하여 '아래로부터의 진화(evolution from below)'라는 압력을 가중시켜 새로운 갈등을 불러일으키게 된다. 이는 이른바 '홍(reds)' 대 '전(experts)'의 대립·갈등을 의미한다. 이러한 사회구조의 변화와 그에 따른 불균형 그리고 분화 및 전문화의 증가로 인해 공산주의 동원 체제는 딜레마를 겪게 되고, 이의 수습 정도와 해결 여부에 따라 공산 정권의 변화의 범위 및 방향이 결정될 수 있다. 그러나 이와 같은 딜레마는 동

---

160) Richard R. Lowenthal, "Development vs. Utopia in Communist Policy", in Chalmers Johnson, *Change in Communist Systems*(Stanford: Stanford University Press, 1970), p.50, pp.54－105.

원단계의 발전 추이로 볼 때, 대부분의 공산 정권이 직면하는 과제이기도 하다. 즉 갈등과 모순이 공산주의 국가 내부의 관료문화 속에 그대로 침잠하고 있기 때문에 이것을 극복하기 위해서 체제 내의 조정 작업이 불가피해지는 것이다.

노동당 내 기술 관료의 정치적 영향력이 낮은 상황에서 전개된 '홍(紅)'과 '전(專)'의 갈등은 1965년 이후 경제성장의 둔화 내지 마이너스성장을 상징적으로 보여 주는 것이다.[161] '경제건설'과 '국방건설' 간의 우선순위를 중심으로 한 자원배분의 경합은 정책노선의 경합을 의미하여 이는 곧 당내의 관료 정치적 갈등을 수반하지 않을 수 없었다. 특히 반김일성계의 조직적 세력이 제거되고 기술 관료의 당내 영향력이 낮은 당시의 상황에서 전개된 '홍(紅)', '전(專)'의 갈등은 기술 관료의 입장까지 대변한 당료파와 군부의 갈등으로 표출되었다.[162]

국방·경제 병진노선은 정치적으로 갈등의 소지가 많은 환경 속에서 풀어야 하는 정치적이고 기술 관료적인 과제에 해당되었다. 이러한 노선은 엘리트 간의 논쟁과 갈등을 통해서 이루어졌다. 이러한 논쟁과 갈등은 노동당 내 강경파의 승리하에 중공업발전이 사회주의체제의 발전뿐만 아니라 분단체제를 관리하기 위해서도 중요하며 경공업과 농업을 희생하여서라도 국방력을 강화해야 한다는 입장을

---

161) 1960년대 경제·국방 군사 병진노선에 있어 조선노동당 내 紅과 專의 정책갈등에 대해서는 함택영, "경제·국방건설 병진노선의 문제점", 최완규 외, 『북한사회주의건설의 정치경제』, pp.143 – 145.

162) 권오윤, 『북한체제변화론』, p.306.

내세웠다. 반면 온건파는 7개년계획의 성공적 완수와 자립정책을 지속하기 위해 중공업과 경공업의 균형적 발전을 주장하였다. 이 논쟁은 1966년 10월 당대표자회의와 1967년 4월 당중앙위원회 전원회의에서 온건파가 숙청되고 국방력 강화를 위한 군사노선이 추진됨으로써 일단락되었다.163)

1960년대 후반 발전전략에 대한 홍과 전의 정책갈등은 지배구조적이고 경제내적인 문제에 직면하게 된다. 경제적인 측면에서의 비효율성과 산업구조의 구조적 모순 유발과 아울러 군부에 대한 통치력의 장악은 사회적 동원과 함께 김일성 유일지배체제의 구축을 공고화하였다.

어느 국가를 막론하고 정치권력이 독점된 곳에서는 지도집단들이 그들 사회로부터 스스로를 차단할 위험이 항상 존재하는 것이다. 여기서 발생하는 모순들은 조절기제의 효율성에 비추어 볼 때 커다란 부정적 효과를 낳는다. 특히 정치적 참여에 의한 다양한 정책이 생산되지 않는 경우에는 공적인 의사소통은 기형화되어 정보가 생기지 않고 그만큼 동기도 줄어든다고 볼 수 있다. 이로 인해 지도집단들이 동의에 근거한 현실성 있는 판단을 할 수 있는 기반이 줄어

---

163) 군부의 입지 강화는 정책결정의 영향력이 증대됨과 동시에 바로 군비증액을 수반하게 되었다. 예를 들어 1966년 10월 당대표자회의에서 선출된 15인의 정치위원 가운데 군부 인사는 김광협, 김창봉, 최현, 이영호, 석산, 허봉학, 최광, 오진우 등이 진출하였다. 김창봉, 최현, 허봉학, 최광, 오진우 등 군부세력의 강경파는 군대의 현대화를 위해 소련의 기술과 원조가 필요하다고 주장함으로써 중·소분쟁의 와중에서 소련의 지지를 표명하였다. 반면 박금철, 이효순, 김도만, 박용국 등 경제 관료들의 온건파는 중공업보다는 경공업, 농업발전에 우선적 재정지원을 주장하였다. 김일평, 『북한정치경제 입문』(서울: 한울, 1987), p.105.

들고, 정치적, 사회적, 경제적인 과정을 합리적으로 조절할 수 있는 가능성이 그만큼 줄어드는 것이다. 이러한 과정에서 영도집단들은 광범한 사회적 동원과 인민의 사상학습 강화에 몰입하게 된다. 이러한 영도집단들이 얼마나 객관적으로 불안한지 또는 주관적으로 불안을 느끼는지 하는 것은, 그 사회내부의 통제 메커니즘이 증대하고 군사화하는 데 있다.[164]

이와 같이 1960년대 새로이 형성된 대외정세는 사회주의 경제발전의 심각한 침체를 가져옴과 동시에 군비증강과 경제노선을 둘러싼 노동당 내 관료정치제의 갈등구조를 유발함으로써 체제위기로 작용하였다고 볼 수 있다. 1960년대 중반 조성된 대외정세의 영향으로 돌출된 당 지도부 내의 정책갈등구조는 경우에 따라서 전후 1956년의 일련의 '종파투쟁'보다 더 심각한 사태로 볼 수 있다.[165] 왜냐하면 1950년대의 김일성의 권력투쟁은 정치적 차원에서의 설명이 가능하지만 1960년대 후반의 당내 갈등은 사회주의건설에 따른 투자재원과 맞물려 있었기 때문에 보다 심각했다고 할 수 있다. 따라서 정치경제적 비용이 보다 많이 소모되는 정책갈등이라는 점이다.

---

164) 성균관대학교 사회과학연구소 편저, 『제3세계의 정치와 경제』(서울: 성균관대학교 출판부, 1985), pp.68 – 93.

165) 물론 국방 · 경제 병진노선에 대한 노동당 내 관료정치제의 갈등은 1950년대 후반의 발전전략 논쟁에서와 같이 파벌 간의 공개적이고 대대적인 권력투쟁을 동반하지는 않고, 일부 최고 엘리트의 숙청을 수반하였다. 그렇지만 당시 북한이 처한 국내외적 상황에 비추어 보아, 그리고 권력이 김일성에게로 초집중화되고 수령의 절대적 영도체계가 확립되어 갈 즈음의 갈등구조는 많은 의미를 지닌다. 이러한 갈등구조는 이후 다시 한 번 대대적인 숙청을 몰고 왔던 것이다. 국방 · 경제 병진노선을 둘러싼 숙청에 대해서는 함택영, "경제 · 국방건설 병진노선의 문제점", 최완규 외, 『북한사회주의건설의 정치경제』, p.145.

그리고 1960년대 중반 김일성의 정치적 리더십은 대외정치의 긴장과 사회주의체제로부터의 영향을 최소화하는 데 총력을 기울여야 했다. 여기에다 미국의 반혁명개입, 1961년 남한의 군사혁명과 이후의 경제성장, 1962년 쿠바미사일 위기 등 국제정치의 긴장은 북한으로 하여금 기존의 정책적 입장을 재평가하게 만들었다. 다시 말해 자본주의 세계체제의 중심부 국가이며 GNP 1위인 미국은 제국주의로서, 사회주의세계체제의 중심부 국가인 소련은 수정주의로서, 일본은 군국주의로서, 그리고 중국은 교조주의로서 북한을 역포위해 가고 있다는 정세인식하[166)에 정통성을 유지하고 나아가 사회주의 경제건설을 다그쳐야 하는 이중 삼중의 정치경제적 비용이 필요했기 때문이다.

1960년대 후반 주변 환경이 체제유지에 불리하게 전개되어 갔으며, 이에 대한 엘리트 간의 발전전략을 둘러싼 긴장과 갈등은 경제적 측면에서 비효율성을 낳았음에도 불구하고, 김일성은 노선갈등의 과정에서 최고지도부를 교체 또는 숙청함으로써 그의 통치력이 확고하다는 것을 다시 한 번 인식시키는 계기가 되었다. 즉, 관료정치제의 갈등은 산업의 구조적 모순을 낳는 한편 김일성 유일지배체제의 구축을 앞당기는 결과를 초래하였다고 볼 수 있다.[167)

결국 1960년대 중반에 일어난 당내 관료정치의 갈등의 결과는 북한 사회 전체가 변화를 이루는 결정적 계기를 마련해 주었다. 즉,

---

166) 고뢰정 저·이남현 역, 『북한경제입문』(서울: 청년사, 1988), p.251.

167) 민족통일연구원, 『사회주의체제 개혁·개방 사례 비교연구』(서울: 민족통일연구원, 1993), pp.514-520.

1966년 10월 제2차 당대표자회 이후 사회주의진영과 갈등이 심화되고 전쟁에 대한 위기의식이 확산되면서 북한 사회는 급속하게 군사화되고 혁명적 동원체계화 되었으며, 야심적으로 추진되었던 공업화도 국방력 강화에 따른 투자재원의 감소로 실패하였다.[168]

한편 공업생산규모가 확대되고 그 생산적 연관이 현저하게 복잡해진 상황 아래에서 기업소를 원활하게 관리 운영하고 산업생산력의 발전을 꾀하기 위해서는 대규모 기업의 관리운영에 적합하도록 기업관리 운영에 있어 집단성을 강화시키고 지도의 통일성과 계획성을 강화시키는 한편 기업 관리에 생산자 대중을 적극적으로 끌어들이고 그들의 자각적 열의와 창의성을 최대한 고양시킬 필요가 제기되었다.

이러한 문제는 1959년 말부터 본격적으로 논의되어 1961년 11월 말부터 12월 초까지 진행된 조선노동당중앙위원회 제4기 제2차 전원회의 확대회의에서 사회주의 제도의 본성에 맞게 경제지도와 기업 관리를 개선하기 위한 방향과 방도가 제시되었고 뒤이어 12월 6일에서 16일까지 김일성이 「대안전기공장」의 현지지도를 통해 「대안사업체계」를 만들어내었다.[169] 「대안사업체계」의 주요 특징은 농업생산관리방식에서 제기된 '청산리 정신'과 '청산리 방법'[170]을 공

---

168) 정우곤, 『북한 사회주의건설과 '수령제'의 형성과정에 관한 연구, 1948-1972』, pp.171-174.

169) 『조선전사 제30권』(평양: 과학백과사전출판사, 1982), p.53.

170) 김일성에 따르면 청산리 방법의 기본은 "위 기관이 아래 기관을 도와주고 윗사람이 아랫사람을 도와주며 늘 현지에 내려가 실정을 깊이 알아보고 문제해결의 올바른 방도를 세우며 모든 사업에서 정치사업, 사람과의 사업을 앞세우고 대중의 자각적인 열성과 창발성을 동원하여 혁명과업을 수행하도록 하는 데" 있다고 한다. 김일성, "조

업경영 분야에 적용한 것이다.

대안사업체계에서는 기업소·공장에서 첫 단계의 예상 생산목표를 계획할 때나 마지막 단계에서 생산계획을 받아 구체적 생산계획을 세울 때 이들 계획수립의 책임을 기업소의 기사장에게 맡겼다. 즉 지배인 대신 기사장이 생산 활동에 대한 책임을 지도록 했으며 지배인은 자본주의 국가의 사장 또는 회장의 역할처럼 기업소를 일반적, 총괄적으로 지휘하는 조정적 대표자로 임무가 바뀌었다.

이러한 변화는 대안사업체계에서는 사상에 투철한 '홍(紅)'보다는 '전(專)'이 중시되고 있음을 보여 주는 것이다. 이는 김일성의 다음과 같은 표현에서 단적으로 나타난다. "모든 것은 생산을 보장하는데 복종되어야 하며 생산을 지도하는 사람이 참모장의 역할을 하여야 합니다. 생산을 계획하며 준비하며 지도하는 사업은 한 사람이 틀어쥐고 해야 합니다. 공장에서 누가 참모장의 역할을 해야 하겠습니까? 지배인이 해도 좋고 기사장이 해도 좋은데 어떻든 기술을 잘 아는 사람이 맡아 해야 합니다. 지배인은 공장의 전반적 사업을 지도하기 때문에 기사장이 참모장의 역할을 하는 것이 좋습니다."171)

또한 기업소에서 기사장의 위치가 부상한 것과 마찬가지로 내각의 성에서는 국에 소속한 국 기사장의 위치가 국가와 기업소의 관

선로동당창건 스무돐에 즈음하여"(조선로동당창건 스무 돌 경축대회에서 한 보고 1965년 10월 10일), 『김일성저작선집 제4권』(평양: 조선로동당출판사, 1968), pp.298 - 299.

171) 김일성, "대안의 사업체계를 더욱 발전시킬데 대하여"(대안전기공장당위원회 확대회의에서 한 연설 1962년 11월 9일), 『사회주의경제관리문제에 대하여 제2권』(평양: 조선로동당출판사, 1970), p.432.

계 및 생산계획과 그 실행과정에서 가장 중요한 고리가 되었다.[172]

대안체계의 또 하나의 중요한 특징은 '통일적'이며 '종합적'인 생산지도체계를 세우고 있다는 것인데 말하자면 기사장을 중심으로 계획부, 생산지도부, 공무동력부 등 생산지도에 관한 모든 부서를 단일의 지휘체계로 통합한 '공장참모부'를 설치한 점이다. 당 공장위원회는 그 예하에 일반관리자로서 지배인을 두고 지배인 밑에 기사장을 두며 기사장 아래 부서들의 보좌를 받아 모든 작업장을 지휘하고 실제에 있어서 생산계획과 생산 작업에 책임을 졌다.

끝으로 대안의 사업체계는 자재의 공급을 상급기관이 책임지고 맡도록 하고 이를 중앙집중적으로 일원화하여 생산현장에 공급하며 근로자의 생활에 필요한 소비물자와 필수품, 그리고 각종의 서비스를 공급하는 후방공급 역시 노동자 개인이 각각 해결하는 방식이 아니라 공장경영활동의 하나로 체계화하여 시행하도록 하였다. 대안사업체계에서는 각 성의 경영국 산하에 소위 「자재상사」를 설치하여 기업소들을 대신하여 각 기업소에 대한 자재공급계획에 의거하여 자재를 생산자로부터 구입하여 전달해 주도록 했다.

이 같은 자재공급방식은 자재의 소비자와 자재생산자 사이에서 자재상사가 매개역할을 하는 것이었는데 이 제도가 실시되면서 종래의 방식이 가지고 있었던 부정적 현상, 예를 들면 자재를 필요 이상으로 사장시킨다든지 또는 더 많은 자재를 확보하려는 기관본위주의적 경향이 사라졌을 뿐만 아니라 기업소에서도 자재문제로부

---

172) 현승일, "북한 산업경영체계의 전개―해방이후 오늘날까지―", 『통일논총』 제5권 1호 (서울: 국토통일원, 1985), p.138.

터 해방되어 생산지도에만 전념할 수 있게 되었다고 북한은 주장하였다.[173] '후방공급체계'에 있어서도 기업의 부지배인의 책임하에 「노동자지구경리위원회」를 구성하여 여기에 해당지구의 정부기관과 상업기관, 서비스시설, 국영농장과 목장, 협동농장을 포함시켜 노동자대중의 생활상의 모든 문제를 책임지려 하고 있다.

그러나 이러한 대안사업체계는 1964년에 접어들면서 커다란 변화를 겪게 되었다. 국제환경의 변화에 따라 군사적 강경정책이 채택되었고 정치권에서 '홍(紅)'이 득세함에 따라 생산관리 방식이 다시 중앙집권화되었고 '당성(黨性)'이 전문성 대신 기업소 직위 획득의 주요 기준이 되었다.

계획부문에 있어서도 1964년 '계획의 일원화' 방침을 결정하고[174] 1965년에는 '계획의 세부화' 방침을 채택함[175]으로써 '계획의 일원화와 세부화'로 표현되는 중앙집권적인 계획 작성체계를 구축하였다. 여기서 계획의 일원화는 중앙집권화를 의미하여 세부화란 국가계획위원회가 비예산품목에 속하는, 예컨대 나사나 못에 이르기까지 모든 미세한 물품에 대한 생산까지도 계획에 포함시킨다는 것을 의미한다. 이를 위해 기존에 있었던 기업소 - 국 - 성 - 국가계획위원회 계통에 국가계획위원회 직속기구인 「지구계획위원회(도, 시,

---

173) 김일성, "대안의 사업체계를 더욱 발전시킬데 대하여"(1962. 11. 9), 『사회주의경제관리문제에 대하여 제2권』, p.433.

174) 1964년 12월 19일 당중앙위원회 제4기 전원회의에서 한 결정.

175) 김일성, "인민경제계획의 일원화, 세부화의 위대한 생활력을 남김없이 발휘하기 위하여"(국가계획위원회당총회에서 한 연설 1965년 9월 23일), 『사회주의경제관리문제에 대하여 제3권』, pp.187 - 228.

군 계획위원회)」를 신설하여 기업소가 감당할 수 있는 최대치의 생산계획을 별도로 작성케 하였다. 국가계획위원회는 두 통로에서 각각 올라온 생산 계획안을 검토한 후 생산을 극대화하는 방향에서 생산목표를 결정하여 성→국을 통해 기업소에 생산할당량을 배정한다. 생산목표달성의 최종 책임을 지는 곳은 성이었으며 목표에 미달한 경우에는 성(省)의 상(相)이 심각한 비판을 받거나 처벌을 받았다.176) 1969년에는 지구계획위원회 밑에 「국가계획부」를 신설하였다. 이는 3급기업소 이상과 군인민위원회 안에 조직되었는데 공장이나 기업소 현장에 설치되어 있으면서도 지배인의 감독하에 있는 것이 아니라 국가계획위원회의 지도를 받으며 현장을 고려하여 계획을 세워 올려 보내고 각 공장, 기업소에서 계획이 제대로 수행되는가를 감독하는 것이었다.177)

이러한 중첩된 계획기관의 설치 이유는 그동안 생산현장과 노동자들을 고려한 기존의 계획체계에서는 하부에서 올라온 목표량이 정치체인 중앙기관에서는 만족할 만하지 못하기 때문에178) 중앙의 희망적인 목표를 설정해 그에 맞춰 동원시킬 계획기관이 필요했기

---

176) 현승일, "북한 산업경영체계의 전개―해방이후 오늘날까지―", p.142.

177) 서진영 편, 『현대중국과 북한40년(Ⅱ)―제도와 정책변화―』(서울: 고려대학교 아세아문제연구소, 1990), pp.299 - 300.

178) 이에 대해 김일성은 다음과 같이 설명한다. "지금까지 생산가능성에 대한 자료가 성, 국만을 거쳐 국가계획위원회에 종합되게 되어 있었기 때문에 이러한 틈을 이용하여 성, 관리국들에서는 기관본위주의에 사로잡혀 공장, 기업소들에서 하겠다는 것까지 할 수 없다고 하면서 생산가능성을 낮추잡아서 올려 보내기까지 하였습니다." 김일성, "일원화계획화체계를 더욱 심화발전시키기 위하여"(계획부문일꾼협의회에서 한 연설 1969년 7월 2일), 『사회주의경제관리문제에 대하여 제3권』, p.595.

때문이다.179)

이상에서 살펴본 바와 같이 국가건설기와 전후복구기의 북한은 전후복구, 종파주의, 관료주의 등 정치적 혼란과 경제·사회적 위기 극복을 위해 집단주의·군중노선 방식으로 국가 운영방식을 개조해 나갔다. 정치적 갈등과 종파·지방·가족주의 등의 관료문화를 극복하고 민족경제의 구축과 전후 동원이라는 집단적 기획을 위해 인민 개인의 욕망을 엄격하게 제한했다. 즉, 전후 복구 및 사회주의 혁명과 건설 그리고 확립과정에서 관료주의, 종파주의의 척결과정은 새로운 유형의 관료집단과 그들을 작동하는 새로운 유형의 관료문화를 형성했다. 그 과정에서 결과적으로 향후 유일지배체제 구축을 위한 인적 토대가 생성된 것이다.

북한 관료문화는 집단주의와 군중노선에 입각한 프롤레타리아독재의 통치와 김일성 유일체제의 타당성을 북한주민들에게 수용케 하는 주민교화의 기능을 담당했고, 지배세력의 영속성을 보장하는 수단으로 기능했다. 요컨대, 김일성 유일체제의 합리화를 설정해 주는 수령 – 주체체제의 정당화 기능180)을 구축한 것이다.

북한이 1967년 수령제를 선택한 목적은 통일 단결된 사회 즉, 집

---

179) 이것은 김일성의 "이것은 지방본위주의와 기관본위주의를 없애고, 성, 관리국, 도급 기관들의 계획과 공장, 기업소들의 계획을 모두 전국적인 전략계획에 철저히 복종시킬 수 있게 하였으며 동원적이고 적극적인 계획을 세울 수 있게 하였습니다."라는 표현에서 확인된다. 사회과학원 경제연구소, 『계획의 일원화, 세부화에 관한 경애하는 수령 김일성동지의 사상』(평양: 사회과학출판사, 1973), p.27; 권오윤, 『북한체제변화론』, pp.309 – 314.

180) 김영수, 『북한의 정치문화: 「주체문화」와 전통정치문화』, p.72 참고.

단주의 사회를 만들기 위해서였다. 그러나 통일 단결된 사회는 수령제라는 제도의 선택만으로 이루어지지 않았다. 제도를 운영하는 내용을 어떻게 채워 나가느냐가 중요한 문제였다. 북한은 수령제 사회주의 핵심을 유일사상체계, 곧 오직 수령의 사상으로만 무장하고 수령의 의도대로만 행동하는 사상과 행동의 통일성, 일치성을 확립하고자 했다.[181] 지속적인 사상 개조사업이 대중운동 형식으로 전개되었다. 지도와 대중의 직접적인 결합을 위한 '혁명적 군중노선' 대중운동의 강화는 바로 관료 - 인민대중에 대한 사상, 조직생활의 강화를 끊임없이 추동하기 위한 위력한 방도였던 것이다. 그리고 이를 실현하는 방법으로서 대중운동과 일꾼들의 사업 작풍 및 사업방법에서 조직적인 체계를 세우기 위해 일종의 관료적 조직체계를 철저히 구축하고자 했다.

김정일에 의해 수행된 관료조직의 구축은 일종의 '수령제 관료체계'로서, 북한 사회에서 '근대적 관료체계'가 제도화되면서 수령을 정점으로 하는 관료조직으로 변형시켰음을 말한다. 즉, 김정일은 유일지도체제를 형성, 강화시키면서 기존의 김일성의 '현지지도'나 '말씀'에 의한 지도를 공식화된 절차와 표준화된 직능서에 따라 사업을 처리하도록 바꾸었던 것이다. 이러한 관료조직체계의 건설과 강화는 현대적인 당과 국가 관료제를 매개로 수령과 대중의 혈연적 연계를 구축하고자 한 것이었다.[182]

---

181) 조성모, "집단주의는 공산주의 혁명가의 고상한 사상정신적 풍모", 『근로자』 1980년 제7호, p.38.
182) 정영철, 『김정일 체제 형성의 사회정치적 기원: 1967 - 1982』, pp.274 - 278.

북한이 유일사상체계를 도입한 이후 모든 다른 소수집단이나 사상의식은 모두 배척되었다. 가족주의, 지방주의, 종파주의, 사대주의 등을 철폐하고 당의 유일사상체계로 철저히 무장하도록 강요되었다.

그러나 김일성 유일체제의 관료문화는 폐쇄화를 더욱 촉진시키고 있으며, 김일성 교시의 관철이나 무조건성·절대성은 관료주의적 인간을 만들고 창의력과 혁신성을 말살시키는 모순을 초래하고 있다. 이러한 관료주의의 모순은 관료사회 내에 그치지 않고 사회 전체의 모순으로 확대되어 요령주의, 보신주의, 무사안일주의, 형식주의, 주관주의, 경험주의, 사대주의, 보수주의, 기술신비주의, 기관본위주의, 주인답지 못한 태도와 관료주의적 사업 작풍, 허풍 치기를 하여 당을 기만하는 것, 공명심에 젖어 과장해서 보고하는 것, 지시와 호령(만)으로 모범을 보이지 않는 것, 발전저해와 비효율 등으로 드러나고 있다.

유일사상체계의 사회적 동력인 일원적 관료체제와 관료문화는 겉으로 드러난 '충성'과 자발적 '반항' 사이를 오가는 순응적이며, 저항적이며, 상호모순적인 양상을 드러내고 있다.

제4장 북한 관료문화의 특성

문화는 연속적이며 축적적인 성격을 가지고 있다. 특정사회에 있어서 특정집단의 문화는 시간을 통하여 기존의 다양한 문화요소들이 교호작용(interaction)을 통해 어떤 것은 탈락되기도 하고 또 어떤 것은 새로이 조합 또는 종합되는 이른바 문화과정(culture process)의 소산이 집적된 것이라 볼 수 있다. 그러므로 각 나라마다 문화요소의 속성, 내용 및 전통의 차이에 따라 국민들의 가치관 및 행태 면에 영향을 주어 그 나름의 특성을 형성한다.[1]

문화는 전통, 종교 등 전통적 행위원리뿐만 아니라 소유관계나 사회적 관계망, 가족 등 사회기본 단위에 반영된 공동체적 제도에도 반영된다.[2]

북한의 관료문화도 역사적 전통문화와 사회주의 정치문화, 당국가 관료제(PartyState Bureaucracy) 그리고 통치이데올로기인 독특한 주체사상 속에서 형성되어 왔기 때문에 특징적 요소가 많다.

따라서 지금까지 북한 관료문화의 구조와 형성요인에 대한 분석 결과에 토대하여 북한 관료문화의 속성들을 <표 4­1>과 같이 대별해 보면, 첫째, 종파주의(communalism), 지방·가족·연고주의

---

1) 전수일, 『관료부패에 관한 연구: 한국관료와 시민의 행태분석을 중심으로』, p.49.
2) 김영진·배정한·이상준·장덕준, 『탈사회주의체제전환과 문화』, p.6.

(nepotism), 관문주의, 기관본위주의, 교조주의, 관료주의, 권위주의, 형식주의, 무사안일주의, 동조과잉, 기계주의, 주관주의, 보수성, 형식성, 기계성, 무책임성 등으로 부정적 담론(부(負)의 동인)의 관료문화 속성을 볼 수 있다. 둘째, 집단주의, 혁명적 군중노선, 혁명적 열의, 혁명적 동지애와 의리, 불요불굴의 혁명정신, 자력갱생 간고분투의 혁명정신, 주체사상, 사회주의적 애국정신, 프롤레타리아 국제주의 등으로 긍정적 담론(정(正)의 동인)의 관료문화 속성을 볼 수 있다.

〈표 4-1〉 북한 관료문화의 속성

동 인	관료문화 속성
부(負)의 동 인	종파주의, 지방·가족·연고주의(nepotism), 관문주의, 기관본위주의, 교조주의, 관료주의, 권위주의, 형식주의, 도식주의, 무사안일주의, 기계주의, 주관주의, 경험주의, 사대주의, 문벌주의, 보수주의, 보신주의, 개인이기주의, 독단주의, 자유주의, 개인적 영웅주의, 공명주의, 출세주의, 비관주의, 수정주의, 평균주의, (좌·우)기회주의, 제일주의, 지방할거주의, 명령주의, 문서주의, 사무주의, 기술신비주의, 요령주의, 세도주의, 보수성, 소극성, 형식성, 기계성, 무책임성, 수령절대주의(무조건성·절대성)
정(正)의 동 인	집단주의, 혁명적 군중노선, 혁명적 열의, 혁명적 동지애와 의리, 불요불굴의 혁명정신, 자력갱생 간고분투의 혁명정신, 혁명적 군인정신, 강계정신, 주체사상, 사회주의적 애국정신, 프롤레타리아 국제주의

한편, 김영수는 주체사상이 내재화된 북한의 정치문화를 '주체문화'라고 하였다.[3] 주체사상이 내재된 북한의 일원적 관료체제와 관료문화를 '주체의 관료문화'라고 규정할 수 있으며, 따라서 '주체의 관료문화'가 가진 속성을 기능적으로 구분할 수 있을 것이다(<표 4 - 2> 참조). 첫째, 주체문화의 순기능적 관료문화가 정(正)의 동인으로 작용하는 주체 기능적 관료문화, 둘째, 주체문화의 역기능적 관료문화가 부(負)의 동인으로 작용하는 주체 역기능적 관료문화, 셋째, 모순적 주체문화와 역기능적 관료문화가 부(負)의 동인으로 작용하는 주체 모순적 관료문화로 규정할 수 있다.

특히 주체 모순적 관료문화는 주체사상의 모순과 비효율성 그리고 계획경제의 모순에서 비롯된다. 주체사상은 인민대중과 그들의 자주성 실현 사이에 수령의 지도를 매개시킴으로써 자주성 실현주체인 인민대중을 사실상 역사에서 피동적인 위치로 전락시킬 위험성을 내재하고 있는 것이다. 즉 주체사상의 사회역사 원리가 수령의 지도를 강조하는 한, 이 사상이 주장하는 인민대중의 '자주성 실현' 테제는 허구화될 가능성이 높다.[4] 또한 주체의 계획경제 모순은 '계획의 역설(형식적 계획과 실질적 무정부성)'이라는 핵심적 모순을 계획체계의 제도적 보완으로 극복할 수 없기 때문이다.[5]

---

3) 이에 대한 자세한 내용은 김영수, 『북한의 정치문화: 「주체문화」와 전통정치문화』, pp.61 - 70을 참조할 것.

4) 이종석, 『조선로동당연구』(서울: 역시비평사, 1995), pp.50 - 51.

5) 김연철, 『북한의 산업화와 경제정책』, pp.290 - 291.

<표 4-2> 북한 관료문화의 특성

동 인	특 성	관료문화 속성
정(正)의 동 인	주체 기능적 관료문화	집단주의, 군중노선·동원
부(負)의 동 인	주체 역기능적 관료문화	종파·지방·가족·연고주의, 권위주의와 형식·무사안일주의
	주체 모순적 관료문화	수령절대주의(무조건성·절대성) 이기·기관본위주의, 기술신비주의

제1절 주체 기능적 관료문화

1. 집단주의의 관료문화

1) 전통적 집단주의 규범문화의 속성

사회의 구성단위를 개인이 아닌 가족집단에서 찾았던 전통적 사회에서 개인의식보다 집단의식이 앞섰던 것은 당연한 결과였다. 가족주의가 인간의 개념과 가치규범을 결정한다. 유교사회에서 인간은 가족주의적 관점에서 이해된다. 즉 인간은 독립된 존재를 가지는 것이 아니라, 가족이라는 조화로운 전체의 한 지체일 뿐이다. 따라서 개인의 자아는 그의 가족과의 관계 안에서 즉 가족 안에서의 위치와 역할에 의해서 비로소 성립되는 것이다. 유교사회에서 개인의 존재는 가족, 씨족 및 공동체에 속하며 그의 일원으로서만 의미와 가치를 지닌다. 이와 같은 의미에서 유교의 인간관은 가족주의적이고, 제도주의적이며 공동체주의적이다.[6]

전통사회에서 사람들은 가족주의적 공동체의식에 기초한 사회관을 가지고 있었으므로 개인주의, 집단주의, 국가주의, 세계주의의 대립은 존재하지 않았다. 개인은 집단을 위하여, 집단은 국가를 위하여, 국가는 세계를 위하여 있다는 논리는 자연스러운 것이었다. 동양사상에서는 경제문제에 대한 특별한 강조는 별로 찾아볼 수 없다. 공동체 사회에서 혼자 잘산다는 것은 별 의미가 없었을 뿐만 아니라 사회적으로 지탄받는 일이었기 때문이다. 그저 의식주만 족하면 되었지 특별히 남보다 잘살아야겠다는 생각은 없었던 것 같다. 심지어 공자는 무엇을 먹고 무엇을 입는가 하는 문제에 신경 쓰는 사람은 함께 이야기할 가치조차 없다고 하였다. 이러한 것들은 모두 집단주의적 사회로서의 전통사회의 성격을 보여 주는 것들이라고 할 수 있다.

북한은 중앙집권제에 알맞은 생활방식으로 집단주의를 강조하고 있다. 집단주의는 헌법에까지 명시되어 있는 북한체제의 중요한 구성 원리이다. 김일성은 "집단주의는 노동계급의 가장 본질적인 특성의 하나이며 그것은 근로자들이 굳게 뭉쳐 공동의 목적을 실현하기 위하여 투쟁하는 사회주의, 공산주의 사회생활의 기초를 이루고 있습니다."[7]라고 주장한다. 조직생활에 잘 참여하고 대중의 통제를 잘

---

6) 신옥희, "조선시대 유교윤리의 특성과 한계", 『한국인의 윤리관』(한국정신문화연구원, 1983), p.167.

받으며, 사회공동생활의 규범을 지키는 집단주의적 인간이 사회주의, 공산주의의 목적에 부합하는 인간형으로 인식되는 것이다.

또한 집단주의는 주체사상의 인간중심 세계관을 계급 혁명론으로 확장하는 논리를 제공한다. 사람의 본성인 자주성, 창조성은 사회적으로 형성·발전해 온 사람의 사회적 속성이다. 결국 개인의 자주성, 창조성은 집단의 자주성, 창조성으로 연결되고, 이렇게 되면 개인의 해방은 그 개인이 속한 계급의 해방과 직결된다. 개인은 자주성과 창조성을 발현하기 위하여 이를 제약하는 사회체제를 파괴하고 새로운 질서를 구축하려 하는데 이러한 개혁의지가 인민대중의 집단의지로 될 때 곧 계급혁명의지가 된다. 주체사상에서의 혁명이론은 집단주의에서 출발하게 되는 것이다. 즉 북한의 주체사상은 기본적으로 집단주의의 원칙을 전제한다.

북한의 집단주의적 성격은 전통적 공동체의식을 강하게 담고 있다. 이러한 강한 전통의 영향 속에서 북한 사회는 그 자체가 하나의 사회주의적 민족공동체이자 지역공동체를 이루고 발전해 왔으므로 이러한 집단주의가 사회이념의 중요한 요소로 작용해 온 것은 쉽게 이해할 수 있는 것이다. 서구적 인간형으로서의 개인에 대한 강조나 서구사회의 구성 원리로서의 개인주의는 북한 사회에서 찾아볼 수 없는 이질적인 것이다.

북한 당국이 궁극적으로 '사회주의적 가족주의'를 가정에 정착시키기 위해 주민이 지니고 있는 유교적 인식과 전래의 인습을 한꺼

---

7) 김일성, "조선로동당 제5차대회에서 한 중앙위원회사업총화보고"(1970. 11. 2), 『김일성 저작선집 제5권』, p.465.

번에 없애려 했지만 성공을 거두지 못해 오히려 유교적 전통에 일부 타협하는 경향을 보이고 있다. 그렇다고 해서 가정과 사회에서 혁명적 의리와 동지애에 기초한 집단주의를 배격한 것은 절대 아니다. 이 결과 북한 사회는 사회주의적 가치관 및 행위규범이 유교적 그것들과 동시에 병존하는 생활유형이 형성되어 온 것이다.[8]

2) 집단주의의 규범문화

사회주의국가들의 사회문화 규범은 공통적으로 '사회주의적' 성격, 즉 집단주의를 주요 내용으로 한다. 그들 이론에 따르면, 인간은 본래 집단주의적 속성을 가지고 있는데 자본주의의 사유재산제에 의해 이기주의적이 되었다. 따라서 자본주의 제도를 철폐하고 사회주의사회가 되면 이기주의와 인간소외가 종식되고 인간의 본질인 집단주의가 발현된다는 것이다. 사회주의사회의 기초적 인간관은 집단주의임을 알 수 있다.[9]

집단주의는 사회 속의 개인이 집합체의 유기적 일부분으로서 자신의 존엄성과 존재 의의를 인식하고 집단에 대한 무조건적 헌신과 자기 동일시를 강조하는 사회 심리라고 할 수 있다. 이는 곧 개인이 공동체의 집합적 체험을 통해 공동체적 덕목을 갖춘 인격체로서 조직화되고, 공동체의 목표와 성장을 담보해 줄 수 있는 기능적 담

---

8) 이헌경, "북한의 유교문화 실태 연구", 『통일과 북한 사회문화』 하권(서울: 민족통일연구원, 1995), p.96.

9) 정성임, "사회문화 규범", 세종연구소 북한연구센터 엮음, 『북한의 사회문화』(서울: 한울아카데미, 2006), pp.39 - 40.

지자로서 자신을 투사시키는 성향을 뜻한다. 따라서 대중 수준에서 집단주의를 조직해 내고자 하는 국가나 지배 권력은 개인의 행동과 시간을 완벽하게 통제하여 개인의 프라이버시나 개별성을 제거하고, 이런 억압적인 통제를 은폐하고 이를 적극적으로 역이용하기 위해 개인들 사이의 엄격한 '평등'과 '동지의식'을 강조하게 된다.10)

집단주의라는 가치 지향은 북한이 가장 중요시하는 요소 중의 하나이다. 이는 공산주의 이념에서 중심이 되는 가치이면서 동시에 공산주의적 인간덕목이며, 사회주의 교육의 핵심요소이기도 하다.11)

김일성은 "사회주의적 생활양식은 모든 사람들이 다 같이 잘살게 하기 위하여 투쟁하는 사회주의적 근로자들의 집단주의적 생활양식입니다."12)라고 함으로써 사회주의적 생활양식의 본질적 특성은 집단주의적 생활양식이라는 데 있음을 분명히 하고 있다.

이러한 집단주의는 공산주의의 기본가치이므로 북한정권의 수립 이후부터 추구해 온 것이지만, 특히 1972년의 사회주의 헌법에 명문화됨으로써 헌법적 규범으로 채택되었다. 1972년 헌법 49조에는 "조선민주주의인민공화국에서 공민의 권리와 의무는 '하나는 전체를 위하여 전체는 하나를 위하여'라는 집단주의 원칙에 기초한다."고

---

10) J. Schiedeck and M. Stahlmann, "Totalizing of Experience: Educational Camps", H. Sunker and Hans - Uwe Otto eds., *Education and Fascism(London*: The Falmer Press, 1997), pp.69 - 73; 최봉대, "북한 사회 주민들의 멘탈리티와 사회적 통합 기제", 『현대북한연구』 2권 2호(서울: 경남대학교 북한대학원, 1999), p.244 재인용.

11) 이온죽, 『북한사회의 체제와 생활』(서울: 법문사, 1993), p.262.

12) 김일성, "사회주의농촌건설에서 이룩한 위대한 성과를 더욱 공고발전시키자."(전국농업대회에서 한 연설 1974년 1월 10일), 『김일성저작선집 제7권』(평양: 조선로동당출판사, 1978), p.20.

규정했으며, 제68조에는 "공민은 집단주의 정신을 높이 발양하여야 한다. 공민은 집단과 조직을 사랑하며 사회와 인민의 이익, 조국과 혁명의 이익을 위하여 몸 바쳐 일하는 혁명적 기풍을 세워야 한다."고 규정하였다.[13) 또한 1992년의 헌법에서는 제63조에 1972년 헌법의 제49조의 내용을 그대로 옮겼으며, 제82조에서는 "집단주의는 사회주의사회생활의 기초이다. 공민은 조직과 집단을 귀중히 여기며 사회와 인민을 위하여 몸 바쳐 일하는 기풍을 높이 발휘하여야 한다."고 규정하고 있다.

이러한 헌법적 규정에 대해 북한은 다음과 같이 해설하고 있다.

"집단주의는 노동계급의 가장 본질적인 특색의 하나이며, 그것은 근로자들이 굳게 뭉쳐 공동의 목적을 실현하기 위하여 투쟁하는 사회주의·공산주의 사회생활의 기초를 이룬다. 우리의 사회주의 제도하에서 모든 근로자들은 다 같이 나라의 주인으로서 '하나는 전체를 위하여, 전체는 하나를 위하여'라는 집단주의 원칙에 기초하여 서로 돕고 이끄는 동지적 관계를 맺고 있다."[14)

이와 같이 집단주의를 사회주의·공산주의 사회생활의 기초로 규정하고 있으며 이러한 집단주의의 기초하에서의 근로자들 사이의 관계를 동지적 관계로 설정하고 있다.

북한의 사회생활의 기초 원리인 집단주의는 다음과 같은 기본적 특성을 갖는다.[15)

---

13) 양성철, 『북한정치연구』(서울: 박영사, 1993), pp.496 – 497.
14) 『조선민주주의인민공화국 사회주의 헌법해설』, p.61.
15) 이중, "집단주의적 교육체제: 그 규범과 운용", 염홍철 외, 『북한사회의 구조와 변화』

첫째, 집단주의의 절대 우선이다. 개인적 욕구는 제대로 보장되지 않으며, 개인주의와 이기주의는 부르주아적인 것으로 간주되어 철저히 배격된다.

둘째, 당의 주체사상과 김일성을 신격화한 유일사상체계의 확립이다. "집단주의의 최고의 표현은 수령에 대한 끝없는 충실성이다."라고 주장되고 있으며 "집단주의 사상으로 근로자들을 무장시키기 위해서는 경애하는 수령 김일성 동지의 혁명사상과 그 구현인 당 정책교양과 그리고 혁명전통교양을 강화함으로써 그들을 당의 유일사상으로 철저히 무장시켜야 한다."고 강조된다.[16] 이와 같이 집단주의는 주체사상과 유일지배체제 확립의 기초가 된다.

셋째, '집단주의는 노동계급의 가장 본질적 특성의 하나'이며 '프롤레타리아 계급 독재는 집단주의적 방법론(군중노선과 계급노선)에 따라 수행'된다는 것이다.

넷째, 온 사회의 혁명화·노동계급화의 달성이다. 집단주의 정신을 키우는 것은 사회를 혁명화, 노동계급화하기 위한 것이다. 1972년 헌법 제11조에는 "국가는 내외 적대분자들의 파괴책동으로부터 사회주의 제도를 보위하며 사상혁명을 강화하여 온 사회를 혁명화, 노동계급화 한다."고 명문화하고 있으며, 동 헌법 49조에서도 "조선민주주의인민공화국에서 공민의 권리와 의무는 '하나는 전체를 위하여 전체는 하나를 위하여'라는 집단주의 원칙에 기초한다."고 규

(서울: 경남대학교극동문제연구소, 1987), pp.288 - 301; 이온죽, 『북한사회의 체제와 생활』, pp.262 - 266.

16) 『정치사전』(1973), p.1083.

정하고 있다. 이와 같이 집단주의는 인민대중의 정치사상적 통일의 기반이 되며 온 사회의 혁명화와 노동계급화의 정신적 토대가 된다.

다섯째, 주민생활의 조직화의 규범이다. 1992년의 헌법 제82조에서는 "집단주의는 사회주의사회생활의 기초이며, 공민은 조직과 집단을 귀중히 여기며 사회와 인민을 위하여 몸 바쳐 일하는 기틀을 높이 발휘하여야 한다."라고 공민의 의무로 규정하고 있다. 따라서 북한주민의 모든 일상생활은 집단주의 원칙에 따라 이루어지고 있다.[17)

결국 봉건적이고 전제적인 권위 체제를 합리화하고 권력의 세습을 정당화하기 위하여 북한지도부는 사회주의 체계규범인 집단주의 원칙을 전통유교의 가족주의와 결합시켜 사회주의적 규범의 틀 안에서 새로운 권력 규범을 창조했다.[18)

특히 북한의 집단주의 관료문화의 핵심에는 수령이 존재한다는 점이 북한 체제의 특수성을 구성한다. 북한의 집단주의는 수령 - 당 - 대중이 유기체적으로 결합되어 있다. 즉 수령은 전체 집단을 지휘하는 뇌수에 해당하며, 당은 이러한 수령의 의사를 전달하고 집행하는 중추, 그리고 대중은 집단의 목표를 통해서만 자신의 가치를 인정받는 수족 혹은 세포와 같은 구조이다. 대중을 떠난 수령이 무의미한 것은 사실이지만, 대중은 항상 수령의 의지에 복속되는 존재인 것 역시 사실이다. 논리적으로 유기체적 집단에서 뇌수가 없는 집단의 유지는 불가능하지만, 세포의 일부가 없는 집단 전체는 유지

---

17) 이강래, 『북한관료제의 성격과 변화과정에 관한 연구: Max Weber의 관료제 이론을 중심으로』, pp.153 - 155.

18) 전미영, 『김일성의 말, 그 대중설득의 전략』(서울: 책세상, 2001), p.104.

될 수 있다.

이와 같이 북한의 최우선가치는 집단주의이며, 혁명적 수령관·사회정치적 생명체론[19)에 의하여 혁명을 지도하는 것은 수령이기 때문에 수령의 영도에 따라 개인은 모든 것을 희생하여야 한다.

따라서 북한의 집단주의(collectivism) 사회는 한마디로 개인의 이익보다는 집단의 이익을 우선하는 사회이다. 집단주의에서는 태어날 때부터 줄곧 개인이 강하고 단결이 잘된 내집단에 통합되어 있으며, 평생 동안 내집단에 충성하는 대가로 그 집단이 개인을 계속 보호해 준다. 그에 반대되는 것으로 개인주의가 있는데, 여기서는 개인 간의 구속력이 느슨하며, 사람들은 자기 자신과 자기의 직속 가족만 돌보면 되는 것으로 생각한다. 그런데 여기서 말하는 집단주의는 사회 전체에 관철되는 보편주의적 성격을 갖는 것이 아니라 자기중심적 집단주의이다. 즉 소속된 집단과 그 구성원 사이에는 집단주의적 성격이 발휘되지만, 다른 집단이나 국외자에 대해서는 배타적인 태도를 취하는 것으로서 일종의 특수주의적 집단주의이다.

그와 함께 본 책은 집단주의의 양면성, 즉 한편으로 위계적인 질서와 다른 한편으로 상호적 질서로서의 이중적인 측면을 강조한다.

---

19) "사람들의 생활에서 가장 중요한 것은 국가와 사회의 주인으로서 참다운 정치적 자유와 권리를 누리며 고귀한 사회정치적 생명을 지니고 빛 내여 나가는 정치생활입니다. 사람들은 사회주의적 정치생활을 통하여 정치적 자주성을 실현해 나가며 개인의 생명을 집단의 생명과 결합시킴으로써 집단의 믿음과 사랑 속에서 영생하게 됩니다." 김일성, "우리나라 사회주의의 우월성을 더욱 높이 발양시키자."(조선민주주의인민공화국 최고인민회의 제9기 제1차 회의에서 한 시정연설 1990년 5월 24일), 『김일성저작집 제42권』(평양: 조선로동당출판사, 1995), pp.299－300; 스즈끼 마사유끼 지음·유영구 옮김, 『김정일과 수령제 사회주의』, pp.183－189; 이외에도 이종석, 『조선로동당연구』, pp.100－123 참조할 것.

집단주의에서는 개개인의 행위나 의사결정이 타인과의 연관성에서 그 의미가 부여됨으로써, 삶에 관한 중요한 결정과 집행이 개개인이 아닌 공동체의 결정 내지는 간섭에 의해 이루어진다.[20]

2. 군중노선 · 동원의 관료문화

북한에서는 종파 · 지방 · 가족 · 연고주의 등 관료문화의 병리현상을 극복하기 위한 방편의 하나로 군중노선을 채택하여 대중동원을 활용해 왔다. 이러한 군중노선은 건국 후 1960년도까지는 '천리마운동' 형태로, 1960년대에는 '청산리방법'과 '대안의 사업체계'의 형태로, 1973년 이후에는 '3대혁명 붉은기 쟁취운동'을 중심으로 추진되었다. 이러한 북한 군중노선의 확립은 주체적인 사회주의 건설, 중공업우선, 경공업 · 농업의 동시발전이라는 노선과 긴밀히 결합되어 있다.

특히 천리마운동은 중공업 우선 전략이 주체적인 힘, 북한 대중의 창발력에 의존하여 실현될 수 있음을 보여 준 군중노선의 구체적 형태였다. 그에 비해 청산리정신 · 방법, 대안의 사업체계는 당－국가기관과 대중과의 연계 고리를 형성하는, 즉 사람과의 사업을 선행시키는 군중노선의 실천지침이었다.

따라서 군중노선과 동원의 관료문화는 중공업 우선 전략과 긴밀한 관계를 갖고 형성되었으며, 그 과정에는 정치 · 사상 투쟁이 동

---

20) 김영진 · 배정한 · 이상준 · 장덕준, 『탈사회주의체제전환과 문화』, pp.28－29.

반되었다.

「정치용어사전」에 의하면 군중노선은 다음과 같이 규정된다.

"군중노선의 기본요구는 우선 인민대중들을 무한히 사랑하고 대중의 이익을 위하여 견결히 투쟁하는 것이다. 그것은 또한 한 사람이라도 더 많이 혁명의 편에 전취하고 광범한 대중을 당의 두리에 굳게 묶어세우며 혁명대렬을 부단히 확대 강화하여 나가는 것이다. 또한 혁명과 건설의 모든 문제해결에서 대중의 힘에 튼튼히 의거하며 그들의 높은 혁명적 열의와 창조적 지혜를 최대한으로 발양시키는 것이다."21)

다시 말해 군중노선이란 대중의 이익을 보장하는 기반 위에, 당과 대중의 연계를 확고히 세우고, 대중의 창발성에 의존하여 혁명을 완성하려는 길이다. 혁명적 군중노선이란 계급노선에 입각한 군중노선을 말한다. 또 군중노선의 관철을 위해서는 간부들이 관료주의에서 벗어나고 혁명적 사업방법을 체득하여야 한다는 점이 강조된다.22)

"우리 당은 일꾼들 속에서 관료주의를 없애며 혁명적 군중관점을 세우기 위하여 강한 사상투쟁을 벌였다. 당은 모든 일꾼들이 군중 속에 깊이 들어가 군중과 의논하며 군중에게서 힘과 지혜를 얻으며 군중을 동원하여 나선 과업을 해결하는 혁명적 사업방법을 배우도록 하기 위하여 꾸준히 힘썼다."23)

---

21) 『정치용어사전』(1970), p.72.
22) 신병식, "한국전쟁과 북한사회주의체제 이행과정", 고병철 · 심지연 외, 『한국전쟁과 북한사회주의체제건설』(서울: 경남대학교 극동문제연구소, 1992), p.114.

김일성은 기존의 기업·공장관리체계인 지배인유일관리제[24]에는 관료주의, 기관본위주의, 이기적 요소가 많다는 지적이 일고, 생산자 대중의 창조력이 잘 반영되지 않는다는 비판[25]이 일어 새로운 관리지도체계가 모색되었다. 여기에서 1960년 청산리 협동농장의 김일성 지도에 의해 창출된 '청산리 방법'이 나온다. 이러한 군중동원에 의한 관리방법이 제조업에 적용된 것이 '대안의 사업체계'이다. 이는 김일성이 1961년 대안의 전기 공장에서 열흘간 머무르면서 행한 현지지도를 통하여 제시한 경제 관리방법을 기업(공장)관리 운영에 도입한 것이다.

즉 김일성이 전후 복구건설 시기 선보였던 '혁명적 군중노선'을 농장과 공장의 개별 생산단위로 확장하여 제도화한 것이다. 당 지도

---

23) 김일성, "조선민주주의인민공화국에서의 사회주의건설과 남조선혁명에 대하여(발췌)" (1965. 4. 14), 『사회주의경제관리문제에 대하여 제3권』, p.171.

24) 지배인유일관리제는 국가가 임명한 지배인에게 기업관리 운영의 모든 권한을 갖게 하고 지배인이 기업관리 운영의 결과를 국가에 책임지게 하는 제도로서, 기업운영은 국가의 관리와 지휘하에 있는 지배인을 통해 이루어진다. 지배인유일관리제에서는 기업·공장 관리운영의 권한이 지배인 한 사람에 집중되어 기업(공장)의 모든 결정권한이 한 사람에게 부여되어 있다. 지배인은 국가의 대리인이며, 지배인의 임명권은 국가에 있고, 지배인의 일은 국가의 지시를 기업소 내에서 충실히 수행하는 것이다. 지배인 아래 부지배인과 기사장, 제2기사장, 감독관을 두고 지배인을 보좌하지만 기업운영 책임은 지배인 단독으로 진다.

25) 김일성은 "지난날의 공장관리체계는 사회주의적인 것이기는 하였으나 자본주의적 잔재를 많이 가지고 있는 관리체계였다고 할 수 있습니다. 거기에는 관료주의적이며 기관본위주의적이며 개인이기주의적인 요소가 많이 남아 있었습니다. 위에서 아래로 내려가 도와주는 것이 아니라 관료주의적으로 호령만 하였으며, 직장 사이에는 서로 돕는 기풍이 적었으며, 사람들 사이에도 '너면 너고 나면 나다.' 하는 개인이기주의 경향이 있었습니다. 그렇기 때문에 낡은 사업체계에서는 노동자들의 적극성과 창발성을 제대로 발양할 수 없었으며, 사람들은 무사분주하기만 하고 생산에서는 큰 성과를 올릴 수 없었습니다." 김일성, "대안의 사업체계를 더욱 발전시킬 데 대하여"(1962. 11. 9), 『사회주의경제관리문제에 대하여 제2권』, p.424.

와 대중동원의 강화를 지향하는 새로운 경제 관리체계는 농업에서는 '청산리 방법(1960)'으로, 공업에서는 '대안의 사업체계(1961)'로 정식화되었다.

김일성은 대중동원(mass mobilization)의 한 방식으로써 '청산리 방법'과 '대안의 사업체계' 등과 같은 군중노선(mass line)을 채택하고 있는데 북한에서는 이와 같은 혁명적 군중노선을 가리켜 "위대한 수령님께서 창시하신 주체적인 혁명적 사업과 인민적 사업 작풍"26)이라고 칭송하고 있다.27)

> "군중노선은 근로대중이 모든 것의 주인이며 모든 것을 결정한다는 주체사상에 기초한 우리 당 활동의 근본원칙입니다."28)

경제 관리에서 군중노선(mass line)이 하나의 노선과 개념으로 명확히 정립되는 것은 1956년 12월 전원회의 이후였으며, 그 직접적인 계기는 대중운동을 촉발시킨 김일성의 강선제강소 현지지도였다. 때문에 1956년 12월 전원회의 결정은 '당사업 방법에서 일대 전변'을 일으킨 것으로 평가되었으며,29) 1957년 대중운동의 '가장 큰 총화 가운데 하나는' "경제건설의 사회주의적 방식과 그에 대한 인민

26) 황장엽, "위대한 수령님의 혁명사상은 주체의 사상, 리론, 방법의 전일적인 체계", 『근로자』 1979년 제4호, p.28.
27) 최완규, 『북한은 어디로』(경남 마산: 경남대학교 출판부, 1996), p.174.
28) 김일성, "당 사업을 더욱 강화할 데 대하여"(당 조직일꾼 강습 참가자들에게 보낸 서한 1974년 7월 31일), 『김일성저작선집 제7권』(평양: 조선로동당출판사, 1978), p.84.
29) 김일, "당의 영도는 우리 혁명의 기초", 『근로자』 1958년 제4호, p.17.

적 지도 사업의 새로운 전형을 창조하였다는 데 있다."고 평가되었다.[30] 경제 지도에 있어 '일대 전변'을 일으킨 '새로운 전형'이란 바로 군중노선의 확립이었다.[31] 1957년의 경제적 성과는 중앙 간부들이 직접 현지에 내려가 생산 노동자들과 함께 토론하고 그들의 의견을 적극 수용한 데 있는바, 과거에는 그렇게 하지 못하였던 것이다.[32] 당시 경제 관리에 있어 군중노선은 경제에 대한 지도 간부의 능숙한 지도와 대중의 자각성과 창발성을 결합시키는 것을 의미했다.[33]

1957년 이후 군중노선이 확립되는 과정에서 특히 강조된 것은 지도 간부들이 대중에게서 배워야 한다는 것이었다.[34] 다시 말해 소극 보수성에 사로잡힌 지도간부가 앞서 가는 열성 노동자에게서 배워야 한다는 것이었으며, 이를 위해 성 관리국, 기업소 지도 간부들은 노동자 속으로 들어갈 것이 요구되었다. 특히 1957년 이후 반관료주의 투쟁과 아울러 군중노선이 확립되는 과정에서 노동자 대중

---

30) 편집국, "12월 전원회의의 거대한 생활력", 『근로자』 1957년 제12호, p.48.

31) 하앙천, "우리나라에서 문화혁명의 가일층의 촉진을 위하여 제기되는 몇 가지 문제", 『근로자』 1958년 제10호, p.35.

32) 김일성, "경공업의 금후 발전을 위하여"(1958. 1. 20), 『김일성선집 제5권』(평양: 조선로동당출판사, 1963), p.289.

33) 권두언, "경제 건설에 대한 지도 수준을 제고하자.", 『근로자』 1957년 제3호, p.16.

34) 군중노선은 한마디로 "대중에게서 배우며 대중을 가르친다."는 것을 의미하는데, "대중에게서 배운다는 것은 당이 모든 정책을 수립하며 집행할 때에 항상 대중과 상론하며 대중의 실천적 경험을 기초로 한다는 것을 의미하는 것이며, 대중을 가르친다는 것은 당의 노선과 정책을 대중 속에 해석 침투시키며 대중으로 하여금 그것을 자기들 자신의 숙망의 표현으로 접수하도록 정치 사업을 진행한다는 것을 의미한다." 원형국, "당의 군중노선의 관철과 일꾼들의 군중 관점", 『근로자』 1958년 제2호, p.34.

의 역할은 전례 없이 강조되었다. 즉 "세상에서 가장 힘 있는 자도 노동자 농민들이고 가장 지혜 있는 자도 노동자 농민"이며,35) 대중의 창조적 노력과 창발성만이 인민 경제 내부의 모든 예비들을 생산에 가장 효과적으로 동원 이용할 수 있는 가능성을 열어주는 것으로 평가되었다.36) 이것은 최소 산출 과제 - 최대 자원 투입을 추구하며 내부 예비를 비축하고자 하는 관리 기술자들의 소극 보수성에 대한 강한 비판이었다.

행정 관료와 관리 기술자들이 자신의 소극성과 보수주의를 옹호하기 위한 방어용 무기로 활용한 것은 '기술신비주의', 즉 기술 전문성이었다. 때문에 기술신비주의 역시 1958년 이후 집중적으로 비판되었다. 기술신비주의는 과학 기술과 물질 기술적 조건을 우상화하는 것으로, 소극성과 보수주의는 과학과 기술을 신비화하고 과학과 기술을 과학자와 기술자들이나 하는 것으로 생각하는 것으로 비판되었으며, 반면 노동자들은 과학자, 기술자들이 해결하지 못한 것도 능히 해결하는 힘 있는 존재로 평가되었다.37) 김일성의 지적대로, 당시 공장 기업소들에서 기적을 일으킨 새로운 기술 발명과 창의 고안들도 대부분 노동자들이 한 것이었다.38) 기술 혁신에서 과학 기술자들이 한 역할이란 매우 미약했던 것이다. 특히 기술자들은

---

35) 황영종, "보수주의와 투쟁하자.", 『근로자』 1958년 제9호, p.106.

36) 서을현, "반관료주의 투쟁에서 제기되는 몇 가지 문제", 『근로자』 1957년 제5호, p.45.

37) 김경현, "노동자들은 기술신비주의를 어떻게 분쇄하고 있는가.", 『근로자』 1958년 제10호, p.69; 황영종, "보수주의와 투쟁하자.", pp.105 - 106.

38) 김일성, "시, 군 인민위원회의 당면한 몇 가지 과업에 대하여"(1958. 8. 9), 『김일성선집 제6권』, p.5.

과거의 낡은 실적(기준량)에 얽매여 과거의 낡은 기준량에 기초한 생산량은 계산할 줄 알았지만, 노동자들의 혁명적 사상과 혁명적 열정을 계산할 줄 몰랐다고 비판되었다.[39] 특히 대중의 창발성은 '경제 발전의 결정적 요인'으로 평가되었다.[40] 물질 기술적 조건이나 기술 전문성(전)보다 사상, 이데올로기(홍)가 더 강조되기에 이른 것이다.

제2절 주체 역기능적 관료문화

1. 종파·지방·가족·연고주의의 관료문화

북한은 "종파주의[41]·지방주의·가족주의는 공산주의와는 아무런 인연도 없으며, 종파주의·지방주의·가족주의는 다 개인이기주의에서 나온 것이라고 하면서, 특히 종파주의는 자본주의사상에서 나온 것"[42]이라고 하고 있다. 김일성은 "종파주의는 소부르주아적 개

---

39) 윤창순, "낡은 실적에 매달린 사람들은 무엇을 보지 못했는가.", 『근로자』 1958년 제10호, p.71.

40) 권두언, "새해의 전투적 과업", 『근로자』 1958년 제1호, p.16.

41) 북한의 공간문헌에서 종파주의가 처음으로 제기된 것은 [김일성, "종파주의를 청산하고 혁명대오의 통일단결을 강화하자."(소책자로 발표한 논문 1933년 5월 10일) 『김일성저작집 제1권』(평양: 조선로동당 출판사, 1979), pp.86-99]이나, 이는 박헌영을 비롯한 국내파 공산주의자 등 정적들을 숙청한 후 그 이론적 정당성을 제공하기 위하여 후에 소급·개작된 것으로 보인다. 전후에 종파주의는 관료주의와 더불어 관료문화의 부정적 의미로 주로 쓰이고 있다.

인영웅주의, 공명출세주의의 산물로서 그 상습적인 사업방법은 직위 다툼과 호상 이간책동이며 간교한 외교와 모해이며 개인에 대한 환상의 전파와 부식"[43]이라고 강력히 비판하고 있다.

또한 종파주의 잔재의 표현을 "다른 문제에는 별로 관심이 없다가도 간부등용, 간부배치에 대하여서는 눈을 밝히며 자기와 친하다거나 또는 과거 자기파에 속하였던 사람이면 그의 사상의식 정도와 성분 또는 능력은 보지 않고 덮어놓고 등용하려 하며 심지어 혁명에서 변절한 자까지도 등용하려고 애를 쓰는 데서도 나타나고 있습니다. 그렇기 때문에 과거 정치생활에서 깨끗지 못한 자, 성분관계로 등용되지 못한 자들은 실지투쟁을 통하여 자기의 당성을 강화하고 당과 혁명에 헌신함으로써 당의 신임을 얻으려고 하는 것이 아니라 이런 종파분자들을 따라다니며 그의 덕분으로 우연히 당 또는 정권 기관에서 한자리 얻어 보려고 합니다. 종파주의 잔재를 버리지 못한 자들은 이것을 좋은 기회로 삼아 이런 사람들을 끌어당기는 일을 전문으로 하고 있습니다."[44]라고 하고 있다.

그리고 종파주의의 해독성에 대하여 "개인영웅주의는 가족주의를 낳고 그것이 자라나면 종파로 됩니다. 종파는 당의 통일단결을 파괴하는 해독적 작용을 합니다."[45]라고 하여 박헌영 등 국내파 공산주

---

42) 김일성, "제1차 5개년계획을 성과적으로 수행하기 위하여"(1958. 3. 6), 『김일성저작집 제12권』, pp.126 - 127.

43) 김일성, "조선로동당 제3차대회에서 한 중앙위원회사업총화보고"(1956년 4월 23일), 『김일성저작집 제10권』(평양: 조선로동당출판사, 1980), p.274.

44) 김일성, "당의 조직적사상적강화는 우리 승리의 기초"(1952. 12. 15), 『김일성저작집 제7권』, pp.414 - 415.

의자 숙청에 정치적으로 활용되기도 하였다.

　　"다 잘 알고 있는 바와 같이 쥐라는 짐승은 사람들이 잠잘 때에
는 온 집안을 돌아다니면서 쏠라닥거리다가 사람이 소리만 치면 어
디 갔는지 모르게 자기의 종적을 감춥니다. 그런데 그놈의 쥐가 그
렇게 싸다니면서 못 쓸 보따리나 쏠면 그래도 견딜 수 있는데 혹
시 좋은 옷장을 쏠면 아깝기 짝이 없습니다. 또 이놈의 쥐를 제때
에 잡아치우지 않는다면 새끼를 많이 쳐서 여기저기 구멍을 뚫어
나중에는 그 집을 파괴할 수도 있습니다."[46]

　　종파주의는 당의 통일과 단결을 와해시키며 노동운동을 파괴하는
반당적이며 반혁명적인 사상으로 종파주의의 가장 중요한 반동적
본질은 노동계급의 수령의 권위와 위신을 헐뜯고 수령의 영도와 당
의 역사적 뿌리인 혁명전통을 거부하는 데 있다[47]고 하였다. 즉 이
러한 파벌주의에는 친척, 친우, 같은 고향, 지방출신의 사람들끼리
협소한 분파, 기관 이익을 위하여 정실관계를 맺거나 일을 처리하는
가족주의, 종파주의, 기관본위주의, 지방주의 행태 등으로 표현된다.
　　북한의 정권기관의 핵심 요직은 김일성·김정일의 친인척이며 평
양 또는 함북 태생으로서 만경대 혁명학원이나 김일성대학 출신들

45) 김일성, "당 제3차대회결정 관철을 위한 함경남도 당 단체들의 과업"(함경남도당열성
　　자회의에서 한 연설 1956년 5월 17일), 『김일성저작집 제10권』(평양: 조선로동당출판
　　사, 1980), p.328.

46) 김일성, "사회주의혁명의 현 계단에 있어서 당 및 국가사업의 몇 가지 문제들에 대하
　　여"(1955. 4. 4), 『김일성저작집 제9권』, p.295.

47) 김경웅, 『북한의 정치사회화: 「주체문화」 정착을 위한 '사상교육'과 대중운동』, p.47.

이 거의 차지하고 있다. 즉, 북한 사회에서는 지연·학연·혈연이 여전히 출세의 관건이 되고 있다.

그러나 북한 당국은 공식적으로 지방주의·혈연주의에 대해 "반당적 사상 경향·행동으로 당의 통일과 단결을 좀먹고 파괴한다."[48]고 비난한다.

지방주의에 대해 "같은 지방 출신의 사람들끼리 정실관계를 맺고 한패가 되어 싸고돌면서 다른 사람에 대해서는 함부로 배척하고 질시하며 모해하는 행동"[49]이라고 정의하고 있다.

또 연고주의에 대해서는 "친척관계, 동창관계, 친우관계, 한고향, 한곳에서 왔다느니 또는 남조선이니 북조선이니 하는 것만 캐면서 사람들을 무원칙하게 끌어당기고 그들에게 잘못이 있어도 그저 묵과하는 현상"[50]이라고 규정한다.

또한 지역적 편중현상으로 인한 부작용도 적지 않다. '함북제일주의'라는 말이 생겨날 정도로 그 폐해는 심각하며, 관료들 간에 갈등과 분열을 초래하며 사기를 저하시키는 요인이 되고 있다. 즉, 이들이 북한 내 핵심부서의 요직을 차지함으로써 여타 지방 출신들은 소외감과 불만을 가지게 되며, 같은 지역 출신끼리 단결하게 되는 동기를 조장하게 된다.

이는 결국 '당 및 국가의 통일적 단결을 해치는' 결과를 초래하

---

48) 『조선말대사전』(1992), p.356.

49) 『조선말대사전』(1992), p.356.

50) 김일성, "당의 조직적 사상적 강화는 우리 승리의 기초"(1952. 12. 15), 『김일성저작집 제7권』, pp.413 – 414.

게 되며 효율적인 정책결정과 집행에 장애요인이 된다고 할 수 있겠다.

즉 연고주의(緣故主義) 관료문화는 혈연, 지연, 학연, '직연(職緣: 직업관계)' 등 일차 집단적 유대를 다른 사회적 관계보다 중요시하고 일차 집단 구성원으로서의 행동양식을 다른 사회관계에까지 확장 또는 투사하는 문화적 특성이다. 연고주의(nepotism)의 뿌리는 가족주의(家族主義)에 있다고 한다. 가족의 유대와 가족적 역할관계를 존중하는 행동양식이 다른 일차 집단적 관계로 파급되어 갔다는 것이다. 따라서 연고주의의 기본적 색채는 가족주의적인 것이라고 한다. 연고주의 문화의 특성은 귀속성, 정의성, 특수성, 산만성이 높은 문화이다. 잘 알고 친한 사람에게 특별배려를 해야 한다는 의리의식, 은혜를 갚아야 한다는 보은의식, 위계질서를 강조하는 서열의식은 연고주의에 연관된 것이다.[51)

그리고 가족주의(familism) 관료문화는 가족이나 출신지 또는 학교 등 제1차 집단을 토대로 한 파벌·분파주의를 뜻하는바, 이러한 가족주의 아래서는 가령 관료를 채용 또는 평가함에 있어서 능력이나 실력보다는 연고를 더 중요시한다.

가족주의는 가족은 물론 출생지, 본적지, 씨족집단, 출신학교 등의 제1차적 집단에 대한 충성심을 말한다. 혈연관계로 맺어진 가족에 대한 충성심은 가족이나 친지에 대한 충성심을 말하나 이것이 확대되면 출신지역이나 출신학교 등의 제1차적 집단에 대한 충성심

---

51) 오석홍, 『행정학』 (서울: 박영사, 2006), p. 175.

으로 나타나 사회 분열적 작용까지 하게 된다. 이러한 사회에서는 가족이나 확대된 형태의 가족은 정치·경제·사회 등 모든 공사의 생활에 있어서 기초적 행동단위가 되어 분열주의, 지역주의 및 귀속주의를 조장시키는 결과를 초래한다.[52]

무릇 정책결정에 있어서는 합리성이나 객관적 판단이 요구됨에도 불구하고 가족주의 아래서는 제1차 집단의 이익에 지나치게 치중하는 관계로 사회 전체의 이익을 등한시하게 되는 것도 사실이다.

이와 같은 가족주의에 입각한 관료문화는 공·사의 구별을 흐리게 하고 국가의 자원을 사유시하는 결과를 초래하며 국가의 인적·물적 자원은 능률이나 우선순위의 필요성에 따라 배분되어야 함에도 불구하고 관료의 개인적 선호에 따라 배분 또는 사용되는 경우도 적지 않다.

또한 조직 내의 파벌적 집단들은 서로가 자기 이익에 유리한 정책만을 채택하려고 애쓰는 까닭에 집단 간의 갈등이 발생하기 쉽고 나아가 조직의 목표를 파괴시키게 된다.[53]

파슨스(T. Parsons)가 지적한 바와 같이 관료들은 모든 시민에게 동일하게 적용되는 규범에 입각해서 행동해야 할 것인지, 아니면 자기가 맺고 있는 특수한 관계에 따라 행동해야 할 것인지, 딜레마에 빠지게 되는 경우가 허다하다.[54] 그러나 가족주의적 가치관이 내면

---

52) 백완기, 『한국의 행정문화』, p.38.
53) 백완기, "한국행정과정", 김운태 외, 『한국정치론』(서울: 박영사, 2002), p.852.
54) Talcott Parsons and Edward Shils, "Value, Motives and System of Action" in Parsons and Shils, eds., *Toward a General Theory of Action*(Cambridge, Mass: Harvard University Press, 1951), pp.81 - 82.

화됨에 따라 관료들은 흔히 규범보다는 특수한 연고관계에 따라 행동하기 쉽다는 것이다.[55]

북한은 '가정의 혁명화'를 위하여 정책적으로 가족주의를 지양하고자 하였으나, 원래 이념의 속성상 집합주의는 가족주의를 강화시킬 수 있다. 유교는 조선조 500년을 통해 한국인의 의식에 강하게 영향을 주었는데, 북한주민들이 공산화로 인하여 그러한 유교 이념에서 벗어나 새로운 이념을 가지게 되었는지는 의문이다. 일반적 기대에 따르면, 사회주의 혁명화로 인하여 성의 평등을 비롯해 새로운 이념화로 유교적 의식에서 벗어났을 것이라고 가정할 수 있다.

그러나, 북한의 공산주의 체제가 일반 사회주의체제와 달리, '어버이 수령'에서 보듯이 가부장적 특성을 가진 체제이므로 오히려 북한주민의 가부장적 의식을 포함한 가족주의가 여전히 강한 이념이 될 것으로 가정할 수 있다. 북한 사회의 폐쇄성이 그러한 가정을 더욱더 뒷받침한다.[56]

---

55) 신두범 · 오무근, 『행정학원론』, pp.707 – 708.
56) 이기춘 외, 『통일에 앞서 보는 북한의 가정생활문화』(서울: 서울대학교출판부, 2003), pp.54 – 55.

2. 권위주의와 형식 · 무사안일주의의 관료문화

1) 권위주의의 관료문화

권위주의(authoritarianism)적 행태란 지배와 복종의 관계에 기초해서 약자에게는 권력적 지배의 성향을 그리고 강자에게는 무비판적으로 복종하는 성향을 갖는 것을 일컫는다. 즉, 주민과의 관계에 있어서 가부장적, 권위적, 일방적, 하향적인 지배 · 복종을 나타내는 것을 의미한다.

김일성은 이에 대해, "당과 행정 일꾼들이 상부에서 아첨하고 하부에서 억압하는 자세로 세도를 부리고 있다."고 지적하면서 "당 일꾼들은 봉건제도 아래서 절대 다수의 인민대중을 억압하기 위한 반인민적 통치방법의 사용으로 당과 군중을 이탈시키는 행동을 한다."[57]고 말했다. 또한 "일부 일꾼들은 관료주의를 부리면서 안하무인격으로 행동하고 있으며 간부로 등용되면 마치 큰 벼슬이나 하는 것처럼 우쭐거리면서 틀을 차리기 좋아한다."[58]고 질책했다. 이 밖에도 그는 "인민 정권기관 일꾼들이 일제 강점기의 관리와 같이 행세하며 인민을 호령하고 있다."[59]고 하였다.

---

57) 김일성, "관료주의를 퇴치할 데 대하여"(1955. 4. 1), 『김일성저작집 제9권』, pp.270 - 272.

58) 김일성, "일꾼들 속에서 혁명성, 당성, 로동 계급성, 인민성을 높일 데 대하여"(정무원 책임일꾼들과 한 담화 1984년 3월 13일), 『김일성저작집 제38권』(평양: 조선로동당출판사, 1992), p.257.

59) 김일성, "현 계단에 있어서의 지방정권기관들의 임무와 역할"(도, 시, 군인민위원회위원장및당지도일꾼련석회의에서 한 연설 1952년 2월 1일), 『김일성저작집 제7권』(평양:

"포목생산기일을 중앙에서 3개월간으로 정하여 주었는데 기한 전 완납의 공을 세우기 위하여 도에서는 중앙에서 지정한 기일보다 20일간을 단축하였으며 군에서는 또 도 지정기일보다 20일간 단축 하였으며 면에서는 군 지정기일보다 20일, 이에서는 면 지정기일보 다 20일을 단축하다 보니 결국 실지로 생산하는 인민들에게는 90 일의 지정기일 중에서 10일밖에 남지 않았습니다. 인민들은 있는 힘을 다하여 노력하지만 10일간에는 도저히 계획을 실행할 수 없 습니다. 그러나 독촉은 심하고 하니 할 수 없이 어떤 농민들은 자 기의 딸이나 아들이 시집, 장가갈 때에 쓰려고 준비하여 두었던 포 목을 내어놓으며 그것도 없는 농민들은 시장에서 비싼 값으로 사서 내게 됩니다. 그러니 인민들이 불만을 품을 것은 당연한 일입니다.

이것은 군중이야 어떻게 되든지 간에 자기만 책임을 면하면 된 다는 식의 행동이며 또한 군중을 희생으로 하여 자기의 공명을 세 우려는 행동입니다. 포목생산운동은 좋은 운동인데 그것을 관료주 의적으로 하였기 때문에 결국 나쁜 영향을 주게 되었습니다.

이와 같이 일부 정권기관 일꾼들이 관료주의적으로 사업하기 때 문에 농민들의 불만이 생기는 것입니다."[60]

이와 같은 김일성의 언급으로 보아 북한 관료들은 상부기관이나 상급자의 명령에는 절대 복종하면서 일반 주민들에게는 강제하고 억압하며 군림하는 집단임을 알 수 있다.

한편 북한 관료들이 권위주의적 행태를 보이는 배경은 무엇인가 에 대해서 고찰해 보겠다.[61]

조선로동당출판사, 1980), p.36.

60) 김일성, "현 계단에 있어서의 지방정권기관들의 임무와 역할", p.40.

61) 김영수, 『북한의 정치문화: 「주체문화」와 전통정치문화』, pp.86 - 87.

무엇보다도 전통문화의 영향을 들 수 있다. 권위주의는 아시아 봉건문화의 핵심이며 한국 전통문화의 커다란 특색이다. 이것이 북한 관료문화의 형성에 결정적인 영향을 미치고 있는 것이다.

특히 북한의 경우, 공산화 과정에서 전통적인 봉건성을 씻어 내는 과도기로서의 혁명적 근대 시민사회 단계를 거치지 못하고 바로 북한 공산주의 사회로 이어졌다. 따라서 조선시대의 정치사회 구조가 일제 식민통치를 거치면서도 크게 바뀌지 않음으로써 1945년 해방 이후 북한 지도층이 물려받은 북한 사회는 시민혁명을 거치지 않음으로써 중앙집권적인 권위주의적 통치방식, 관료제의 경직성, 관존민비의 관념 등이 어느 정도까지는 그대로 잔존해 있었다. 특히 김일성이 이런 역사적·환경적 배경을 통치차원에서 적극 활용하여 사회주의 혁명수행과정에서 전통과의 무조건 단절을 추구한 것이 아니라 전통의 영향력을 긍정적으로 활용한 통치전략도 권위주의를 조장하는 데 크게 기여했다고 할 수 있다.

또한 북한의 관료들이 권위주의 문화를 형성하는 데 공산주의 이데올로기도 영향을 미친 것으로 보인다. 즉, 프롤레타리아독재론과 민주주의 중앙집권제 원칙에 입각하여 건설된 모든 공산주의 국가들은 거의 예외 없이 권위주의적 독재성향을 그 대표적 특징으로 하여 왔다. 북한은 이러한 공산주의 이데올로기의 속성이 전통의 봉건성과 상승적으로 결합하여 권위주의적 성향을 더욱 분명하게 드러낸 사례라고 할 수 있다.

즉 주체사상은 유교적 전통에 기초한 권위주의적 요소와 '사회주의적' 요소를 가지고 있는 것으로 볼 수 있다.62)

따라서 북한의 권위주의는 틀을 차리고 행세부터 하며, 말씨가 까다롭고 교만하게 행동하며, 자기의 직위를 타고난 벼슬자리처럼 생각하며, 자기 자신을 특수한 존재로 인정하고 틀만 차리며, 아랫 사람들의 사업을 옳게 지도하지 않고 되는대로 일하며, 세도를 쓰면서 호령하고 욕설하며, 행세하기 좋아하며, 직권을 남용하여 전횡을 부리며, 주관적 고집만 부리고 군중의 목소리를 들으려고도 하지 않으며, 제기되는 의견을 묵살해 버리며, 정탐식, 경찰식 방법으로 사업을 진행하며, 위협 공갈하고 되는대로 처벌하며, 아래 실정을 알지도 못하고 덮어놓고 내리먹이며, 지위를 이용하여 자기 자신의 잘못에 대한 다른 사람들의 비판을 억압한다는 것 등이다.

2) 형식·무사안일주의의 관료문화

북한의 정치사전에서는 형식주의(formalism)를 "모든 사업을 집행할 때 진리를 탐구하지 않고 문제를 신중히 분석하여 보지 않으며 사업을 치밀하게 조직하지 않고 기계적으로 조잡하게 처리하는 내용이 없고 겉치레만 하는 사업 작풍"이라고 설명한다. 김일성은 형식주의에 대해 "사업에 대하여 세심히 연구 분석하지 않으며 다른 동지들의 의견을 들어 보거나 또는 하부의 실정을 조사해 보고 문제를 옳게 해결할 대책을 세우는 것이 아니라 형식적으로 일을 해치우는 것"[63]이며 "사업에서 주인다운 태도가 부족하고 실속 없이

---

62) 김연각, 『김일성 주체사상에 관한 연구: 그 민족주의적 성격에 대한 비판적 분석』(서울대학교 대학원 박사학위논문, 1993), p.168.

63) 김일성, "관료주의를 퇴치할 데 대하여"(1955. 4. 1), 『김일성저작집 제9권』, p.272.

발라맞추는 식으로 일하는 것"[64]이라고 지적했다.

　　"당 사업에서 형식주의를 뿌리 뽑지 않고서는 우리 사업을 전진
시킬 수 없습니다. 형식주의자들은 당에서 지시하면 '네, 네' 하면
서 대답은 잘하지만 진심으로 그것을 받아들이지 않으며 겉으로는
당의 정책을 받드는 척하지만 실지에 있어서는 받들지 않습니다.
　　우리가 형식주의를 뿌리 뽑지 않고서는 아무리 훌륭한 정책을
내놓거나 결정을 채택해도 소용이 없습니다.
　　우리는 당 사업이나 행정경제 사업이나 할 것 없이 모든 사업에
서 형식주의를 철저히 뿌리 뽑기 위하여 완강하게 그리고 꾸준하게
투쟁하여야 하겠습니다."[65]

　　북한 언론매체에서도 주요 계기마다 "당사업에서 사소한 주관주
의나 형식주의 요소를 없애고 현실에 맞는 사상 사업을 벌여 나가
야 한다."[66]거나 "당내에 형식주의 등 이색사조의 만연으로 인한
소극적 사업태도로 효과를 거두지 못하고 있다."[67]고 강조하고 있
는 것을 보면 형식주의의 폐해를 심각하게 인식하고 있음을 알 수
있다.
　　북한 관료들의 행태에서 나타나는 형식주의는 red tape(繁文縟禮)

---

64) 김일성, "당 사업을 더욱 강화할 데 대하여"(당 조직일꾼 강습 참가자들에게 보낸 서
　　한 1974년 7월 31일), 『김일성저작선집 제7권』, p.93.
65) 김일성, "당 사업을 개선하여 당대표자회 결정을 관철할 데 대하여"(1967. 3. 17－24),
　　『김일성저작집 제21권』, p.182.
66) 『로동신문』, 1985. 11. 8.
67) 『로동신문』, 1987. 10. 10.

현상의 빈번한 발생으로 행정능률을 저하시키는 요인이 된다.

형식주의에는 형식적으로 일을 처리하거나 일을 망탕 처리하며, 자신의 확고한 주견이 없이 맹목적으로 남이 하는 대로 따라가며, 이미 만들어진 틀과 일반적인 공식에 기계적으로 맞추려는 등 도식주의, 사대주의, 교조주의에 관한 표현들이 대부분이다.

즉 형식주의(形式主義: formalism) 관료문화는 외형(공식적인 것·선언된 것)과 내실(비공식적인 것·실제적인 것)이 괴리되는 문화적 특성이다. 내실보다는 외형과 형식에 더 치중한다는 의미가 함축되어 있다. 형식주의적으로 선언된 가치는 '헛된 말'로서의 가치에 불과하다.[68]

북한은 정권수립 이후 줄곧 김일성에 대한 신격화로 그의 카리스마적 권위를 높여 왔으며, 김일성 사후에도 유훈통치를 하면서 김정일 후계체계의 공고화를 위해 김정일에 대한 신격화 운동이 강화되고 있다. 북한은 이처럼 카리스마적 존재로 부각된 두 지도자에게 관료들은 전적으로 위탁함으로써 안일을 누리고자 하는 것이 오늘날 북한 관료사회의 현실이다. 어떻든 이러한 무사안일주의를 추구하는 관료들의 경향은 그들 관료제의 발전을 저해하는 하나의 큰 요인이란 점에 문제가 있다.

김일성은 관료들의 무사안일적 행태에 대해 "일을 주인답게 혁명적으로 하지 않고 소극적이고 보신적으로 요령을 피우며 무책임하게 하고 있다."[69]고 하면서 "위에 앉았다고 틀만 차리고 자기 사업

---

68) 오석홍, 『행정학』, p.175.

69) 김일성, "당사업을 더욱 강화할 데 대하여"(당 조직일꾼 강습참가자들에게 보낸 서한

을 세밀히 연구하지 않고 자기 사업에 대하여 진실하게 노력하지 않으며 자기 사업을 당과 국가 앞에서 책임적으로 집행하지 않는 현상"70)이라고 비난했다.

북한 언론매체들도 "혁명의 지휘성원들에게는 사소한 자만이나 안일, 해이도 있을 수 없다."71), "일꾼들은 일에서 깊이 파고들지 않으며 한 가지 문제를 알아도 똑똑하게 구체적으로 알려고 하지 않고 그저 겉만 핥고 있다."72), 그리고 "당 일꾼들은 안일, 해이하지 말고 끓어 넘치는 패기와 열정을 지녀야 한다."73)고 강조하면서 관료들의 솔선수범을 수시로 역설74)하고 있다.

하지만 관료들의 참신한 정책대안이 받아들여지기는 힘들며, 잘못하면 반혁명분자 내지 사회주의 배신자로 낙인찍히는 북한체제의 경직성을 감안할 때 관료들의 무사안일적 행태는 필연적이라고 할 수 있겠다.

이와 같이 무사안일주의(현상유지주의)는 적극적으로 새로운 일, 조언, 결정 등을 하지 않고 선례에 따르거나 상관의 지시에 무조건

1974년 7월 31일), 『김일성저작집 제29권』(평양: 조선로동당출판사, 1985), pp.375 - 376.

70) 김일성, "관료주의를 퇴치할 데 대하여"(조선로동당중앙위원회 전원회의에서 한 보고 1955년 4월 1일), 『김일성저작선집 제1권』(평양 조선로동당출판사, 1967), p.521.

71) 『로동신문』, 1986. 8. 13.

72) 『로동신문』, 1985. 2. 14.

73) 『로동신문』, 1987. 10. 7.

74) 1994. 3. 31 김일성은 당세포 비서 대회 축하문에서 "당세포 비서들은 투쟁의 앞장에 서서 애로와 난관을 극복하고 돌파구를 열어 젖혀야 하며 이신작칙의 모범으로 대중을 감화하고 이끌어 나가야 한다."고 주장했다. 『로동신문』, 1994. 3. 31.

영합하여 소극적으로 행동하는 의식을 의미한다. 그리하여 어떤 변동이나 개혁을 싫어하고 현상유지하려는 인습을 말한다. 무사안일주의 의식은 특히 조선시대 당쟁과 파벌의 와중에서 순간의 실수로 인해 자신뿐만 아니라 일족 등 친족까지 파멸을 당하는 상황에서 형성된 것으로 볼 수 있다. 그리하여 "모난 돌이 정 맞는다." 또는 "둥글둥글 적당히 모나지 않게 처신"할 것을 강조한다는 점에서 적당주의라고도 할 수 있다.[75]

제3절 주체 모순적 관료문화

1. 수령절대주의 관료문화

북한에서 수령은 혁명적 수령관에 의해서 절대적인 존재로 설정된다. 혁명적 수령관은 "수령을 절대화하고 무조건 받드는 견해와 관점, 자세와 입장"[76]을 그 본질로 삼게 된다. 이를 통해서 혁명적 수령관은 혁명의 주체는 수령 – 당 – 대중의 통일체라는 선언적인 명제 위에 수령에 대한 충실성＝당에 대한 충실성＝인민에 대한 충실성이라는 단순논법을 만들어 내고 실제 정치과정에서는 수령에 대한 충실성을 일방적으로 강조할 수 있는 논리구조를 마련하고 있다.[77]

---

75) 유완빈·김병진·박병련, "해방 후 한국 정치문화와 행정문화의 관계", p.22.
76) 『철학사전』(1985), p.602.

이것은 '수령의 유일적 영도제'로서 당의 절대성보다는 수령의 절대성이 강조되고 있는 것이다. 이와 같은 북한의 수령중심체제는 모든 권위의 원천을 수령 1인으로 한정하고 있는 점에서 다른 공산국가들이 당을 지배권위의 원천으로 보는 것과는 다르다고 볼 수 있다.

북한 관료체제 내에서는 김일성 교시, 김정일 교시를 무조건적·절대적으로 신봉하게 함으로써 관료들은 이를 철저히 준수하는 것만이 충성을 다하는 것이라는 심리가 작용하여 규범 속에서 자기를 방어하려는 방어기제(defense mechanism)가 발생하게 된다.[78] 결국 수단으로 간주되었던 규제, 규범, 지시 등에 대한 준수가 충성을 통한 정책관철이라는 목적으로 전환되고 있다.

즉, "수령의 교시를 무조건 관철하겠다는 정치적 자각이 높으면 어떠한 어려운 일도 해낼 수 있다."[79]는 김일성의 교시가 이를 실증해 주고 있다. 또한 "당중앙의 영도 밑에 한결같이 움직이는 규율과 질서를 확립하여야 한다."[80], "수령과 중앙당, 그리고 당의 명령을 무조건적으로 추종하는 대중적 영웅주의를 발휘해야 한다."[81], "당과 수령에 대한 충실성은 수령의 혁명 사상으로 무장하여 그 요구대로 사고하고 행동하며, 당의 노선과 정책을 관철하는 데서 표현된다."[82]라고 역설하고 있다.

---

77) 이종석, 『조선로동당연구』, p.103.
78) Yoo Ki–Hong, *A Study of North Korea Communism as Related to the Rise of Kim Il Sung*(Michigan: The American University, 1969), pp.183–185.
79) 『로동신문』, 1985. 2. 2.
80) 『로동신문』, 1986. 1. 2.
81) 『로동신문』, 1988. 11. 24.

김일성과 그의 사상에 대한 절대적 충실성은 '유일사상체계 확립의 10대 원칙'[83]에도 잘 나타나 있다. 즉, "김일성 동지의 권위를 절대화하여야 한다.", "김일성 동지의 혁명 사상을 신념으로 삼고 수령의 교시를 신조화하여야 한다.", "김일성 동지의 교시 집행에서 무조건성의 원칙을 철저히 지켜야 한다."라고 함으로써 김일성에 대한 무조건적인 충성을 맹세하고 김일성 사상의 절대화를 요구하고 있다.

> "수령님을 높이 우러러 모시며 절대화, 신조화, 무조건성의 원칙을 지키는 것, 이것은 수령님에 대한 충실성의 기본요구, 기본척도이며 수령님께 충직한 혁명전사, 참다운 김일성 주의자의 가장 기본적인 품성입니다."[84]

이와 같은 수령절대주의에서의 관료문화는 폐쇄화를 더욱 촉진시키고 있으며, 김일성·김정일 교시의 관철이나 무조건성·절대성은 관료주의적 인간을 만들고 창의력과 혁신성을 말살시키는 결과를 초래하고 있다.

---

82) 『민주조선』, 1986. 2. 8.

83) 김정일, "전당과 온 사회에 유일사상체계를 더욱 튼튼히 세우자."(중앙 당 및 국가, 경제기관, 근로단체, 인민무력, 사회안전, 과학, 교육, 문화예술, 출판보도부문 일꾼들 앞에서 한 연설 1974년 4월 14일), 『주체혁명위업의 완성을 위하여 제3권』(평양: 조선로동당출판사, 1987), pp.107 – 118.

84) 김정일, "온 사회를 김일성주의화하기 위한 당사상사업의 당면한 몇 가지 과업에 대하여"(전당선전일꾼강습회에서 한 결론 1974년 2월 19일), 『주체혁명위업의 완성을 위하여 제3권』(평양: 조선로동당출판사, 1987), p.15.

2. 이기·기관본위주의의 관료문화

사회주의의 행정 - 명령경제체제는 구조적인 결함을 내포하고 있었다. 기업과 노동자들은 보다 적은 계획생산량을 할당받으려 노력했고, 반대로 보다 많은 원료와 장려금을 받으려고 노력했다. 경쟁체제가 없는 상태에서 사회주의 기업들은 과학 - 기술적인 진보에 대해서 거의 무감각했다. 생산원료가 부족했음에도 불구하고 각 기업들의 원료은폐와 비효율성으로 낭비적인 경제메커니즘이 형성되었다. 소비자개념이 무시된 공급자 위주의 경제체제는 기업들이 생산품의 품질을 향상시키는 능력을 원천적으로 봉쇄했다. 또한 사회주의 경제의 발전과정에서 형성된 방만한 경제체제는 밀도 있는 집중체제로 전환되지 못했다. 이러한 모든 사실은 사회주의 경제체제가 생산의 효율성에 대해서 거의 전적으로 무관심했다는 사실을 의미했다.[85]

북한 사회주의 경제체제는 경제적 효율성을 높이기 위해 이론적·형식적 차원에서 다양한 원리, 원칙, 제도, 조치 등을 강구하였지만, 생산수단의 사회적 소유에 기초한 중앙집권적 명령계획경제를 유지함으로써 현실적으로는 관료적 독재의 폐해로부터 벗어나지 못

---

85) 중앙집권적 행정 - 명령경제체제는 각 기업이 직접적으로 경제효율성 제고에 관심을 가지는 것을 방해했고, 이에 따른 위험부담을 감수하는 것을 막았다. 따라서 사회주의의 기업 지도자들은 새로운 가능성과 변화보다는 현상유지적인 안위를 택했다. 사회주의의 기업지도자들은 명령의 수행과 계획의 달성이라는 측면에서 기업가라기보다는 오히려 관료들에 가까웠다. 이들은 관료주의의 특성을 지닌 현상유지적인 동조형의 산업지도자들일 뿐이었다. 조한범, "북한 사회주의체제의 성격연구: 비교사회주의론적 접근", 『통일정책연구』 제11권 2호(서울: 통일연구원, 2002), p.130.

하였다. 무엇보다도 사회주의 경제체제는 개별 생산단위에서 발생하는 자원의 낭비 문제를 해결할 수 있는 방법을 갖고 있지 못했다. 사회주의적 노력경쟁에도 불구하고 물질적 자극의 부족으로 인민대중의 노동의욕과 자발성은 하락하였으며, 계획의 작성 및 집행(또는 명령·지시와 실행·보고)에서 정보의 왜곡이 발생하였다. 수령에 의한 유일지배와 현지지도가 강화됨으로써, 계획성보다는 임의성이 경제영역을 지배하게 되었다(계획경제의 무계획성). 시간이 지나면서 사회주의 경제체제가 갖는 장점이 소진되고 관료적 독재의 폐해가 표출되면서, 중앙집권적 명령계획경제의 한계는 북한 경제를 물자부족과 장기침체의 상태(부족의 경제)로 밀어 넣었다.[86]

이와 같이 주체의 계획경제를 수행하는 위계적인 관료제 자체의 문제로 발생하는 '계획의 무정부성'은 북한이 지속적으로 비판해 온 이기 및 기관본위주의 문제로 나타날 수밖에 없다.

대표적으로 '기관본위주의' 현상을 들 수 있는데, 이는 "당적, 국가적 입장을 떠나서 자기 기관, 기업소의 일시적 이익만을 생각하면서 국가계획과제 수행에서 기관, 기업소 호상 간의 연계와 협조를 거부하거나 등한히 하며 협동생산에 잘 응하려 하지 않으며 자재와 설비를 사장해 두고도 그것을 필요로 하는 기관, 기업소에 넘겨주지 않는" 것을 의미하며, "자기의 '공명'과 '명예', '출세'를 위하여 다른 사람, 다른 기관의 이익을 거리낌 없이 침범하는"[87] 것을 말한

---

86) 박순성, "북한의 사회주의 경제체제와 자립적 민족경제건설노선", 박재규 편, 『새로운 북한읽기를 위하여』(서울: 법문사, 2004), p.133.
87) 『정치사전』(1985년 판).

다. 즉 기관의 이해가 국가이익을 압도하는 것을 말한다.[88]

또한 이기주의에는 공명주의와 지위 욕에 눈이 어두워 자기 자신만 상부에 잘 보이면 된다고 생각하며, 출세를 위하여 무엇이든지 서슴지 않고 감행하며, 하지도 않은 일을 했다고 하며, 할 수 없는 것도 할 수 있다고 거짓 보고하며, 상부에는 아첨하고 하부에 대하여는 억압하며, 개인 생활에만 눈이 어두우며, 남이 해 놓은 일을 자기의 공로로 자랑하며, 어떤 먹을 기회만 엿보는 등 북한에서는 이러한 공명주의, 출세주의, 기회주의와 이기주의에 주관주의, 독단주의, 자유주의 등을 포함시키고 있다.[89]

김일성은 "이기주의란 남이야 어떻게 되든지 자기만 잘 살겠다는 사상"이라며, 이기주의사상을 버리지 않고는 공산주의자로 될 수 없으며 혁명가도 될 수 없다고 하였다. 특히 "사회주의사회에서 이기주의 사상은 우리의 생활과 근본적으로 어긋나며, 지금 우리는 착취자들을 위하여 일하는 것이 아니라 자기 자신과 자기 나라와 자기 사회를 위하여 일하고 있으므로 이런 사회에서 자기의 것만 보호하고 나라와 집단의 것은 다 못쓰게 되어도 좋다고 생각하는 이기주의 사상을 허용할 수 없다."고 지적했다.[90]

---

88) 홍민, "북한의 시장교환과 사회적 관계의 동학", 『북핵 사태와 한반도의 진로』, 2006년 북한연구학회 동계학술회의 발표논문집(서울: 북한연구학회, 2006. 12. 14), pp.361 – 362.

89) 이강래, 『북한관료제의 성격과 변화과정에 관한 연구: Max Weber의 관료제 이론을 중심으로』, pp.93 – 94.

90) 김일성, "자녀교양에서 어머니들의 임무"(전국 어머니대회에서 한 연설 1961년 11월 16일), 『김일성저작선집 제3권』(평양: 조선로동당출판사, 1968), pp.213 – 214.

"기관본위주의는 이기주의의 변종이며 자본주의사상의 표현입니다. 이기주의가 개인의 범위를 벗어나 기관의 범위에까지 자라난 것이 곧 기관본위주의입니다."[91]

"기관본위주의는 모든 사업을 처리함에 있어서 국가적, 사회적 이익보다도 협소한 자기 기관, 기업소의 이익을 앞세우는 사상관점과 태도이다. 기관본위주의는 계급적 대립과 충돌이 사회관계의 기본을 이루며 생산수단이 사적소유에 기초하고 있는 착취사회의 산물이다. 그러나 그것은 인민이 주권과 생산수단의 주인으로 되고 있는 새 사회, 사회주의사회에서도 낡은 사상 잔재로서 일정하게 남아 있게 된다. 사회주의사회에서 기관본위주의는 당과 국가의 입장을 떠나서 자기 기관의 이익만을 생각하고 국가계획과 제 수행에서 기관호상 간의 연계와 협조를 거부하며 협동적 생산 활동에 응하지 않고 그 의무를 충실히 실행하려 하지 않으며 자재와 물자를 사장해 놓고도 그것을 필요한 기관에 돌리려고 하지 않으며 개인의 공명을 생각하고 자기 기관의 '위신'과 '명예'만을 내세우려는 현상 등에서 표현된다."[92]

다시 말해 위계적인 관료제에서 중하위 단위의 이익은 최상급단위의 이익과 반드시 일치하지 않음을 보여 주고 있는 것이다. 즉 내각-성-연합기업소-기업소 사이에서 서로의 이익이 다르다는 것이다. 당-국가가 요구하는 전체 이익과 기업소의 지배인 또는

---

91) 김일성, "교통운수의 긴장성을 풀데 대하여"(조선로동당중앙위원회 제4기 제18차 전원회의 확대회의에서 한 결론 1968년 11월 16일), 『김일성저작집 제23권』(평양: 조선로동당출판사, 1983), p.176.

92) 『정치사전』(1973), p.120.

노동자들의 물질적 관심이 서로 다르기 때문에 그들은 중앙의 요구와 다른 행위를 하게 된다. 그리고 개별 공장, 기업소의 정보는 그 조직의 관리인이 장악하고 있으며, 이러한 독점적 정보를 수단으로 중앙의 통제로부터 일정 정도의 자율성으로 확보할 수 있게 된다.

공장·기업소 등 생산단위 입장에서는 중앙에 의해 산출량과 투입량 및 임금 등이 제시되기 때문에 기업운용이 경직되고 요소 간의 대체나 즉각적인 조정을 하지 못하게 된다. 또한 노동자들에게 적절한 인센티브를 부여하지 못해 주어진 자원으로부터 산출량의 극대화를 이루기도 힘들다. 그리고 자본주의에서와 달리 생산단위들의 지출이 예산제약을 초과했을지라도 파산하지 않고 국가의 보조금을 통해 생존해 나갈 수 있다.93) 이와 같은 이유로 생산단위에서 중요한 것은 소비자의 만족도가 아니다. 따라서 각 생산단위에서는 계획의 완수 및 초과 달성을 위해 생산능력을 숨기고 더 많은 자재와 노동력, 재정적 보조금, 그리고 보다 완화된 계획을 부여받으려는 경향을 보이는 것이다. 다시 말해 기업의 생존과 확장이 자재와 노동력, 재정적 보조금의 확보와 보다 적은 책임 할당량을 부여받는 것에 달려 있다는 것이다. 결국 이 과정에서 관료적 조정과 흥정의 틀이 형성되고 있는 것이다.

---

93) 코르나이(J. Kornai)는 이를 연성예산제약(Soft – Budget – Constraint)으로 설명한다. 자본주의체제에서는 경성예산제약(Hard – Budget – Constraint)으로 기업의 지출이 예산제약을 초과했을 때 그 기업은 파산한다. 이에 반해 사회주의에서 기업은 지출이 수입을 초과했을 때도 기업은 파산하지 않고 국가의 보조금을 통해 계속 생존한다. Janos Kornai, *The Socialist System: The Political Economy of Communism*(Princeton New Jersey: Princeton University Press, 1992), pp.140 – 145.

이기 및 기관본위주의는 수직적 구조에서뿐만 아니라 수평적 구조에서도 발생한다. 다시 말해 경제 관련 부서들은 경제계획의 작성, 수행과정에서 실패의 책임을 면하기 위해 되도록이면 적은 계획할당량을 받고, 계획에 비해 더 많은 예산을 확보하려고 하기 때문이다. 그들에게 국가차원에서의 경제적 일반이익 실현은 부차적인 것이 되는 것이다. 따라서 이 과정에서도 관료적 조정과 흥정, 그리고 담합이 발생하게 된다. 결국 북한이 계획경제 시스템 자체를 유지하는 한 그들이 비판하고 극복하려는 이기 및 기관본위주의 현상은 지속될 수밖에 없는 것이다.[94]

3. 기술신비주의의 관료문화

기술신비주의는 과학 기술과 물질 기술적 조건을 우상화하는 것으로, 소극성과 보수주의는 과학과 기술을 신비화하고 과학과 기술을 과학자와 기술자들이나 하는 것으로 생각하는 것으로 비판되었다. 행정 관료와 관리 기술자들이 자신의 소극성과 보수주의를 옹호하기 위한 방어용 무기로 활용한 것은 '기술신비주의', 즉 기술 전문성이었다. 때문에 기술신비주의 역시 1958년 이후 집중적으로 비판되었다.[95]

---

94) 김갑식 · 이무철, "북한 내각의 경제적 역할과 당정관계", 경남대학교극동문제연구소, 『한국과 국제정치』 제22권 제3호 2006년 가을(서울: 경남대학교 출판부, 2006), pp.128 -129; 이무철, "북한의 국가경제기관", 세종연구소 북한연구센터 엮음, 『북한의 당 · 국가기구 · 군대』(서울: 한울아카데미, 2007), p.322.

95) 김경현, "노동자들은 기술신비주의를 어떻게 분쇄하고 있는가.", 『근로자』 1958년 제10

"보수주의자들은 공업이 신비하다, 과학이 신비하다, 기술이 신비하다, 기계가 신비하다고 합니다. 이와 같이 모든 것이 다 신비하다고 하는 것은 결국 '귀신'만이 안다는 것입니다. 보통사람들은 알 수 없으며 자기만이 과학도 공업도 기술도 '귀신'처럼 안다는 것입니다."96)

　　기술신비주의는 "근로자들은 기술을 알 수 없으며 오직 '특별한 지식'을 가진 전문가나 기술자들만이 기술을 안다는 자본주의사상이다. 기술신비주의의 사회경제적 기초는 생산수단에 대한 사자본주의적 소유이다. 자본주의사회에서는 돈 많은 자본가들의 자식들만이 기술을 배울 수 있었고 광범한 근로자들은 기술을 배울 수 없었다. 자본가들은 근로자들을 몽매와 무지 속에서 계속 착취하려는 도구의 하나로 기술에 대한 신비주의를 조성시켰다. 사회주의사회는 기술에 대한 신비주의를 낳는 사회경제적 기초를 청산하였다. 그러나 기술신비주의는 낡은 자본주의 사상 잔재의 형태로 보수주의자들 속에 일정한 정도 계속 남아 있게 된다. 기술신비주의는 근로자들 속에서 소극성과 보주주의를 조장하며 새로운 창의고안을 무시하며 낡은 기술과 '공칭능력'으로 발전하는 현실을 재려고 하며 낡은 사상관점으로 전진하는 현실을 보려고 하기 때문에 대중의 창발성을 억누르며 전진운동을 가로막는다. 그러므로 기술신비주의를 반대하여 투쟁하는 것은 기술을 발전시키고 대중적인 집단적 혁신운동을

　　호, p.69; 황영종, "보수주의와 투쟁하자.", pp.105 – 106.

96) 김일성, "사회주의건설에서 소극성과 보수주의를 반대하여"(1958. 9. 16), 『김일성저작선집 제2권』, p.241.

일으켜 경제발전의 높은 속도를 이룩하는 데서 중요한 의의를 가진다. 기술신비주의를 없애기 위하여서는 온갖 낡은 사상 잔재를 뿌리 뽑고 대담하게 연구하고 대담하게 실천하는 것이 중요하다."97)라고 하고 있다.

앞서 살펴본 바와 같이 천리마운동은 사회주의건설에서 소극성과 보수주의 등 부정적 관료문화를 타파하고 사상혁명과 기술혁명을 수행했다는 점이다. 이는 자본주의사상과 일본제국주의 사상의 잔재를 제거함으로써 사상혁명과 기술신비주의를 극복하고 전체 인민대중들 속에서 집단적 생산혁신운동이 전개되었다는 것이다. 1958년 9월 16일 전국 생산혁신자 대회에서 한 연설에서 김일성은 "혁신운동에서는 보수적이고 신비적이고 낡은 것의 방해를 물리치는 것이 중요하다."98)고 하였다. 따라서 기술신비주의의 극복은 사회주의건설에서 일제식민지 잔재를 완전히 해소하고 이들이 공장, 기업소 등에서 노동자, 농민들과 함께 집단적 창발성이 일어났다는 집단주의 운동이다.

그러나 이러한 집단적 혁신운동도 구조적인 관료문화의 모순을 극복할 수는 없었다.

"기술혁명을 힘 있게 밀고 나가기 위하여서는 무엇보다 먼저 기술혁명수행에서 장애로 되는 보수주의, 사대주의, 기술신비주의, 경

---

97) 『정치용어사전』(1970), pp.84 – 85.

98) 김일성, "사회주의건설에서 소극성과 보수주의를 반대하여"(1958. 9. 16), 『김일성저작선집 제2권』, pp.238 – 246.

험주의를 없애야 합니다. 기술혁명도 하나의 혁명인 만큼 기술발전
을 가로막는 보수주의, 사대주의, 기술신비주의, 경험주의와의 투쟁
이 없이는 성과적으로 추진될 수 없습니다. 보수주의, 사대주의, 기
술신비주의, 경험주의는 우리 당의 주체사상과 아무런 인연도 없으
며 그것은 주체사상과 절대로 양립할 수 없는 나쁜 사상입니다. 오
늘 기술혁명을 밀고 나가는 데서 가장 큰 장애로 되는 것은 사대
주의와 기술에 대한 신비주의입니다. 일꾼들의 머릿속에 사대주의
와 기술에 대한 신비주의가 많다 보니 새로운 기계들을 대담하게
만들어 내지 못하고 있습니다."99)

김일성은 "사상동원사업을 잘하여 노동계급의 자각적 열성과 창
의 창발성을 높이 발양시켜야 기술혁신이 일어나고 생산이 정상화
될 수 있으며, 보수주의, 소극성, 기술신비주의와 투쟁하고 기술혁
신운동에 노동계급을 적극 불러일으킨다면 생산을 정상화하기 위한
투쟁에서 반드시 성과를 거둘 수 있다."100)고 했다.

또한 "노동자들과 과학자, 기술자들은 기술발전을 가로막는 기술
신비주의, 보수주의, 경험주의를 반대하여 적극 투쟁하여야 하며 기
술을 개조하는 데서 대담하게 생각하고 대담하게 실천하여야 한다
."101)고 하였다.

99) 김일성, "사상혁명, 기술혁명, 문화혁명을 더욱 힘있게 다그치자."(조선로동당중앙위원
   회 정치위원회 강서 확대회의에서 한 결론 1973년 3월 14일), 『김일성저작집 제28권』
   (평양: 조선로동당출판사, 1984), pp.289 - 290.
100) 김일성, "사상혁명, 기술혁명, 문화혁명 수행에서 남포시 당조직들앞에나서는 과업에
   대하여"(남포시 당위원회 전원회의에서 한 연설 1973년 3월 5일), 『김일성저작집 제
   28권』(평양: 조선로동당출판사, 1984), p.263.
101) 김일성, "로동계급은 온 사회를 주체사상화하는 투쟁에서 핵심부대가 되자."(조선직업

이와 같이 기술신비주의는 소극성, 보수주의, 사대주의, 경험주의 등과 함께 비판되었으나 창의성을 근본적으로 말살하는 주체사상과 계획경제 시스템의 유지는 기술신비주 관료문화가 모순의 주체문화와 양립하여 지속될 수밖에 없었다.

이상에서 살펴본 바와 같이 '주체의 관료문화'는 주체사상이 내재된 북한의 일원적 관료체제와 그 체제를 지탱하는 관료문화이다. '주체의 관료문화'는 속성상 주체 기능적 관료문화, 주체 역기능적 관료문화, 주체 모순적 관료문화로 분류할 수 있다.

북한의 수령체제는 개인주의와 조직이기주의, 개인적인 안면 정실 관계 등에 바탕하여 개별적 이익을 추구하며 당 정책과 국가 계획의 수립과 집행에서 차질과 혼란을 가져오는 중간 관료 조직의 관료적 제약 등 지도와 대중의 비조직적인 개별적 행동을 극복하고 지도의 유일성과 행동의 통일성을 보장하기 위한 것이었다.102) 이는 무조건성·절대성의 수령절대주의로 귀결된다.

수령체제에서의 집단주의·군중노선은 사회주의체제 건설을 위한 집단적 동원과 군중운동에는 유리하지만(주체 기능적 관료문화), 개인의 개성과 창발성에 기초한 생산력의 향상이라는 측면에서는 문제점(주체 역기능적 관료문화)을 가지고 있었다. 연성예산제약 등 사회주의 행정 – 명령경제체제의 구조적인 결함은 개인주의, 이기·기관본위주의(주체 모순적 관료문화) 등에 항상적으로 문제가 되고

———————

　　총동맹 제6차 대회에서 한 연설 1981년 11월 30일), 『김일성저작집 제36권』(평양: 조선로동당출판사, 1990), p.335.

102) 이태섭, 『김일성 리더십연구』(서울: 들녘, 2000), p.493.

있는 것처럼, 북한 역시 이러한 한계에서 자유롭지 못했다. 특히, 사상에서의 창조성의 불허는 자유로운 사고발전을 가로막았으며, 이를 위한 조직적인 통제는 관료주의를 강화시키는 결과를 가져왔다.

따라서 창의성을 근본적으로 말살하는 주체사상과 계획경제 시스템의 유지는 주체 역기능적 관료문화와 주체 모순적 관료문화가 지속될 수밖에 없었다.

제5장   북한 관료문화의 지속과 변화 전망

북한에 있어 1990년대는 그 어느 때보다도 위기의 시기였다. 북한주민의 정신적 지주인 김일성이 사망했고 북한체제의 생존을 위협하는 식량난, 에너지난, 외화난, 자원난이 가중되었기 때문이다.

1990년대 이래 북한은 사회주의권 해체, 김일성 사망, 자연재해 등이 복합적으로 어우러져 빚어낸 대내외적 정치·경제적 위기 상황이 지속되는 가운데 대단히 힘겨운 국가적 존속의 길을 밟아 왔다. 이 노정의 이면에는 계획경제의 파탄과 식량배급제의 와해에 따른 이른바 '고난의 행군' 시기 주민의 대규모 아사와 국외 탈주라는 참변이 도사리고 있었다.[1]

1995년부터 거듭된 자연재해는 그동안 북한 사회에 축적되어 온 온갖 사회경제적 모순과 약점을 일시에 수면 위로 드러냈다. 국가경제와 식량배급 제도가 불안정해지고 아사자가 발생했으며 관료들의 생활방식은 '각자가 알아서 삶을 개척하는' 자본주의 생활방식으로 전환되기 시작했다. 암시장과 사적경제가 확산되고 권력층으로부터 일반주민들에 이르기까지 생존을 위한 불법행위와 부정부패가 만연하고, 당의 사회통제기능이 마비되고 사회전체가 무정부상태에 처하

---

[1] 최봉대·구갑우, "북한의 도시 '장마당' 활성화와 동학", 최완규 엮음, 『북한 도시의 위기와 변화: 1990년대 청진, 신의주, 혜산』, p.105.

였으며,[2] 관료들의 불만은 체제의 존립을 위협할 수 있는 수위로 고조[3]되었다는 평가를 받을 만한 상황에 처했다. 결국 김일성의 '3년 상'은 북한 스스로 가장 준엄한 시기라고 평가한 '제2의 고난의 행군'으로 치러지지 않을 수 없게 되었다.[4]

이에 김정일은 김일성에 대한 관료들의 흠모의 정을 이용하여 '유훈교시'[5]나 '혁명선배에 대한 의리'[6] 등을 강조하면서 김일성에

---

2) 김정일은 1996년 12월 7일 김일성종합대학 방문 후 간부들에게 "지금 도, 시, 군당 책임비서나 공장, 기업소 당 비서, 이당 비서들은 인민들의 생활에서 걸리고 있는 식량문제를 직접 책임지고 풀 생각을 하는 것이 아니라 자체로 해결하라고 하니 숱한 사람들이 쌀을 구하러 떠돌아다닐 수밖에 없습니다. …… 식량문제를 자체로 해결하라고 하면 농민시장과 장사꾼만 번성하게 되고 사람들 속에 이기주의가 조장되어 당의 계급진지가 무너질 수 있습니다. 그렇게 되면 당이 대중적 기반을 잃고 녹아날 수 있습니다. 오늘 식량문제로 하여 무정부상태가 조정되고 있는 데는 정무원을 비롯한 행정경제기관 일꾼들에게 책임이 있지만 당 일꾼들에게도 문제가 있습니다."라고 위기의식을 드러냈다. 김정일, "우리는 지금 식량 때문에 무정부상태가 되고 있다."(1996년 12월 7일), 『월간조선』, 1997년 4월호, p.307.

3) 이는 김정일이 "오늘 우리 당 안에 반당반혁명종파분자들은 없지만 당 조직들이 맥을 추지 못하고 당사업이 잘되지 않다 보니 사회주의건설에서 적지 않은 혼란이 조성되고 있습니다. …… 당 일꾼들이 지금처럼 일하면 앞으로 해방 직후에 일어났던 신의주학생사건과 같은 사건이 다시 일어나지 않는다고 담보할 수 없습니다. …… 지난 조국해방전쟁시기 당중앙위원회가 제구실을 하지 못하여 수령님을 도와드리지 못하였는데 잘못하면 오늘의 당중앙위원회도 그때의 중앙당과 같이 될 수 있습니다. …… 당중앙위원회 책임일꾼들이 일을 책임적으로 잘하지 못하면 중앙당이 '노인당', '송장당'이 될 수 있습니다."라고 우려한 것을 통해 알 수 있다. 김정일, "우리는 지금 식량사정 때문에 무정부상태가 되고 있다.", 『월간조선』, pp.308 – 316.

4) 현성일, 『북한의 국가전략과 간부정책의 변화에 관한 연구』(경남대학교 대학원 박사학위논문, 2006), p.162 재인용.

5) "위대한 수령 김일성 동지의 유훈교시를 철저히 관철하자.", 『로동신문』, 1995. 7. 6. "모든 부문에서 위대한 수령 김일성동지의 유훈교시 관철을 위한 투쟁을 힘있게 벌리자.", 『로동신문』, 1996. 3. 11.

6) 김정일, "혁명선배를 존대하는 것은 혁명가의 숭고한 도덕의리이다."(조선로동당중앙위원회 기관지 『로동신문』에 발표한 담화 1995년 12월 25일), 『김정일선집 제14권』(평양: 조선로동당출판사, 2000); 여기에서 혁명적 의리는 "영도자의 은덕을 언제나 잊지 않고

대한 감정을 최대한 이용하는 동시에 자신이 김일성의 뜻을 가장 잘 떠받든다는 인상을 주려고 노력했다.

그러나 정치적 통제수단으로 권력행사의 지렛대로 활용되었던 배급제와 자재공급체계의 불안정성은 북한의 사회주의적 지배구조의 제도적 기반을 약화시킬 수밖에 없었다.

특히 경제난 이후 북한 사회에서 나타나고 있는 관료들의 규율약화 현상은 한편으로는 사회질서의 변화로 인한 규범과 가치관의 혼돈을 반영하고 있는 것이고, 한편으로는 법을 어기지 않고는 생계를 유지하기 쉽지 않은 생활조건의 피폐화로 인한 것이다.

그럼에도 불구하고 사회질서의 수호자, 체제수호의 마지막 보루, 일원적 당–국가체제의 주체로서의 관료의 역할과 지위는 여전히 북한 사회를 지탱하는 한 축을 담당하고 있다. 체제가 없으면 관료도 없다는 위기의식은 관료들의 다양한 일탈적 관료문화의 변화양상에도 불구하고 '일탈 속 현상유지'라는 이중적 경향성을 보여 주고 있다.

제1절 관료문화의 지속 요인

사회주의 우방국들의 체제전환, 자연재해, 고난의 행군 등 지속적인 위기 속에서도 북한 관료집단의 체제 보전을 위한 노력은 계속

보답하려는 깨끗한 공산주의적 양심이며 좋을 때나 어려울 때나 영도자와 운명을 같이 하는 고결한 사상 감정"이다. 『로동신문』, 1995. 10. 12.

되고 있다.

일원적 유일지배체제와 이를 지탱하는 위계적 당 조직, 생산수단의 사회화에 따른 계획경제 지속 등 정치 문화적 속성, 지속적으로 전개되는 비사회주적 현상에 대한 국가차원의 감찰과 정치투쟁이 가능한 일원적 당 – 국가 관료 체제적 속성, 선군정치를 통한 위계적 국가관리체계의 통치이데올로기화 등은 기존의 북한 사회의 관료문화를 유지·지탱하는 제도적이고 이데올로기적인 장치로 기능하고 있다.

1. 정치 문화적 요인

북한의 정치문화로 1인 지배체제, 절대성과 권위주의·집단주의, 관료주의적 지배양식, 자원의 집중화 및 강제적 집행 등을 들 수 있는데, 이러한 사회주의적 지배의 핵심 축은 당 조직과 계획경제라고 할 수 있다.

이 가운데 당 조직은 위계적이다. 그리고 반대세력을 용납하지 않으며 당원들의 충성과 규율에 의해 유지된다. 계획경제는 이러한 당의 효율적 지배의 기반으로 역할을 하게 된다. 왜냐하면 당 조직이 사회자원의 활용 및 분배를 독점적으로 행사하기 때문이다. 따라서 당은 자원에 대한 독점권을 활용하여 정치적 규율과 충성심을 강화할 수 있었던 것이다. 즉 사회주의체제는 중앙계획경제를 통해 자원을 중앙 집중화시키고, 이를 정치적 기준에 따라 차등적으로 재분배해 왔다. 이와 같이 계획경제를 수행하는 위계적인 관료제 자체의 문제로 발생하는 '계획의 무정부성'은 북한이 지속적으로 비판해온 이기 및 기관본위주의 문제로 나타날 수밖에 없다.

그러나 <그림 5-1>과 같이 북한은 계획경제의 불안전성과 부족경제에도 불구하고 체제유지를 위하여 중앙계획경제 시스템을 고집함으로써 기관본위주의적 비효율성으로 낭비적인 경제메커니즘의 악순환을 반복하고 있다.

〈그림 5-1〉 관료의 계획경제 구상·실행과정

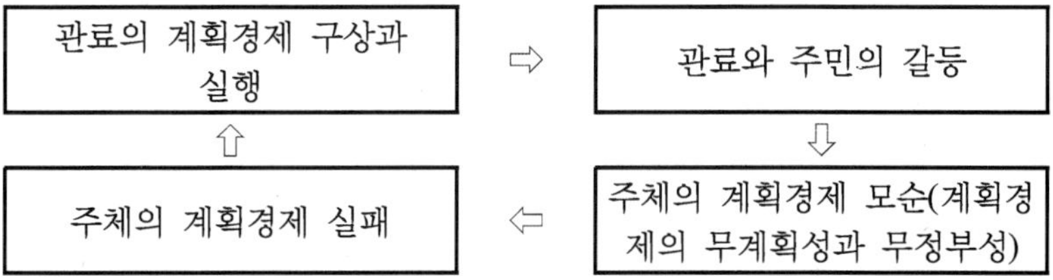

```
┌─────────────────────┐          ┌─────────────────────┐
│   관료의 계획경제 구상과   │    ⇨     │     관료와 주민의 갈등     │
│         실행          │          │                     │
└─────────────────────┘          └─────────────────────┘
          ⇧                                  ⇩
┌─────────────────────┐          ┌─────────────────────┐
│                     │    ⇦     │   주체의 계획경제 모순(계획경 │
│    주체의 계획경제 실패    │          │   제의 무계획성과 무정부성)  │
└─────────────────────┘          └─────────────────────┘
```

1) 중앙계획체제의 지속과 내재적 불안전성

북한체제는 가부장적인 지배관계가 비교적 견고하게 구조화되어 왔다. 이 같은 지배관계를 지탱해 온 핵심은 당 조직과 중앙계획경제로 볼 수 있다. 다시 말해 사회주의 당-국가체제에서의 정치권력은 독특한 레닌주의적 정치조직과 소비에트 스타일의 중앙계획경제에 기초해 온 것이다. 이를 구체적으로 보면, 우선 사회주의적 정치에 있어 당 조직은 첫째로 당 조직 자체의 지위와 명령의 위계구조, 둘째, 대안적인 정치적 행위에 대한 억압, 그리고 당원들의 충성심과 규율 등을 통해 사회주의체제유지에 기여해 왔던 것이다. 동시에 중앙계획경제는 당 지배에 있어 가장 효율적인 지배 메커니즘이 되어 왔는데, 특히 당 조직이 자원들의 사용이나 수입의 분배문제 등에 대해 전적인 결정권을 행사해 왔기 때문이다. 사회주의체제에서 지배정당은 정치적 충성심에 의한 경력 보상, 그리고 정치적 위계구조에 따라 물질적 특권을 부여하는 체제를 형성시키면서 그들의 독점적인 자원소유권을 정치적 목적에 종속시켜 왔던 것이다. 지배정당은 당 조직 내부에서 자원들을 제공함으로써 정치적 규율과 충성심을 강화할 수 있었으며, 따라서 중앙계획경제는 당 지배의 경제적 토대가 되어 왔다.[7] 요컨대 사회주의체제는 중앙계획경제를 통해 자원을 중앙집중화시키고, 이를 정치적 기준에 따라 차등적으로 재분배해 왔다.

　실제 이러한 사회주의적 지배 혹은 정치는 계획경제와 맞물려 있는 가부장제를 통해 관철되어 왔다. 현실적으로 사회주의국가들에 있어 체제에 대한 반대를 줄이고 정당성을 확보하기 위한 메커니즘 가운데, 부정적 측면이 감시활동이었다고 한다면 사회적 재분배와 복지에 대한 약속은 상대적으로 긍정적인 측면이었다. 다시 말해 가부장제는 사회적 재분배와 복지의 약속으로서, 대중적 지지를 확보하기 위한 차원에서 중요한 의미를 지녀 왔다. 이처럼 체제의 가부장적 특징이 강조되는 차원에서 사회주의체제는 역사적으로 새로운

---

7) Walder(1995), *op.cit.*, pp.1 – 24.

체제로서 '제도화된 후견주의'로 파악되기도 한다.[8]

북한 사회의 경우에도 다른 사회주의체제와 마찬가지로 사회주의적인 가부장적 지배 혹은 제도화된 후견주의의 본질은 당연히 일반 주민들 차원에서는 오랜 기간에 걸쳐 불가피하게 국가와 간부층에 대한 강력한 의존성을 형성시키면서 구조화되어 왔다고 할 수 있다. 정치적 관점에서 보면, 이러한 의존성의 본질이 바로 국가가 주민들을 기본적으로 국가조직망 자체 내에서 속박하는 것으로서, 당－국가체제의 핵심적인 정치적 지배관계의 기초를 형성한다.[9] 물론 사회주의 당－국가체제의 정치적 통제에 있어 물리적 감시와 제재 측면도 한 축을 이루고 있는 것이지만, 그 정치적 통제라는 것은 사실상 당중앙이 지닌 포괄적인 사회적 재분배와 복지기능을 지렛대(leverage)로 활용해 왔다.

사회주의체제의 정치권력은 바로 이러한 가부장적 지배방식을 통해 당－국가 조직 내부에서 혹은 당－국가 조직과 일반 주민들과의 관계에서 비교적 높은 수준의 정치적 규율과 지배·피지배관계를 유지해 올 수 있었다. 즉 정치적인 지배·피지배관계는 중앙계획경제라는 독특한 경제조직의 형태, 관료층이나 일반 주민층 모두 그들의 상급자들에 대해 보여 주는 조직화된 의존관계, 그리고 정치적 행태를 감시하는 수단이나 혹은 주민들의 정치적 행태에 상응한 상벌능력에 의해 유지되어 왔다고 할 수 있다. 이와 같이 사회주의체제의 당－국가 위계제는 관료들이 그들의 상급자에 대한 의존관계,

---

8) Walder(1986), op.cit., p.8.

9) McCormick, op.cit., pp.61－64.

당 - 국가 기구 내에서 하부단위의 중앙에 대한 의존관계에 의해 특징지어져 왔다.

이러한 특성들은 사회주의 당 - 국가가 막대한 권력을 지속적으로 행사할 수 있게 뒷받침하는 제도적 기반들이다. 따라서 사회주의체제에서 정치적 변화라는 것은 사실상 장기간에 걸친 이 같은 일련의 제도적 특징들이 변화한 결과로 파악할 수 있다.10)

이런 관점에서 볼 때, 북한은 경제난에도 불구하고 기존의 사회주의적인 가부장적 지배관계를 뒷받침해 왔던 경제적 토대라 할 수 있는 중앙계획경제의 지속은 불가피해 보인다.

한편 사회주의 계획경제는 이론상으로는 완벽한 경제적 계산(economic calculation)이 가능하다고 본다. 그 계산은 모든 정보를 독점하고 있는 당 - 국가에 의해 수행되며 그 계산에 따라 하부기관에 명령과 지시를 내리고, 만약 하달된 명령과 지시를 하부기관들이 수행하지 못하면 엄격한 책임을 지기 때문에 경제적 계산이 가능하다고 보는 것이다. 이와 같이 위계적으로 조직화된 계획경제체제는 중앙으로부터 하부로 정보를 내려 보내는 것은 분산되고, 하부로부터 중앙으로 올라오는 정보는 집중되는 것을 전제로 한다.

하지만 실제 이러한 과정은 현실에서 제대로 작동되지 않는다. 왜냐하면 중앙에서 모든 정보를 포괄할 수 없으며, 전달되는 정보도 전달되는 과정에서 왜곡되기 때문에 중앙에서 모든 것을 계획화하는 것은 불가능하다. 또한 계획경제는 자연재해를 비롯한 예견치 못

---

10) 정세진, 『북한의 이차경제와 지배구조의 변화에 관한 연구』, pp.103 - 104.

한 사안들에 신속하게 대처할 정도로 유연하지도 못하다.

공장·기업소 등 생산단위 입장에서는 중앙에 의해 산출량과 투입량 및 임금 등이 제시되기 때문에 기업운용이 경직되고 요소 간의 대체나 즉각적인 조정을 하지 못하게 된다. 또한 노동자들에게 적절한 인센티브를 부여하지 못해 주어진 자원으로부터 산출량의 극대화를 이루기도 힘들다.

그리고 자본주의에서와 달리 생산단위들의 지출이 예산제약을 초과했을지라도 파산하지 않고 국가의 보조금을 통해 생존해 나갈 수 있다. 이와 같은 이유로 생산단위에서 중요한 것은 소비자의 만족도가 아니다. 따라서 각 생산단위에서는 생산능력을 숨기고 좀 더 완화된 계획을 부여받으려는 경향을 보이는 것이다.

다시 말해 불완전한 계획은 필연적으로 경제순환과정에서 계속적인 병목현상(bottlenecks)과 물자공급의 불확실성을 야기하고, 이에 대해 생산단위 차원에서는 원료의 비축과 저장으로 대응하는 것이다. 즉 자본주의 체제의 문제인 '시장의 무정부성'과 대비되는 '계획의 무정부성'11)이 발생하게 되는 것이다.

계획경제의 내재적 불완전성은 첫째, 소비와 고용을 제외한 거의 모든 경제적 결정이 중앙 집중화된다는 점, 둘째, 계획의 수직적 연계가 우선시되고, 경제단위 간의 수평적 연계는 부차시된다는 점,

---

11) 필처(Donald Filtzer)는 소련의 산업화 과정 분석을 통해 '계획의 무정부성(무계획성)'을 실증적으로 보여 주고 있다. Donald Filtzer, *Soviet Workers and Stalinist Industrialization: The Formation of the Modern Soviet Production Relations, 1928－1941*(London: Pluto Press, 1986).

셋째, 의사결정이 상부로부터 하부로의 일방적 흐름을 보인다는 점, 넷째, 물량단위의 경제적 계산, 다섯째, 화폐가 제한적이고 수동적 역할을 한다는 점 등으로 요약될 수 있다.12)

이와 같은 현상은 단순히 경제적 원인에서만 기인하는 것이 아니라 일반적인 사회주의체제의 특성에서 비롯된다. 사회주의체제는 정치적·이데올로기적 목표가 다른 어떤 고려보다도 우선시된다. 따라서 경제계획을 수립할 때도 특정한 정치·사회적 목표를 감안해야 한다.13)

이와 같이 정치와 경제가 제대로 구분되지 않기 때문에 관료제적 지배특성(bureaucratic dominance)이 나타나게 된다. 체제의 관료제적 지배특성이 계획경제에서의 경제참여자 등 개별행위자들의 행위양식, 나아가 전반적인 사회경제적 환경을 근본적으로 좌우하는 것이다. 이처럼 정치와 경제가 구분되지 않는 전통적 사회주의체제를 규정하는 힘은 프롤레타리아독재론에 근거한 '당－국가체제'에 있게 된다. 이 같은 방식으로 사회주의체제하에서 국가는 경제에 대한 관료제적 지배특성을 확보함으로써 경제에 대한 관료제적인 직접적 통제구조를 형성하게 된다.

---

12) 정세진, 『북한의 이차경제와 지배구조의 변화에 관한 연구』, p.36.

13) *Catherine Samary, Plan, Market and Democracy*(Amsterdam: International Institute for Research and Education, 1988); 강성훈 역, 「계획 시장 민주주의」(서울: 신평론, 1990), p.47.

2) 부족경제와 기관본위주의의 관료문화

사회주의체제의 중앙계획경제는 '부족경제(shortage economy)'[14]
를 가져왔다. 부족경제는 소비재 부문이나 생산재 부문을 불문하고
모든 부문에서 나타나며 집약적이며 만성적인 현상이다.[15] 이 현상
은 소련을 비롯한 모든 사회주의국가에서 만연된 현상이며 개선되

---

14) 우선 코르나이는 부족경제는 어떤 경제체제가 다음과 같은 조건들을 동시적으로 충족
시키는 경우라고 파악한다. 첫째로 부족현상이 소비재 부문에서의 재화와 서비스의 교
환, 투자재를 포함한 생산수단, 노동, 수출품 및 수입품, 국제적 지불 수단 등 경제의
모든 영역에서 일반적이다. 둘째로 부족현상이 예외적이거나 일시적인 것이 아니라 계
속적이고 만성적이다. 셋째로 부족현상이 집중적이기 때문에 경제 참여자들의 행태와
환경, 그리고 경제과정의 특성과 결과들에 강력히 영향을 미친다. 코르나이가 논하는
부족(shortage)은 단순히 현실에 나타나는 초과수요 현상을 지칭하는 것이 아니라 그러
한 초과수요가 형성되는 원인, 파급과정, 재생산과정을 포괄하는 개념이다. 브레진스키
의 경우에도 부족경제를 어떤 생산물, 투입물이나 재화들을 이용할 수 없는 상황 혹은
기업소지배인들이나 개인들이 부족에 대처하기 위해 임시변통적인 적용에 의존할 수
밖에 없는 상황으로 규정한다. 따라서 희소한 생산물이나 재화는 질적으로 열등한 것
이거나 더 비싼 것으로 대체되게 된다. 즉 원하는 특정재화를 구입할 수 없거나 이로
인해 원하지 않는 재화를 어쩔 수 없이 구입해야만 하는 '강요된 대체(forced
substitution)'가 일어나는 상태인 것이다. 부족은 소비재 시장이나 생산, 노동시장, 투
자, 해외무역, 국제외환 등 경제의 모든 주요 영역에서 나타나는 일반적인 현상이며,
만성적이며 영구적이다. 체계는 사회 전 구성원들의 행태에 주요한 영향을 끼치는 강
력한 집중성을 지닌 '부족의 재생산'을 보장하게 된다. 결과적으로 일반적이고 만성
적·집중적인 부족의 표출은 '부족사회(a society of shortage)' 혹은 '부족경제'로 특징
지을 수 있다. Janos Kornai, *The Socialist System: The Political Economy
of Communism*(Princeton New Jersey: Princeton University Press, 1992), pp.233 –
234; Horst Brezinski, "The Autonomous Factor in a Society of Shortage", in Bruno
Dallago & Gianmaria Ajani & Bruno Grancelli(eds.), *Privatization and
Entrepreneurship in Post –Socialist Countries*(London: The Macmillan Press
Ltd., 1992), p.33; 정세진, 『북한의 이차경제와 지배구조의 변화에 관한 연구』, pp.30 –
31 재인용.

15) Janos Kornai, *The Socialist System: The Political Economy of Communism*
(1992), pp.228 – 234.

기보다는 더욱 악화되는 경향을 보였다.[16)

북한의 경우에도 계획경제체제의 결함으로 인해 나타난 구체적 결과는 전 사회에 걸쳐 광범위하고 지속적으로 존재하는 부족현상이라고 할 수 있다. 이와 같은 현상은 전통적 사회주의 계획경제에서 관측되는 일반적인 특징이며, 그 원인은 체제이념에 의한 발전전략과 계획경제의 운영상 따르는 비효율성, 그리고 이들의 상호작용이 초래한 산업 불균형, 대외 경제관계의 결함 등을 들 수 있다. 특히 중공업 위주의 불균형한 성장전략과 과도한 군사비 지출은 북한주민 생활과 관련된 부문의 발전을 저해했으며, 부단히 자원을 흡수하는 일종의 '블랙 홀'과 같은 역할을 담당함으로써 결과적으로 경제위기를 초래한다.[17)

김정일은 이와 같은 계획경제의 어려움에 대해서 인식하고 있으나, 다른 사회주의국가들의 역사적 경험을 통해 보편적으로 받아들여지고 있는 시장경제 지향적 개혁의 필요성에 대해서는 부정적인 관점을 유지해 왔다.

---

16) 오승렬은 북한 경제의 결핍현상이 외생적 요인에 의한 일시적인 불균형상태, 즉 초과수요나 공급부족에 의한 것이 아니라 북한의 체제 및 정책특성상 필연적으로 나타난 보편적이며 장기적인 현상이라며, 북한의 부족현상은 체제이념에 따른 발전전략과 중앙계획경제 운영상 나타나는 비효율성, 그리고 이들의 상호작용에 따른 산업불균형의 심화기제, 대외 경제관계의 결함 등 네 가지 범주로 설명하고 있다. 즉, ① 이념적 제약과 불균형 성장전략의 추구, ② 경제체제 운영기제의 비효율성, ③ 부족현상의 확대재생산 기제, ④ 대외경제 관계의 비효율성이다. 오승렬, "국가의 경제개입 방식 변화: 북한식 축적 전략의 모색", 최완규 엮음, 『북한의 국가성격 변용에 관한 연구: '예외국가'의 공고화』, pp.148 – 154.

17) 오승렬, 『북한경제의 변화: 이론과 정책』(서울: 통일연구원, 2002), p.17.

"계획화사업은 어렵고 복잡한 사업이므로 옳은 방법론에 기초하지 않고서는 계획화사업을 잘할 수 없습니다. …… 계획 작성사업을 일원화하여야 계획을 세우는 데서 당의 정책적 요구와 지방의 창발성, 국가의 중앙집권적 규율과 민주주의를 옳게 결합시킬 수 있으며 주관주의와 지방본위주의를 없애고 과학적이며 동원적인 계획을 세울 수 있습니다."[18]

"경제의 규모가 커지면 계획지표가 방대하게 늘어나므로 경제를 계획적으로 관리 운영할 수 없다고 하는 것은 경제가 발전하면 인간이 경제의 부속물로 된다고 하는 주장과 같이 허황한 것입니다. 경제가 발전하는 데 맞게 국가가 경제 관리일꾼들과 근로자들의 수준을 높이고 경제 관리를 과학화한다면 사회주의경제를 계획적으로 관리 운영해 나갈 수 있으며 그 우월성을 높이 발양시킬 수 있습니다."[19]

한편 계획경제가 왜 '계획'대로 작동하지 못하는가? 그것은 계획에 참가하는 각 행위자들이 각각 자신에게 유리한 행위선택을 하기 때문이다. 북한에서는 이러한 이기주의적 행위를 '본위주의'라고 부른다. 예를 들어 공장 내부에서는 '개인본위주의', 공장자체는 '공장본위주의' 그리고 기관별로는 '기관본위주의'가 나타나는 것이다. 이와 같이 계획과 관련해서 공장이 보여 주는 본위주의 세 가지를

---

18) 리기성, 『주체의 사회주의정치경제학의 법칙과 범주 1』(평양: 사회과학출판사, 1992), pp.388－393.

19) 김정일, "사회주의건설의 력사적교훈과 우리 당의 총로선"(조선로동당중앙위원회 책임일꾼들과 한 담화 1992년 1월 3일), 『김정일선집 제12권』(평양: 조선로동당출판사, 1997), pp.307－308.

다음과 같이 주목한다.[20)]

계획이 실패하는 이유 중 첫째는 공장에서 계획지표를 왜곡하기 때문이다. 그 이유는 각 공장들이 계획목표를 달성하기 위해서 비용이 많이 들고 만들기 어려운 제품(설령 다른 기업에서 완제품 생산에 필요한 부품이라 하더라도)보다 만들기 쉬운 생산품에 집중하기 때문이다. 즉 위에서는 경제계산의 한계로 모든 현물지표들을 계획할 수 없고 아래에서는 계획을 지표별로 수행하지 않고, 하기 쉽고 가격이 높은 제품만 생산하여 계획의 금액상 완수에만 급급한다.[21)] 이렇게 되면 결국 경제 전반의 계획적이고 균형적인 발전을 보장할 수 없다.

둘째는 개별 공장들의 정보왜곡과 비축현상이다. 즉 개별 공장은 국가로부터 많은 물자를 보장받기 위해 자기가 갖고 있는 금속, 연료, 원자재 및 기타의 재고량을 축소 보고한다. 반면 자기의 사업 성적을 높이기 위해 생산량을 과장 보고한다.[22)]

셋째는 자재소비기준 위반 현상도 본위주의의 표현이다. 예를 들어 자재의 규격과 질이 해당한 용도에 맞지 않아 대소(大小)를 바꾸어 사용하는 현상, 자재가 있을 때는 기준보다 많이 쓰고, 다음에는 자재 부족을 초래하는 현상, 자재를 계획과제 이외의 용도에 유용함으로써 생산과 건설에 지장을 주는 현상, 자재의 지나친 예비를 계

---

20) 김연철, 『북한의 산업화와 경제정책』, pp.280 - 285.

21) 신영빈, "사회주의 경제는 계획적으로 조직운영하여야 한다.", 『근로자』 1960년 제1호, p.51.

22) 황도연, "계산 - 통계 규률의 엄격한 준수는 인민경제발전의 필수적 조건이다.", 『경제 건설』 1955년 제6호, p.22.

획에 예견함으로써 귀중한 기자재를 공장 구석에 오래 사장시키는 현상 등이다.[23]

기본 생산 단위인 기업소에서는 작업반과 작업반 간에, 직장과 직장 간에, 관리자와 기술자 간에, 관리자와 근로자 간에, 근로자와 근로자 간에 이익 차이와 이익 갈등이 있다. 농업에서는 협동농장별, 작업반별, 분조별로, 그리고 관리자와 농민 간에, 농민과 농민 간에 이익 차이와 이익 갈등이 있다. 지역적으로는 도별, 군별, 이별(협동농장별)로 이익 차이와 이익 갈등이 있다. 그리고 각 개인 간·개별 집단 간에 이익이 상충될 경우, 각 개인과 개별 집단은 내집단과 자신의 개별적 이익을 우선시한다. 이러한 개인 간·개별 집단 간의 이익 갈등은 조직이기주의, 집단이기주의, 부서이기주의, 지역이기주의, 개인이기주의 등으로 표현된다. 북한에서는 이를 '본위주의'라 한다. 기관본위주의, 부서본위주의, 지방본위주의, 개인본위주의 등이 그것이다.

'본위주의'란 사회적·국가적 이익보다 각 개인과 개별 집단의 개별적 이익을 우선시하는 것을 의미하여, 이는 기능 집단별로 밑에 서부터 위로 올라가며 중층적으로 형성한다. 예컨대 개별 기업은 개별 기업 단위로 기관본위주의를 하며, 그 상급 기관인 관리국은 관리국 단위로 기관본위주의를 하며, 그 상급 기관인 성은 성 단위로 기관본위주의를 한다. 개별 기업 단위에서도 그 하위 부서인 직장은 직장 단위로 기관본위주의를 하며, 그 하위 부서인 작업반은 작업반

---

23) 리봉학, "기업소들에서의 계획 작성에 대한 당적 지도", 『근로자』 1956년 제9호, p.112.

단위로 기관본위주의를 한다. 말단 생산 단위인 작업반 내에서는 각 개인 간에 이익 차이와 이익 갈등이 존재한다. 개인본위주의이다. 이것은 지역적으로도 동일하다. 이는 이 단위로, 군은 군 단위로, 도는 도 단위로 지역이기주의, 지방본위주의를 한다.[24)]

따라서 북한이 일원적 계획경제 시스템을 교조적으로 유지하는 한 그들이 비판하고 극복하려는 이기 및 기관본위주의 현상은 지속될 수밖에 없다.

2. 관료제적 요인

1) 선군정치하의 당 – 국가 관료제 지속

김일성 사망 이후 경제파탄으로 중앙집권적 통제체제가 약화되고 선군정치의 등장으로 인하여 군대를 우선시하는 현상들이 나타나면서 당은 영도적 지위를 상실하고, 군대가 이를 대신하고 있는 것이 아닌가 하는 의구심을 불러일으켰다. 특히, 이러한 변화를 주장하는 연구자들은 김정일이 1996년 12월 김일성종합대학 창립 50돌 기념 연설에서 다음과 같이 당을 강하게 질책한 것을 들어 당 우위의 영도원칙은 훼손되었다고 보았다.

그런데 김정일이 이렇게 당을 강하게 질책하고 분발할 것을 촉구하였다고 해서 김정일이 당을 불신하고 있으며, 당 우위의 역할이

---

24) 이태섭, 『북한의 집단주의적 발전전략과 수령체계의 확립』, pp.49 – 50.

변화되었다고 주장하는 것은 무리가 있다. 물론, 관료주의나 형식주의 등의 만연으로 인한 당의 부패와 식량난, 경제난으로 인한 중앙집권적 통제시스템의 약화로 인하여 과거에 비해 당의 기능이 약해진 것은 사실이다. 그러나 당의 기능이 '약화'되었다고 해서 그것을 당의 영도적 지위의 '변화'와 동일시해서는 안 된다. 김정일이 당을 강하게 질책하는 것은 그만큼 당의 역할 강화를 기대하고 있다는 의미로 해석될 수 있다. 김정일이 '노인당', '송장당'이라고 표현한 것은 현재 그렇다는 것이 아니라 그렇게 될 수도 있기 때문에 앞으로 더욱더 당의 역할을 강화해야 한다는 주문으로 보아야 할 것이다.25)

이와 같이 당 헤게모니가 약화되고 있어도 당의 상설 관료조직은 정상 작동하며 여전히 국가와 사회를 효율적으로 통제하는 등 노동당의 조직과 집행기능은 여전히 위력을 발휘하고 있다.26) 유일지도체계에서 정치국, 중앙위원회 등 비상설 협의기구가 본래의 기능을 수행하기 어려운 조건이라는 점을 고려하면, 사실상 당이라고 하는 것의 실체는 당 관료조직이라고 할 수 있다.27)

북한은 인민군대를 혁명의 주력군으로 내세운 선군정치에서도 인민군대가 혁명의 주력군으로서의 지위와 역할을 하기 위해서는 당의 영도를 받아야 한다는 사실을 빼놓지 않고 있다. 선군정치는 군

---

25) 방정배, 『북한 선군정치하의 당·군관계』(영남대학교 대학원 박사학위논문, 2004), pp.125 – 126.

26) 통일부, 『북한개요 2000』(서울: 통일부, 1999), p.100.

27) 이대근, 『북한 군부는 왜 쿠데타를 하지 않나: 김정일 시대 선군정치와 군부의 정치적 역할』(서울: 한울아카데미, 2003), p.79.

대가 당의 위업에 끝없이 충실해야 하는 것을 그 전제로 하고 있는 것이다.[28] 즉, 김정일 시대의 당 군관계도 당은 혁명의 참모부이고 군대는 당의 전략적 목표, 과제 실현을 무장으로 받드는 기둥이라는 기존의 당 군관계 기본 원칙이 지속되고 있다. 선군정치에서도 당의 영도는 '군대의 생명선'이 되며 군대의 강화발전을 위한 원동력이라는 것이다. 따라서 당과 군대가 서열상 누가 선차냐 할 때 당이 앞자리에 놓이며 '군-당'이 아니라 여전히 '당-군'으로 당과 군의 관계가 정립된다.[29]

따라서 과거에 비해서 당의 영도적 역할이 약화되는 현상들을 우려하고 있으나, 당의 영도적 역할에서는 근본적인 원칙상의 변화는 발생하지 않았으며, 선군정치하의 당-국가 관료제는 지속되고 있다.

2) 관료일탈의 일상화와 반관료문화 투쟁

(1) 관료일탈의 일상화

일탈·부패현상은 어떤 체제나 존재하게 마련이지만, 특히 북한과 같은 부족 정도가 심한 체제에서는 주민층의 생계형 부패나 관료층의 부패 등 여러 수준에서의 일탈·부패 현상이 경제난에 의해 촉진될 수 있다.[30]

---

28) 고상진, "위대한 령도자 김정일동지의 선군정치의 근본특징". 『철학연구』 1999년 1호, p.18.

29) 김철우, 『김정일장군 선군정치』(평양: 평양출판사, 2000), pp.49-50; 김갑식, "북한 정치체제의 변화: 특징과 한계 그리고 전망", 『현대북한연구』 10권 3호(서울: 북한대학원 대학교, 2007), pp.17-18.

부패는 공직을 이용해 사적 이익을 얻는 것이며 여기에는 물질적인 것뿐만 아니라 사회적 지위와 이에 따른 영향력 등 비물질적인 것도 포함된다. '사적'이란 말은 관료 당사자만이 아닌 가족이나 파벌까지도 포함된다. 헌팅턴(Samuel Huntington)은 부패를 사적인 목적을 위해 사회적으로 용인된 규범에서 일탈하는 행위로 정의[31]하고 있다. 즉, 사적 이익의 추구를 위한 공직의 이용 또는 공직 규범으로부터의 이탈을 의미한다. 단체의 모든 성원들이 부패에 관여하여 서로를 묵인해 줄 때에도 그것은 결국 사적 이익을 위한 것이라고 볼 수 있다.[32]

북한의 관료부패는 부족경제(shortage economy)에 기인한 즉, 부족한 공급의 우선적 확보를 둘러싸고 벌어지는 일상화(routinization)된 부패이다.

다시 말하여 계획경제의 실패와 경제위기의 심화는 관료부패의 일상화를 초래했다. 공장 내에서 각종 원료나 자재를 빼 오는 현상도 일상화되었다. 그러다 보니 경제활동을 매개로 한 다양한 연계와 협조망이 발전하였다. 이러한 하층 결탁과 연계망 구조는 경제위기 심화에 따라 더욱 구조화되었다. 이렇듯 가내작업반과 그 생산품을 시장에서 거래하고, 사적 재산을 늘리는 과정에서 형성된 다양한 협조와 연계망은 북한 하층간부들의 온정주의와 비리구조와 맞물려

30) 정세진, 『'계획'에서 시장으로: 북한체제변동의 정치경제』, p.64.

31) Samuel P. Huntington, *Political Order in Changing Societies*(New Haven: Yale University Press, 1969), p.59.

32) 김영윤, 『북한 경제개혁의 실태와 전망에 관한 연구: 개혁의 부작용을 통해 본 북한 체제전환의 성공과제』(서울: 통일연구원, 2006), pp.25 - 26.

북한주민들의 생존능력을 강화하는 계기가 되었다.[33]

일상적으로 만연되어 있는 부패를 체제화된 부패(Systemic Corruption) 또는 제도화된 부패(Institutionalized Corruption)라고 한다. 체제화된 부패란 관료체제 내에서 부패가 원칙적이며 실질적인 규범으로 되고, 조직의 본래적 임무수행에 필요한 행동규범은 오히려 예외적인 것으로 전락되어 있는 상황을 지칭하는 것이다. 이러한 상황하에서는 부패가 일상화되고 제도화되어 있기 때문에 부패를 저지르는 사람들은 조직의 보호를 받고, 공식적 행동규범을 고수하려는 사람들은 실제로 제재를 받게 된다.[34]

잘 훈련된 인력의 부족과 아울러, 사회주의국가뿐만 아니라 경제적으로 뒤떨어진 비사회주의국가까지도 괴롭히고 있는 부패의 또 다른 원인은, 관료제가 쓸 만한 생활용품을 거의 독점하다시피 한 것이다. 관료제가 물품과 서비스, 포상과 처벌의 배당을 장악하고 있고 품귀현상이 만연된 상황에서, 물품을 구하고 사회적 지위를 향상시키는 유일한 길은, 관료제를 통해서이거나 아니면 관료제 안에서이다.[35]

북한의 관료부패 실상은 유일독재체제로 인한 구조적 특성을 지

---

33) 박영자, "사회변동기 북한체제의 시장과 젠더(1995 - 2006)", 『북핵 사태와 한반도의 진로』, 2006년 북한연구학회 동계학술회의 발표논문집(서울: 북한연구학회, 2006. 12. 14), p.416.

34) 오석홍, 『행정학』, p.222.

35) Barrington Moore · 송복 역, 『자본주의와 사회주의에서의 권위와 불평등』(경기 파주: (주)한국학술정보, 2003), p.145. [*Authority and Inequality Under Capitalism and Socialism: USA, USSR, and China*(New York: Oxford University Press, 1987)].

니고 있어 그 폐해가 심각하다고 하겠다. 북한에서는 장기간의 독재체제를 구축하는 과정을 통해 노동당과 군부에 정치권력이 집중되어 있으며, 국가권력을 장악하고 있는 이들 관료집단이 직업선택, 노동력 배치, 배급제 시행 등 사회적 가치의 배분에 부당하게 접근할 수 있는 기회가 마련되어 있다.

더욱이 그동안 북한이 중공업 우선 경제정책을 견지해 옴에 따라 만성적인 소비재 부족현상과 유통체계 마비와 비효율성 등으로 인해 관료들의 비리개입 가능성이 상존해 있다.[36]

또한 중앙통제형 계획경제체제로 인해 질적인 생산성 향상보다는 양적인 목표 달성에 치중한 나머지 원자재나 원료조달을 위해 수단·방법을 가리지 않게 되며, 눈가림 행태를 자행하고 있다. 아울러 가부장적 전통문화가 잔존해 있어 많은 고위관료들이 출신·지연·학연 등 정실주의·족벌주의에 따라 행동하거나 가족의 이익이나 편의를 우선시하는 행태를 보이고 있다.

<표 5-1>은 북한의 관료부패 유형을 나타낸 것인데, 이러한 북한 관료부패를 좀 더 구체적으로 살펴보면 다음과 같다.

---

36) 김성철, 『북한 관료부패 연구』, pp.19-33.

<표 5-1> 북한 관료부패의 유형

영 역	차 원	종 류
경제적 영역	조직이익	자재조달 목적의 뇌물공여
		복지를 위한 기업소 간 물물교환
		기업소 간 수주경쟁
		허위보고
		목표달성을 위한 호혜
	개인이익	공공자원 횡령
		주민생활과 관련된 수뢰
		인사 관련 수뢰
비경제적 영역	조직이익	조직옹호를 위한 후원자 영입
		비공식집단의 형성
	개인이익	후원의 대가로서의 성관계
		생산 목표와 관련된 책임회피

출처: 김성철, 『북한 관료부패 연구』(서울: 민족통일연구원, 1994); 윤황, 『북한체제의 지탱력에 관한 분석』(건국대학교 대학원 박사학위논문, 1998), p.91 재인용.

우선 조직 차원에서는 ① 자재조달 목적의 뇌물공여, ② 근무 직원 복지를 위한 기업소 간 물물교환, ③ 기업소 간 수주경쟁, 허위보고, ④ 조직 또는 기관의 이익을 위한 인적관계의 형성 등을 저지르고 있다.

그러나 개인이익을 추구하는 경제적 부패문제는 더욱 심각한 실정인데, ① 공공자원의 횡령, ② 주민생활, 인사 등과 관련한 수뢰, ③ 후원의 대가로서의 성관계 등이 있으며, 특히 1980년대 후반부터는 암거래, 횡령, 불법 개인기업 운영 등 경제부패의 양상이 변하고 있다.

　예컨대 주택사용권이 불법 거래되는가 하면, 골동품 및 귀금속의 암거래를 위해 상호 작당하거나 고분도굴까지 자행하고 있다.

　이와 같이 사회적·경제적 형편의 열악함은 곧 부정비리의 가능성을 더욱 높여 준다. 모든 것이 수요에 못 미치고 그나마 공급에 대한 관리와 통제는 간부들의 몫이기 때문에 간부의 위상은 더욱 높아지는 것이다. 북한체제는 권력 위주의 정치 국가이므로 국가운영의 위험도가 클수록 간부들에게 상대적인 우대를 해 준다. 군과 안전부·보위부는 내놓고라도 간부들은 직위가 상승함에 따라 특별공급의 혜택을 받는다. 때문에 그들은 어떻게 해서라도 아랫사람들을 못 살게 굴어 출세의 명분을 쌓는다. 반면에 하급간부는 중간에서 생산품의 절취 및 암거래, 노동자들에 대한 통제강화로 뇌물을 받아 상납하고 자신의 생활도 유지한다.[37]

　(2) 간부들의 부패

　북한에서 간부들은 내 손에 풀기가 있을 때 즉, 권력이 있을 때 한 푼이라도 모아야 한다고 생각한다. 권력이 있으면 현재뿐만 아니라 간부에서 떨어졌을 경우까지 대비하여 축재를 하는 것으로 알려져 있다. 간부들의 부정부패는 경제난이 심화되면서 더욱 성행하고 있다. 중간층 간부(각 도·시·군·구역지도원, 정무원 부부장, 중앙당 과장)들은 북한 체제에 문제가 많고 장래가 불확실하다는 것

---

37) 김승철, 『북한동포들의 생활문화양식과 마지막 희망』(서울: 자료원, 2000), pp.314－315.

을 인지하고 개인의 이윤 챙기기에 급급한 사람이 많으며, 권력층 내에는 남한에 의해 통일될 경우를 대비하여 "살아남으려면 돈을 마련해 놓아야 한다."는 등의 의식이 확산되고 있는 등 부정부패가 심하다.[38]

북한의 간부들에게 부정부패가 만연하는 이유는 여러 가지로 나누어 볼 수 있다.[39] 첫째, 북한에서 관직이 경제적 부와 사회적 명예를 얻는 유일한 통로이기 때문이다. 따라서 자리를 잡으면 그것을 통하여 모든 것을 실현하고자 하는 속성이 있다.

둘째, 권력자의 재량권이 크기 때문이다. 북한이 법으로 모든 것이 결정되는 법치관료주의 사회가 아니라 최고 권력자의 독재에 의하여 주요 정책이 결정되는 체제이며, 하부단위도 마찬가지로 단위기관의 책임자가 재량권을 많이 가진 체제이다. 법치가 아니라 인치의 사회이다. 따라서 권력자의 부정부패의 소지가 많은 체제이다.

셋째, 남한의 언론과 같이 비리 간부를 공개적으로 문제 삼는 매체가 없기 때문이다. 북한에서는 비리사건이 고발되더라도 당국의 보이지 않는 채널을 통하여 '정치적으로' 처리되기 때문이다. 비리를 고발하는 사람이 불이익을 당하는 경우도 많기 때문에 비리는 고발되거나 지적되지 않고 방치되는 경우가 많다.

---

38) 임복신(48세, 제지공장 책임기사, 1998년 10월 귀순)의 증언; 서재진, 『7·1조치 이후 북한의 체제 변화: 아래로부터의 시장사회주의화 개혁』(서울: 통일연구원, 2004), p.27 재인용.

39) 서재진, "경제난과 사회변화", 『경제난 발생 이후 북한의 체제 변화와 전망』, 숙명여자대학교 통일문제연구소 2006년 학술회의 발표논문집(서울: 숙명여자대학교 통일문제연구소, 2006. 11. 29), pp.8 - 9.

넷째, 집단주의를 체제의 원리로 하고 있는 북한에서는 간부와 일반 대중 차이 없이 이기주의적 성향이 강하다. 집단주의와 전체주의로 작동하는 체제원리하에서는 개인의 욕구가 세밀하게 충족되지 못하기 때문에 개인의 욕구는 개인이 자체적으로 충족하는 수밖에 없다. 이것이 집단주의 사회에서 개인이기주의가 오히려 발달하게 되는 배경이다. 이 이기주의적 성향이 간부에게는 부정부패를 낳는 것이다.

다섯째, 북한에서 뇌물수수가 성행하는 또 하나의 이유로는 경제난이 심화되면서 뇌물수수의 새로운 장이 개발되었기 때문이다. 식량구입을 위하여 많은 사람들이 친척집 방문이나 장사목적의 여행을 해야 하는 상황이 발생하면서 여행증 발급은 담당 당 간부, 안전부의 새로운 먹잇감이 되었다. 뿐만 아니라 직장을 이탈하고 식량을 구하러 가는 사람들의 출퇴근을 단속하는 관리에게도 새로운 먹잇감이 만들어진 셈이다. 장사에 나서는 사람들은 몸이 아프다는 사유서를 제출하기 위하여 건강진단서를 발급받아서 병가처리를 해야 하는데 이것도 간부들의 새로운 뇌물거리가 되는 셈이다.

북한의 간부들이 뇌물을 받고 직장을 이탈하는 사람이나, 비사회주의적 행위를 하는 장사꾼들에게 뇌물을 받고 묵인하고 보호하여 주지 않았다면 북한에서 거대한 체제변화의 동인이 된 암시장이 발달할 수 없었을 것이다. 뇌물을 통하여 공조직의 구속에서 벗어나 자유롭게 경제행위를 선택할 수 있게 되었고, 뇌물을 통하여 불법적인 장사행위를 할 수 있게 되었으며, 뇌물을 통하여 통제를 담당하는 간부들을 암시장 체제에 결탁시킬 수 있었다.

"조선에서 장사를 하려면 당국의 승인을 받아야 한다. 나는 평북
도 도보위부 외사과 사람들과 친하다. 나는 도강증만 가지고 다니
기 때문에 보위부에 가서 도장만 받으면 중국에 다니는 데 아무런
불편이 없다. 보위부 사람들과 친해 놓으면 통행증 발급이 쉽고,
안전부 사람들과 친하면 도둑들을 막아 주고, 당기관 사람들과 친
하면 장사가 쉽다. 보위부나 안전부 사람들은 술과 담배, 옷가지를
가장 좋아한다. 특히 북한에는 강도와 도둑들이 많은데, 나와 친한
보안서 요원들은 전화 한 통이면 즉각 달려온다. 그리고 내 물건을
가져간 사람들이 돈을 갚지 않으면 같이 가서 받아오기도 한다. 그
때마다 수고비를 잊지 않고 쥐어 준다."[40]

사회의 치안과 안전을 책임진 국가기관의 경우 이런 혼란스런 사
회 상황을 틈타 주민들의 일상적인 생계활동을 통제하면서 이 통제
를 명분으로 뇌물을 챙기면서 비도덕적인 행정규율 속에서 기생하
고 있는 실정이다. 인민보안성 안전원들은 주민들의 이동과 일상 경
제생활을 감시·통제하면서 자신들의 경제적 이익을 챙기는 데 행
정적 권한을 사용하고 있다. 이들에 대한 주민들의 분노는 상당한
것으로 보인다. "안전원들도 비법(불법)을 해야만 살 수 있는 세상"
이라는 말은 사회질서를 관리하는 국가기관마저 총체적으로 혼란을
틈타 자신의 경제적 자본을 획득하는 기회로 이용하고 있음을 비유
하는 말로 볼 수 있다. 질서를 위한 통제가 아니라 자신의 지위를
이용해 뇌물을 챙기려는 목적 아래 통제 권한을 사용하고 있다는

---

40) 화교 상인 H씨 면담. 『데일리NK』, 2005. 4. 27; 임수호, 『계획과 시장의 공존: 북한의
  경제개혁과 체제변화 전망』(서울: 삼성경제연구소, 2008), pp.87 - 88 재인용.

것이다.

이러한 관료들의 '도덕규율' 붕괴와 부패의 만연, 주민들을 상대로 한 약탈적 기생은 국가와 주민 사이의 도덕적 신뢰를 훼손시키는 것은 물론 체제에 대한 반감을 키우고 있다. 또 이런 관료들의 행태는 사회 전반의 행정적 비효율성을 낳고 국가 통제의 무력화를 초래할 수 있다. 이것은 경제개혁이나 외부 자본을 통해 경제를 정상화하려는 당국의 노력을 밑으로부터 좌초시킬 수 있는 것들이다.[41]

(3) 반관료문화 투쟁

국가는 관료들에게 인민을 위해 헌신할 것을 주문해 왔다. 관료주의, 종파주의, 가족주의, 본위주의, 지방주의 등은 인민에 대한 헌신이 아닌 자기 단위와 개인의 이익에만 몰두하는 관료들을 질책하는 대표적인 언설들이었다.

북한에서 당 일꾼의 사업 작풍에서 가장 문제시하고 있는 것은 관료주의이다. 일반적으로 사회주의국가에서의 관료주의는 당 관료에 의한 것으로 사회주의체제의 역동성을 마비시키고 새로운 불평들을 양산한다.[42] 1990년대 위기상황에서 관료주의에 대한 투쟁이 더 강하게 부활된 것은 북한이 사회주의 붕괴의 주요한 원인[43]으

---

41) 홍민, "'다모클레스의 칼': 핵 실험 이후의 북한사회", 『6자회담 타결 이후 남북관계 전망』, 2007년 북한연구학회 춘계학술회의 발표논문집(서울: 북한연구학회, 2007. 3. 6), p.92.

42) Ota Sik, Marianne Grund Friedkerg(trans.), *The Communist Power System*(New York: Praeger, 1981), pp.45 – 88.

로, 당의 대중적 지반을 무너뜨리는 원인44)으로 생각하고 있고, 당 일꾼이 대중 속에 들어가 인민대중을 위하여 헌신적으로 복무하는 것은 보약을 먹는 것과 같지만 군중 위에 군림하여 세도를 쓰고 관료주의를 부리는 것은 스스로 독약을 먹는 것과 같다고 생각하기 때문이었다.45)

　　"오늘 세도와 관료주의를 극복하는가 못하는가 하는 것은 사회 주의위업을 옹호 고수하는가 못하는가 하는 사활적인 문제로 나섭 니다. 우리 일꾼들은 관료주의의 해독성을 옳게 인식하고 절대로 관료주의를 부리지 말아야 하며 오직 인민을 위하여 전심전력하여 야 합니다."46)

---

43) "관료주의의 후과가 얼마나 큰가 하는 것은 국제공산주의운동의 역사적 교훈이 잘 보여 주고 있습니다. 최근 연간에 소련과 동구라파의 여러 나라들에서 사회주의 집권당이 붕괴되고 사회주의가 좌절된 것은 일꾼들이 세도를 쓰고 관료주의를 부려 당이 인민대중의 지지를 잃은 데 주요한 원인이 있습니다. 인민대중과 이탈되고 인민대중의 버림을 받은 당은 무너지기 마련이며 당이 무너지면 사회주의가 자기 존재를 유지할 수 없습니다. 관료주의는 결국 노동계급의 당의 대중적 지반을 허물고 사회주의 제도를 파괴하는 나쁜 작용을 합니다. 바로 여기에 관료주의의 커다란 위험성이 있습니다." 김일성, "일꾼들은 참다운 인민의 충복이 되자."(당, 행정경제기관 일꾼들과 한 담화 1992년 12월 28일), 『김일성저작선집 제10권』(평양: 조선로동당출판사, 1994), p.538.

44) 이는 다음의 지적에서도 확인된다. "만일 당 안에 관료식, 행정식 방법을 용납하면 사람들이 겉으로는 당의 사상과 의지를 따르는 것 같지만 속으로는 그에 진심으로 공감하지 않으며 앞에서는 만세를 불러도 뒤에서는 당을 멀리하면서 딴 꿈을 꾸게 된다. 노동계급의 당이 대중적 지반을 잃고 집권당으로서의 영도적 지위를 상실하게 되는 중요한 원인의 하나는 바로 관료식, 행정식 방법으로 사람들을 다스리면서 그들을 의식화, 조직화하기 위한 사업을 하지 않는 데 있다.", 안동윤, "당적, 정치적 방법을 구현하는 것은 당의 령도를 강화하기 위한 중요방도", 『근로자』 1990년 제12호, pp.19 - 20.

45) 김창호, "경애하는 김정일동지는 우리 당을 영원히 영광스러운 김일성동지의 당으로 강화발전시켜 나가시는 위대한 령도자이시다.", 『력사과학』 1997년 4호, p.10.

46) 김일성, "일군들은 참다운 인민의 충복이 되자."(1992. 12. 28), 『김일성저작선집 제10권』, p.538.

김정일도 당 일꾼들의 세도와 관료주의를 없앨 것을 지시했다. 이를 위해 당기관의 지도원 직제를 부원 직제로 고치기도 했고 세도와 관료주의를 없애도록 반복하여 강조했지만, 완전한 성과를 거두지는 못했다.47) 계급적 각성은 무디어지고 관료주의가 심하게 나타났으며 부정부패 현상까지 적지 않게 나타나게 되었다.48) 당 일꾼의 세도와 관료주의는 뿌리가 매우 깊어서 실질적으로 제거하는 것이 불가능했지만, 김정일이 당과 대중을 이탈시키는 세도와 관료주의를 반복하여 지적한 것을 통해 간부에 대한 북한 주민들의 인식을 이해할 수 있다.49)

> "세도와 관료주의는 직권을 악용하여 권세를 부리며 인민대중의 의사와 이익에 배치되게 행동하는 낡은 사업 방법과 작풍입니다. 일꾼들 속에서 세도와 관료주의를 없애는 것은 노동계급의 당과 인민대중의 혈연적인 연계를 강화하기 위한 절실한 요구입니다. 노동계급의 당이 정권을 잡으면 일부 일꾼들 속에서 세도와 관료주의를 부리면서 권력에 의거하여 모든 문제를 해결하려는 경향이 나타날 수 있습니다."50)

---

47) 김정일, "당사업을 더욱 강화하며 사회주의건설을 힘있게 다그치자."(조선로동당중앙위원회 정무원 책임일꾼들 앞에서 한 연설 1991년 1월 5일), 『김정일선집 제11권』(평양: 조선로동당출판사, 1997), pp.20 - 21.

48) 김정일, "혁명적당건설의 근본문제에 대하여"(조선로동당창건 47돌에 즈음하여 집필한 논문 1992년 10월 10일), 『김정일선집 제13권』(평양: 조선로동당출판사, 1998), p.175.

49) 오유석·이주철, "도시 주민의 행위 양식과 사회적 의식 변화", 최완규 엮음, 『북한 '도시정치'의 발전과 체제 변화: 2000년대 청진, 신의주, 혜산』, pp.285 - 286.

50) 김정일, "인민대중중심의 우리 식 사회주의는 필승불패이다.", 『근로자』 1991년 제6호, p.23.

따라서 김정일은 반관료주의 투쟁에 앞장선다. 김정일은 우선 간부들의 관료주의와 당세도, 행정대행과 부정부패 근절을 꾸준히 강조하였다. 김정일은 "간부들이 특세를 부리고 관료행세를 하며 부정부패를 일삼으면 사회주의 집권당은 대중의 지지와 신뢰를 잃게 되며 대중의 지지를 받지 못하는 당은 자기의 존재를 유지할 수 없다. 역사적 교훈이 보여 주는 바와 같이 사회주의 집권당이 간부들 속에서 세도와 관료주의, 부정부패를 허용하는 것은 스스로 무덤을 파는 것이나 같다."고 지적하였다.

"일꾼들이 세도와 관료주의를 부리면 인민대중의 신뢰를 받을 수 없으며 혁명과 건설에서 실패를 면할 수 없습니다. 소련과 동구라파 사회주의나라들이 무너진 것도 일꾼들이 세도와 관료주의를 부리면서 군중과의 사업을 잘하지 않았기 때문입니다. 나는 이미 오래전부터 일꾼들이 세도를 쓰고 관료주의를 부리는 것은 스스로 독약을 먹는 것과 같다고 강조하여 왔습니다."[51]
"간부들이 세도와 관료주의를 부리고 특권행세를 하는 현상을 철저히 없애야 합니다. 간부들이 세도와 관료주의를 부리고 특권행세를 하면 당과 대중을 이탈시키게 되고 나중에는 당이 망하고 사회주의를 지켜낼 수 없게 됩니다. 이건 소련과 동구라파 사회주의나라들이 망한 중요한 원인의 하나가 바로 간부들이 세도와 관료주의를 부리고 특권행사를 한 데 있습니다. 우리는 간부들이 세도를 부리며 특권행세를 하는 것을 단순한 실무적 문제가 아니라 심각한

---

51) 김정일, "당사업을 강화하여 우리 식 사회주의를 더욱 빛내이자."(조선로동당중앙위원회 책임일꾼들과 한 담화 1992년 1월 1일), 『김정일선집 제12권』(평양: 조선로동당출판사, 1997), p.258.

정치적 문제로 보고 비타협적인 투쟁을 벌여 철저히 극복하여야 합니다."52)

"사회주의는 온갖 특권을 반대한다. 사회주의제도가 서면 특권계급은 없어진다. 국가주권과 생산수단이 인민의 손에 장악되어 있는한 사회주의사회에서 특권계급이 새로 생겨날 수 없다. 그러나 사회주의사회에서도 세도와 관료주의, 부정부패를 반대하는 투쟁을벌이지 않으면 일부 준비되지 못한 간부들이 사상적으로 변질되어인민들로부터 유리되고 특수 계층화될 수 있다. 당과 국가의 모든정책은 간부들을 통하여 집행되는 것만큼 당과 국가가 아무리 좋은정치를 실시하여도 간부들이 세도와 관료주의를 부리면 그것이 제대로 구현될 수 없다. 간부들이 특세를 부리고 관료행세를 하며 부정부패를 일삼으면 사회주의집권당은 대중의 지지와 신뢰를 잃게되며 대중의 지지를 받지 못하는 당은 자기의 존재를 유지할 수없다. 역사적 교훈이 보여 주는 바와 같이 사회주의집권당이 간부들 속에서 세도와 관료주의, 부정부패를 허용하는 것은 스스로 제무덤을 파는 것이나 같다."53)

김정일은 1994년 1월 당중앙위원회 책임일꾼들과의 연설에서 간부들이 세도와 관료주의를 부리고 특권행세를 하는 현상을 철저히없애야 한다며, 간부들이 세도와 관료주의를 부리고 특권행세를 하면 당과 대중을 이탈시키게 되고 나중에는 당이 망하고 사회주의를

---

52) 김정일, "당사업을 잘하여 사회주의혁명진지를 더욱 튼튼히 다지자."(조선로동당중앙위원회 책임일꾼들 앞에서 한 연설 1994년 1월 1일), 『김정일선집 제13권』(평양: 조선로동당출판사, 1998), p.389.

53) 김정일, "사회주의는 과학이다."(조선로동당중앙위원회 기관지 『로동신문』에 발표한 논문 1994년 11월 1일), 『김정일선집 제13권』(평양: 조선로동당출판사, 1998), pp.483－484.

지켜낼 수 없게 된다고 비판하면서,54) 관료주의를 사회주의 붕괴의
원인으로 간주하고, 이에 대한 강한 법적 제재를 강조하였다.55) 당
간부들의 세도와 전횡, 치외법권적인 행동, 검소하지 않은 생활에
대한 경고는 계속 이어진다.56) 또한 북한은 당의 방침이 제시되면
처음에는 당장 큰일을 낼 것같이 달라붙다가도 얼마 지나면 포기해
버리는 '오분열도식 일본새', 새로운 방침이 나오면 이미 있던 방침
을 중도 포기하는 그릇된 사업방식, 당사업을 방식상학이나 조직하
고 작전하는 것으로 그치는 형식주의, 구체적인 타산 없이 그저 구

54) 김정일, "당사업을 잘하여 사회주의혁명진지를 더욱 튼튼히 다지자."(1994. 1. 1), 『김
정일선집 제13권』, p.386. 당 기관지 로동신문도 관료주의의 폐해를 동일한 맥락에서
지적하고 있다. "사회주의제도하에서도 세도와 관료주의, 부정부패를 반대하는 투쟁을
벌이지 않으면 일부 준비되지 못한 간부들이 사상적으로 변질되어 득세를 부리고 관
료행세를 하며 부정부패를 일삼을 수 있다. …… 사회주의 위업은 인민대중의 적극적
인 지지와 참가 없이는 전진할 수도 승리할 수도 없다. 사회주의가 좌절되고 자본주의
가 복귀한 나라들이 남긴 교훈은 사회주의집권당이 간부들 속에서 세도와 관료주의,
부정부패행위의 사소한 표현도 묵과하지 말고 비타협적인 투쟁을 벌여 철저히 극복하
지 않으면 사회주의를 고수하고 전진시킬 수 없다는 것을 보여 주고 있다.", 『로동신
문』, 1995. 9. 13.

55) "간부들 속에서 당의 사상과 방침을 무조건 관철하지 않는 현상과 세도와 관료주의,
특권행세와 부정부패와 같은 현상이 나타날 때에는 사상투쟁을 벌여 제때에 그 뿌리
를 뽑아야 합니다. 사상투쟁을 통하여서도 혁명화되지 못하는 간부들은 힘든 부문에
보내어 노동 속에서 단련시키는 조치도 취하여야 합니다. 법적 투쟁도 강화하여야 합
니다. 당에서 아무리 강조하고 사상투쟁을 벌여도 계속 특세를 쓰면서 인민의 이익을
침해하는 일꾼들에 대하여서는 법적 제재를 가하여야지 다른 방법이 없습니다. 계급투
쟁과 사상투쟁이 치열하게 벌어지고 있는 오늘 간부들 속에서 나타나고 있는 부정적
현상에 대하여서는 추호도 용서하지 말아야 합니다.", 김정일, "당사업을 잘하여 사회
주의혁명진지를 더욱 튼튼히 다지자."(1994. 1. 1), 『김정일선집 제13권』, p.387.

56) 김정일, "당사업과 경제사업에 힘을 넣어 사회주의위력을 더욱 강화하자."(조선로동당
중앙위원회 책임일꾼들과 한 담화 1993년 2월 17일), 『김정일선집 제13권』(평양: 조선
로동당출판사, 1998), pp.328－329; 로동신문사설, "일군들은 현실에 들어가 대중을 더
큰 위훈에로 불러일으키자.", 『로동신문』, 1994. 12. 6. 『민주조선』, 1998. 2. 1. 『로동
신문』, 1997. 8. 2.

호나 부르는 식으로 사업하는 요령주의57)가 난무하고 있다고 질타하고58), 이러한 행동이 계속되면 당이 행정기관화, 권력기관화되고 '간부당'·'귀족당'으로 전락하게 된다며 당 일꾼들의 사업태도의 개선을 촉구59)하였으며, 이를 개선하지 않는 당 일꾼들은 사회주의 배신자라고까지 주장하였다.60)

북한은 우리식 사회주의를 붕괴시킬 수 있는 관료주의를 타파하기 위해 1990년을 "당 일꾼들 속에서 세도와 관료주의를 결정적으로 뿌리 뽑는 해"로 정하고, 당 일꾼들 속에서 군중의 의견을 귀담아듣지 않고 주관주의적으로 하달하는 현상과 행정경제일꾼들을 제쳐 놓고 독단을 부리며 호령하고 욕설 추궁하는 현상, 당권을 악용하여 개인이기주의적 행동을 하는 현상을 비롯하여 당의 권위를 훼손시키고 당과 대중을 이탈시키는 현상에 대해 '비타협적인 투쟁'을 벌인다.61) 먼저 김정일은 당 일꾼들의 세도와 관료주의를 없애려고 1990년대에 '지도원직제'를 '부원직제'로 하향 조정한다.62) 이에 대

---

57) 북한은 요령주의를 '사업에서 책임을 지려하지 않고 대충 다짐만 하면서 사람들을 속이는 눈가림식 사업태도'라 정의하고 '요령주의자는 다름 아닌 책임 회피자, 보신주의자'이기 때문에 '당 일꾼들이 요령주의를 하면 당사업이 전진할 수 없고 당과 혁명에 큰 손실을 주게 된다.'고 바라본다. 김정일, "우리는 지금 식량사정 때문에 무정부 상태가 되고 있다.", 『월간조선』, p.314.

58) 『로동신문』, 1997. 9. 19.

59) 『민주조선』, 1997. 6. 3.

60) 김정일, 『사회주의에 대한 훼방은 허용될 수 없다』(1993. 3. 1)(평양: 조선로동당출판사, 1993), p.9.

61) 김정일, "당사업을 더욱 강화하며 사회주의건설을 힘있게 다그치자."(1991. 1. 5), 『김정일선집 제11권』, pp.23 - 24.

62) 김정일, "당사업을 더욱 강화하며 사회주의건설을 힘있게 다그치자.", p.21.

한 정확한 내용은 알려지지 않고 있으나, 기존의 중앙당 직급이 '부장→부부장→과장→부과장→책임지도원→지도원→보조지도원→사무원63)'으로 편재되어 있던 것에서 '○○지도원'을 '○○부원'으로 격하시켜 직급을 가지고 세도와 관료주의를 벌이는 것을 차단하려 한 것으로 이해된다.

또한 북한은 1990년경 당 일꾼들에게 당세포를 강화하고 사람과의 사업, 당사업방법을 체득시키기 위해 당 일꾼들이 1년에 한 번씩 하부단위에 내려가 한 달 동안 세포비서를 하게 하는 이른바 '세포비서 현실체험'을 실시하였는데, 그 성과에도 불구하고 당 일꾼들이 경제 관리방법을 알고 경제 사업을 개선하는 데 아무런 역할도 하지 못하자 이를 원용한 '지휘관 현실체험' 제도를 도입한다. 이 제도는 당 일꾼들에게 지방 산업공장을 비롯한 공장, 기업소 지배인을 하게 하는 것이었다. 북한은 이 제도를 통해 당중앙위원회 일꾼들이 아래에 내려가 공장, 기업소 지배인을 하면 노동자들과 같이 일도 하고 학습도 하고 생활도 하면서 혁명화, 노동계급화 될 것이며 자력갱생, 간고 분투하는 것이 실지 어떻게 하는 것인가 하는 것을 알고 공장을 일으켜 세우려고 하였다고 주장했다.64) 그러나 이 제도는 북한의 당 관료들이 현장과 얼마나 동떨어져 있는지를 보여 주는 반증사례이며 당 관료에 대한 김정일의 불신을 보여

---

63) 정창현, 『곁에서 본 김정일』(서울: 토지, 1999), p.259.
64) 김정일, "당, 국가, 경제사업에서 나서는 몇 가지 문제에 대하여"(조선로동당중앙위원회 책임일꾼들 앞에서 한 연설 1992년 11월 12일), 『김정일선집 제13권』(평양: 조선로동당출판사, 1998), pp.229 – 230.

준다. 이것은 김정일이 "당중앙위원회 일꾼들을 지배인으로 아래에 내려 보낼 때에는 제일 뒤떨어진 지방 산업공장을 비롯한 공장, 기업소에 보내야 합니다. 그러되 그들이 공장을 추켜세우면 철수시키고 그렇지 못하면 공장을 추켜세울 때까지 철수시키지 말아야 합니다."[65]는 것에서 잘 나타난다. 그리고 북한은 1994년 '간부들을 혁명화하는 해'로 정하고 모든 간부들을 당과 생사운명을 같이하는 견결한 혁명가로, 인민을 위하여 헌신적으로 복무하는 인민의 참된 충복으로 만들기 위한 일대 혁신을 일으키자며 당 쇄신운동도 병행하여 당 간부들의 관료주의와 세도를 없애기 위한 투쟁을 강화하였다.[66]

3. 통치이데올로기적 요인

사회주의 지배이데올로기는 오늘의 결핍과 부족에 대한 인내와 노력동원의 보상으로 풍요로운 미래의 건설을 약속했으나 이러한 미래 건설이 실패로 드러나면서 그 정당성을 상실해 나갈 수밖에 없었다. 특히 정권 및 체제형성에 있어 정당성이 미약했던 국가들에게 경제적 성과는 이데올로기와 체제 정당성의 확보 및 유지의 주요 요소일 수밖에 없었다. 사회주의국가들은 시기 및 조건, 그리고 방식의 차이는 존재하지만, 경제적 위기의 대응 형태로 경제개혁과

---

65) 김정일, "당, 국가, 경제사업에서 나서는 몇 가지 문제에 대하여", p.230.

66) 김정일, "당사업을 잘하여 사회주의혁명진지를 더욱 튼튼히 다지자."(1994. 1. 1), 『김정일선집 제13권』, p.388; 김갑식, 『당·군·정 역할분담체계에 관한 연구: 1990년대를 중심으로』(서울대학교 대학원 박사학위논문, 2001), pp.179 - 183.

제한적 자유화 조치를 추진해 나갔고 지배이데올로기는 이를 사후적으로 정당화해 나갔다. 물론 당 - 국가체제 운영을 비롯한 사회주의체제의 기본원칙을 고수한 가운데 실용적 노선으로 변경해 나갔다. 한편, 각 국가들의 인민들은 외형적으로는 지배이데올로기를 지지하는 것처럼 행하지만 그것은 그렇게 하지 않았을 때 받게 되는 처벌이 무서워 위장한 것에 지나지 않으며 내심으로는 다른 가치의식을 가지고 다른 행위를 지향하게 되었다.[67]

초기의 주체사상은 사회주의 건설을 겨냥한 북한 나름대로의 자주적·창조적 노선으로 등장하였다. 어느 사회가 마르크스 - 레닌주의의 이념을 구현시키려면 이것을 그 사회의 인민대중이 주체가 되는 형태로 구체화시켜야 하는데, 북한이 북한에 맞도록 구체화한 형태라고 내세운 것이 바로 주체사상이다. 그러나 주체사상은 김일성이 대외적으로 반미반제를 내세우면서 대내적으로는 대국주의자와 종파주의자로 낙인찍은 정적들을 숙청하는 기능을 수행한다. 이후 북한은 북한의 역사와 전통에 맞추어 북한 인민이 주체가 되어 북한식 사회주의 건설에 나서야 하는데, 이 과업을 제대로 수행해 낼 수 있는 체제는 김일성 유일지도체계라는 것이다. 주체사상은 원래는 올바른 사회주의사회를 주체적으로 건설하겠다는 혁명적 건설노선으로 출발하였으나 시간이 흐르면서 김일성 유일지도체계를 자자손손 대물림해야 한다는 보수적 체제 옹호론으로 전락해 버린 것

---

67) 양무진·이무철, "사회주의체제 전환과 이데올로기 변화: 지배이데올로기의 수정 및 퇴조 과정을 중심으로", 경남대학교극동문제연구소, 『한국과 국제정치』 제23권 제3호 2007년 가을(서울: 경남대학교출판부, 2007), pp.24 - 25.

이다. 그리고 집단주의는 이에 대한 어떠한 이의제기도 불순한 반혁명적 기도로 몰아간다.

이제 주체사상이 추구하는 이상사회의 실현은 김일성 - 김정일 체제에 대해 끝없이 충성하는 문제로 변질하였다.[68]

그러나 1980년대를 맞으며 북한은 더 이상 개조하고 말고 할 사회의 물질적 토대와 인간의 의지 모두가 한계점에 이르고 말았다. 따라서 주체사상은 단지 체제 유지 수단으로서의 기능만을 위해 김일성주의라는 '수령론'으로 개조되기에 이르렀고, 그 체계와 내용은 다분히 유교 문화적 전통에서의 가부장적 권위까지 수반하게 됨으로써 북한은 명실공히 수령제 가족 국가로 정착되기에 이르렀다.[69]

현재 북한은 '고난의 행군'이라는 개념이 시사하듯이 국가수립 이후 최대의 경제위기를 맞았다. 이 위기를 벗어나기 위해 위로부터의 급격한 개혁은 존재하지 않았으나, 아래로부터의 '자생적 시장화'의 확산으로 이전과 다른 사회경제적 조건을 형성하고 있다. 이러한 북한의 현실은 과거 사회주의국가들의 경제개혁 시기와 유사한 경향을 보여 주고 있다. 이데올로기 측면에서는 탈북자들의 증언에서 확인할 수 있듯이 지배이데올로기의 작동이 형식화되는 경향이 강해지고 있다. 북한 주민들은 외형적으로는 지배이데올로기를 지지하는 것처럼 행동하지만 그것은 당국의 통제와 처벌이 무서워 위장한 것에 지나지 않으며, 이들은 먹고사는 문제 해결을 위해 시장지향적

---

68) 이승훈·홍두승, 『북한의 사회경제적 변화: 비공식 부문의 대두와 계층구조의 변화』 (서울: 서울대학교출판부, 2007), pp.79 - 80.
69) 안찬일, 『주체사상의 종언』(서울: 을유문화사, 1997), p.114.

의식과 행위를 지향하고 있다. 당국은 한편으로 사상의지의 통일성을 강조하면서도 다른 한편으로 변화된 사회경제적 조건을 반영하는 이데올로기의 부분적 수정을 시도하기도 한다. 북한 당국이 외부 사조 유입의 차단과 함께 철저한 사회통제를 강화한다 하더라도 지배이데올로기의 수정과 퇴조의 경향은 차단할 수 없는 현실이 되고 있다. 이데올로기의 변화는 언제나 현실적 변화보다 늦으며, 사후적으로 정당화하는 경향이 있다. 이를 감안한다면 북한의 공식 담론이나 정책이 중요한 것이 아니라 실제적인 정책 변화의 내용과 기능이 중요한 것이라 할 수 있다.70)

선군정치하의 김정일 체제는 군대식 중앙집중적 집단주의 방식의 개발정책을 선호하지만, 현실적으로 일반기관의 행태가 기관본위주의 또는 개별기관 차원의 실리주의를 모색함으로써 새로운 이념 갈등도 나타날 것으로 보인다. 현재 경제난의 지속과 7·1조치로 대표되는 기관 및 개인 차원의 경쟁을 유발하는 '실리 사회주의'의 도입으로 부정부패현상의 출현은 불가피한 현상으로 나타나고 있다. 이에 따라 북한 사회 전반은 혁명전통과 주체사상, 선군사상 등 사상에 의한 체제 정당성 제고 노력이 지속되고 있지만, '실리 사회주의'의 등장으로 혁명 이념성의 퇴조를 경험하고 있는 것으로 보인다.71)

---

70) 양무진·이무철, "사회주의체제 전환과 이데올로기 변화: 지배이데올로기의 수정 및 퇴조 과정을 중심으로", p.26.

71) 유호열, "김정일시대의 북한정치: 선군정치를 중심으로", 『북한 사회의 입체적 이해와 북한연구』, 2004 북한연구학회 연말학술회의 발표논문집(서울: 북한연구학회, 고려대학교 북한학연구소, 2004), 별첨자료 p.4; 유광진·김무곤·김용현, "북한 정치 변화: 김

제2절 관료문화의 변화 요인

사회주의사회에서 지배층은 지배계급으로서의 기득권이 크고 사회체제의 응집력이 높으며, 내부적으로 다른 사회집단들에 압도적 영향력을 행사하는 집단이다. 구조적인 특성상 정치·행정 엘리트들이 국가권력을 독점하고 생산수단에 대한 실질적 통제권을 행사함으로써 정치적 차원뿐만 아니라 경제적·사회적·법률적 차원까지 독점적으로 지배적 지위를 유지해 온 집단이다.[72] 북한에 특권계급이 존재하며 간부의 부정부패가 많고, 각종 세도와 관료주의가 많이 행해지고 있다는 사실은 북한 문헌과 탈북자 증언 등을 통해 이미 상식이 되었다. 김정일은 소련과 동유럽 사회주의가 붕괴된 것은 간부들의 관료주의 폐해로 인민대중이 정권에서 이반되었기 때문이라고 주장했다. 그는 "역사적 교훈이 보여 주는 바와 같이 사회주의 집권당이 간부들 속에서 세도와 관료주의, 부정부패를 허용하는 것은 스스로 제 무덤을 파는 것이나 같다."라는 것이다. 따라서 인민대중 중심의 사회주의를 강조하는 주체사상을 합리화하고 세도와 관료주의 등 사회주의의 부패를 단속해야 함을 지적한다.[73]

권력층의 부패와 사경제의 확산, 국제사회의 지원과 교류 확대, '불법월경'의 증가 등 변화된 환경은 북한 사회에 '자본주의사상·

정일체제의 구축을 중심으로", 고유환 엮음, 『로동신문을 통해 본 북한 변화』(서울: 선인, 2006), p.554.

72) 서재진·조한범·장경섭·유팔무, 『사회주의 지배엘리트와 체제변화』, p.20.

73) 김정일, "사회주의는 과학이다."(1994. 11. 1), 『김정일선집 제13권』, pp.480-481; 박영자, "북한의 중앙국가기관: 체계와 운영", p.395.

문화적 침투' 혹은 '부르주아 자유화 바람'의 유입을 더욱 용이하게 하고 있다.74) 북한은 외부사조 유입이 주민들의 가치관의 변화와 대남 적대의식과 흡수통일에 대한 피해의식의 해소, 종교의 확산 등 치명적인 부작용을 초래할 수 있다는 판단에 따라 외부사조 유입 차단을 위한 여러 가지 제도적 대책마련에 부심하면서 동시에 대내적으로 '혁명적 선군생활기풍'과 사회주의생활양식의 확립, 준법정신 고양을 그 어느 때보다 강조하고 있다.75)

---

74) 북한은 미국과 일본, 남한이 <자유아시아방송> 등 선전수단과 북한인들의 해외출장이나 여행을 이용하여 성경책과 음란물, 각종 상품들을 끊임없이 유입시키고 있으며 2002년 북한 국경 세관에서 단속 · 압수된 '불순선전물'은 전해의 2배에 달한다고 주장하고 있다. 이렇게 유입된 '불순선전물'들은 북한 내부에서 개별적으로나 집단적으로 공공연하게 유통되거나 이용되고 있으며 남한이나 주변 나라들의 방송을 청취하거나 시청하는 현상이 점점 노골화되고 있다고 지적하고 있다. "자본주의사상문화적 침투를 짓부시기 위한 투쟁을 강도높이 벌릴 데 대하여", 『학습제강(간부용)』(평양: 조선로동당출판사, 2002), p.4.

75) 북한은 "자본주의사상 문화적 침투를 막기 위한 투쟁은 제국주의자들과의 심각한 사상적 대결이며 자본주의냐 사회주의냐 하는 첨예한 계급투쟁이다. …… 우리는 자본주의 사상 문화적 침투를 짓부수는 것을 혁명의 수뇌부 옹위와 관련되는 중대한 정치적 문제로 내세우고 그 자그마한 요소도 절대로 허용하지 말아야 한다."고 하면서 이를 허용하는 경우 "사람들이 사상적으로 변질 와해되고 사회주의사상 진지에 파열구가 생겨 종당에는 사회주의가 물 먹은 흙 담벼락처럼 맥없이 무너지게 된다. 이전 소련과 동유럽나라들의 참혹한 실태와 쓰라린 교훈이 그것을 잘 보여 주고 있다."고 주장하고 있다. "자본주의사상문화적 침투를 짓부시기 위한 투쟁을 강도높이 벌릴 데 대하여", pp.3 - 11. 이로부터 북한은 외부사조의 유입을 막기 위해 당 조직들과 공안기관, 국경세관 등에 '제국주의사상 문화적 침투와 심리모략전'의 공간으로 이용되는 모든 통로를 차단할 것과 라디오와 TV, 비디오 등의 불법사용에 대한 단속과 통제, 법적 제재와 처벌 강화를 촉구하는 한편 주민들의 복장과 머리단장, 이혼, 미신행위, 음주행위 등을 '자본주의 요소'로 매도하면서 이러한 현상을 묵과하면 혁명의식이 마비되고 자본주의에 대한 환상이 자라나 '적들에게 매수되거나 모략에 걸려' 배신자로 전락한다고 강조하고 있다. 『로동신문』, 2006. 1. 20. 북한이 2005년 말부터 국제사회의 식량지원을 거부하고 개성공단에 국가보위부 감시국을 신설하는 등의 조치를 취한 것도 그동안 남한과 국제사회의 대북지원과 교류가 북한사회에 미친 영향을 반증해 주는 사례들이라고 볼 수 있다. 『조선일보』, 2006. 2. 13. 현성일, 『북한의 국가전략과 간부정책의 변화

북한 관료문화의 다양한 변화요인의 핵심은 국가경제의 실패와 이에 따른 정치적 사회질서의 이완현상이라고 할 수 있다. 이러한 상황에서 일반인민과 관료들의 사고방식의 변화는 각자가 처한 환경에 따라 일정한 정도의 차이가 존재함에도 불구하고 변화의 양상은 동질적이다. 국가와 체제를 보위해야 하는 관료적 신분과 생존을 위한 인민적 삶의 경계에서 먹고사는 문제의 해결은 매우 직접적인 생활과 사고방식의 전환을 가져온다. 정치적 사회질서의 이완에 따른 관료권위의 저하, 지위를 이용한 일탈적 관료문화의 확산, 통치 이데올로기의 한계 등은 북한 관료문화의 변화된 그리고 변화하고 있는 다양한 양상을 보여 주고 있다.

1. 정치 문화적 요인

일찍이 트로츠키(Leon Trotsky, 1937)로부터 질라스(Millovan Djilas, 1957), 젤리니(Ivan Szelenyi, 1978) 등은 공산당의 권력과 권위는 생산수단에 대한 사실상의 당 소유, 재화와 취업기회에 대한 조직화된 독점에 기초해 있다고 강조한 바 있다. 이러한 견해에 따르면, 당의 권위(party authority)라는 것은 주민들이 물질적 필요의 충족과 취업기회를 보장받기 위해 관료들에 대해 의존관계를 형성하고 있는 것에 기초해 있다. 이러한 주민들의 의존현상은 필요의 충족을 위해 다른 대안적인 자원을 지니지 못하고, 간부층들이 주민

에 관한 연구』, pp.179 - 180 재인용.

들의 요구들을 충족시킬 수 있을 때 발생한다. 하지만 관료들이 지니는 그들의 하급자들에 대한 보상능력이 쇠퇴할 경우와 주민들이 그들의 필요를 충족하기 위해 대안적인 자원을 이용할 수 있을 경우에는, 그 의존 관계가 약화된다. 대표적으로 공식적인 1차 경제를 벗어난 2차 경제 영역이 성장하면, 비공식적인 대안적인 수입원이 주민들에게 만들어지기 때문에 주민들의 국가나 관료들에 대한 의존 정도가 약해지는 것이다.[76]

한편 몬티아스(J. M. Montias)에 따르면 경제 행위자가 상부로부터 주어지는 목표를 효율적으로 달성하도록 유도하기 위한 인센티브구조는 다음과 같은 세 가지 전제조건을 만족시켜야 한다.[77] 첫째, 경제행위의 결과에 대한 보상을 받는 행위자는 보상 대상이 되는 행위의 선택을 통해 결과에 영향을 미칠 수 있어야 한다. 둘째, 상부의 지시자는 행위자에 의해 적합한 경제행위가 이루어졌는지의 여부를 점검할 수 있어야 한다. 셋째, 행위자에게 있어서 지시자로부터 주어지는 인센티브로서의 보상이 행위를 제약할 정도로 충분(여타 사회구성원과의 상대적 보상 수준 및 절대적 보상수준에 있어서)하다고 인식되어야 한다.

인센티브구조의 유효성과 새로운 구조의 형성 가능성은 몬티아스

76) Andrew G. Walder, "The decline of communist power: Elements of theory of institutional change", *Theory and Society* Vol.23/2, April 1994, pp.303 – 305; 정세진, 『북한의 이차경제와 지배구조의 변화에 관한 연구』, p.137 재인용.

77) J. M. Montias, *The Structure of Economic Systems*(New Heaven: Yale University Press, 1976); 오승렬, 『북한경제의 변화와 인센티브구조: 비공식부문의 확산에 따른 개혁전망』(서울: 통일연구원, 1999), p.66 재인용.

의 전제조건을 한 체제가 가지고 있는 정보유통(information flow) 및 거래비용(transaction cost) 관련 특성들이 어느 정도 충족시킬 수 있느냐에 따라 변화할 수 있다. 여기에서 정보 유통적 측면과 거래비용은 서로 연관되어 있는 부분과 상호 독립적인 부분을 가지고 있다. 즉 거래비용은 경제 행위자가 획득할 수 있는 정보의 양과 반비례 관계에 놓여 있는 한편 정보의 양과는 관계없는 법·제도에 의해 영향을 받을 수도 있다. 동태적 측면에서 본다면 경제체제의 외부 또는 내부 여건이나 정책 변화에 따라 정보유통체계 및 거래비용의 급격한 변화가 발생하는 경우, 몬티아스의 효율적 인센티브구조의 전제 조건들에 심각한 영향을 미침으로써 기존의 인센티브구조가 제대로 작용할 수 없는 상황을 초래할 수 있다.

기존 인센티브구조의 효율성은 과도기에 있어서 중간관리자의 역할과 기능에 따라 급속히 저하될 수도 있으며, 어느 정도 작용을 지속할 수도 있다. 기존의 인센티브구조의 효율성에 가장 치명적인 것은 경제 환경의 변화에 따라 과거에는 지시자와 이해관계를 같이 했던 중간관리자가 입장을 바꾸어 행위자(피지시자)와 밀착하는 경우이다. 이와 같은 상황이 발생할 경우, 정보의 비대칭성으로부터 나타나는 중앙의 지시자와 행위자 간의 주인-대리인(principal-agent) 문제는 매우 심각한 양상을 보이게 되며 일종의 도덕적 해이(moral hazard)가 전체 체제에 만연하게 됨으로써 기존의 인센티브구조는 그 기능을 상실하게 된다.

북한의 경우 1990년대 비공식부문 경제의 확산은 정보의 흐름과 거래비용 변화를 통해 기존 인센티브구조의 기능을 와해시키는 결과를 낳았다. 앞에 거론한 몬티아스의 효율적 인센티브구조가 갖추어야 할 조건과 관련하여 북한경제는 다음과 같은 상황에 직면하게 되었다. 첫째, 북한경제의 극심한 생산원자재 및 에너지 부족현상과 이로 인한 비공식 부문 경제의 확산과 계획부문 경제의 위축은 행위자의 노력 여하와는 상관없이 부진한 생산실적을 초래함으로써 인센티브구조는 존재이유를 상실하게 되었다. 둘째, 중앙계획당국을 포함한 관리자는 피지시자가 목표를 달성하기 위해 투입한 노력 등 행위양태를 점검할 수 있어야 하지만, 극심한 경제난으로 인한 생산여건의 불확실성과 비공식부문 경제의 확산에 따른 주민 이동 등에 관한 정보 획득의 한계성으로 인해 그 기능이 상실되었다. 셋째, 비공식부문 경제의 확산으로 북한주민은 개인부업 및 합법·불법적 상거래 행위 종사 등 다양한 선택의 기회를 가지게 되었으며, 이로 인해 노동의 상대적 기회비용이 상승하였고, 공식부문 경제에서 노력의 대가로 지불하는 보상수준은 인센티브로서의 기능을 상실하게 되었다.

한편 부족현상의 악화와 비공식부문 경제의 확산으로 인해 중간관리자에 대한 인센티브구조 역시 그 기능을 상실하게 되었으며, 중간관리자와 지역주민 또는 조직의 일반구성원의 이해관계가 일치하게 됨으로써 상호 담합하게 되는 주인-대리인 문제의 도덕적 해이 현상이 보편적 현상으로 나타나게 되었다. 결국 1990년대에 북한경제가 직면했던 극심한 부족현상과 비공식부문 경제의 확산은 경제운영기제의 불확실성을 증폭시킴으로써 기존의 인센티브구조를 와해시켰으며, 이는 정치적·경제적 체제유지 비용의 급격한 상승을 가져왔으며, 북한이 경제정책 및 제도의 측면에서 현상적 변화를 수용하지 않을 수 없는 상황을 초래한 것이다.[78]

1) 사회주의적 관료문화의 변화

(1) 전통적 사회주의 가치의식의 변화

북한을 비롯한 사회주의국가들의 일반적 사회의식의 하나는 국가의존적 사고방식이 지배적이라는 점이다. 이것은 국가가 모든 생산수단을 장악하고 일방적 계획에 따라서 주민들을 노동에 동원하고 그에 대한 보상으로 직장을 배분하고 생필품 배급을 지급하는 제도에서 살고 있기 때문에 형성된 사회의식이며 국가가 의도한 방향이기도 하다. 각 개인에게는 계획을 하거나 생산수단을 처분할 수 있는 권리가 없기 때문에 주도적으로 계획을 하거나 창의력을 발휘할 여지가 배제되어 있는 셈이다. 창의력을 발휘하여 계획하는 것은 고위간부의 몫으로만 남겨져 있으며 개인들이 이러한 역할에 참여하는 것은 금지되어 있는 셈이다.

북한 관료들의 개인적 차원에서 사회주의란 국가가 모든 것을 결정하고 집행하며 관료들 개인들은 이에 따르기만 하면 되는 것이다. 그래서 북한의 중요한 정치구호의 하나는 "당이 결심하면 우리는 한다."이다. 사회주의는 곧 국가 의존적 의식을 형성한 것으로 볼 수 있다.

---

78) 오승렬, 『북한경제의 변화와 인센티브구조: 비공식부문의 확산에 따른 개혁전망』, pp.66 - 69.

그런데 배급이 중단된 상황에서는 과거의 국가 의존적 의식이 이제는 스스로 생존하는 자구책을 도모할 수밖에 없다는 인식으로 변화하고 있다. 경제난 이후 관료의식의 변화 중에서 괄목할 만한 것은 생계를 국가의 배급에 의존하는 등의 국가 의존적 의식을 버리고 스스로 생계를 책임질 수밖에 없다는 생각을 하게 된 것이다.

이것이 의미하는 바는 국가가 관료들에 대한 통제적 명분이 약화되었음을 의미하며 관료들의 국가에 대한 의존도와 신뢰도가 떨어지고 있음을 뜻한다. 또한 관료들의 일상생활이 국가가 책임지던 경제 부분을 보상하기 위하여 집단주의적 정치생활 중심에서 경제생활 중심으로 전환되어 가고 있음을 의미한다.[79]

개인의 사유재산이 허용되지 않고 생산수단이 국유화되어 있는 사회에서 경제적인 측면의 노동동원을 위하여 집단주의 이념이 필요하며, 수령에 대한 우상숭배를 위하여 정치적인 동원을 위해서도 집단주의 이념이 필요하다. 인간의 보편적인 본질과는 거리가 멀지만 북한체제를 위한 사상교육의 핵심의 하나가 집단주의이다.

집단주의가 북한 사회주의의 핵심 규범이라면 집단주의가 무너지고 개인주의가 성행하고 있는 북한에서 사회주의는 핵심적인 규범을 침식당하고 있다고 볼 수 있는 것이다.[80]

따라서 이러한 모습은 과거 김일성·김정일 중심의 공동체적 집

---

79) 서재진, 『7·1조치 이후 북한의 체제 변화: 아래로부터의 시장사회주의화 개혁』, pp.106 - 107 참고.

80) 서재진, 『7·1조치 이후 북한의 체제 변화: 아래로부터의 시장사회주의화 개혁』, p.112.

단주의 가치관에서 상대적·주관적인 개인주의 가치관으로 변화하고 있다고 볼 수 있다.

〈표 5-2〉 북한의 식량 수급량 추이

(단위: 만 톤)

연도	1992	1993	1994	1995	1996	1997	1998	1999	2000	2001	2002	2003	2004	2005	2006	2007	2008
수요량	650	658	667	620	618	617	583	591	606	613	626	632	639	645	651	650	650
생산량	443	427	388	413	345	369	349	389	422	359	395	413	425	431	454	448	401

출처: 통일부 통일교육원, 『북한이해 2008』(서울: 통일부 통일교육원, 2008), p.142.

<표 5-2>와 같이 1990년대를 통해 지속적으로 심화되어 온 식량난은 북한 관료들로 하여금 국가와 사회, 집단과 인민보다는 개인과 가족 위주의 가치관, 정치·사상보다는 돈과 물질 위주의 가치관을 형성케 한 것이다. 이와 같은 가치관 변화에 있어 촉진 요인으로 작용한 것은 공식 배급체계의 붕괴와 이에 따른 장마당의 활성화와 식량구입을 위한 주민 이동량의 급증이다. 공식 배급체계가 붕괴됨에 따라 가부장적 국가관에 바탕을 둔 통치이데올로기의 정당성 상실과 함께 사회통제가 느슨해졌으며, 장마당이 활성화되고 주민 이동량이 급증함에 따라 관료들 간 상호 접촉 및 정보교환 증대라는 파급현상을 낳음으로써 북한 관료들 사이에 가치관의 변화가 확산, 심화되어 갔다는 것이다. 또한 이와 같은 관료들의 가치관 변화는 식량난이 심화됨에 따라 북한 전역으로 확산된 관료적 일탈 내지 비사회주의적 행위에 대한 인식에 있어서도 변화를 초래하였다.[81]

(2) 집단주의 문화에서 개인주의 문화로의 변화

북한 관료들은 겉으로는 집단주의를 더 강하게 부르짖지만 실질적으로는 개인주의가 매우 심할 수밖에 없다. 그 이유는 무엇보다도 생존을 유지하는 데 필요한 재화가 부족하기 때문이다.

북한의 중공업 중심의 경제노선은 산업구조를 일정한 위계적인 자원 배분 구조로 만들어 놓았고, 이 속에서 계획경제의 관료적 과정은 위계화된 자원 배분을 교통 정리하는 수많은 관료적 담합과 흥정으로 점철되어 있었다. 관료들이 행하는 정치자본의 유지와 확장은 계획경제의 문제를 수습하는 관료적 상호호혜와 자신의 지위를 보존하기 위한 관료 간의 담합과 공생의 질서를 의미했다.[82]

계획체제에서 기업은 국가가 정한 임무를 수행할 뿐 독자적인 목표를 갖지 못한다. 기업과 직공들은 근본적으로 적극성을 가질 수 없고, 따라서 계획체제는 비용절감, 품목개발, 품질이나 기술의 개발 등에서도 효율적이지 못하다. 기업은 국가의 부속물로서 존재하였고, 그리고 개인도 이른바 단위체제에 갇혀 있었다. 실제 모든 사람들은 집단농장과 단위체제에 편입됨으로써 자신의 고유한 영역을 대부분 상실하게 되었다. 그렇지만 동시에 기업수준에서 공고한 배타적 집단주의가 성립되었다. 그것은 국가와 기업 사이에는 정보소유의 불균형이 존재하기 때문이다. 국가는 기업이 제공하는 정보에 근거하여 업무를 할당해야 하는데, 이 경우 동기부여를 통한 계획의

---

81) 임순희, 『북한 새 세대의 가치관 변화와 전망』(서울: 통일연구원, 2006), pp.124 – 125 참고.
82) 홍민, 『북한의 사회주의 도덕경제와 마을체제』, p.132.

달성이라는 측면에서 보면 정보와 동기부여 사이에 모순이 생길 수밖에 없다. 따라서 국가의 입장에서 보면 기업 경영자와 근로자 사이의 담합에 효과적으로 대응하기 어렵게 된다. 그 결과 집단농장과 단위체제는 국가를 포함한 외부로부터 스스로를 구분하고 보호하고자 하는 내부적 결속과 담합구조가 존재하였다.[83]

한편 북한 관료들은 공식부문과 관련된 경제활동에 있어 아주 소극적이다. 집단주의적 가치가 개인주의적 가치로 바뀌어 공적인 이익은 소홀히 하고 사적인 이익을 더 강하게 추구하려고 하되, 이 과정에서 갖가지 불법적 행위를 자행하게 된다. 국가를 위한 일은 게을리 하고 사적 이익 추구에 열중하며 부정한 방법으로 생활을 향상시키고자 하는 열망이 개인주의적 행위를 심화시키는 것이다.[84]

"개인주의, 이기주의는 집단주의정신을 마비시키고 공산주의원칙을 구현하지 못하게 하는 주되는 장애물이다. 개인주의, 이기주의는 다른 사람은 어떻게 되건 말건 오직 자기 개인만을 생각하고 자기의 이익을 위하여서는 남을 희생시키는 것도 서슴지 않는 자본주의적사상잔재로서 공산주의사상과 인연이 없다."[85]

개인주의는 공적부문의 인력투입을 억제함으로써 이 부문의 경제

---

83) 김영진 · 배정한 · 이상준 · 장덕준, 『탈사회주의체제전환과 문화』, pp.39 - 40.

84) 서재진, 『북한 주민들의 가치의식 변화: 소련 및 동구와의 비교연구』(서울: 민족통일연구원, 1994), p.53.

85) 김려현, "'하나는 전체를 위하여, 전체는 하나를 위하여'라는 공산주의원칙을 철저히 구현하는것은 우리 식 사회주의의 우월성을 높이 발양시키기 위한 중요과업", 『근로자』 1991년 제5호, p.25.

를 더욱더 위축시키고 있다. 북한의 대부분 경제활동이 당면한 식량난을 극복하는 데 집중되어 있으며, 식량난 해결을 위해서는 수단과 방법을 가리지 않고 있다. 식량이나 먹을거리가 배분되는 곳을 찾아 헤매는 상황이 항상 연출되고 있기 때문에 계획경제부문의 식량증대를 위한 인력 투입이 낭비됨으로써 공식부문의 경제를 더욱 위축시킬 것이다.

개인주의는 동시에 배금주의를 동반하고 있다. 암시장 거래를 통해 소득을 형성시키게 됨으로써 돈에 대한 북한 관료들의 의식을 바꿀 것으로 예상된다.[86)]

돈이 있어야 개인적인 욕구와 사회적인 욕망을 충족시킬 수 있다는 인식을 갖게 함으로써 돈 버는 것에 전력투구하게 하는 것이다. 남녀 간에 배우자를 선택할 때도 이전에는 정치적인 토대를 중시했으나 지금은 재산을 중시하게 되었다는 이야기는 배금주의 사상을 단적으로 보여 주고 있다.[87)]

<표 5-3>는 집단주의 등이 북한체제에서 추구하여야 할 가치이지만 현실적으로 개인주의 등 비공식적 가치가 중요시되고 있다.

---

86) 김영윤, "북한 암시장의 경제·사회적 영향", 『통일연구논총』 제6권 1호(서울: 민족통일연구원, 1997), p.213 참고.
87) 서재진, 『또 하나의 북한사회』(서울: 나남, 1995), p.289.

<표 5-3> 선호되는 가치/배척되는 가치

선호되는 가치(공식적 가치)	배척되는 가치(비공식적 가치)
집단주의적 인간(동지, 사랑, 협동) 개인감정보다 조국과 당을 위하는 감정 조국의 품에 살아가는 행복 조국과 당의 온정에 감사하는 태도 당을 어머니 품으로 생각하는 태도 사회정치적 생명을 가진 사람 사회주의적 대가정, 화목한 대가정 충, 효, 지, 인, 용(忠, 孝, 智, 仁, 勇) 자주적 생명, 주체형의 인간관, 사회주의적 세계관 위대한 수령을 모시는 생활, 정신적 기쁨 혁명과 건설의 주인적 태도, 혁명적 낙관주의 공산주의적 사상, 정신적 풍모를 갖춘 사람	개인주의, 이기주의적 인생관 한 푼의 양심도 없는 사람 집단 이익보다 자기 이익을 더 갖는 사람 당의 기대를 저버린 사람 종파분자, 이색분자, 지방주의자 형식, 요령, 보신주의자 안일과 해이(무사안일) 냉랭한 이성, 심장이 무딘 사람 육체적 쾌락, 퇴폐적 문화 숙명론, 염세주의 관료주의, 세도부리기 수정주의, 자유주의, 사대주의 행정식, 명령식, 호령식

출처: 우정, 『북한사회 구성론』(서울: 진솔북스, 2000), p.405.

2) '실리 사회주의'와 행위양식의 변화

북한 사회에는 실질적인 변화 조짐이 나타나고 있는데 그 주요 동인은 경제난이다.

국가차원에서 통제수단이었던 배급제도 및 정보통제수단이 약화되고 있고, 개인의 이익과 가치를 실현시키지 못함으로써 민심이반, 탈북자, 암시장 및 2차 경제, 부정부패, 범죄 등 사회일탈현상이 급속히 증가하고 있다. 군부에서까지 일탈현상이 발생하고 있는 것으로 알려지고 있다. 또한 경제침체를 해소하고 외화획득을 목적으로 부분적인 개혁 개방정책은 외부세계의 정보와 자본주의 문화의 유입을 가져왔으며, 이는 북한 관료들의 사적 자율화 의식을 증대시키는 결과를 가져왔다. 물론 이러한 일탈현상들이 반드시 체제의 위기를 가져오거나 지속시키는 것은 아니다. 체제저항적인 측면도 있지만 물질주의적 실용주의에 가깝다고 볼 수 있다.

<표 5-4> 북한의 주요 경제지표

구분/연도	1994	1995	1996	1997	1998	1999	2000	2001	2002	2003	2004	2005	2006
명목GNI/ 조원 (억 달러)	17.0 (212)	17.2 (223)	17.3 (214)	16.8 (177)	17.6 (126)	18.7 (158)	19.0 (168)	20.3 (157)	21.3 (170)	21.9 (184)	23.8 (208)	24.8 (242)	24.5 (256)
1인당GNI/ 만 원(달러)	79.7 (992)	79.7 (1,034)	79.6 (989)	77.1 (811)	80.2 (573)	84.9 (714)	85.6 (757)	91.2 (706)	95.4 (762)	97.4 (818)	104.7 (914)	108.1 (1,056)	105.8 (1,108)
경제성장률 (%)	-2.1	-4.1	-3.6	-6.3	-1.1	6.2	1.3	3.7	1.2	1.8	2.2	3.8	-1.1
무역총액 (억 달러)	21.1	20.5	19.8	21.8	14.4	14.8	19.7	22.7	22.6	23.9	28.6	30.0	30.0
수출	8.4	7.4	7.3	9.1	5.6	5.2	5.6	6.5	7.3	7.8	10.2	10.0	9.5
수입	12.7	13.1	12.5	12.7	8.8	9.6	14.1	16.2	15.3	16.1	18.4	20.0	20.5

자료: 한국은행, 남북한의 주요경제지표 비교(http://www.bok.or.kr).

<표 5-4>에서 보듯이 완충기[88) 동안 북한의 경제성장률은 1994년의 -2.1%에서 1997년 -6.3%에 이르기까지 심각한 후퇴를 하였다. 완충기는 북한에서 그동안 표출되지 않았던 사회주의 계획경

---

88) 북한의 제3차 7개년계획(1987-1993) 후 1994-1996의 완충기를 말한다.

제의 문제점이 전면에 등장하기 시작하였다. 이 시기 북한의 계획경제 부문은 심각하게 위축되었고, 지하 암시장의 등장, 탈북자의 증가 등 체제 위기요인이 극대화되어 나타나기 시작했다. 식량배급체제는 1995년부터 붕괴되어 평안북도와 함경남북도 등 평양에서 먼 지역부터 먼저 배급이 끊겼다. 이 때문에 평양과 그 외 지역의 지역적 격차는 더욱 심해졌다.

이 시기는 가장 어려운 시기로서, 이른바 '고난의 행군'이라고 불렸다. 이 시기에 북한 경제는 지속적으로 마이너스 성장을 했으며, 공장 가동률도 20~30%로 하락하여 사실상 중앙계획체계가 붕괴한 것으로 볼 수 있다. 또한 농업과 경공업의 부진으로 인하여 국가가 주민에게 식량과 소비재를 공급할 수 없게 됨에 따라, 국가배급제가 사실상 붕괴했다. 이와 함께 2차 경제가 급속하게 성장했다.

그러나 1998년 하반기부터 극심한 경제적 위기를 벗어난 것으로 보인다. 1997년 10월 8일 김정일의 노동당 총비서 취임, 1998년 강성대국 건설 주장과 헌법을 개정하는 등 북한의 정책 노선에 일련의 변화가 나타났다. 물론 1998년의 경제성장이 전년도에 비해 다소 완화되었지만, 이는 국제사회의 원조와 식량지원 등으로 완화된 것이지 북한 경제의 활력 때문은 아니다. 하지만 1999년 이후부터는 경제상황이 호전되어 플러스의 성장률을 보여 주고 있다. 이때부터 모든 부문에서 생산을 정상화하고, 경제 사업에서 실리 보장을 강조하고, 중앙집권적 통일적 지도를 더욱 강화하는 노력을 기울였다. 1999년 4월 인민경제계획법, 2000년 1월과 9월의 연합기업소 체계의 개편 및 복구시도, 2000년 후반기의 '새로운 국가예산 수납

체계', 2002년 '7·1경제관리개선' 등 구체적 정책으로 나타났다.[89]

북한의 7·1조치는 암시장 경제를 통제하고 이를 공식부문으로 양성화하고자 하는 의도에서 취해진 조치라고 볼 수 있는데, 이 같은 조치가 북한 사회의 변화를 더욱 촉진시키고 있는 것이다.

전반적으로 북한 사회의 변화패턴을 보면 제도는 자본주의화 경향을 보이고 있고, 관료들의 의식과 행위양식은 시장주의적 실상에 적응하려는 실리적 개인주의 자구책에 의존하고 있다고 볼 수 있다.

2. 관료제적 요인

1) 당 - 국가체제 이완과 국가역량 약화

(1) 당 - 국가체제의 약화

사회주의적 지배구조의 특성을 고려할 때 1990년대 이후 북한의 사회주의적 지배관계를 뒷받침해 왔던 중앙계획경제의 침식과정은 바로 기존의 당 - 국가체제에서의 지배관계를 변형하면서 새로운 변화를 가져왔던 것이다.[90] 즉 북한의 계속되는 경제침체는 계획경제

---

89) 박형중, "부분개혁체계의 출범, 난파와 복구: 1980년대 중반부터 2000년대 초반까지의 북한경제", 『북한 60년의 재조명: 경제분야를 중심으로』(제4회 고려대학교 북한학연구소 정기세미나, 2002. 11. 8); 배성인, "김정일 정권의 위기극복을 위한 정치담론과 담론의 정치", 『통일정책연구』 제12권 2호(서울: 통일연구원, 2003), pp.195 - 196 참조.

90) 정세진, "전환기 북한의 '계획경제' 침식에 따른 사회주의적 지배구조의 약화", 『한국정치학회보』 제34집 2호(2001), pp.214 - 215. 계획경제의 침식은 하부단위의 중앙에 대한 의존관계, 간부층의 상부에 대한 의존관계, 주민층의 국가나 당에 대한 의존관계 그리고 전통적인 수령제 지배구조를 변화시킴으로써 사회주의체제의 제도적인 정치관

의 약화를 가져오고 동시에 계획경제로부터의 이탈을 증가시키게 된다는 것이다. 이 과정에서 사회주의적 지배구조의 제도적 기반이 현저히 약화되는 현상을 초래하였다.91)

1990년대 북한의 경제난은 북한 당국이 사용할 수 있는 자원과 수단을 현저히 감소시켰다. 이러한 점에서 북한의 역사에서 1990년대 계획경제의 침식은 중요한 변화를 뜻한다. 우선 경제난 때문에 권력중앙에 집중되는 경제잉여의 양이 축소됨에 따라, 중앙계획경제를 유지시키는 데 필요한 당국의 재정과 자원이 고갈되었다. 국가가 공장 기업소, 그리고 간부와 주민에게 경영과 생존에 필요한 자원을 충분히 제공할 수 없게 됨으로써 국가는 공장 기업소, 간부, 주민 등의 일상적인 활동을 과거와 같은 수준에서 통제할 수 없게 되었다. 이와 함께 국가부문 바깥에서 비공식 경제가 광범위하게 확산되었다.92)

이러한 상황은 북한 당국이 하부장악 능력에 심대한 영향을 끼쳤다. 국가내부에서의 복종과 규율의 관계, 간부와 일반주민 사이에서의 복종과 규율관계에서 의미 있는 변화가 일어났다. 우선 북한 당국의 중간간부층에 대한 통제력이 감소되었다. 경제난에 따라 국가의 자원공급 능력이 제한됨으로써 북한당국이 중간간부의 특권을 보장해 주는 한편 그를 통해 복종과 규율을 확보하는 체계가 붕괴했기 때문이다.

계의 기초를 변화시켜 나갈 계기가 마련된다고 한다.

91) 강성종, 『북한의 강성대국 건설전략』, p.95.

92) 박형중, 『90년대 북한체제의 위기와 변화』(서울: 통일연구원, 1997), pp.5 – 9.

북한의 계획경제의 두 축은 첫째, 공업생산에서의 '계획의 세부화 원칙'[93]이며, 둘째, 주민에 대한 소비품 공급에서의 국영상업망을 통한 배급제이다. 1990년대 북한의 경제난은 이러한 계획경제 원칙을 완전히 형해화하였다. 이렇게 되면 중앙권력이 공장 기업소, 그리고 일반 주민들의 활동을 통제할 수 없게 된다. 특히 중앙자재공급 체계의 붕괴에 따라 북한은 지방의 자립을 강요하고 있다. 과거에는 중앙의 통제하에 지방공업의 육성이 강조되었지만, 중앙의 통제가 불가능한 상황에서 정부가 지방기관으로 경제적 권한을 대폭 넘기면서 도·시·군의 지방행정 단위와 지방산업 공장들이 자구책을 모색하도록 촉구하였다. 즉 경제난과 식량난이 악화된 1990년대에 지역 분산적, 지역 분권적 자력갱생체제를 강조함으로써 변화된 환경에 적응하고자 하는 것이었다.[94]

북한의 사회주의적 지배구조의 제도적 기반의 약화 현상의 가장 큰 원인은 정치적 통제수단으로 권력행사의 지렛대로 활용되었던 배급제와 자재공급체계의 마비에 있다. 북한은 배급제를 통해 식량 및 소비재를 효율적으로 통제하여 분배함으로써 주민에 대한 통제 시스템이 작동될 수 있었다. 그리고 지위와 정치적 공적에 따라 배급량을 차등적으로 분배함으로써 간부들의 충성심을 유도할 수 있었다. 이는 위계적인 당 관료 조직을 통한 하부단위들에 대한 통제

---

93) 계획의 세부화는 인민경제의 모든 부문, 모든 단위에서 경제활동과 생산의 모든 요소들을 구체적으로 세부에 이르기까지 맞물리게 하는 것을 목표로 한다. 사회과학출판사 편, 『위대한 수령 김일성 동지의 경제리론해설』(평양, 사회과학출판사, 1975), pp.61 – 71.

94) 김병로, 『북한의 지역자립체제』(서울: 통일연구원, 1999), pp.44 – 51.

의 근간이 되어 왔다. 하지만 국가의 공식적인 배급제가 붕괴됨에 따라 이러한 전통적인 가부장적 사회주의 지배구조의 제도적 기반들이 약화되었다.

이러한 경향은 당 - 국가체제의 조직상의 통합도도 약화시키고 있다. 사회주의체제의 당 - 국가 위계체제는 상하급 관료들 사이의 의존관계, 당 - 국가 기구 내에서 하부단위의 상급단위에 대한 의존관계로 특징지어져 왔다. 하지만 계획경제의 약화는 사회주의적 지배구조를 변화시키고 있다. 이와 같이 국가가 주민들의 기본적인 물질적 필요를 충족시키지 못한 상황에서 주민들의 국가 간부에 대한 가부장적 의존관계는 현저히 약화될 수밖에 없다. 이는 국가 통제력의 저하로 연결된다.95) 결국 북한 계획경제의 침체는 국영상업망의 붕괴, 공식적인 국가배급제, 그리고 암시장의 확산을 가져왔다. 1990년대 북한이 직면했던 이러한 경제현실은 결국 당 - 국가체제의 통제수단과 능력을 현저히 하락시켰으며, 국가규제의 형해화, 공적 영역의 공동화가 심화됨으로써 국가제도 체계의 기능저하가 나타났던 것이다. 강행적 추격발전을 통해 어느 정도의 성과를 이루었던 북한의 계획경제의 침체는 사회주의 지배관계에도 영향을 주고 결국 총체적인 국가능력의 약화라는 결과를 가져올 수밖에 없게 된다.96)

---

95) 비공식 경제와 관련하여 나타나는 사회주의사회의 특징에 대해서는 서재진, 『또 하나의 북한사회』, pp.271 - 343.

96) 강성종, 『북한의 강성대국 건설전략』, pp.95 - 97.

(2) 국가역량의 총체적 약화

실제로 현실 사회주의국가들은 계획경제의 문제점을 극복하기 위해 여러 가지 개혁적 조치들을 단행하지만, 소기의 목적을 달성하지 못한다. 그 결과 당 – 국가체제에 대한 신뢰도가 떨어지고 가부장적 관계에 의존하지 않아도 될 새로운 대안이 나타나게 됨으로써 관료 및 주민들의 충성과 순응은 물론 감시체계도 약화되게 된다.

자본주의국가와 비교했을 때 강력하게 보이는 당 – 국가체제의 국가능력도 계획경제의 내재적 모순으로 인해 발생하는 문제를 훼손할 수밖에 없다. 이를 위해 여러 가지 조치를 취하게 되지만, 그 결과 사회주의 지배구조의 변화를 수반하게 된다. 이런 지배구조의 변화는 국가자율성을 제약하게 되고 총체적인 국가능력은 이전과 같은 상태로 회복되기 어렵게 되는 것이다.[97]

경제난으로 인해 국가 기능뿐만 아니라 당의 기능 역시 크게 약화되었다. 1996년 12월 김정일은 "식량난으로 무정부상태가 되고 있으며, 당 조직들이 맥을 추지 못하고 당사업이 잘되지 않아 사회주의건설에서 직지 않은 혼란이 조성되고 있다며 당중앙위원회를 비롯해 당 조직과 당원들을 신랄하게 비판"하고 있다.[98]

당 기능의 약화 현상은 중앙당에서 지방당으로 내려갈수록 더 심했을 것이다. 요컨대 경제위기가 당과 국가의 기능 약화와 주민들의 사상적 동요 등 정치적 · 사상적 위기로 파급되고 있었던 것이다.

---

97) 이무철, "북한의 국가능력 약화와 분권화 가능성", p.166.
98) 김정일, "우리는 지금 식량사정 때문에 무정부 상태가 되고 있다.", 『월간조선』, p.308.

때문에 김정일은 "현 시기 경제문제는 우리 혁명과 사회주의의 운명, 나라의 흥망과 관련되는 사활적인 문제"라고 지적하였다.[99]

북한은 1990년대 이후 지속된 경제침체와 자연재해로 인한 식량난이 겹치면서 새로운 경제계획을 수립할 수 없을 정도의 위기상황에 직면했던 것이다. 심화된 경제위기는 배급제 및 자재공급체계의 마비로 인한 자원의 재분배 기능의 쇠퇴로 이어져 계획수립에 필요한 자원조달을 어렵게 만들어 경제위기를 더욱 심화시키고 있는 상황이다. 따라서 국가의 자원 추출 능력은 현저히 약화되어 있다고 평가할 수 있다.

이러한 국가의 자원추출 및 재분배 능력의 약화는 세 가지 중요한 결과를 초래하고 있다.[100] 첫째, 전체적인 사회경제적 발전을 관리, 조정하는 국가의 조정능력이 약화되고 있다는 점이다. 계획경제의 내재적 모순으로 인한 장기적 경제침체와 사회주의권의 붕괴, 그리고 식량난으로 계획기능이 현저히 약화된 상태다. 따라서 현재 전체적인 사회·경제적인 발전을 관리 조정한다는 것은 북한에게 있어 힘든 과제가 되고 있다. 둘째, 정당화 능력의 약화다. 식량난이 겹친 북한의 경제위기의 결과로 국가에 아무것도 기대할 수 없는 상황이 형성되면서 국가의 이데올로기적 경제적 정당성은 상실될 수밖에 없게 된다. 셋째, 중앙이 일반적인 권위나 통제력이 약화되면서 상대적으로 지방단위의 자율성이 증대되고 있다. 경제위기로

---

99) 리기성, "위대한 령도자 김정일동지께서 밝히신 현 시기 경제운영 방향과 자립적 민족 경제 잠재력의 옳은 리용", 『경제연구』 1997년 제4호, p.3.

100) 이무철, "북한의 국가능력 약화와 분권화 가능성", pp.178 - 179.

인한 불가피한 조치로 지방에 많은 경제적 권한을 이양한 것이었다 지만, 지방단위에서 자구적 노력을 취하는 과정에서 당－국가에 대한 자율성이 확대되고 더 많은 자율성을 요구하게 될 것이다. 결국 북한의 경제위기는 당－국가체제에 대한 신뢰도를 떨어뜨리고, 관료 및 주민들의 충성심과 순응은 물론 감시체계의 약화도 가져오고 있다. 이러한 국가능력의 약화를 해결하기 위해 북한도 여러 가지 조치를 취하지만, 사회주의적 지배구조와 총체적인 국가능력을 이전과 같은 상태로 회복하기는 어려운 상황이 전개되었다.101)

결과적으로 '고난의 행군'이 시작된 1990년대는 중앙정부 차원의 위기는 물론 북한 사회 전반의 재구조화 및 당－국가체제의 제도적 기반이 적지 않게 훼손되는 결과를 초래하였다. 즉 국가배급제가 붕괴되면서 북한의 모든 지역, 사회계층, 공장기업소들은 독자적인 생존 가능성을 모색하게 된다. 그 결과로 북한에서는 농민시장이 번성하게 되고, 사회통제 수단과 능력이 저하되었으며 국경이탈자들이 급증한 것이다. 이러한 위기상황에서 사회주의체제의 제도적 기반을 복원하기 위한 새로운 국가전략이 요구되었다.102)

---

101) 1990년대 북한의 장기적·구조적 생존능력 및 국가역량에 대해서는 함택영, "김정일시대 북한의 체제특성과 국가역량", 『김정일체제의 역량과 생존전략』(서울: 경남대 극동문제연구소, 2000), pp.27－69.

102) 강성종, 『북한의 강성대국 건설전략』, pp.97－100.

2) 비사회주의 현상과 관료계층의 변화

(1) 비사회주의 현상

이미 알려진 대로 식량난을 비롯한 경제난이 심화됨에 따라 북한 관료들 사이에 사회적 일탈 내지 '비사회주의적' 행위가 증가하였으며 경제에서의 비공식부문이 활성화됨에 따라 그 속도와 폭을 더해 갔다. 국가생산·공급시스템이 제대로 작동하지 못하게 됨에 따라 종래 국가공급에 의존해 오던 관료들 사이에 당·정 간부 등을 대상으로 한 뇌물수수, 국가소유의 물자 유용 및 거래, 불법 의료행위, 암거래, 밀무역, 식량 전용 및 사적거래 등이 성행하였다.[103]

<표 5-5>와 같이 이런 문제들은 결코 가볍게 볼 수 없는 비사회주의적 현상과 사회적 범죄들이다.

〈표 5-5〉 비사회주의적 현상/사회적 범죄

비사회주의적 현상	자본주의(부르주아)적 사상·문화·유행(생활풍조)의 침투 내지 오염, 조직이탈, 서방식 옷차림, 긴 머리(장발), 쫄대바지 착용, 비디오·카세트테이프 거래, 외국방송 청취, 유언비어 유도, 미신(占), 종교행위 등
사회적 범죄	국가설비 판매, 국가재산 횡령·유용·절취, 국가통제품(송이버섯, 금, 카드뮴)거래, 뇌물수수, 식량전용 및 사적거래, 불법 의료행위, 중국 상품 반입, 밀무역, 암거래, 짐승(소)도살, 아편밀매, 인신매매, 매춘, 강도, 사기, 협잡, 방화, 깡패, 소매치기 등

출처: 윤황, 『북한체제의 지탱력에 관한 분석』(건국대학교 대학원 박사학위논문, 1998), pp.408 -410; 우정, 『북한사회 구성론』(서울: 진솔북스, 2000), p.514를 참고하여 재구성.

---

103) 임순희, 『식량난과 북한여성의 역할 및 의식변화』, pp.27-34 참고.

사회 내부의 불확실성이 높을수록 뇌물이나 연줄이 만연하기 쉽다.[104]

엄격한 사회통제가 가해지는 북한에서 경제난이 사회변화를 야기하는 요인으로 작용하게 하는 구체적인 메커니즘으로 뇌물의 작용에 주목하고자 한다. 북한에서 번성하고 있는 지하경제는 비사회주의 현상으로 규정되어 당국의 집요한 단속의 대상이었는데도 불구하고 단속되지 않고 확산된 것은 공통된 이유가 있다. 뇌물을 중심으로 결탁한 상인과 간부의 공생관계 때문이다. 북한에서 "고이면 움직인다."라는 말이 유행하고 있는데 이는 '물리학의 제2법칙'이라고 불리면서 주민들에 의하여 삶의 지혜로 활용되고 있다고 한다. 중국, 베트남, 북한은 공통적으로 동아시아 국가로서 법치사회가 아니라 인치사회이기 때문에 뇌물을 통한 인맥형성으로 관료주의의 벽을 넘기가 가능한 사회이다.[105]

중요한 변화의 동인은 북한 간부들의 부패이다. 경제난 속에서 북한의 지배 엘리트들의 행위양식 중에서 두드러진 것은 비사회주의적 지하경제에 결탁하여 개인적 사리 추구에 몰두하는 경향이다. 북한의 지배 엘리트들이 광범위하게 뇌물수수에 가담하고 있다는 것은 이미 잘 알려져 있다. 입당, 대학 입학, 직장 배치, 주택 배정,

---

104) 이것을 '부패'로 포괄적 정의를 한다면, "공직에 있는 자가 개인과 관련된 부나 지위를 획득하기 위해 공식임무로부터 일탈하거나 사적인 영향력 행사에 관한 일정한 규칙을 어기는 행위라고 정의"할 수 있으며, "'사적'이라는 것은 개입된 관료 당사자만 의미하는 것이 아니라 가족이나 파벌까지 포함한다.", James C. Scott, *Comparative Political Corruption*(Englewood Cliffs: Prentice-Hall, 1972), p.4; 김성철, 『북한 관료부패 연구』, p.10 재인용.

105) 서재진, "경제난과 사회변화", pp.4-7 참고.

여행증명서 발행 등 대민업무에서 당, 행정관리들이 재량권을 행사할 수 있는 공간이 있는 곳이면 어디나 뇌물이 매개되어 있다고 한다. 심지어 기차표 판매원까지도 뇌물을 받고 기차표를 팔며, 기차에 여행객의 짐을 실어 주는 짐꾼까지도 뇌물을 받아야 여행 짐을 기차에 실어 준다고 한다. 뇌물 없이는 되는 일이 거의 없는 실정이다. 이런 상황에서는 상대적으로 높은 지위와 많은 권한을 가지고 있는 지배 엘리트들은 일상적으로 뇌물을 받음으로써 음성소득을 올리고 있다. 자신의 권한을 이용한 뇌물수수, 자신의 지위를 통해서 동원이 가능한 연줄망을 활용한 사익 추구 등 다양한 유형이 있다. 북한에서 간부들의 뇌물이 만연하여 사형선고 받은 자도 뇌물을 쓰면 살아남으며 처벌을 당하는 사람은 뇌물을 줄 능력이 없는 약한 자들이라는 인식도 팽배하고 있다.[106]

즉 각급 관료들은 자신의 직책을 이용하여 뇌물수수, 암거래, 장사 등을 하거나 상인과 결탁하여 돈 버는 일에 몰두하고 있는 것이다.

개인들은 불확실성을 상쇄할 자기 보존책을 찾기 마련이기 때문이다. 따라서 뇌물과 연줄은 개인의 부도덕함을 넘어 사회의 총체적인 구조가 유인하는 행위라고 할 수 있다. 북한을 포함해 현존했던 사회주의국가들은 체제의 특성으로부터 발생하는 독특한 뇌물과 연줄의 관행을 형성해 왔다. 이 같은 북한의 뇌물과 연줄 형성의 원인을 세 가지 측면에서 살펴 볼 수 있다.[107]

---

106) 김난희(양강도 혜산시 과학기술위원회 국가품질감독원 사무원, 1997년 10월 귀순)의 증언; 서재진, "경제난과 사회변화", pp.7 – 8 재인용.

107) 홍민, 『북한의 사회주의 도덕경제와 마을체제』, pp.283 – 284.

하나는 고도로 집중화된 정치권력의 폐쇄성이다. 당의 유일적인 지배체계 내에서 거대한 몸집의 관료집단들은 위계화된 계선을 통해 쉽게 독점적인 권력을 향유한다. 이러한 독점적 권력은 사회의 모든 부분에 권력형 비리를 잉태할 수 있는 근거를 제공한다.

특히 북한처럼 정권 교체 없이 수령제의 그늘 아래 있던 사회의 경우 부패와 비리는 위와 아래에서 일상적인 문화로 자리를 잡기 쉽다. 수령이라는 초법적 존재의 권력 독점과 친족의 가신을 통한 폐쇄적 통치는 부패에 대한 공적 통제를 더욱 힘들게 하는 배경이 된다. 소수의 엘리트와 당이 독점하는 관료 세계는 합법과 불법의 기준보다는 권력을 추종하기 때문에 도덕적 불감증에 시달리기 마련이다.[108]

둘째, 계획경제에서 발생하는 문제를 봉합하는 과정에서 형성되는 뇌물수수의 문화이다. 계획의 불확실성을 타개하고 목표량을 채우기 위한 각 생산단위의 수평적·수직적 연계는 가장 쉽게 뇌물을 통해 이루어진다. 이는 상층의 권력형 비리부터 중간관료들의 조직이기주의, 횡령은 물론이고 하층의 일반 대중에게도 비리를 일상화시킨다. 이른바 부족의 경제는 부족은 뇌물이나 연줄이 기생할 수 있는 토양을 제공한다.[109]

---

108) 최고지도자와 당의 초법적 권한, 국가와 관료들에 대한 노동력 배치 및 이동 등 직업 기회의 통제, 모든 경제 사업에서 정치사업 우선의 원리 등이 해당된다. 김성철, 『북한 관료부패 연구』, pp.23 - 24.

109) 중공업 우선노선에 따른 일반 인민소비품의 공급 부족, 양적인 목표달성만을 강요하는 생산체계, 방만한 기업 운영을 조장하는 '연성예산제약' 체계, 유통체계의 제도적 미흡, 각종 외화벌이 사업의 관료적 독점 등이 뇌물과 연줄이 만연하는 사회적 배경이 되었다고 볼 수 있다. 김성철, 『북한 관료부패 연구』, pp.26 - 30.

셋째, 사회통제 방식에서 비롯되는 요인이다. 출신성분을 핵심으로 하는 계층 간의 철저한 정치적 구분을 배경으로 이루어지는 뇌물과 연줄의 형성이다. 능력과 노력에 상관없이 출신성분은 사회적 이동과 지위 상승을 가로막는 제약요소이다. 이 출신성분의 문제를 안고 있는 사람들은 한 탈북자의 말에 따르면 '정신적 뇌물'을 바친다고 한다. '정신적 뇌물'은 이른바 열렬한 충성을 통해 끊임없이 자신의 출신성분을 돌파해 보려는 의도에서 비롯된다. 출신성분은 바로 이런 '정신적 뇌물'을 강요하고 바로 체제에 대한 충성과 복종을 자극하는 것이다.

다음으로 북한의 뇌물과 연줄의 유형을 살펴보자. 크게 네 가지로 나눌 수 있다.110) 첫째, '조직형' 뇌물과 연줄이다. 생산목표를 달성하기 위해 관료들과 공장·기업소 관리자들이 연루된 부패이다. 자재가 부족한 상황에서 뇌물공여와 관료들의 일탈은 흔히 발생한다. 생산계획을 수행하기 위해서 상대측 기업소나 공장에 뇌물을 고여야만 생산자재를 다른 기업소 사람들에게 뺏기지 않고 받아올 수 있기 때문이다. 이런 뇌물이나 연줄은 위법이 드러나도 처벌에서 강도가 약하고 관대하게 처리되는 것이 일반적이다.

둘째, 개인 또는 조직을 위한 '보호자'를 만들고 유지하기 위한 '보호대가용' 뇌물과 연줄이다. 조직 또는 기관의 이익을 위해 인적 네트워크, 특히 후원-수혜관계를 형성하려는 경향을 의미한다. 위계적인 공적 라인에서 조직의 활동을 원활히 해 줄 수 있는 보호자

---

110) 홍민, 『북한의 사회주의 도덕경제와 마을체제』, pp.284-286.

를 의미한다. 주로 중앙이나 상급기관에 자신의 활동을 보호하거나 비호해 줄 수 있는 연줄을 만드는 것이다. 생산에 차질이 생길 경우를 비롯해 인사와 관련한 부분에서도 이들 연줄은 조직을 보호하는 역할을 한다. 이 밖에 같은 동향 출신이나 학연으로 느슨하게 묶여지는 비공식적인 집단도 조직의 결속을 위해 공공연하게 형성된다.

셋째, '횡령'에 해당하는 개인 부패이다. 횡령의 종류는 매우 다양하다. 당·정 고위직 관료들에 의한 권력형 횡령이 여기에 해당한다. 공적인 사업비를 불법 지출하는 경우인데, 산하 행정 및 경제 관료들을 은근히 부추기는 형태로 흔히 발생한다. 중하위 관료들은 상급 당·정 관료들의 후원을 받는 것이 자신들의 지위 보존에 유리하기 때문에 이들에게 횡령을 통해 뇌물을 상납한다. 그리고 이런 뇌물은 설사 비리가 노출되더라도 이를 감독하는 사람들이 주로 뇌물 수뢰자들이기 때문에 처벌을 피할 수 있다는 생각에 주저 없이 횡령을 행한다.[111]

넷째, 일종의 '생활형 뇌물'이다. 일상과 관련된 모든 부분을 국가가 통제·관리하기 때문에 발생하는 뇌물수수이다. 당, 행정기관에 속한 관료들이 응당 해 주어야 할 일을 뇌물을 받고 행하는 경

---

111) 몇몇 사례를 보면 가령 협동농장에서 간부들이 담합하여 쌀과 같은 주곡을 횡령하는 경우이다. 이당 비서나 관리위원장은 벼를 수확한 후 이를 분배하는 과정에서 부기실 요원으로 하여금 수치를 속여 장부상에 없는 여유분을 만들게 한다. 이들 여유분을 이용해 술을 빚거나 혹은 나누어 가지며 기타 뇌물의 용도로 사용한다. 또 공장의 간부들이나 관리자들이 각종 자재를 빼내 불법으로 판매하는 경우이다. 이는 1990년대 들어 경제가 극심하게 침체되면서 더욱 만연되었던 것으로 전해진다. 김성철, 『북한 관료부패 연구』, p.47.

우가 허다하다. 일종의 행정 처리와 관련한 '급행료'의 성격이 짙다. 대표적인 예가 통행증 발급과 관련한 비리이다. 절차상의 복잡함을 들어 뇌물을 요구하는 경우이다.112) 특히 1990년대 극심한 식량난으로 인해 식량과 생필품을 구하기 위한 생존형 이동이 활발해지면서 이런 뇌물은 일상화되어 버렸다.

또 인사이동이나 직장 배치에서도 이런 비리는 흔히 발생한다. 북한의 경우 사실상 직장 이동은 특별한 사유가 없는 한 쉽지가 않다. 그러나 노동자들은 직장 부적응, 편한 직종, 수입이 좋은 일 등을 찾아 직장 이동을 원할 경우 각 행정단위의 노동과의 관료들에게 뇌물을 받치는 것은 관행화되어 있다. 특히 인사문제 중에서도 입당과 관련한 비리는 가장 뿌리 깊고 보편화된 부패에 속한다. 입당 심사 즈음한 직접적인 뇌물의 경우도 있지만 주로 평소에 일상적으로 뇌물을 주고받으며 쌓은 인심과 신뢰를 활용하는 경우가 많다고 한다.

그러면 왜 이런 불가피한 일들이 나타나는 것일까? 그 이유는 간단하다. 무엇보다 북한 사람들의 '삶의 질'이 매우 열악하다는 데 있다. 모든 관료들이 김정일의 비위를 맞추려고 서로를 적대시하며 음모를 꾸미는 상황에서 나타나는 북한 주민들의 저항이요 일탈이다. 사실 지배층들만이 권력과 돈을 바꿈으로써 자신들의 지위를 보존하려 하고 있으며 그 뇌물로 권력을 유지할 수 있기 때문이다. 북한 지배층 일부는 이미 부르주아화가 되었으며 더 나아가 국가구

---

112) 김성철, 『북한 관료부패 연구』, p.49.

조는 권위주의적으로 변하고 관료들은 인민들에 대한 부당한 압력을 가해 왔다.113)

(2) 관료계층의 변화

사회주의사회의 불평등 구조의 특징은 정치권력에 의한 위계구조에서 찾을 수 있다. 1990년대 '고난의 행군'은 사회의 불평등 구조의 변화가능성을 제기하게 된다. 말하자면 출신성분에 따른 정치·사회적 특권의 의미가 상대적으로 줄어드는 반면, 초보적 수준이나마 경제 관련 간부 및 노동자들의 사적 경제행동 공간이 넓어지고 있다는 가능성이다.114)

탈북자들의 증언에 의하면, 1990년대의 경제난 이전에는 당 간부를 비롯한 권력기관 계층에게 식량배급이 유지되었다. 이들에게는 1990년대의 식량난에도 제한적이나마 식량이 제공115)되었고, 이 과정에서 1990년대 경제가 악화되고 생활이 궁핍해지면서 간부들의 의식도 돈만 벌면 모든 것이 해결된다는 식으로 변해 갔다.116) 즉, 장사 같은 불법적인 방법으로 돈을 벌려는 생각이 확산되고, 대학을 졸업하고 간부가 되는 것이 가장 좋은 일로 여기던 의식에도 변화가 생겼다.117) 이처럼 의식변화 및 불법적인 방법으로 돈에 대한

---

113) 우정, 『북한사회 구성론』(서울: 진솔북스, 2000), p.514.
114) 정우곤, "1990년대 북한 주민생활보장제도와 도시 계층 구조 재편", 『현대북한연구』 7권 2호(서울: 경남대학교 북한대학원, 2004), pp.113 - 117.
115) 탈북자(60대 초반 여자, 전문학교졸, 무역국 책임지도원).
116) 탈북자(60대 후반 남자, 대졸, 초급 당 비서).
117) 탈북자(40대 중반 여자, 대졸, 군 외화벌이); 탈북자(40대 초반 여자, 대졸, 통계원).

인식이 확산되자 공개처형을 당한 경우도 있었고,[118] 1995년에는 중앙당에서 '비사회주의 그루빠'를 조직하여 검열을 하고 통제를 강화하였던 것이다.[119]

사회주의사회에서 관료들의 부정부패의 유형은 첫째, 조직이익을 위한 경제적 부패, 둘째, 조직이익을 위한 비경제적 부패, 셋째, 개인이익을 위한 경제적 부패, 넷째, 개인이익을 위한 비경제적 부패 등이다.[120] 이 가운데서 1990년대 고난의 행군 시기를 전후하여 나타난 북한 관료들의 부패 유형은 개인이익을 위한 경제적 부패이다.

북한에서 특권층에 속한 간부층은 일반 노동자들보다도 '사회적 지위' 상승에 대한 욕구가 높은 만큼 고난의 행군을 전후로 장마당 같은 사적 경제영역이 급증한 상황에서 권력을 효과적으로 활용하지 못했거나 적응하지 못했을 경우 상대적 박탈감은 더욱 커졌다고 볼 수 있다.[121] 사회적 상승기회가 적은 집단에서보다도 오히려 기회가 많은 집단 내에서 상대적 박탈감의 정도가 높다는 것이다.[122]

---

118) 탈북자(40대 후반 남자, 고등중졸, 운전사).

119) 탈북자(40대 후반 여자, 대졸, 노동행정지도원).

120) 김성철, 『북한 관료부패 연구』, pp.35 - 55.

121) 탈북자(50대 초반 남자, 전문대졸, 자재공급소 지도원), "교육비 생활비보다 마음이 편하지 못했다. 못살던 사람이 더 못살게 되면 크게 충격을 안 받는데, 그런대로 먹고사는 걱정은 없다가 딱 부딪히니까 정말 끔찍했다.", 탈북자(30대 후반 여자, 고등중졸, 접대지도원), "간부들, 도당 일꾼이건 행정일꾼이건 외화벌이하거나 무역하는 사람에게 머리를 숙였다. 엔화나 달러 같은 돈을 얻어서 외화상점에서 물건을 살 수 있기 때문이다. 귀국자나 무역을 해서 돈 번 사람들이 간부들에게 담배나 사서 피우라면서 100달러, 200달러 이런 식으로 돈을 주기도 한다. 이때 외화벌이하는 사람들이 높아지는 시기였다."

122) Raymond Boudon, "The Logic of Relative Frustration", Jon Elster(ed.), *Rational Choice*(Oxford: Basil Blackwell, 1986), pp.171 - 196.

'고난의 행군' 시기 간부 계층이라고 해서 모두가 정치권력을 경제적 특권화한 것은 아니었다.[123] 즉, 1990년대는 북한에서 당 간부 등 이른바 특권계층에 속하는 집단은 비특권 계층에 비해 최소한의 소비수준은 가능했을지라도 능력에 따라 경제적 빈곤층으로 전락한 경우도 있었다.[124] 권력보다는 경제적 능력을 우선시하였고 보위부, 안전부 등 권력기관 간부들도 능력이 없으면 상대적 빈곤 및 박탈 현상이 야기되었다.[125]

　북한의 '고난의 행군' 시기에 간부 계층의 경제적 능력이 증대한 것만은 아니라는 것이다. 사회계층 이동이 발생하였다면 상층 계층으로의 이동은 거의 없었으며 하향 이동만 발생하였다고 평가할 수

---

123) 다음의 증언은 이를 부분적으로 설명해 준다. 탈북자(60대 초반 여자, 전문학교졸, 무역국 책임지도원), "하루는 국장간부 집에 갔는데 국장 아주머니가 와서 우리 집에 쌀이 없다고 말했다. 마음속으로 국장간부 집에 쌀이 없겠는가 생각했다. 1996－1997년도 국장간부 정도하면 …… 국장간부는 고정한 사람이었다. 실제로 국장가족도 죽을 먹었다. 국장이 죽을 먹을 형편이 될 정도로 어려웠다. 그때 경리부서하고 협조해서 좀 도와주어라 해서 방조한 적도 있었다.", 탈북자(40대 중반 여자, 대졸, 군 외화벌이), "친구 집에 딸이 여섯이었다. 우리 집이 못살았을 때 그 집은 잘살았다. 큰 집에서 살고, 아버지가 시행정위원회에 있고 어머니가 수산물 상점에서 책임자였다. 그러니까 그 집에는 해산물이 안 떨어졌다. 나는 못살았으니까 그 집에 가면 해산물을 먹고 했다. 그런데 고난의 행군이 시작되면서 해산물 재고가 들어가지 않고 아빠는 시행정위원회에서 월급을 받으면서 생활하던 가족이 생활비도 안 나오고 하니까 완전히 망했다. 그 가족 아버지가 어떻게 돌아가셨냐 하면 먹지 못해 돌아가셨다. 둘째 언니도 영양실조로 정신병을 일으켰다. 시행정위원회 간부 집이 못살게 되었고 그 가족 정말 굶어 죽었다. 사람들이 너무 놀라 믿지 않았다."

124) 탈북자(30대 후반 여자, 고등중졸, 접대지도원), "언니 남편이 우편국의 부문당 비서로 있었다. 언니네 생활이 평양에서 중간층에 속했다. 1990년대 중반부터 완전 하층에 들어갔다. 김일성 죽은 후부터 완전히 하층에 들어갔다."

125) 탈북자(20대 후반 여자, 고등중졸, 전문직), "룡계리 이당책임비서가 도태된 사람인데 그 사람도 터전이 있으나, 돈을 벌지 못하니까 당에서 돌보지 않았다. 그래서 죽은 것으로 안다.", 탈북자(40대 중반 여자, 대졸, 군 외화벌이), "신암구역은 간부집이 많이 있었는데, 간부들도 권력을 통해 부정을 하지 않은 집은 살기가 빡빡했다."

있다. 따라서 정치권력을 갖고 있는 간부 계층에 속했지만, 이들 계층은 경제적 특권을 누렸다기보다는 식량배급 중단과 같은 위기로부터 자신과 가족을 보호하는 것이 중요했다고 할 수 있다.126)

이와 같이 북한 관료들은 국가와 체제를 보위해야 하는 관료적 신분과 생존을 위한 인민적 삶의 경계에서 먹고사는 문제의 해결은 매우 직접적인 생활과 사고방식의 전환을 가져왔다.

3. 통치이데올로기적 요인

김일성 사망 이후 주체사상에 대한 인식과 생활양식 변화는 선군사상의 대두와 2002년에 취해진 7·1조치이다. 그러나 통치이데올로기의 변화와 관련하여 선군사상이 주체사상을 대체하고 있는가 하는 것은 별론으로 하여야 할 것이다. 그 이유는 비록 김정일 시대에 심각한 경제난으로 일반 관료들의 주체사상에 대한 신심은 현저하게 약화되었지만, 당과 국가의 정책 및 활동과 관련하여 주체사상은 중요한 영향력을 행사하고 있다. 즉 주체사상의 위상이 상대적으로 약화된 것은 사실이지만 여전히 북한의 통치이념으로 기능하고 있기127) 때문이다.

한편 7·1조치는 단순히 경제회생을 위한 조치에만 머무르지 않

---

126) 정우곤·이주철, "북한 주민생활보장제도와 도시 계층구조 재편", 최완규 엮음, 『북한 도시의 위기와 변화: 1990년대 청진, 신의주, 혜산』, pp.184－189.

127) 정성장, "주체사상 연구의 쟁점", 현대북한연구회 엮음, 『현대 북한연구의 쟁점 1』(서울: 한울아카데미, 2005), p.40.

는다. 이는 1990년대 변화의 결과로 발생한, 권력 중앙－기업, 중앙
정부－지방정부, 국가－개인 등의 세력관계, 그리고 당－국가 대
경제 및 사회와의 관계변화를 반영하고 있다. 그리하여 장사나 뙈기
밭 경작 등 과거에 불법적이던 것이 이제는 양성화됨에 따라 범죄
적 행위가 일종의 권리행사로 인정될 수 있게 되었다. 북한 경제에
서 여전히 국가부문이 지배적이지만, 7·1조치는 국가부문의 인센
티브체계의 개선에 그치는 것이 아니라, 계획 외 생산과 유통을 합
법화하였으며, '개혁'과 '시장'이라는 단어에 대해 금기를 약화시켰
다. 즉 7·1조치는 국가와 사회의 관계가 변했다는 것을 공식적으
로 부분 인정한 것으로 볼 수 있다.[128]

1) 주체사상에 대한 인식과 생활양식의 변화

주체사상에 대한 가장 근본적인 변화 개념은 '실리 사회주의'[129]
이다. 주체사상에 의거한 이전의 사회주의 경제제도를 근본적으로
개혁하는 7·1경제관리개선조치가 2002년에 취해졌고, 7·1조치의
핵심의 하나는 '실리 사회주의' 구호이다. '실리'라는 개념은 이윤
또는 물질적 이익이라는 개념으로 이해되고 있으며 '실리 사회주의'
에 담겨 있는 실제의 제도적 의미는 시장사회주의이다. 북한이 '실

---

128) 박형중, 『북한의 개혁·개방과 체제변화: 비교사회주의를 통해 본 북한의 현재와 미
래』(서울: 해남, 2004), pp.204－205.

129) 북한은 '실리 사회주의'를 '사회주의원칙을 확고히 지키면서 가장 큰 실리를 얻는 것'
으로 정의하고 있다. 김정길, "사회주의원칙을 확고히 지키면서 가장 큰 실리를 얻게
하는 것은 사회주의 경제관리 완성의 기본방향", 『경제연구』 2003년 제1호, p.13.

리 사회주의'를 구호로 시장사회주의를 도입한 것이다. 7·1조치 이후 제도적으로는 임금노동제와 종합 시장제도를 도입하였고, 통치 이념 면에서는 '실리 사회주의' 개념을 도입하여 북한은 시장사회주의로 이행하고 있다.

과거에 주체사상이라는 도덕적 인센티브에 의존하던 노동동원 방식을 임금노동과 물질적 인센티브제도로 전환하고 있다. 혁명과 건설의 주인은 인민대중이라는 주체사상의 명제에 의거하여 노동동원을 독려하던 기존의 정책이 실패한 것으로 판단하고 시장제도로 전환한 것이다.130)

김정일 정권의 입장에서는 경제난·식량난 해결이 최대의 과제이기 때문에 이를 해결하지 못한다면 정권의 정당성에 위기가 발생할 수도 있다. 결국 실리위주의 정책 선택으로 가시적인 성과를 거두어야만 체제위기를 극복할 수 있을 것이다.131)

북한에서 7·1조치 이전의 공식적인 분배제도는 노동보수 계획에 따라 분배되는 노동임금제였다. 노동보수 계획은 노동자, 사무원들에게 지불한 노동보수의 규모와 수준을 규정하는데 생활비계획, 장려금계획, 상금계획 등에 따라 작성되도록 되어 있다. 생활비계획은 직급에 따라 노임이 정해져 있다. 그런데 북한에서 임금은 일반노동자가 70~80원 규모이며, 공장·기업소 지배인은 150~200원 정도의 수준이었다. 이 액수는 북한에서 교통비, 문화생활비 등을 위한

---

130) 서재진, 『주체사상의 이반: 지배이데올로기에서 저항이데올로기로』, p.325.

131) 배성인, "김정일 정권의 위기극복을 위한 정치담론과 담론의 정치", 『통일정책연구』 제12권 2호, p.210.

것이고 실제 생계비의 대부분을 차지하는 식량 등의 기본 생필품은 현물 배급제에 의하여 배급으로 주어졌다. 식량과 주요 생필품은 직업에 따라 품목과 양이 다소 차이가 있기는 하지만 노동 생산성에 관계없이 정액제로 되어 있었다. 가령, 성인 남자는 800g, 학생은 500g 등으로 규정되어 있다. 그런데 식량부족으로 배급이 중단되었고 노동임금은 암시장에서는 휴지나 다름없는 액수였다. 쌀 1kg에 40여 원의 가격에 비하면 노동자의 80원 월급은 의미 없는 액수였다. 이러한 분배제도하에서 아무리 주체사상으로 사상교육을 해도 노동생산성은 증가하지 않았다.

당연히 북한지도부의 최대의 관심의 하나는 주민들의 노동동원을 독려하는 것이었다. 김일성과 김정일이 연설에서 가장 많이 강조한 것의 하나가 주민들과 간부들의 사업 작풍에서의 형식주의, 요령주의, 이기주의, 무사안일주의, 본위주의를 질타하는 것이다.

"일꾼들 속에서 사업을 눈가림식으로 실속 없이 하는 형식주의, 요령주의를 없애야 합니다. 사업에서 형식주의, 요령주의는 혁명의 주인다운 태도와 근본적으로 배치될 뿐 아니라 당과 혁명에 대한 불성실한 태도의 표현입니다. 사업을 형식적으로, 요령주의적으로 하는 사람은 겉치레로 발라맞추는 데 버릇되고 건달풍에 물젖게 되며 나중에는 당을 속이는 것도 서슴지 않게 됩니다. 책임을 회피하고 발뺌을 하는 것과 같은 혁명가답지 못한 현상들도 철저히 없애야 합니다."[132]

132) 김정일, "혁명발전의 요구에 맞게 간부들을 철저히 혁명화할 데 대하여"(조선로동당 중앙위원회 책임일꾼들과 한 담화 1994년 5월 24일), 『김정일선집 제13권』(평양: 조

1970년대 주체사상은 '혁명과 건설의 주인은 인민대중'이라는 구호를 내세워 주민들의 주인의식과 책임의식을 고양하여 노동에서의 요령주의와 무책임한 태도를 극복하고자 하였으며 사회주의적 인간개조사업의 이론적 기초로 활용되었다. 북한은 노동동원과 노동생산성 향상을 위하여 사상교양, 인간개조사업 등의 이데올로기적 수단에 치중하였다. 천리마운동, 속도전운동, 대홍단 정신, 성강의 봉화 등 농업과 공업부문의 각종 구호들은 노동력 동원에서 박차를 가해서 생산성을 높이기 위한 이념체계들이다. 1970년대에 새롭게 개정된 주체사상의 핵심도 혁명과 건설의 주인은 인민대중이며, 자기 운명의 주인은 자기 자신이라는 명제를 앞세워 주민들 각자가 책임의식을 가지고 열심히 일을 하라는 내용이다.

2002년 7·1경제관리개선조치를 경제 부문만의 변화의 시도로 이해하는 경향이 많다. 그런데 실제로 북한의 지도부가 의도하는 변화의 핵심은 주인의식을 자각시키는 주체사상 이념에 의존해 온 기존의 노동동원 정책의 변화를 포함하는 것이다. 이제는 효율성이 없는 것으로 판명된 이념 대신에 물질적 인센티브로 대체하는 방향으로 체제변화를 모색하고 있는 것이다.

7·1조치는 이데올로기나 사상교양, 집단생활, 인간개조사업으로는 노동동원에 실효가 없다는 것을 인식하고 화폐 및 물질적 인센티브제로 전환하고자 하는 것이다. 국가의 현물 및 무상 제공을 없애고 일한 만큼 보수를 받아서 자력갱생하도록 함으로써 국가의 사

선로동당출판사, 1998), p.405.

회주의적 사회보장제도를 최소화 및 폐지하는 것이다. 과거에는 자력갱생이 국가단위의 경제발전 노선이었으나 이제는 개인차원의 생계유지의 개념으로 변화된다. 일하지 않고도 국가에서 공짜로 배급받던 제도는 폐지한다는 것을 의미한다.

7·1경제관리개선조치는 노동보수제에 있어서 기존의 사회주의적 사회보장에 입각한 배급 제도를 폐지하고 임노동에 의한 자력갱생 방식으로 변경하는 것으로서 경제 관리 방식 및 체제의 성격에서 큰 변화로 볼 수 있다. 북한이 새로이 도입한 보수 제도는 자본주의적 임금노동 제도와 유사한 방식이다.

일을 많이 한 사람은 많이 받는다는 '능력급제'를 도입함으로써 '실리보장'이라는 개념하에 화폐적 보상을 중심 제도로 도입하여 노동생산성 향상을 꾀하고 있다. 공짜로 주던 배급을 생산성만큼의 임금을 현금으로 주는 제도로 변경함으로써 기존의 북한식의 배분 방식을 근본적으로 변화시킨 것이다.[133)]

2) 선군사상의 대두

김일성이 사망하고 본격 김정일 시대가 도래함에 따라 북한은 김정일의 새 시대를 상징하는 새로운 정치구호를 모색하게 되었을 것으로 보인다. 김정일은 김일성의 유훈통치를 주장하고 있지만 자신의 통치의 정당성 근거 제고를 위한 정치적 노력을 하지 않을 수 없다. 강성대국론, 선군사상 등은 모두 김일성 사후에 이런 노력의

---

133) 서재진, 『주체사상의 이반: 지배이데올로기에서 저항이데올로기로』, pp.326 – 331.

일환으로 나온 것임을 주목할 필요가 있다.

1990년대 초 핵 위기 등 미국과의 대결이 심화되면서 북한은 체제 내부로는 군의 정치적 위상과 역할을 높이고, 체제 외부로는 군사력 시위를 통해 대응해 왔다. 식량난이 심화되고 관료들의 동요가 커지면서 체제 내부에서 군의 선도적인 사회·경제적 역할도 증대되었다. 그런 가운데 1990년대 중반 이후 북한군은 '수령결사옹위정신'을 강조하면서 김정일에 대한 절대적인 충성을 더욱 다짐하고 있다. 김정일 역시 군을 통한 위기관리체제를 가동시키면서 현재의 경제위기 국면을 돌파하려 하고 있다. 이 과정에서 선군정치는 북한 체제를 운영하는 정치방식으로 자리매김 되었다.[134]

선군사상은 고난의 행군과 강행군의 기간을 거치면서 선군정치의 효과가 확실히 입증된 마당에 차제에 이를 하나의 사상체계로 발전시켜서 김정일 사상의 핵심 사상으로 키우려는 의도에서 나온 것으로 보인다. 그러므로 선군사상은 앞에서 설명한 선군정치의 모든 내용을 포함한다.

지난 수년간 선군정치를 통해 다방면에 걸쳐 예상외의 성과를 거양하였는바, 차제에 이를 통치이데올로기화하여 전체 사회에 혁명적 군인정신을 확산시킬 필요성에 의해서 선군정치가 선군사상으로 발전하였다. 다행이도 지난 수년간 선군정치를 통해 '선군'이라는 용어가 관료들에게 매우 익숙한 용어로 사용되어 왔기 때문에 별도의

---

134) 김철우, 『김정일장군의 선군정치』(평양: 평양출판사, 2000), p.225; 유광진·김무곤·김용현, "북한 정치 변화: 김정일체제의 구축을 중심으로", 고유환 엮음, 『로동신문을 통해 본 북한 변화』(서울: 선인, 2006), p.551.

언어적 규범화 작업이 필요하지 않다는 점도 선군사상화에 유리한 환경을 제공하였다고 할 수 있다. 선군사상이라는 용어가 처음 등장한 시기는 정확하지는 않지만 2002년 말에 등장한 것으로 보인다. 선군사상은 2002년 신년공동사설에 나타나지 않았고 간헐적으로 언급[135]되다가 2003년 신년사에서 본격적으로 등장하였다.

북한이 선군사상을 전체 사회에 일색화하려는 것은 선군사상의 핵심을 이루고 있는 혁명의 수뇌부 결사옹위정신을 전체 사회에 확산시킴으로써 전체 관료들을 체제보위를 위한 전사로 만들고 동시에 선군사상이 등장하는 데 결정적 성공요인으로 작용한 혁명적 군인정신을 전체 사회에 보급함으로써 모든 사업을 군대식 사업방식으로 추진하여 경제회생의 추동력으로 삼고자 한 것이다.[136]

제3절 관료문화의 전망

북한의 경우 유교사상을 봉건적이라고 비판하면서도 실제로는 유교적인 가치체계가 사회 곳곳에 상당히 남아 있으며, 오히려 강화된 형태로 작용하고 있다. 즉, 김일성 우상화와 김정일 세습체제가 공고화되면서 유교적인 혈연주의, 가족주의 및 가부장제가 강조되었

---

135) 『로동신문』 사설, "민족적 자존심은 우리의 생명이다.", 2002. 12. 9. "선군이자 최고의 자주이고 민족의 존엄이다. 모든 인민군장병들과 당원들과 근로자들은 우리 당의 독창적인 선군사상을 신념화하고 그 요구대로 살며 투쟁해 나가야 한다."

136) 이기동, "'선군사상'의 통치이데올로기 성격에 관한 연구", 북한연구학회 편, 『북한의 정치 2』(서울: 경인문화사, 2006), pp.121 - 123.

다. 이렇게 선택적으로 재창출된 유교적 전통은 직접 정권 지향적인 충효정신으로 연결되어 통치이데올로기화되었다. 이렇듯 유교주의 정향은 대내외적인 환경과의 끊임없는 교호작용 속에서 북한의 관료문화 속에 깊숙이 잔존하고 있다.

북한은 북한 관료들의 내면세계에 깊이 자리 잡고 있는 전통 문화적 요소들을 되살리기 위한 전통사상을 통치이념 속에 수용함으로써 부자세습정권의 안정성을 보장받고 체제유지에 적절히 활용하고 있다. 순수이데올로기로서의 전통적 유교사상의 순기능은 북한 인민들 속에 왕권 및 신분과 그에 따른 기득권은 수천 년 동안 이어져 온 역사적이며 전통적인 것이기에 도전할 수도, 도전해서도 안 된다는 인식을 재강조하기에 충분했다.[137]

그러나 1990년대를 통해 지속적으로 심화되어 온 식량난은 북한 관료들로 하여금 국가와 사회, 집단과 인민보다는 개인과 가족위주의 가치관, 정치·사상보다는 돈과 물질 위주의 가치관을 형성케 한 것이다. 이와 같은 가치관 변화를 촉진한 요인은 공식 배급체계의 붕괴와 이에 따른 장마당의 활성화와 식량구입을 위한 주민들의 이동량 급증에서 찾을 수 있다. 즉, 공식 배급체계의 붕괴 불안정성은 가부장적 국가관에 바탕을 둔 통치이데올로기의 정당성 상실과 함께 사회통제가 느슨해지는 계기가 된 것이다.

북한의 2002년 7·1경제관리개선조치[138]는 실리주의적 정치·사

---

137) 안찬일, 『북한의 통치이념에 관한 연구: 전통사상의 수용을 중심으로』, p.206.
138) 북한은 경제개혁의 필요성을 인식하고 7·1조치를 발표하고 그에 따른 후속조치들을 취하면서 나름대로의 개혁을 추진해 오고 있다. 북한의 선군시대 경제건설노선이라는

회문화는 물론, 개인주의의 강화와 물질주의의 확산을 가져오는 제도적인 계기가 되었으며 이것은 1990년대 중반의 경제난을 극복하기 위한 개혁조치로써의 성격이었고, 또한 아래로부터의 변화를 강제적인 방식으로 복구하기보다는 이를 제도적으로 포섭하여 수용하는 성격을 갖고 있었다.

특히, 국가의 가부장적 온정주의가 현실의 엄격한 실적주의로 바뀜에 따라 국가에 의존하던 '후원－보호'의 가치관은 점차 약해질 수밖에 없었다. 이러한 것들은 결국 북한 사회주의가 핵심적인 가치관으로 상정하고 있던 집단주의적 가치관의 약화와, 개인주의적 가치관의 확대·강화를 의미한다. 또한, 개인주의적 가치관의 중심에 물질주의가 자리 잡음으로써 국가에 의한 물질적 통제가 더욱 약해지고 있다.139)

1. 집단주의의 변화와 반관료문화의 지속

1) 전통적 집단주의 관료문화의 변화

북한체제에서 계획경제의 침식은 체제의 주요한 정당화(legitimation) 기제로 남아 있는 평등주의 혹은 "국가와 사회의 이익과 개인의 이

새로운 경제정책기조는 기존 계획경제의 비효율성과 모순들을 퇴치하고 인민경제의 회복을 위해 실리를 추구한다는 '실리 사회주의노선'이라 할 수 있다. 정영태, 『북한 군대의 대내외 정세 인식 형성과 군대변화』(서울: 통일연구원, 2007), pp.82－83.

139) 정영철, "북한의 사회통제와 조직생활", 북한연구학회 편, 『북한의 사회』(서울: 경인문화사, 2006), pp.140－141.

익을 대치시키는 것이 아니라 일치시킨다."는 집단주의적 가치체계에 대한 의문을 야기하게 된다.[140]

집단주의는 국가로부터 배급[141]과 복지 지원이 정상적으로 이루어졌을 때, 상당히 설득력을 갖고 작동되었다. 그러나 배급과 무상교육, 의료체계 등이 중단되고, 개인들이 각자의 능력대로 장사나 부업 등 시장을 통해 생계를 유지하는 상황이 지속되면서 집단주의는 점점 이완되었고 개인주의는 더욱 팽배해졌다. 이러한 것들은 타인에 대한 배려나 공정한 경쟁을 기반으로 하는 개인주의라기보다는 오직 자신과 자기 가족만 생각하는 이기적인 개인주의에 더 가깝다고 할 수 있다.[142]

이와 같이 북한에서 가장 중요한 행위규범인 평등주의와 집단주의는 국가의 복지체계가 정상적으로 작동될 때에는 설득력을 지니고 있었다. 하지만 고난의 행군 이후, 북한 사회가 재구조화되는 과정 속에서 이러한 규범은 침식당해 왔다. 현재와 같이 시장이 생계에 결정적으로 중요한 기능을 하고, 집단의 보호보다는 개인 각자의

---

140) 정세진, 『'계획'에서 시장으로: 북한체제변동의 정치경제』, pp.247 – 248.

141) 공급부족으로 인해 이미 붕괴된 배급체제를 명목상 유지하는 것보다는 개인들이 능력껏 수요를 충족시키는 것이 효율적일 수 있고, 이것이 어느 정도 성공적으로 정착되면 체제안정화에 더 유리한 작용을 할 수도 있다. 그러나 배급체제는 노동당의 일당지배와 사적 소유권의 부재 및 관료제적 조정 기제를 속성으로 하는 사회주의체제의 인과관계의 한 축이다. 논리적으로 연결된 사회주의 고리에서 하나의 축이 흐트러질 때 사회주의 전체의 틀이 불안정해진다는 것은 이미 코르나이가 지적한 바 있다. 이런 점에서 배급제의 축소는 향후 북한 사회주의체제를 불안하게 만드는 중요한 요소가 될 수 있다. 윤미량, "북한체제의 내구성 평가에 있어서의 쟁점", 현대북한연구회 엮음, 『현대 북한연구의 쟁점 1』, 2005, p.105.

142) 오유석·이주철, "도시 주민의 행위 양식과 사회적 의식 변화", pp.298 – 299.

능력이나, 수단을 기반으로 하는 장사, 부업, 밀수, 제3섹터 등의 다양한 방식을 통한 생계유지 및 복지재를 해결하는 상황에서 개인주의는 생존의 원리로 되었다. 이는 집단주의에 대한 신뢰가 상실되면서 개인주의가 심화되는 현상이 북한의 사회계층 분화에 큰 영향을 미친다고 하는 것이다. 개인주의의 가장 큰 폐해는 가족 해체 현상으로 나타나는데, 식량난으로 인해 이기주의가 심화되면서 혼자라도 살아 보겠다는 생각에 이혼율이 증가하고 결혼을 기피하는 풍조가 더욱 확산되고 있다. 또한, 돈이면 다 된다는 물질주의의 확산은 친척 또는 동료와 같은 전통적인 관계를 철저하게 현물과 이해관계로 탈바꿈시키고 있다.143)

"개인 차원에서 사회적 공인(公認) 또는 충성심의 의례적 표현 (ritual expression)으로서 주체사상 원리를 따른다. 그러나 내면적으로 깊이 빠져 있지는 않다. '형제간도 남이다.'라는 말처럼 이웃에 대해 자기를 건드리지 않는 이상 내버려 둔다. 생활이 궁핍해짐에 따라 돈이 중요해졌으며, 집단주의는 단지 구호일 뿐이다. 집체생활에서는 집단을 중시하지만, 실제생활에서는 '딴 데나 가 보라.' 또는 '집단은 쓸모없다.' 등의 표현을 한다. …… 외형적으로 집단을 무시할 수는 없다. 집단적 사업뿐만 아니라 경조사 등에 있어서 개인주의적 행동만 하기는 곤란하다. 그러나 1983~84년부터 외화벌이가 늘어나고 돈맛을 알게 되면서 개인주의적 의식이 크게 확산되고 있다."144)

---

143) 정우곤, "북한 복지 패러다임의 전환과 사회·경제적 변화", 최완규 엮음, 『북한 '도시정치'의 발전과 체제 변화: 2000년대 청진, 신의주, 혜산』, pp.250－251.

144) 새터민 면담자료는 정세진, 『'계획'에서 시장으로: 북한체제변동의 정치경제』, p.248

배급제의 불안정성과 같은 중앙계획경제의 약화현상은 기존의 이른바 '경애하는 수령'의 가부장적 재분배 정책에 의해 일상생활을 영위해 온 관료들의 조직화된 의존(organized dependence)관계를 약화시킬 수밖에 없는 것이다. 요컨대 당-국가체제의 가부장적 권위의 위기현상인 것이다. 이처럼 사회주의적 지배의 제도적 기반이 약화됨과 동시에 당-국가의 사회에 대한 전반적인 통제 기제로써의 가부장적 이데올로기의 기능은 약화되고 있는 것이다.

나아가 식량난에서 알 수 있듯이 계획경제의 극단적인 부족현상이 가져오는 잠재적인 의식변화가 어느 정도 나타나고 있는 것이다.145)

2) 반사회주의적 관료문화의 지속

북한에서 관료들 또는 간부들에 의한 특수이익의 추구가 경제 전체의 운영을 저해하는 문제는 이미 오래전부터 나타났던 것으로 보인다. 1950년대와 60년대 북한의 사회주의 건설과정은 '개인주의', '가족주의', '지방주의', '기관본위주의' 등의 매우 다양한 형태의 특수이익 추구에 맞서 당적 지도체계(유일체제)를 강화하려는 시도였다고 할 수 있다. 그러나 '유일체제' 또는 '수령제'의 확립에도 불구하고 개인주의와 조직이기주의를 바탕으로 한 각 개인과 개별 집단의 개별적 이익 행동과 이익 갈등은 여전히 계속되어 왔고, 이것은

에서 재인용.

145) 정세진, 『'계획'에서 시장으로: 북한체제변동의 정치경제』, p.249.

1950~60년대의 연장선상에서 계획경제의 한계가 여전히 지속되어 왔음을 의미한다. 여기에 계획경제 외적인 자원 제약 현상이 부가된 다면 언제든지 경제위기로 발전할 수 있는 가능성을 내포하고 있던 것이다. 이것은 1990년대 들어서서 현실화되었다.[146]

김일성과 김정일의 지적에서도 알 수 있듯이, 관료사회는 상부에서 지시한 일만 하면서 창의적으로 일하지 않는 관료들의 복지부동 현상이 나타났고, 심지어는 지방적 특성을 내세우며 중앙의 지도를 무시하거나 기관본위주의에 젖어 이익의 정치를 전개해 나가는 현상도 드러나기 시작했다. 관료의 혁명화 기제로써 형성된 수령제가 정치적 갈등과 권력투쟁의 여지를 없애는 데는 성공했을지 몰라도, 경제적으로는 관료의 이니셔티브를 봉쇄함으로써 이 체제의 활력을 스스로 삭감시키고 있었다. 기대했던 대중의 활성화는 발휘되지 못했고 기층 관료와 중간 관리층들은 재빨리 거래에 익숙해져 갔던 것이다.[147]

북한 사회와 경제에 대한 많은 증언들과 보고들을 토대로 검토해 보면, 당적 지도체계가 와해되면서 간부들의 특수이익이 득세하는 현상이 1980년대 초·중반 이후 뚜렷해지고 90년대에는 더욱 급속하게 확산되어 왔음을 알 수 있다. 서재진은 탈북자들의 증언들과 북한 소설들에 대한 분석을 통해 1980년대 이후 북한에서 집단주의

---

146) 김석진, 『북한경제의 성장과 위기: 실적과 전망』(서울대학교 대학원 박사학위논문, 2002), p.275 재인용.

147) 이정철, 『사회주의 북한의 경제동학과 정치체제: 현물동학과 가격동학의 긴장이 정치체제에 미치는 영향을 중심으로』(서울: 서울대학교 대학원 박사학위논문, 2002), p.130.

적 원칙에 위배되는 '사적 자율화' 현상이 광범하게 확산되고 있음을 발견하였다. 그의 연구는, 1989년 '평양 세계청년학생축전'을 전환점으로 사상적 동요와 '정신적 이완(demoralization)' 현상이 폭넓게 확산되었음을 보여 준다. 반면에 김성철은 1980년대 초·중반 이후에 북한의 관료부패가 큰 폭으로 증가하였다고 본다. 정세진은 1990년대 들어 당―국가의 간부층에 대한 통제력이 더욱 약화되었고, 간부층 내부에서 다양한 수혜·후원 및 공생·협력 관계가 발전해 왔다고 지적하고 있다.[148] 요컨대 '공식 시스템의 퇴화' 현상이 1980~90년대의 북한에서 뚜렷하게 관찰되어 왔다는 것이다.

이로 인해 북한경제의 비효율성은 더욱 악화되었던 것으로 보인다. 양문수는 북한의 기업은 계획화 구조 속에서 지시하는 대로의 '순종적인 행정적 부속물'로서만 행동한 것이 아니라 기업의 이익을 위해서 적극적으로 '수직적·수평적 흥정'에 나섰으며, 이러한 방식의 기업행동은 1980년대 이후 보다 광범위하게, 보다 빈번하게 행해졌다고 한다. 그리고 이러한 '수직적·수평적 흥정'이 확산됨에 따라 계획의 자의적 조작으로 인한 국가 전체 자원배분의 비효율성

---

148) 탈북자들은 이러한 사회 상황의 변화에 관해 다음과 같이 증언하고 있다. "예전에는 성실한 간부들이 많았다. …… 지금 간부들은 제 배 채우기 바쁘다." "1980년대 들어 북한에서는 뇌물 상납이 보편화되다시피 되었다." "1980년대 들어 북한의 경제난으로 생활이 어려워지면서 북한 주민들 속에서는 '우리 세상은 노동계급의 세상이 아니고 간부들이 세상이다.'라는 말이 은밀하게 나돌았다." "현재 북한에서는 누가 간부가 되어 출세를 하면 그 기간 동안에 자기 이속을 차리지 못한 사람은 바보 취급을 받을 정도로 사회가 부패되어 있고, …… 누구든지 그런 위치에 놓이게 되면 부정을 저지르는 것은 북한에서는 공인된 사실이다." 1980년대 초 이래 북한당국의 제한적인 개혁 시도가 물질적 이익 추구 기회를 확대함으로써 이러한 사태 전개를 더욱 부추겼다고 지적하고 있다. 김석진, 『북한경제의 성장과 위기: 실적과 전망』, p.275 재인용.

과 낭비는 더욱 증폭되었고 국가계획의 부정합성·부적합성은 더욱 증가되었다.149)

재분배150) 시스템의 실질적인 운영은 거대한 관료체제 안에서의 위계적 계선에 의해 이루어진다. 즉, 모든 생산 활동에 필요한 재화와 용역의 공급은 중앙으로부터 최하위단위에 이르기까지 관료적 통제를 통해 이루어진다. 그러나 중요한 것은 사회주의 계획경제에서 공정하고 효율적인 재분배가 가능하기 위해서는 우선 엄청난 정보가 요구되지만, 현실에서는 그러한 정보가 매우 빈약할 뿐만 아니라 경우에 따라서는 왜곡될 수 있고 부정확하다는 것이다. 결국 이러한 어두운 정보의 현실 속에서 재분배를 조율·조정하는 것은 각각의 층위 안에 있는 관료들의 자의적 판단과 결정에 따른 것이다. 따라서 재분배를 둘러싸고 행정기관과 당 기관, 각각의 기업소의 관

---

149) 한 탈북자는 이러한 문제점에 대해 다음과 같이 증언하고 있다. "북한의 경제 질서가 온통 모순투성이다. 일을 하려 해도 일을 할 수 있는 환경이 아니다. 예를 들어 설비를 좀 바꾸려면 …… 외국에서 사들여 와야 한다. 그러기 위해서는 군에서 승인을 얻어야 하고 …… 중앙당까지 승인을 받아야 한다. 그러자니 올해 당장 써야겠는데 결과가 나오려면 1년 이상이 걸린다. 특히 절차를 밟는 과정자체가 괴로운 것이다. 결재를 받아야겠는데 …… 그냥 빈손으로 갈 수가 없다. …… 이런 식으로 단 몇 초면 되는 공정도 한 달 두 달을 끌게 된다. 이것이 북한 경제현장의 현실이다." 김석진, 『북한경제의 성장과 위기: 실적과 전망』, pp.275 - 276 재인용.

150) 재분배 사회는 권력관계가 형성된 사회의 교환 원리이다. 재분배라고 하는 것은 물자를 집중시켰다가 다시 일정한 원리에 따라 분배하는 것을 말한다. 그래서 교역, 교환이 일어나지만 그것은 정치적인 메커니즘에 의한 교환으로, 조세를 거둬 그것을 사업 형태로 사용하여 재분배가 일어나게 하는 방식이 대표적이다. 이는 시장을 매개로 하지 않으며, 시장이 있다 하더라도 시장은 재분배의 논리에 종속된다. 북한과 같이 시장경제 또는 자기 조정적 시장경제의 등장이 억압되는 사회로, 대신 여기서는 재분배라는 원리가 관철된다. 그러나 1990년대 이후 북한 사회의 재분배 시스템 붕괴는 2002년 7·1경제관리개선조치로 나타나며, 이는 시장경제로의 진입을 의미한다고 볼 수 있다. 백승욱, 『자본주의 역사 강의: 세계체계 분석으로 본 자본주의의 기원과 미래』(서울: 그린비, 2006), pp.102 - 103 참조.

료들 간에는 재분배물의 원활한 확보를 위한 새로운 인맥과 인적 관계를 통한 일종의 유착관계가 성립된다.

따라서 관료적 조정을 통한 재분배는 정보의 불균형, 중첩된 명령계통의 복잡성, 책임과 권한의 불명확성 등으로 인해 공식적인 제도적 규범보다는 인간적 요소, 은혜와 보답의 관계를 통해 이루어지게 된다. 이 속에서 성립되는 관계는 인물적 충성-복종의 관계, 후견-피후견의 관계, 친구관계 등의 사적 요소가 개입될 수밖에 없다.[151] 친척, 친우, 동향, 동창, 사제 관계가 복잡하게 얽히면서 '정실안면관계'가 만연하게 되고[152] 안면관계 속에서 성립된 충성과 보호의 그물망은 상호 행동규범과 정보를 공유하며, 기회주의적 행동에 제재의 효과를 비공식적으로 갖게 된다. 결국 북한사에서 '기관본위주의', '지방본위주의', '가족주의', '종파주의' 등에 대한 비판적 언술 속에는 이런 관계로부터 발생하는 문제에 대한 심각한 고민이 담겨 있는 것이다.[153]

북한의 관료문화와 관련한 상호 호혜의 담론은 대표적으로 '사람

---

151) 박형중, 『북한의 정치와 권력』, p.257.

152) 김정일, "당과 수령에게 끊임없이 충실한 일군이 되자."(도당책임비서, 당중앙위원회 조직지도부, 선전선동부 부부장회의에서 한 연설 1977년 8월 20일), 『김정일선집 제5권』(평양: 조선로동당출판사, 1995) p.460.

153) 산업화 시기부터 지금까지 김일성·김정일과 북한의 공식 매체들은 기관본위주의, 지방주의, 가족주의를 지속적으로 지적해 왔다. "간부 배치에서 지방주의, 가족주의 경향이 철저히 근절되지 못하고 있다."는 비판, "배운 것도 없이 공부도 잘하지 않고 친한 사람끼리 몰려다니면서 한자리 해 보자고 하는 가족주의 지방주의는 종파의 온상" 등의 지적이다. 염상기, "사람들과의 사업에서 중요한 것은 간부들과의 사업이다.", 『근로자』 1961년 제3호, pp.18-19; 김일성, "조선인민군은 항일 무장투쟁의 계승자이다."(1958. 2. 8), 『김일성저작집 제12권』, p.100.

과의 사업'을 들 수 있다. '사람과의 사업'은 당사업, 경제사업, 군중사업 등 모든 사업의 근본은 사람과의 관계 속에서 면 대 면 '설득', '강화', '교양'을 통해 풀어야 한다는 것을 의미한다. 모든 사업에서 우선되어야 할 부분이지만, 특히 "경제 관리와 생산 관리에서 무엇보다도 중요한 것이 사람과의 사업"[154]이다. 경제 관리에서 사람과의 사업은 생산을 정치적으로 조직해 내는 정치 사업을 앞세우는 방식을 가장 혁명적인 사업방법으로 평가한다.[155] 따라서 경제사업의 경우에 모든 '중심 고리'와 '걸린 고리'는 '사람과의 사업'을 기본으로 해서 풀 것을 강조한다. 일종의 경제문제를 '돌파'하는 관료의 행동강령인 것이다.

그러나 '사람과의 사업'은 북한 정치와 경제에서 역설적이게도 또 다른 차원의 현실 논리를 내장하여 왔다. 그것은 국가가 공식적으로 근절해야 할 것으로 지목해 왔던 각종 부정적 관료문화와 관련된 것으로 즉, 관료주의, 본위주의, 지방주의, 가족주의, 종파주의 등의 관료집단 내의 조직적 이기주의가 공식적으로 주장하는 '사람과의 사업'의 이면에 도사린 또 하나의 현실논리로 작용했던 것이다. 이것은 표방하는 담론과 현실의 긴장성, 관료세계 내의 담론, 관계, 실천을 표현하는 다중의 목소리들이 있음을 의미한다.[156]

---

154) 김일성, "지도일군들의 당성, 계급성, 인민성을 높이며 인민경제의 관리운영사업을 개선할데 대하여"(조선로동당중앙위원회 제4기 제10차 전원회의에서 한 결론 1964년 12월 19일), 『김일성저작선집 제4권』(평양: 조선로동당출판사, 1968), p.166.

155) 『정치사전』(1973), p.37.

156) 홍민, 『북한의 사회주의 도덕경제와 마을체제』, pp.132 - 133.

2. '실리 사회주의' 문화의 확산

1) 위기극복과 '실리 사회주의'의 문화

북한의 국가기관은 당과 병렬적인 계층제 원리에 입각하여 피라미드 형태의 강력한 중앙집권적 유일체계를 이루고 있으며 권력의 원천인 수령과 당의 정책노선을 집행하는 하위체계라고 할 수 있다. 다시 말해 북한은 수령, 당, 국가기구로 계층화된 구조에서 당은 수령의 의지를 구체화하는 기구이고 국가기관은 이를 실행하는 도구로서 유일한 지배자는 수령뿐이라는 유일적 영도체계론에 의해 당－국가체제가 형성된 것이다.

그러나 북한은 정치, 경제, 대외적 수준에서 직면한 위기상황으로 인해 당－국가체제의 제도적 기반은 물론 국가통제력까지도 현저히 약화되었다. 이러한 상황은 권력상층의 하부 장악능력에 심대한 영향을 끼쳐 당－국가기구 내부에서의 복종과 규율의 관계에서 통제능력이 감소되었고 간부들의 인민대중에 대한 복종과 규율을 유지하는 능력이 약화되는 등 의미 있는 변화가 일어났다. 경제난 속에서 당－국가의 조직 사상적 규율이 약화되면서 중급 간부층에 의한 정치적 권력을 남용한 경제적 생계수단 획득 노력이 중대되었고 개인과 사회의 일상적·물리적 생존기반이 붕괴되면서 그에 따른 개인과 사회의 도덕규범과 사회적 기강이 무너져 버린 것이다.157)

---

157) 김정일, "우리는 지금 식량사정 때문에 무정부 상태가 되고 있다.", 『월간조선』, 조선로동당, 『조성된 정세에 대처하여 계급투쟁의 날을 날카롭게 세울데 대하여』(당원용),

식량난의 와중에서 권력의 중앙은 개인과 사회의 상당부분에서 전체주의적 후견과 지배력을 상실함으로써 개인과 사회의 자율성은 상대적으로 증가하였다. 이 때문에 관료들의 행태와 자세, 인민들의 당 및 국가에 대한 생각 등에서 많은 변화가 초래되었고, 개인과 사회는 전체주의 지배가 포기한 비정치적 공간에서 생계유지를 위한 독자적 행위와 영역을 발전시켜 나갔다.158)

1990년대 고난의 행군 시기 북한은 사회·경제적 침체와 식량위기, 김일성의 사망과 국제정치적 고립화라는 조건에 처해 있었다. 특히 사회주의 경제생활의 근간인 배급제를 통한 최저생계보장이라는 물적 토대가 흔들리면서 일탈에 대한 국가 통제가 큰 힘을 발휘할 수 없게 된 것이다.

이에 북한에서는 2002년 '7·1경제관리개선조치'를 통해 제한적 시장화를 허용함으로써 아래로부터 추동되는 창조적인 시장화에 대응하려고 했다. 이 조치는 '시장'이라는 탈사회주의적 영역의 성장에 따른 집단주의적·공적 영역의 침식을 저지하면서, '시장화'에 의해 확산될 개인주의적·사적 영역의 관계를 제도적 수준에서 재조종하기 위한 국가적 결단이라고 할 수 있다. 즉, 시장화에 의해 추동되는 사적 영역의 형성을 국가가 불가피하게 승인하고 수용하게 되었다는 데 그 중요성이 있다.159)

2001. 6.

158) 고명주, 『김정일시대 통치이데올로기에 관한 연구: 통치담론 변화와 작동기제를 중심으로』, pp.152-153.

159) 오유석·이주철, "도시 주민의 행위 양식과 사회적 의식 변화", pp.268-269.

'7·1조치' 이후, '실리'는 이제 경제 개혁의 성패를 의미하는 개념이자, '실리 사회주의'의 핵심 모토로 발전해 나갔다. 북한의 주장에 따르면 '실리 사회주의'란 "사회주의 원칙을 지키면서 현대적 기술로 장비된 실질적으로 인민들이 덕을 보는 경제를 건설하는 것"이다. 이런 틀에서 그들은 '이윤=실리'라는 도식을 거부하면서, '실리'란 개별적 단위가 아니라 집단주의의 견지에서 추구해야 할 목표라고 주장한다. 또한, '7·1조치'에 의해 위에서의 계획이 줄어들고, 아래 단위의 창발성이 보다 강조되었으며, 철저한 계산을 강조하는 개혁에 대해서도 "자유경제가 아닌, 나라의 계획적인 지도로 보장되는 창발성"이라고 주장한다.160) 이는 '실리 사회주의'를 우리식 사회주의의 틀 내에서 현실의 발전에 요구되는 경제 관리의 새로운 원칙으로 사고하고 있음을 의미한다.161) 그러나 이와 같은 개혁조치는 북한 경제 관리 방식의 변화뿐만 아니라 관료들의 의식변화를 가져와 향후 북한의 변화를 가속화시키는 요인으로 작용하게 될 것이다.

2) 선군정치하의 관료문화

선군정치하에서 당의 영도적 지위와 영도원칙에는 근본적인 변화가 없다. 단지 당의 영도방식에서의 변화가 발생한 것으로 보인다. 즉, 당의 행정경제 사업에 대한 지나친 간섭과 관료주의적 지도방식

---

160) 『조선신보』, 2002. 11. 22.

161) 정영철, 『북한의 개혁·개방: 이중전략과 실리사회주의』(서울: 선인, 2004), p.178.

을 개선하고 행정기관의 역할과 책임을 더 강화하는 방식으로 변화된 것이다.

김정일은 당과 군대를 장악·통제하면서, 더욱 강화하는 데 전념하고 경제 사업은 경제일꾼들에게 책임을 맡기는 방향으로 정책을 펼쳐 나갈 것임을 분명히 하였다. 이와 관련하여 김정일은 1996년 당중앙위원회 책임일꾼들과 한 담화에서 "나는 당사업도 보고 군대 사업도 보아야 하기 때문에 경제 관리 사업에서 제기되는 문제를 일일이 다 보아 줄 수 없습니다. 경제 사업은 경제일꾼들이 맡아 하여야 합니다."162)라고 말하였다. 그리고 2001년 10월 3일 당과 국가경제기관 책임기관일꾼들과 한 담화에서 사회주의 경제건설에서 "내각이 당의 노선과 정책에 기초하여 경제 사업을 통일적으로 장악 지도해야 하며 모든 경제기관들과 공장, 기업소들이 내각의 통일적 지도 밑에 경제 관리를 해 나가야 합니다."라고 말하였다.163) 그러면서 "경제 관리에서 중앙과 지방, 기관, 기업소들의 권한과 임무를 전반적으로 검토"하여 "경제 지도기관들의 책임성과 역할을 높여야 한다."고 강조하였다.164)

1998년의 새로운 헌법에서는 전반적으로 정치적 성향이 강한 당의 국가기구에 대한 장악도를 약화시키고 상대적으로 전문성이 강

---

162) 김정일, "경제사업을 개선하는데서 나서는 몇 가지 문제에 대하여"(조선로동당중앙위원회 책임일꾼들과 한 담화 1996년 4월 22일), 『김정일선집 제14권』(평양: 조선로동당출판사, 2000), p.160.

163) 김정일, "강성대국건설의 요구에 맞게 사회주의경제관리를 개선할 데 대하여", 당과 국가 경제기관 책임일꾼들과 한 담화(2001년 10월 3일) 참조.

164) 이 담화가 있은 이후 7월 1일부터 북한전역에서 '경제관리개선조치'가 이루어졌다.

한 행정경제기관들의 위상과 권한을 제도적으로 강화시켰다. 먼저 중앙수준에서는 과거 '경제사령부'라고 불리던 정무원을 지도했던 중앙인민위원회를 폐지하고, 정무원을 내각으로 승격시켰다. 종전에 정무원은 단순히 '최고주권기관의 행정적 집행기관'으로 규정165)되었으나, 새 헌법에서 내각은 '최고주권의 행정적 집행기관이며 전반적인 국가관리기관'으로 규정되었다(헌법 제117조). 그리고 과거 중앙인민위원회가 국가주석, 부주석 및 조선노동당의 각 도(직할시)당 책임비서(인민위원장 겸임)로 구성되었다는 점에서 이 기구의 폐지는 당의 행정기관 지도에 일정한 변화를 보여 주는 것이다.

또한 내각이 지방인민위원회에 대한 직접적 지도·감독권을 갖게 되었으며, 도(직할시)나 시(구역) 또는 군에서 지방행정경제위원회가 폐지되고 그 기능이 지방인민위원회로 흡수된 것이다. 그리고 지방인민위원회가 '지방주권의 행정적 집행기관'이 되어(제139조) 지방행정기관의 위상이 강화되었다. 또한 당의 책임비서가 인민위원장을 겸임하지 않고, 신임 인민위원장에는 대부분 과거의 행정경제위원장이 선출됨으로써 형식상 당－정분리가 이루어지게 되었다.166)

중앙인민위원회는 반정반당(半政半黨)적 성격을 지니는 기구였지만 중앙인민위의 구성인물들은 대부분 당에 포박되어 있어 경제 사업에 대한 당의 개입 경향, 즉 당의 행정경제 대행의 경향을 심하게 표출하였다. 따라서 행정경제 분야에 대한 효율성을 높이기 위해

---

165) 『로동신문』, 1992. 4. 10.

166) 최진욱, "개정헌법 이후 북한의 권력구조 정책전망", 『통일연구논총』 제7권 2호(서울: 민족통일연구원, 1998), pp.48－56.

당의 개입을 일정부분 차단하고자 하였던 것으로 보인다.

또한 김정일이 새로운 헌법에서 국가행정과 경제 분야 지도가 주요임무인 국가주석직을 폐지한 것은 현재의 경제 난국에 대해서 자신의 책임을 회피하며, 경제문제는 이를 담당하는 아랫사람들에게 그 부담을 전가167)시키려는 의도도 숨어 있는 것으로 보인다. 그러나 김정일이 1인지배체제를 뒷받침해 온 주석직과 중앙인민위원회를 폐지할 수 있었던 데에는 당이 국가기구에 대한 통제기능을 확고히 유지하고 있기 때문에 가능했던 것으로 보인다.168) 따라서 행정경제 분야에 대한 분리는 권력의 분립이나 분산이 아닌 역할분담과 책임회피,169) 정치사상사업에 대한 노력집중의 성격을 지니고 있다고 보아야 할 것이다.

이와 함께 당은 김정일의 권력승계 및 안정을 위해서 경제보다도 정치사상사업에 더욱 집중하도록 한 것으로 보인다. 즉, 사회주의권 붕괴로 인한 자본주의 사상침투, 경제파탄으로 인한 사회적 일탈과 사상이완 등 약화되는 인민대중의 결속력을 재강화하기 위해 정치사업에 대한 당의 역할과 책임을 강화하였다는 것이다. 이와 관련하여 김정일은 "지난 기간 사회주의를 건설하던 일부 나라들에서 당과 국가의 지도적 지위를 차지한 혁명의 배신자들에 의하여 사회주의사상이 왜곡 변질됨으로써 사회주의가 방향을 잃고 자기 궤도에

---

167) 이종석, 『김정일시대의 당과 국가기구』(서울: 세종연구소, 1999), pp.15 – 20.

168) 김달중 · 문정인 · 이석수 외, 『새천년 한반도 평화구축과 신지역질서론』(서울: 오름, 2000), p.114.

169) 배성인, "북한 권력구조 개편과 김정일 정권의 권력엘리트", 『북한연구학회보』 제4권 1호(2000), p.135.

서 탈선하여 자본주의 복귀의 길로 나가게 되었다."라고 경고하면서 "인민대중을 사회주의사상으로 튼튼히 무장시키는 것은 사회주의사회의 주체를 강화하고 그 역할을 높여 혁명과 건설을 힘 있게 다그쳐 나가기 위한 결정적 담보"라고 말하였다.[170] 따라서 "노동계급의 당에 있어서 사상사업보다 더 중요한 사업은 없음"으로 "사상사업을 모든 사업에 앞세워 나갈 것"을 요구하였다.

이처럼 선군정치하에서 당의 역할은 과거의 지나친 행정경제 분야에 대한 간섭에 기인해 효율성이 저하되는 것을 막고, 당으로 하여금 경제 분야에 대한 노력을 정치사상사업에 더욱 집중토록 함으로써 군대와 인민대중의 결속력을 확고히 다지고자 하였던 것으로 판단된다. 그러나 이것은 당이 행정경제 분야에 대한 영향력을 완전히 상실한 것이 아니라, 단지 당의 지나친 행정적 간섭을 차단하여 경제적 효율성을 제고하는 수준에서의 역할분담이 이루어진 것으로 보이며, 당은 여전히 정치적·경제적으로 통제와 지도의 기능을 수행[171]하고 있는 것으로 판단된다.

이상에서 살펴본 바와 같이 북한 관료문화의 지속·변화요인을 정치문화, 관료제, 통치이데올로기의 구조 속에서 살펴보고, 북한 관료문화의 변화흐름을 전망하였다.

1990년대 이후 북한의 관료문화는 계획실패와 위기, 부족의 심화

---

170) 김정일, "사상사업을 앞세우는 것은 사회주의위업 수행의 필수적 요구이다."(1995년 6월 19일), 『김정일선집 제14권』(평양: 조선로동당출판사, 2000), pp.49 – 51.

171) 방정배, 『북한 선군정치하의 당·군관계』, pp.129 – 133.

로 관료적 분배와 정치적 보상체계의 변화를 가져오며, 공적시스템의 약화로 공식과 비공식이 서로 다른 행태, 즉 이중적인 성격의 여러 다양한 모습이 나타난다. 특히 '고난의 행군'시기에는 생존을 위한 관료일탈로 연줄과 뇌물의 메커니즘 속에서 관료부패가 일반화되기 시작했다.

이와 같이 계획경제 자체에서 기인한 부족경제(shortage economy)와 계획경제를 수행하는 위계적인 관료제의 문제로 발생하는 '계획의 무정부성'은 북한이 지속적으로 비판해 온 이기·기관본위주의 등 주체 모순적 관료문화와 생존을 위한 경제적 성격으로 변질되어 사회주의적 가치의식의 변화, 즉 집단주의와 가족주의의 약화, 개인이기주의 등으로 나타났다.

특히, 북한의 2002년 7·1경제관리개선조치는 실리주의적 정치·사회문화는 개인주의의 강화와 물질주의의 확산을 가져오는 제도적인 계기가 되었다. 국가의 가부장적 온정주의가 현실의 엄격한 실적주의로 대체됨에 따라 국가에 의존하던 '후원－보호'의 가치관은 점차 약해질 수밖에 없었다. 이러한 것들은 결국 북한 사회주의가 핵심적인 가치관으로 상정하고 있던 집단주의적 가치관의 약화와, 개인주의적 가치관의 확대·강화를 의미한다.

따라서 북한 관료문화 흐름의 변화를 다음과 같이 전망할 수 있다. 첫째, 정치 문화적으로 전통적 집단주의 관료문화는 실리주의의 행위양식 즉, 개인주의로 변화되며, 둘째, 선군정치하의 당－국가 관료제 속에서 반사회주의적 관료문화는 지속되며, 셋째, 주체사상을 구현한 선군사상이 위기관리 방식의 작동 원리로 기능한다.

제6장   결 론

본 책은 문화 · 정치문화의 하위개념인 관료문화의 개념에 주목하여 북한체제에 접근하였다.

북한의 관료문화는 전통문화 및 사회주의 정치문화, 당-국가 관료제(Party-State Bureaucracy) 그리고 통치이데올로기로서 주체사상의 구조적 동인에 의하여 형성되어 왔다.

앞서 살펴본 바와 같이 북한의 관료문화 구조와 형성요인을 분석하여 북한 관료문화의 특성을 주체문화의 순기능적 관료문화가 정(正)의 동인으로 작용하는 주체 기능적 관료문화와 주체문화의 역기능적 관료문화가 부(負)의 동인으로 작용하는 주체 역기능적 관료문화, 그리고 모순적 주체문화와 역기능적 관료문화가 부(負)의 동인으로 작용하는 주체 모순적 관료문화로 규정하였다.

먼저 주체 기능적 관료문화로 첫째, 집단주의의 관료문화를 들수 있다. 집단주의적 가치는 사회주의체제의 일반적 특성이지만, 전통적인 동양적 공동체 정신과 결합하여 북한에서는 매우 강하게 표출되고 있다. 더욱이 수령중심의 유일지배체제가 강력한 사회통합을 지향하고, 남북한이 대치하고 있는 일상적 위기상황으로 집단주의적 경향성은 더욱 심화되었다. 이러한 북한의 집단주의적 성격은 전통적 공동체의식을 강하게 담고 있다. 강한 전통의 영향 속에서 북한 사회는 그 자체가 하나의 사회주의적 민족공동체이자 지역공동체를 이루고 발전해 왔으므로 집단주의 관료문화가 사회이념의 중요한 요소로 작용해 왔다. 특히, 북한의 집단주의 관료문화의 핵심에는 수령이 존재한다는 점에서 북한 체제의 특수성을 구성한다. 북한의 집단주의는 수령 – 당 – 대중이 유기체적으로 결합되어 있기 때문이다. 따라서 집단주의 관료문화는 민족경제의 구축과 전후 동원이라는 집단적 기획을 위해 인민의 욕망과 역량을 엄격하게 제한하고 이를 소기의 목표에 맞게 전환시키는 데 적극 활용되었다.

둘째, 군중노선·동원의 관료문화로 북한에서는 종파·지방·가족·연고주의 등 관료문화의 병리현상을 극복하기 위한 방편의 하나로 군중노선을 채택하여 대중동원에 활용해 왔다. 특히, 천리마운동은 중공업 우선 전략이 주체적인 힘, 북한 대중의 창발력에 의존하여 실현될 수 있음을 보여 준 군중노선의 구체적 형태였다. 그에 비해 청산리정신·방법, 대안의 사업체계는 당 – 국가기관과 대중과의 연계 고리를 형성하는, 즉 사람과의 사업을 선행시키는 군중노선의 실천지침이었다.

이와 같이 군중노선과 동원의 관료문화는 주체적인 사회주의 건설, 중공업 우선 전략과 긴밀한 관계를 갖고 형성되었으며, 그 과정에는 정치·사상 투쟁이 동반되었다.

다음으로 주체 역기능적 관료문화로 첫째, 종파·지방·가족·연고주의 등의 관료문화를 들 수 있다. 특히, 종파주의 등 관료문화는 전후 북한의 정치경제적으로 역동적인 상황 속에서 형성되었다. 전후복구와 경제건설의 기초를 구축하기 위한 노선과 관련하여 이견이 당내 헤게모니의 틀 안에서 갈등구조를 형성하고 있었다. 따라서 반종파 투쟁에서 가장 중심적인 문제로 부각된 것은 종파의 온상으로 되는 지방주의, 가족주의를 청산하는 문제였다. 지방주의와 가족주의의 척결은 생산관계의 사회주의적 개조가 완료되어 농업을 비롯한 인민경제 전체가 계획경제의 틀 속에 포괄됨에 따라 더욱 중요한 과제로 제기되었다. 즉, 전후 복구 및 사회주의혁명, 사회주의건설과 자주노선의 확립과정에서 종파주의 등의 척결은 김일성 유일지배체제를 구축할 수 있는 명분을 제공하였다.

둘째, 권위주의 등 제(諸) 관료문화를 들 수 있다. 당적지배가 관철되는 과정에서 권위주의가 일반적인 성향이 되었다. 해방 이후 북한 지도층이 물려받은 북한 사회는 시민혁명을 거치지 않았기 때문에 중앙집권적인 권위주의적 통치방식, 관료제의 경직성, 관존민비의 관념 등이 잔존해 있었다. 특히 김일성이 이런 역사적·환경적 배경을 통치차원에서 적극 활용하여 사회주의 혁명수행과정에서 전통과의 무조건적인 단절을 추구한 것이 아니라 전통의 영향력을 긍정적으로 활용한 통치전략도 권위주의를 조장하는 데 크게 기여했다고 할 수 있다.

또한 북한의 관료들이 권위주의 문화를 형성하는 데에는 공산주의 이데올로기도 영향을 미쳤다. 즉, 프롤레타리아독재와 민주주의 중앙집권제 원칙은 모든 공산주의 국가에서 예외 없이 권위주의적 독재성향을 보여 주었다. 북한은 이러한 공산주의 이데올로기의 속성이 전통적 봉건성과 결합해 권위주의적 성향을 더욱 분명하게 드러냈다.

끝으로 주체 모순적 관료문화로 첫째, 수령절대주의의 관료문화를 들 수 있다. 북한에서 수령은 혁명적 수령관에 의해서 절대적인 존재로 설정되었다. 이것은 '수령의 유일적 영도'로서 당의 절대성보다는 수령의 절대성이 강조되고 있는 것이다. 이와 같은 수령절대주의에서의 관료문화는 폐쇄화를 더욱 촉진시키고 있으며, 김일성·김정일 교시의 관철이나 무조건성·절대성은 관료주의적 인간을 만들고 창의력과 혁신성을 제약하는 결과를 초래했다.

둘째, 이기·기관본위주의의 관료문화를 들 수 있다. 북한 사회주의 경제체제는 경제적 효율성을 높이기 위해 이론적·형식적 차원에서 다양한 원리, 원칙, 제도, 조치 등을 동원했지만, 생산수단의 사회적 소유에 기초한 중앙집권적 명령계획경제를 유지함으로써 현실적으로는 관료적 독재의 폐해로부터 벗어나지 못하였다. 이 같은 계획경제를 수행하는 위계적인 관료제 자체의 문제로 발생하는 '계획의 무정부성'은 북한이 지속적으로 비판해 온 이기 및 기관본위주의 문제로 귀결되었다. 대표적으로 '기관본위주의' 현상을 들 수 있는데, 이는 당적, 국가적 입장을 떠나서 자기 기관, 기업소의 일시적 이익만을 생각하면서 국가계획과제 수행에서 기관, 기업소 상호 간의 연계와 협조를 거부하거나 등한시하며 협동생산에 잘 응하려 하지 않고 자재와 설비를 사장해 두고도 그것을 필요로 하는 기관, 기업소에 넘겨주지 않는 것을 의미했다. 즉 기관의 이해가 국가이익을 압도하는 결과를 초래했다. 따라서 북한이 일원적 계획경제 시스템을 교조적으로 유지하는 한 그들이 비판하고 극복하려는 이기 및 기관본위주의 현상은 지속될 수밖에 없다.

셋째, 기술신비주의 관료문화는 과학 기술과 물질 기술적 조건을 우상화하는 것으로, 소극성과 보수주의는 과학과 기술을 신비화하고 과학과 기술을 과학자와 기술자들이나 하는 것으로 여겨 생각하게 만듦으로써 비판되었다. 행정 관료와 관리 기술자들이 자신의 소극성과 보수주의를 옹호하기 위한 방어용 무기로 활용한 것은 '기술신비주의', 즉 기술 전문성이었다. 때문에 기술신비주의 역시 집중적으로 비판되었다. 이와 같이 기술신비주의는 소극성, 보수주의, 사대주의, 경험주의 등과 함께 비판되었으나 창의성을 근본적으로 말살하는 주체사상과 계획경제 시스템의 유지는 기술신비주의 관료문화가 모순의 주체문화와 양립하여 지속될 수밖에 없었다.

1990년대 이후 북한의 관료문화는 계획실패와 위기·부족의 심화로 관료적 분배와 정치적 보상체계의 변화를 가져오며, 공적시스템의 약화로 공식과 비공식이 서로 다른 행태, 즉 이중적인 성격의 여러 다양한 모습이 나타났다. 특히 '고난의 행군'시기에는 생존을 위한 관료일탈로 연줄과 뇌물의 메커니즘 속에서 관료부패가 일반화되기 시작했다. 이와 같이 계획경제 자체에서 기인한 부족경제 (shortage economy)와 계획경제를 수행하는 위계적인 관료제 자체의 문제로 발생하는 '계획의 무정부성'은 북한이 지속적으로 비판해 온 지방주의·기관본위주의 등 부정적 관료문화와 생존을 위한 경제적 성격으로 변질되어 사회주의적 가치의식의 변화, 즉 집단주의와 가족주의의 약화, 개인이기주의 등으로 나타날 수밖에 없었다.

이러한 북한의 사회주의적 가치의식의 변화는 과거 김일성·김정일 중심의 공동체적 집단주의 가치관에서 상대적·주관적인 개인주의 가치관으로 변화하고 있다고 볼 수 있다.

집단주의는 당-국가와 김일성·김정일을 동일시하도록 하고, 경제난과 같은 내적 장애나 미국의 대북 경제제재 같은 외적 압박에 대해 '굴종'이나 '항복'보다는 결사적 저항을 더 우선시하도록 만든다. 그러므로 이러한 집단주의가 약화된다는 것은 북한체제 내구력에 큰 손상을 입히는 결과를 초래한다는 것을 의미한다. 따라서 북한 경제난이 조기에 해결되지 못한다면 개인주의 및 가족주의는 더욱 확대될 것이고, 집단주의 약화에 따른 체제변혁 가능성도 함께 커질 것이다.

이와 같이 북한의 관료가 경제난 등에 따른 일상적인 관료일탈과 생존을 위한 가치관의 변화에도 불구하고 체제안정에 순응하는 원인은 첫째, 사회주의의 관료적 조정기제에 관성화된 당·국가-관료-주민들이 순응과 갈등의 길항적 상호작용을 형성하며, 둘째, 기관본위주의 등 북한식의 관료문화가 중앙-지방, 관료-주민 간에 일상화된 연결고리를 형성하고 있어서 관료로서의 기득권을 쉽게 포기할 수 없는 메커니즘이 작용한다고 볼 수 있다.

한편 사회주의 지배이데올로기는 오늘의 결핍과 부족에 대한 인내와 노력동원의 보상으로 풍요로운 미래의 건설을 약속했으나, 이러한 미래 건설이 실패로 돌아가면서 그 정당성을 상실하고 있다. 북한 관료들은 외형적으로는 지배이데올로기를 지지하는 것처럼 행동하지만 그것은 당국의 통제와 처벌이 두려워 위장한 것에 지나지 않으며, 이들은 먹고사는 문제 해결을 위해 시장지향적인 의식과 행위를 지속하고 있다.

현재 경제난의 지속과 7·1조치로 대표되는 기관 및 개인 차원의 경쟁을 유발하는 '실리 사회주의'의 도입으로 인해 부정부패현상의 출현은 불가피한 것으로 나타나고 있다. 이에 따라 북한 사회 전반은 혁명전통과 주체사상, 선군사상 등 사상에 의한 체제 정당성 제고 노력을 지속하고 있지만, '실리 사회주의'의 등장으로 혁명 이념성의 퇴조를 경험하고 있는 것으로 보인다.

따라서 북한 관료문화 흐름의 변화를 다음과 같이 전망할 수 있다. 첫째, 정치 문화적으로 전통적 집단주의 관료문화는 실리주의의 행위양식 즉, 개인주의로 변화되며, 둘째, 관료제는 선군정치하의 당 - 국가 관료제 속에서 반사회주의적 관료문화는 지속되며, 셋째, 주체사상을 구현한 선군사상이 위기관리 방식의 작동 원리로 기능한다.

또한 본 책은 북한 관료문화를 '주체의 관료문화'로 규정했다. 이를 세 가지 특성에서 본다면 첫째, 주체 기능적 관료문화의 속성인 집단주의 문화는 개인주의 문화로 변화하며, 둘째, 주체 역기능적 관료문화의 속성인 권위주의·형식주의 등 반사회주의적 관료문화는 지속되며, 셋째, 주체 모순적 관료문화의 속성인 수령절대주의와 이기·기관본위주의는 주체사상과 계획경제의 모순 속에서 지속될 수밖에 없다.

이와 같은 북한 관료문화의 다양한 변화요인의 핵심은 국가경제의 실패와 이에 따른 정치적 사회질서의 이완현상이다. 이러한 상황에서 일반인민과 관료들의 사고방식의 변화는 각자가 처한 환경에 따라 일정한 정도의 차이가 존재함에도 불구하고 변화의 양상은 동질적이다. 국가와 체제를 보위해야 하는 관료적 신분과 생존을 위한 인민적 삶의 경계에서 먹고사는 문제의 해결은 매우 직접적인 생활과 사고방식의 전환을 가져왔다. 정치적 사회질서의 이완에 따른 관료권위의 저하, 지위를 이용한 일탈적 관료문화의 확산, 통치이데올로기의 한계 등은 북한 관료문화의 변화된 그리고 변화하고 있는 다양한 양상을 보여 주었다.

끝으로 본 책은 북한의 관료 문화적 특성을 주체 기능적·주체 역기능적·주체 모순적 관료문화 특성을 가지고 지속과 변화의 요인을 갖고 있다는 분석결과를 얻었다. 앞으로 이런 분석결과는 북한 체제의 변화여부와 직결된 것이기 때문에 그 체제변화여부와 관련해서 북한의 관료 문화적 특성이 연구·분석되어야 하고, 북한 관료·주민들에게 학습화 - 사회화 - 내재화된 관료문화의 특성이 어떻게 변화될 것인가에 관한 문제의식도 필요하다고 하겠다. 아울러 본 연구는 통일을 대비하여 남북한 관료문화에 관한 비교 등의 연구영역 확대를 통하여 계속 발전되도록 하여야 할 것이다.

참고문헌

1. 북한문헌

1) 김일성・김정일 저작집류

『김일성선집』 제2판 1 – 6권(평양: 조선로동당출판사, 1960 – 1964).

『김일성저작선집』 1 – 10권(평양: 조선로동당출판사, 1967 – 1994).

『김일성저작집』 1 – 44권(평양: 조선로동당출판사, 1979 – 1996).

『김정일선집』 1 – 15권(평양: 조선로동당출판사, 1992 – 2005).

『사회주의경제관리문제에 대하여』 1 – 7권(평양: 조선로동당출판사, 1970 – 1997).

『위대한 수령 김일성동지의 불멸의 혁명업적』 1 – 15권(평양: 조선로동당출판사, 1998 – 1999).

『주체사상에 대하여』(평양: 조선로동당출판사, 1991).

『주체혁명위업의 완성을 위하여』 1 – 5권(평양: 조선로동당출판사, 1987 – 1988).

2) 단행본

고정웅·리준항, 『조선로동당의 반수정주의투쟁경험』(평양: 사회과학출판사, 1995).

과학원 경제법학연구소 편, 『조선민주주의인민공화국의 국가사회제도』(동경: 일본평론사, 1963).

길확실, 『천리마 작업반장의 수기』(평양: 직업동맹출판사, 1961).

김인옥, 『김정일장군 선군정치리론』(평양: 평양출판사, 2003).

김일성종합대학 경제학부 교원 일동, 『청산리 교시와 사회주의체제건설』(평양: 조선로동당출판사, 1962).

김철우, 『김정일장군의 선군정치』(평양: 평양출판사, 2000).

리기성, 『주체의 사회주의정치경제학의 법칙과 범주 1』(평양: 사회과학출판사, 1992).

리명일, 『국가관리학』(평양: 김일성종합대학출판사, 1988).

리희남, "한 가정에 대한 이야기", 『조선문학』 5호, 2004.

림수웅, 『우리나라 사회주의건설에서 천리마작업만 운동』(평양: 조선로동당출판사, 1961).

사회과학백과사전종합출판사, 『조선로동당의 사회주의 건설 령도사』(평양: 사회과학백과사전종합출판사, 1995).

사회과학원 경제연구소, 『계획의 일원화, 세부화에 관한 경애하는 수령 김일성동지의 사상』(평양: 사회과학출판사, 1973).

사회과학원 경제연구소 공업경제연구실, 『사회주의체제관리에서 대안의 사업체계』(평양: 사회과학출판사, 1969).

사회과학출판사 편, 『위대한 수령 김일성 동지의 경제리론해설』(평양: 사회과학출판사, 1975).

오광철, "어머니에 대하여 말하다.", 『조선문학』 6호, 2001.

윤명현, 『우리식 사회주의 100문 100답』(평양: 평양출판사, 2004).

윤현철, 『"고난의 행군"을 락원의 행군으로』(평양: 평양출판사, 2002).

조선로동당중앙위원회 당력사연구소, 『김정일동지략전』(평양: 조선로동당출판사, 1999).

조선로동당출판사, 『상급학습반 참고 자료 3』(평양: 조선로동당출판사, 1958).

조선로동당출판사, 『기본 건설사업 발전을 위한 우리 당의 정책』(평양: 조선로동당출판사, 1961).

조선로동당, 『조성된 정세에 대처하여 계급투쟁의 날을 날카롭게 세울데 대하여』(당원용), 2001. 6.

직업동맹출판사, 『천리마공장 사람들』(평양: 직업동맹출판사, 1965).

최중극, 『과도기와 사회주의 경제 발전의 합법칙성』(평양: 과학백과사전출판사, 1987).

최중극, 『사회주의경제와 균형』(평양: 과학백과사전출판사, 1990).

탁진 · 김강일 · 박홍제, 『김정일지도자』 제2부(동경: 동방사, 1984).

한재만, 『김정일 – 인간 · 사상 · 령도』(평양: 평양출판사, 1994).

3) 논문

김일성, "농촌 경리의 금후 발전을 위한 우리 당의 정책에 관하여"(1954. 11. 3), 『김일성선집 제4권』(평양: 조선로동당출판사, 1963).

김일성, "당원들의 계급 교양 사업을 더욱 강화할 데 대하여"(1955. 4. 1), 『김일성선집 제4권』(평양: 조선로동당출판사, 1963).

김일성, "관료주의를 퇴치할 데 대하여"(1955. 4. 1), 『김일성선집 제4권』 (평양: 조선로동당출판사, 1963).

김일성, "사회주의 혁명의 현 단계에 있어서 당 및 국가사업의 몇 가지 문제들에 대하여"(1955. 4. 4), 『김일성선집 제4권』(평양: 조선로동당출판사, 1963).

김일성, "우리 혁명의 성격과 과업에 관한 테제: 모든 힘을 조국의 통일 독립과 공화국 북반부에서의 사회주의 건설을 위하여"(1955. 4), 『김일성선집 제4권』(평양: 조선로동당출판사, 1963).

김일성, "경공업의 금후 발전을 위하여"(1958. 1. 20), 『김일성선집 제5권』 (평양: 조선로동당출판사, 1963).

김일성, "제1차 5개년 계획의 성과적 수행을 위하여"(1958. 3. 6), 『김일성선집 제5권』(평양: 조선로동당출판사, 1963).

김일성, "시, 군 인민위원회의 당면한 몇 가지 과업에 대하여"(1958. 8. 9), 『김일성선집 제6권』(평양: 조선로동당출판사, 1964).

김일성, "사회주의 건설에서 소극성과 보수주의를 반대하여"(1958. 9. 16), 『김일성선집 제6권』(평양: 조선로동당출판사, 1964).

김일성, "공산주의 교양에 대하여"(1958. 11. 20), 『김일성선집 제6권』(평양: 조선로동당출판사, 1964).

김일성, "우리나라에서 사회주의적 농업 협동화의 승리와 농촌 경리의 금후 발전에 대하여"(1959. 1. 5), 『김일성선집 제6권』(평양: 조선로동당출판사, 1964).

김일성, "함경북도 당 단체들의 과업"(1959. 3. 23), 『김일성선집 제6권』(평양: 조선로동당출판사, 1964).

김일성, "사회주의 경제 건설에서 제기되는 당면한 몇 가지 과업들에 대하여"(1959. 12. 4), 『김일성선집 제6권』(평양: 조선로동당출판사, 1964).

김일성, "모든 것을 전후인민경제복구 발전을 위하여"(조선로동당중앙위원회 제6차 전원회의에서 한 보고 1953년 8월 5일), 『김일성저작선집 제1권』(평양: 조선로동당출판사, 1967).

김일성, "관료주의를 퇴치할데 대하여"(조선로동당중앙위원회 전원회의에서 한 보고 1955년 4월 1일), 『김일성저작선집 제1권』(평양: 조선로동당출판사, 1967).

김일성, "사회주의건설에서 소극성과 보수주의를 반대하여"(전국생산혁신자대회에서 한 연설 1958년 9월 16일), 『김일성저작선집 제2권』(평양: 조선로동당출판사, 1968).

김일성, "사회주의적 농촌경리의 정확한 운영을 위하여"(강서군 청산리 당총회에서 한 연설 1960년 2월 8일), 『김일성저작선집 제2권』(평양: 조선로동당출판사, 1968).

김일성, "강서군당 사업지도에서 얻은 교훈에 대하여"(조선로동당중앙위원회 상무위원회 확대회의에서 한 연설 1960년 2월 23일), 『김일성저작선집 제2권』(평양: 조선로동당출판사, 1968).

김일성, "자녀교양에서 어머니들의 임무"(전국 어머니대회에서 한 연설

1961년 11월 16일), 『김일성저작선집 제3권』(평양: 조선로동당출판사, 1968).

김일성, "지도일군들의 당성, 계급성, 인민성을 높이며 인민경제의 관리운영 사업을 개선할 데 대하여"(조선로동당중앙위원회 제4기 제10차 전원회의에서 한 결론 1964년 12월 19일), 『김일성저작선집 제4권』(평양: 조선로동당출판사, 1968).

김일성, "조선로동당창건 스무돐에 즈음하여"(조선로동당창건 스무 돌 경축대회에서 한 보고 1965년 10월 10일), 『김일성저작선집 제4권』(평양: 조선로동당출판사, 1968).

김일성, "국가활동의 모든 분야에서 자주, 자립, 자위의 혁명정신을 더욱 철저히 구현하자."(조선민주주의인민공화국 최고인민회의 제4기 제1차 회의에서 발표한 조선민주주의인민공화국 정부정강 1967년 12월 16일), 『김일성저작선집 제4권』(평양: 조선로동당출판사, 1968).

김일성, "조선로동당 제5차대회에서 한 중앙위원회사업총화보고"(1970년 11월 2일), 『김일성저작선집 제5권』(평양: 조선로동당출판사, 1972).

김일성, "사회주의농촌건설에서 이룩한 위대한 성과를 더욱 공고히 발전시키자."(전국 농업대회에서 한 연설 1974년 1월 10일), 『김일성저작선집 제7권』(평양: 조선로동당출판사, 1978).

김일성, "당 사업을 더욱 강화할 데 대하여"(당 조직일군 강습 참가자들에게 보낸 서한 1974년 7월 31일) 『김일성저작선집 제7권』(평양: 조선로동당출판사, 1978).

김일성, "일군들은 참다운 인민의 충복이 되자."(당, 행정경제기관 일꾼들과 한 담화 1992년 12월 28일), 『김일성저작선집 제10권』(평양: 조선로동당출판사, 1994).

김일성, "종파주의를 청산하고 혁명대오의 통일단결을 강화하자."(소책자로 발표한 논문 1933년 5월 10일), 『김일성저작집 제1권』(평양: 조선로동당출판사, 1979).

김일성, "현 계단에 있어서의 지방정권기관들의 임무와 역할"(도, 시, 군 인민위원회위원장및당지도일꾼련석회의에서 한 연설 1952년 2월 1일), 『김일성저작집 제7권』(평양: 조선로동당출판사, 1980).

김일성, "당의 조직적사상적강화는 우리 승리의 기초"(조선로동당중앙위원회 제5차 전원회의에서 한 보고 1952년 12월 15일), 『김일성저작집 제7권』(평양: 조선로동당출판사, 1980).

김일성, "관료주의를 퇴치할데 대하여"(조선로동당중앙위원회 전원회의에서 한 보고 1955년 4월 1일), 『김일성저작집 제9권』(평양: 조선로동당출판사, 1980).

김일성, "당원들속에서 계급교양사업을 더욱 강화할데 대하여"(조선로동당 중앙위원회 전원회의에서 한 보고 1955년 4월 1일), 『김일성저작집 제9권』(평양: 조선로동당출판사, 1980).

김일성, "사회주의혁명의 현 계단에 있어서 당 및 국가사업의 몇 가지 문제들 에 대하여"(조선로동당중앙위원회 전원회의에서 한 결론 1955년 4월 4일), 『김일성저작집 제9권』(평양: 조선로동당출판사, 1980).

김일성, "당 제3차대회결정 관철을 위한 함경남도 당 단체들의 과업"(함경남도당열성자회의에서 한 연설 1956년 5월 17일), 『김일성저작집 제10권』(평양: 조선로동당출판사, 1980).

김일성, "조선로동당 제3차대회에서 한 중앙위원회사업총화보고"(1956년 4월 23일), 『김일성저작집 제10권』(평양: 조선로동당출판사, 1980).

김일성, "사회주의건설에서 인민정권의 당면과업에 대하여"(최고인민회의 제2기 제1차 회의에서 한 연설 1957년 9월 20일), 『김일성저작집 제11권』(평양: 조선로동당출판사, 1981).

김일성, "조선인민군은 항일 무장투쟁의 계승자이다."(조선인민군 제324군 부대관하장병들 앞에서 한 연설 1958년 2월 8일), 『김일성저작집 제12권』(평양: 조선로동당출판사, 1981).

김일성, "제1차5개년계획을 성과적으로 수행하기 위하여"(조선로동당대표 자회의에서 한 결론 1958년 3월 6일), 『김일성저작집 제12권』(평양: 조선로동당출판사, 1981).

김일성, "당사업을 개선할 데 대하여"(도, 시, 군 당위원장들과 인민위원 회 위원장들 앞에서 한 연설 1958년 3월 7일), 『김일성저작집 제12권』(평양: 조선로동당출판사, 1981).

김일성, "자강도 당 단체들 앞에 나서는 몇 가지 과업"(자강도 당, 정권기 관, 경제기관 및 사회단체 일꾼들 앞에서 한 연설 1958년 8월 5 일), 『김일성저작집 제12권』(평양: 조선로동당출판사, 1981).

김일성, "함경북도 당 단체들의 과업"(조선로동당 함경북도 인민위원회 확 대전원회의에서 한 연설 1959년 3월 23일), 『김일성저작집 제13권』(평양: 조선로동당출판사, 1981).

김일성, "함경남도 앞에 나서는 몇 가지 과업에 대하여"(함경남도 당, 정 권기관, 사회단체, 경제기관일꾼협의회에서 한 연설 1960년 9월 2 일), 『김일성저작집 제14권』(평양: 조선로동당출판사, 1981).

김일성, "당사업과 경제사업에서 나서는 몇 가지 문제에 대하여"(조선로동당중앙위원회 과정이상 일꾼들 앞에서 한 연설 1960년 10월 19일), 『김일성저작집 제14권』(평양: 조선로동당출판사, 1981).

김일성, "천리마기수들은 우리 시대의 영웅이며 당의 붉은 전사이다."(전국천리마작업반운동선구자대회에서 한 연설 1960년 8월 22일), 『김일성저작집 제14권』(평양: 조선로동당출판사, 1981).

김일성, "조선로동당 제4차대회에서 한 중앙위원회사업총화보고"(1961년 9월 11일), 『김일성저작집 제15권』(평양: 조선로동당출판사, 1981).

김일성, "대안의 사업체계를 더욱 발전시킬 데 대하여"(대안전기공장위원회 확대회의에서 한 연설 1962년 11월 9일), 『김일성저작집 제16권』(평양: 조선로동당출판사, 1982).

김일성, "당사업에서 형식주의와 관료주의를 없애며 일군들을 혁명화할 데 대하여"(조선로동당중앙위원회 조직지도부, 선전선동부 일꾼들 앞에서 한 연설 1966년 10월 18일), 『김일성저작집 제20권』(평양: 조선로동당출판사, 1982).

김일성, "당사업을 개선하여 당대표자회 결정을 관철할데 대하여"(도, 시, 군 및 공장 당 책임비서 협의회에서 한 연설 1967년 3월 17－24일), 『김일성저작집 제21권』(평양: 조선로동당출판사, 1983).

김일성, "인민주권을 강화하여 우리 혁명의 종국적승리를 더욱 앞당기자."(최고인민회의 대의원선거를 위한 송림선거구 선거자들과의 상봉 모임에서 한 연설 1967년 11월 11일), 『김일성저작집 제21권』(평양: 조선로동당출판사, 1983).

김일성, "사회주의 건설의 위대한 추동력인 천리마작업반운동을 더욱 심화발전시키자."(제2차 전국천리마작업반운동선구자대회에서 한 연설 1968년 5월 11일), 『김일성저작집 제22권』(평양: 조선로동당출판사, 1983).

김일성, "교통운수의 긴장성을 풀데 대하여"(조선로동당중앙위원회 제4기 제18차 전원회의 확대회의에서 한 결론 1968년 11월 16일), 『김일성저작집 제23권』(평양: 조선로동당출판사, 1983).

김일성, "국가재산을 애호절약하며 수산업을 더욱 발전시킬 데 대하여"(조선로동당중앙위원회 제4기 제19차 전원회의에서 한 결론 1969년 6월 30일), 『김일성저작집 제24권』(평양: 조선로동당출판사, 1983).

김일성, "사상혁명, 기술혁명, 문화혁명 수행에서 남포시 당조직들 앞에 나서는 과업에 대하여"(남포시당위원회 전원회의에서 한 연설 1973년 3월 5일), 『김일성저작집 제28권』(평양: 조선로동당출판사, 1984).

김일성, "사상혁명, 기술혁명, 문화혁명을 더욱 힘 있게 다그치자."(조선로동당중앙위원회 정치위원회 강서 확대회의에서 한 결론 1973년 3월 14일), 『김일성저작집 제28권』(평양: 조선로동당출판사, 1984).

김일성, "당사업을 더욱 강화할 데 대하여"(당 조직일꾼강습참가자들에게 보낸 서한 1974년 7월 31일), 『김일성저작집 제29권』(평양: 조선로동당출판사, 1985).

김일성, "올해 농사경험과 다음해 영농사업방향에 대하여"(농촌경리부문 지도일꾼협의회에서 한 연설 1980년 9월 21일), 『김일성저작집 제35권』(평양: 조선로동당출판사, 1987).

김일성, "로동계급은 온 사회를 주체사상화하는 투쟁에서 핵심부대가 되

자.”(조선직업총동맹 제6차 대회에서 한 연설 1981년 11월 30일),
『김일성저작집 제36권』(평양: 조선로동당출판사, 1990).

김일성, “일꾼들 속에서 혁명성, 당성, 로동 계급성, 인민성을 높일 데 대
하여”(정무원 책임일꾼들과 한 담화 1984년 3월 13일), 『김일성저
작집 제38』(평양: 조선로동당출판사, 1992).

김일성, “우리나라 사회주의의 우월성을 더욱 높이 발양시키자.”(조선민주
주의인민공화국 최고인민회의 제9기 제1차 회의에서 한 시정연설
1990년 5월 24일), 『김일성저작집 제42권』(평양: 조선로동당출판
사, 1995).

김일성, “대안의 사업체계를 더욱 발전시킬 데 대하여”(대안전기공장당위
원회 확대회의에서 한 연설 1962년 11월 9일), 『사회주의경제관리
문제에 대하여 제2권』(평양: 조선로동당출판사, 1970).

김일성, “조선민주주의인민공화국에서의 사회주의건설과 남조선혁명에 대
하여(발취)”(인도네시아 ‘알리 아르함’ 사회과학원에서 한 강의
1965년 4월 14일), 『사회주의경제관리문제에 대하여 제3권』(평양:
조선로동당출판사, 1970).

김일성, “인민경제계획의 일원화, 세부화의 위대한 생활력을 남김없이 발
휘하기 위하여”(국가계획위원회당총회에서 한 연설 1965년 9월 23
일), 『사회주의경제관리문제에 대하여 제3권』(평양: 조선로동당출
판사, 1970).

김일성, “일원화계획화체계를 더욱 심화발전시키기 위하여”(계획부문일꾼
협의회에서 한 연설 1969년 7월 2일), 『사회주의경제관리문제에
대하여 제3권』(평양: 조선로동당출판사, 1970).

김정일, "반당반혁명분자들의 사상여독을 뿌리빼고 당의 유일사상체계를 세울 데 대하여"(조선로동당중앙위원회 선전선동부 일꾼들과 한 담화 1967년 6월 15일), 『김정일선집 제1권』(평양: 조선로동당출판사, 1992).

김정일, "당과 수령에게 끊없이 충실한 일군이 되자."(도당책임비서, 당중앙위원회 조직지도부, 선전선동부 부부장회의에서 한 연설 1977년 8월 20일), 『김정일선집 제5권』(평양: 조선로동당출판사, 1995).

김정일, "당사업을 더욱 강화하며 사회주의건설을 힘 있게 다그치자."(조선로동당중앙위원회 정무원 책임일꾼들 앞에서 한 연설 1991년 1월 5일), 『김정일선집 제11권』(평양: 조선로동당출판사, 1997).

김정일, "당사업을 강화하여 우리 식 사회주의를 더욱 빛내이자."(조선로동당중앙위원회 책임일꾼들과 한 담화 1992년 1월 1일), 『김정일선집 제12권』(평양: 조선로동당출판사, 1997).

김정일, "사회주의건설의 력사적 교훈과 우리 당의 총로선"(조선로동당중앙위원회 책임일꾼들과 한 담화 1992년 1월 3일), 『김정일선집 제12권』(평양: 조선로동당출판사, 1997).

김정일, "혁명적당건설의 근본문제에 대하여"(조선로동당창건 47돌에 즈음하여 집필한 논문 1992년 10월 10일), 『김정일선집 제13권』(평양: 조선로동당출판사, 1998).

김정일, "당, 국가, 경제사업에서 나서는 몇 가지 문제에 대하여"(조선로동당중앙위원회 책임일꾼들 앞에서 한 연설 1992년 11월 12일), 『김정일선집 제13권』(평양: 조선로동당출판사, 1998).

김정일, "당사업과 경제사업에 힘을 넣어 사회주의위력을 더욱 강화하자."(조선로동당중앙위원회 책임일꾼들과 한 담화 1993년 2월 17

일), 『김정일선집 제13권』(평양: 조선로동당출판사, 1998).

김정일, "당사업을 잘하여 사회주의혁명진지를 더욱 튼튼히 다지자."(조선로동당중앙위원회 책임일꾼들 앞에서 한 연설 1994년 1월 1일), 『김정일선집 제13권』(평양: 조선로동당출판사, 1998).

김정일, "혁명발전의 요구에 맞게 간부들을 철저히 혁명화할데 대하여"(조선로동당중앙위원회 책임일꾼들과 한 담화 1994년 5월 24일), 『김정일선집 제13권』(평양: 조선로동당출판사, 1998).

김정일, "사회주의는 과학이다."(조선로동당중앙위원회 기관지 『로동신문』에 발표한 논문 1994년 11월 1일), 『김정일선집 제13권』(평양: 조선로동당출판사, 1998).

김정일, "사상사업을 앞세우는 것은 사회주의위업 수행의 필수적 요구이다."(1995년 6월 19일) 『김정일선집 제14권』(평양: 조선로동당출판사, 2000).

김정일, "혁명선배를 존대하는 것은 혁명가의 숭고한 도덕의리이다."(조선로동당중앙위원회 기관지 『로동신문』에 발표한 담화 1995년 12월 25일), 『김정일선집 제14권』(평양: 조선로동당출판사, 2000).

김정일, "경제사업을 개선하는데서 나서는 몇 가지 문제에 대하여"(조선로동당중앙위원회 책임일꾼들과 한 담화 1996년 4월 22일), 『김정일선집 제14권』(평양: 조선로동당출판사, 2000).

김정일, "선군혁명로선은 우리 시대의 위대한 혁명로선이며 우리 혁명의 백전백승의 기치이다."(조선로동당중앙위원회 책임일꾼들과 한 담화 2003년 1월 29일), 『김정일선집 제15권』(평양: 조선로동당출판사, 2005).

김정일, "선군시대에 맞는 사회주의적 생활문화를 확립할 데 대하여"(조선로동당중앙위원회 책임일꾼들과 한 담화 2003년 2월 10일, 7월 2일)『김정일선집 제15권』(평양: 조선로동당출판사, 2005).

김정일, "온 사회를 김일성주의화하기 위한 당사상사업의 당면한 몇 가지 과업에 대하여"(전국당선전일꾼강습회에서 한 결론 1974년 2월 19일),『주체혁명위업의 완성을 위하여 제3권』(평양: 조선로동당출판사, 1987).

김정일, "전당과 온 사회에 유일사상체계를 더욱 튼튼히 세우자."(중앙당 및 국가, 경제기관, 근로단체, 인민무력, 사회안전, 과학, 교육, 문화 예술, 출판보도부문 일꾼들 앞에서 한 연설 1974년 4월 14일),『주체혁명위업의 완성을 위하여 제3권』(평양: 조선로동당출판사, 1987).

김정일, "주체사상교양에서 제기되는 몇 가지 문제에 대하여"(조선로동당 중앙위원회 책임일꾼들과 한 담화 1986년 7월 15일),『주체혁명위업의 완성을 위하여 제5권』(평양: 조선로동당출판사, 1988).

김정일,『사회주의에 대한 훼방은 허용될 수 없다』(1993. 3. 1)(평양: 조선로동당출판사, 1993).

김정일, "우리는 지금 식량사정 때문에 무정부 상태가 되고 있다."(1996년 12월 7일 김일성종합대학 창립 50돌 기념연설문)『월간조선』 1997년 4월호.

김정일, "마르크스 – 레닌주의와 주체사상의 기치를 높이 들고 나아가자.",『주체사상에 대하여』(평양: 조선로동당출판사, 1991).

김정일, "강성대국건설의 요구에 맞게 사회주의경제관리를 개선강화할 데 대 하여"(담화 2001년 10월 3일) (http://nk.chosun.com/original/print.html?year = &original_id = 584).

김정일, "인민대중중심의 우리 식 사회주의는 필승불패이다.", 『근로자』 1991년 제6호.

고갑종, "민주주의중앙집권제는 로동계급의 혁명적당건설의 중요원칙", 『근로자』 1991년 제4호.

고상진, "위대한 령도자 김정일동지의 선군정치의 근본특징", 『철학연구』 1999년 제1호.

권두언, "당의 군중로선을 관철하자.", 『근로자』 1955년 제6호.

권두언, "경제 건설에 대한 지도 수준을 제고하자.", 『근로자』 1957년 제3호.

권두언, "새해의 전투적 과업", 『근로자』 1958년 제1호.

권두언, "사회주의 건설의 대고조", 『근로자』 1958년 제8호.

권두언, "공산주의 교양을 강화하자.", 『근로자』 1958년 제12호.

권두언, "당사업 방법과 작풍을 더욱 대담하게 개선하자.", 『근로자』 1959년 제4호.

권두언, "당적 사상 체계의 더욱 튼튼한 확립을 위하여", 『근로자』 1959년 제5호.

권두언, "당사업 체계와 방법을 결정적으로 개선하자.", 『근로자』 1960년 제3호.

김경현, "노동자들은 기술신비주의를 어떻게 분쇄하고 있는가.", 『근로자』 1958년 제10호.

김국훈, "현 시기 당내 사상투쟁에서의 몇 가지 문제", 『근로자』 1957년 제11호.

김동익, "일반적 지도와 개별적 지도를 결합시키는 것은 우리 당의 혁명적 사업방법", 『근로자』 1970년 제7호.

김려현, "'하나는 전체를 위하여, 전체는 하나를 위하여'라는 공산주의 원칙을 철저히 구현하는 것은 우리 식 사회주의의 우월성을 높이 발양시키기 위한 중요과업", 『근로자』 1991년 제5호.

김명순, "친애하는 지도자 김정일 동지의 현명한 령도 밑에 진행되는 숨은 영웅들의 모범을 따라 배우는 운동", 과학백과사전종합출판사 편, 『력사과학론문집』 제16호(1991).

김봉섭, "농민들 속에서의 집단주의 교양", 『근로자』 1958년 제12호.

김성오, "수령님의 고매한 공산주의적 풍모와 혁명적 사업방법, 인민적 사업작풍을 따라 배우자.", 『근로자』 1974년 제11호.

김시중, "지방주의와 가족주의의 해독성", 『근로자』 1958년 제4호.

김익선, "레닌적 당 생활 규범에 충실한 우리 당의 통일 단결은 조선 혁명 승리의 기초", 『근로자』 1957년 제10호.

김 일, "당의 영도는 우리 혁명의 기초", 『근로자』 1958년 제4호.

김정길, "사회주의원칙을 확고히 지키면서 가장 큰 실리를 얻게 하는 것은 사회주의 경제관리 완성의 기본방향", 『경제연구』 2003년 제1호.

김정일, "경제 건설에서의 인민 정권의 조직적 및 지도적 기능", 『근로자』 1957년 제6호.

김정환, "당의 통일 단결의 가일층의 강화를 위한 투쟁은 당원들의 선차적 과업", 『근로자』 1957년 제1호.

김정환, "현 시기 농민들 속에서의 계급 교양", 『근로자』 1957년 제5호.

김종완·김정일, "우리나라에서의 사회주의 건설과 경제관리체계", 『근로자』 1963년 제17호.

김창모·김영찬, "사회주의 건설의 모든 부문에서의 당의 영도적 역할의 제고", 『근로자』 1961년 제8호.

김창호, "경애하는 김정일동지는 우리 당을 영원히 영광스러운 김일성동
　　　지의 당으로 강화발전시켜 나가시는 위대한 령도자이시다.", 『력사
　　　과학』 1997년 제4호.

리기성, "위대한 령도자 김정일동지께서 밝히신 현 시기 경제운영 방향과
　　　자립적 민족경제 잠재력의 옳은 리용", 『경제연구』 1997년 제4호.

리명설, "대안의 사업체계를 더 잘 관철하여 사회주의대건설을 다그쳐야
　　　한다.", 『근로자』 1974년 제8호.

리봉학, "기업소들에서의 계획 작성에 대한 당적 지도", 『근로자』 1956년
　　　제9호.

리성준, "주체사상과 군중로선", 『근로자』 1980년 제7호.

림현숙, "위대한 령도자 김정일 동지의 현명한 령도 밑에 사회주의 자립적
　　　민족경제건설에서 이룩된 빛나는 승리", 『경제연구』 2000년 제1호.

박금철, "당의 통일과 단결을 더욱 강화할 데 대하여"(조선로동당 제1차
　　　대표자회에서 한 보고) 『근로자』 1958년. (3월), 제3호.

박영근, "위대한 령도자 김정일 동지께서 밝히신 사회주의 경제관리체계
　　　문화와 그의 빛나는 해결", 『경제연구』 1994년 제4호.

방호식, "현 기술적 개건기에 있어서의 기계 제작 공업의 임무", 『근로자』
　　　1958년 제8호.

서을현, "반관료주의 투쟁에서 제기되는 몇 가지 문제", 『근로자』 1957년
　　　제5호.

서을현, "당 정책과 지방적 창발성", 『근로자』 1960년 제6호.

신영빈, "사회주의 경제는 계획적으로 조직운영하여야 한다.", 『근로자』
　　　1960년 제1호.

신진균·리능훈, "마르크스 레닌주의적 당 사업 방법의 전면적 확립", 『근로자』 1961년 제8호.

안동윤, "당적, 정치적 방법을 구현하는 것은 당의 령도를 강화하기 위한 중요방도", 『근로자』 1990년 제12호.

염상기, "사람들과의 사업에서 중요한 것은 간부들과의 사업이다.", 『근로자』 1961년 제3호.

원형국, "당의 군중 노선의 관철과 일군들의 군중 관점", 『근로자』 1958년 제2호.

유관칠, "협동농장경영위원회에 대한 군 당위원회의 지도에서의 몇 가지 문제", 『근로자』 1963년 1월(상) 제1호.

유철목, "현 시기 농촌 문화혁명의 촉진을 위하여", 『근로자』 1958년 제7호.

윤 서, "생산의 정상화와 일군들의 조직사업", 『근로자』 1976년 제1호.

윤창순, "낡은 실적에 매달린 사람들은 무엇을 보지 못했는가.", 『근로자』 1958년 제10호.

장기형, "군 당단체의 사업 체계와 방법을 개선하는 기본 고리", 『근로자』 1960년 제9호.

장길준, "편지 토의 사업에서 얻은 성과와 그를 공고 발전시키기 위한 몇 가지 문제", 『근로자』 1959년 제2호.

전대영·편광성, "'강선속도', '청산리사람들의 일솜씨'와 우리나라 사회주의건설의 새로운 혁명적앙양", 『근로자』 1970년 제4호.

정지환, "간부들에 대한 개별 교양 체계의 철저한 확립을 위하여", 『근로자』 1962년 6월 제8호.

조성모, "집단주의는 공산주의 혁명가의 고상한 사상정신적 풍모", 『근로자』 1980년 제7호.

최금춘, "간부혁명화에서 근본적인 전환을 이룩할 수 있게 한 력사적 문헌", 『김일성종합대학 학보』 제50권 제3호(2004).

최정현, "개인 이기주의에 반대하며", 『근로자』 1960년 제2호.

최춘황, "3대혁명붉은기 쟁취운동은 사회주의, 공산주의 건설을 다그치는 전인민적 대중운동", 『근로자』 1987년 제2호.

편집국, "12월 전원회의의 거대한 생활력", 『근로자』 1957년 제12호.

편집국, "인민 생활에서의 문화성 제고는 현 시기 우리나라 문화혁명의 중요 과업", 『근로자』 1958년 제6호.

편집국, "당적 사상 체계를 확립하자.", 『근로자』 1959년 제11호.

편집국, "혁명적 군중 관점을 확립하며 당의 군중 노선을 관철할 데 대한 김일성 동지의 교시", 『근로자』 1960년 제3호.

편집국, "당 사업 방법을 개선할 데 대한 김일성 동지의 교시", 『근로자』 1960년 제5호.

편집국, "청산리 방법은 사회주의 건설을 촉진하는 위력한 무기이다.", 『근로자』 1963년 2월(상) 제3호.

편집국, "조선 공산주의 운동의 통일 실현에 있어서의 획기적 사변", 『근로자』 1963년 3월(상) 제5호.

편집국, "사회주의경제관리에서 새 기원을 열어놓은 력사적인 사변: 대안의 사업체계 창조 30돐에 즈음하여", 『근로자』 1991년 제12호.

편집국, "어버이수령님께서 보여주신 정력적인 현지지도의 위대한 모범", 『근로자』 1974년 제4호.

하앙천, "우리나라에서 문화혁명의 가일층의 촉진을 위하여 제기되는 몇 가지 문제", 『근로자』 1958년 제10호.

황도연, "계산-통계 규률의 엄격한 준수는 인민경제발전의 필수적 조건이다.", 『경제건설』 1955년 제6호.

황영종, "보수주의와 투쟁하자.", 『근로자』 1958년 제9호.

황장엽, "위대한 수령님의 혁명사상은 주체의 사상, 리론, 방법의 전일적
인 체계", 『근로자』 1979년 제4호.

"자립적민족경제건설에서 이룩한 우리 당의 고귀한 경험", 『근로자』 1979
년 제10호.

"자본주의사상문화적 침투를 짓부시기 위한 투쟁을 강도높이 벌릴 데 대
하여", 『학습제강(간부용)』(평양: 조선로동당출판사, 2002).

4) 정기 간행물, 신문, 사전류

『경제건설』

『경제연구』

『경제지식』(1963 - 1964).

『근로자』

『김일성종합대학학보(철학·경제학)』

『조선중앙년감』

『로동신문』

『민주노선』

『조선신보』

『조선중앙방송』

『경제사전』(평양: 사회과학원 경제연구소, 1972, 1985, 1992).

『정치사전』(평양: 사회과학출판사, 1973).

『정치용어사전』(평양: 사회과학출판사, 1970).

『철학사전』(평양: 사회과학출판사, 1985).

『조선로동당략사』(평양: 조선로동당출판사, 1979).

『조선로동당력사』(평양: 조선로동당출판사, 1991).

『조선말대사전 1, 2』(평양: 사회과학출판사, 1992).

『조선전사 제30권』(평양: 과학백과사전출판사, 1982).

『조선민주주의인민공화국 헌법(김일성종합대학 국가법 강좌)』(평양: 교육
　　　도서출판사, 1956).

『조선민주주의인민공화국 사회주의 헌법해설』(평양: 인민과학사, 1973).

『조선민주주의인민공화국법전(대중용) 상권』(평양: 법률출판사, 2004).

『주체의 사회주의 헌법리론』(평양: 사회과학출판사, 1977).

2. 국내문헌

1) 단행본

강성윤 외, 『분단 반세기 북한 연구사』(서울: 한울아카데미, 1999).

강성윤 외, 『북한 정치의 이해』(서울: 을유문화사, 2001).

강성종, 『북한의 강성대국 건설전략』(서울: 한울아카데미, 2004).

강성호, 『마르크스주의 역사학의 새로운 시작을 위하여』(서울: 책세상,
　　　2003).

강수택, 『일상생활의 패러다임』(서울: 민음사, 1998).

강원사회연구회 엮음, 『분단강원의 이해: 상황과 전망』(서울: 한울아카데미, 1999).

강재륜 역, 『변증법적 유물론』(서울: 태양사, 1985).

강정구 외, 『북한의 사회』(서울: 을유문화사, 1990).

강혜련, 『러시아 국가와 시민사회』(서울: 오름, 2003).

께르블레, 바질(Basile H. Kerblay) 저 · 최재현 옮김, 『오늘의 소련사회』(서울: 창작과 비평사, 1988).

경남대 극동문제연구소 편, 『분단 반세기 남북한의 정치와 경제』(서울: 경남대극동문제연구소, 1996).

경남대 극동문제연구소 편, 『분단 반세기 남북한의 사회와 문화』(서울: 경남대극동문제연구소, 1996).

경남대학교 북한대학원 편, 『북한연구방법론』(서울: 한울아카데미, 2003).

고뢰정 저 · 이남현 역, 『북한경제입문』(서울: 청년사, 1988).

고병철 · 심지연 외, 『한국전쟁과 북한사회주의체제건설』(서울: 경남대극동문제연구소, 1992).

고승효, 김한민 옮김, 『북한사회주의 발전연구: 그 이론과 실제』(서울: 청사, 1988).

고승효 지음 · 양재성 옮김, 『북한 경제의 이해』(서울: 평민사, 1993).

고영환, 『평양 25시』(서울: 고려원, 1992).

고유환 엮음, 『로동신문을 통해 본 북한 변화』(서울: 선인, 2006).

고현욱 외, 『북한체제의 수립과정: 1945 – 1948』(서울: 경남대극동문제연구소, 1991).

국가정보원, 『북한상용특이용어집』(서울: 국가정보원, 1999).

국토통일원, 『북한에서의 정치 숙청』(서울: 국토통일원, 1977).

국토통일원 통일연수원, 『민주통일론』(서울: 국토통일원 통일연수원, 1987).

국토통일원, 『조선노동당대회자료집』 제1집(서울: 국토통일원, 1988).

국회도서관 해외자료국 간, 『소련의 정책변천과정』(1974).

권오윤, 『북한체제변화론』(서울: 다다미디어, 1998).

금장태, 『유학사상과 유교문화』(경기 파주: 한국학술정보, 2003).

김갑식, 『김정일정권의 권력구조』(서울: 한국학술정보, 2005).

김강식, 『북한의 노동』(서울: 집문당, 2003).

김달중·문정인·이석수 외, 『새천년 한반도 평화구축과 신지역질서론』(서울: 오름, 2000).

김병로, 『주체사상의 내면화 실태』(서울: 민족통일연구원, 1994).

김병로, 『북한의 지역자립체계』(서울: 통일연구원, 1999).

김병로, 『북한사회의 종교성: 주체사상과 기독교의 종교양식 비교』(서울: 통일연구원, 2000).

김석형 구술·이향규 녹취/정리, 『나는 조선노동당원이요!』(서울: 선인, 2001).

김성보, 『남북한 경제구조의 기원과 전개』(서울: 역사비평사, 2000).

김성철, 『북한 관료부패 연구』(서울: 민족통일연구원, 1994).

김성철, 『북한간부정책의 지속과 변화』(서울: 통일연구원, 1997).

김승철, 『북한동포들의 생활문화양식과 마지막 희망』(서울: 자료원, 2000).

김연철, 『북한의 배급제 위기와 시장개혁 전망』(삼성경제연구소, 1997).

김연철, 『북한의 산업화와 경제정책』(서울: 역사비평사, 2002).

김연철·박순성 편, 『북한의 경제 개혁개방 연구』(서울: 후마니타스, 2002).

김영윤, 『북한 협동농장 개편 방향에 관한 연구』(서울: 통일연구원, 2002).

김영윤, 『북한 경제개혁의 실태와 전망에 관한 연구: 개혁의 부작용을 통해 본 북한 체제전환의 성공과제』(서울: 통일연구원, 2006).

김영진, 『중국의 도시 노동시장과 사회: 상해시를 예로』(서울: 한울아카데미, 2003).

김영진·배정한·이상준·장덕준, 『탈사회주의체제전환과 문화』(서울: 아카넷, 2006).

김영훈·전현진·문순철, 『북한 집단농장의 분배제도에 관한 연구』(서울: 한국농촌경제연구원, 2001).

김왕배, 『도시, 공간, 생활세계: 계급과 국가 권력의 텍스트 해석』(서울: 한울아카데미, 2000).

김왕배, 『산업사회의 노동과 계급의 재생산: 일상생활 세계의 불평등에 대한 성찰』(서울: 한울아카데미, 2003).

김원열, 『동북아시아 유교의 전통과 현대』(경기 파주: 한국학술정보, 2007).

김일평, 『중국혁명과 군중노선』(서울: 정음사, 1987).

김일평, 『북한정치경제 입문』(서울: 한울, 1987).

김재영 외, 『정치문화와 정치사회화』(서울: 형설출판사, 1990).

김재영·김창희·손병선·신기현, 『새로운 정치학의 이해』(서울: 삼우사, 2005).

김정계, 『21c 중국의 선택』(서울: 평민사, 2000).

김종헌, 『문화해석과 문화정치』(서울: 철학과 현실사, 2003).

김창순, 『북한 15년사』(서울: 지문각, 1961).

김창희, 『북한정치사회의 이해』(서울: 법문사, 2002).

김태일, 『북한 국영기업소의 관리운영체계』(서울: 민족통일연구원, 1993. 12).

김태환·백병훈 편저, 『비교공산주의 - 연구 방법론을 중심으로』(서울: 중
    앙교육문화, 1989).

김하룡, 『중국정치론』(서울: 박영사, 1984).

김현식·손광주, 『다큐멘터리 김정일』(서울: 천지미디어, 1997).

김형열, 『정책학』(서울: 법문사, 2000).

김홍기, 『관료제론』(서울: 백산출판사, 1988).

나초스 지음·황재옥 옮김, 『북한의 기아: 기아 정치 그리고 외교정책』
    (서울: 다흘미디어, 2003).

내외통신사, 『북한실상종합자료집』(서울: 내외통신사, 1995).

대외경제정책연구원 편, 『북한경제백서』(서울: 대외경제정책연구원, 2002).

레닌, V. I.·김영철 옮김, 『국가와 혁명』(서울: 논장, 1988).

린이푸 외 지음·한동훈·이준엽 옮김, 『중국의 개혁과 발전전략』(서울:
    백산서당, 2001).

민병천 편저, 『북한 공산주의』(서울: 대왕사, 1989).

민병천 외, 『북한학입문』(서울: 들녘, 2001).

민병천, 『평화통일론』(서울: 대왕사, 2001).

민족통일연구원, 『사회주의체제 개혁·개방 사례 비교연구』(서울: 민족통
    일연구원, 1993).

박광호, 『전통 - 북한사회 이해의 열쇠』(서울: 한국학술정보(주), 2004).

박동서 외, 『비교행정론』(서울: 박영사, 1984).

박두복 외, 『중국의 정치와 경제』(서울: 집문당, 1993).

박순성, 『북한 경제와 한반도 통일』(서울: 풀빛, 2003).

박승덕 지음·사회과학출판사 편(1985), 『주체사상 총서 제8권: 사회주의

문화건설 이론』(서울: 조국, 1989).

박완신, 『신 북한행정론』(서울: 지구문화사, 2002).

박영신·이준식·박희 옮김, 『역사사회학의 방법과 전망』(서울: 민영사, 1991).

박재규 편, 『새로운 북한읽기를 위하여』(서울: 법문사, 2004).

박형중, 『북한적 현상의 연구』(서울: 연구사, 1994).

박형중, 『90년대 북한체제의 위기와 변화』(서울: 통일연구원, 1997).

박형중·이교덕·정창현·이기동, 『김정일 시대 북한의 정치체제: 통치이데올로기, 권력엘리트, 권력구조의 지속성과 변화』(서울: 통일연구원, 2004).

박형중, 『북한의 정치와 권력』(서울: 백산자료원, 2002).

박형중, 『북한의 변화 능력과 방향, 속도와 동태』(서울: 통일연구원, 2001).

박형중, 『북한의 경제관리체계: 기구와 운영·개혁과 전망』(서울: 해남, 2002).

박형중, 『북한의 개혁·개방과 체제변화: 비교사회주의를 통해 본 북한의 현재와 미래』(서울: 해남, 2004).

발리바르, E.·최인락 옮김, 『민주주의와 독재』(서울: 연구사, 1992).

배링턴 무어 지음·송복 옮김, 『자본주의와 사회주의에서의 권위와 불평등』(경기 파주: (주)한국학술정보, 2003).

백병훈, 『중국식 사회주의론』(서울: 동방도서, 1991).

백승욱, 『자본주의 역사 강의: 세계체계 분석으로 본 자본주의의 기원과 미래』(서울: 그린비, 2006).

백완기, 『한국의 행정문화』(서울: 고려대학교출판부, 1987).

베버, 막스, 『지배의 사회학』(서울: 한길사, 1981).

베버, 막스 저·박성환 역, 『경제와 사회 1』(서울: 문학과 지성사, 1997).

북한연구학회 편, 『북한의 사회』(서울: 경인문화사, 2006).

사회과학출판사 편, 『주체사상 총서 제9권: 영도체계』(서울: 지평, 1989).

서대숙 지음·서주석 옮김, 『북한의 지도자 김일성』(서울: 청계연구소, 1989).

서대숙, 『현대북한의 지도자: 김일성과 김정일』(서울: 을유문화사, 2000).

서동익, 『인민이 사는 모습(1)(2)』(서울: 자료원, 1995).

서재진, 『북한 주민들의 가치의식 변화: 소련 및 동구와의 비교연구』(서울: 민족통일연구원, 1994).

서재진, 『또 하나의 북한사회』(서울: 나남, 1995).

서재진, 『북한 사회의 계급갈등 연구』(서울: 민족통일연구원, 1996).

서재진, 『7.1조치 이후 북한의 체제 변화: 아래로부터의 시장사회주의화 개혁』(서울: 통일연구원, 2004).

서재진·조한범·장경섭·유팔무, 『사회주의 지배엘리트와 체제변화』(서울: 생각의 나무, 1999).

서재진, 『식량난에서 IT산업으로 - 변화하는 북한』(서울: 미래인력연구원, 2001).

서재진 외, 『세계체제이론으로 본 북한의 미래』(서울: 황금알, 2004).

서재진, 『북한의 7·1경제관리개선 조치가 주민생활에 미칠 영향』(통일연구원, 통일정세분석보고서, 2002 - 5).

서재진, 『주체사상의 이반: 지배이데올로기에서 저항이데올로기로』(서울: 박영사, 2006).

서진영 편, 『현대중국과 북한40년(Ⅱ) - 제도와 정책변화 - 』(서울: 고려대학교 아세아 문제연구소, 1990).

성균관대학교 사회과학연구소 편저, 『제3세계의 정치와 경제』(서울: 성균
　　관대학교출판부, 1985).

성혜랑, 『등나무집』(서울: 지식나라, 2000).

손광주, 『김정일리포트』(서울: 바다출판사, 2003).

손광주 외, 『김정일 대해부』(서울: 시대정신, 2006).

송현호, 『신제도이론』(서울: 민음사, 1998).

신두범·오무근, 『행정학원론』(서울: 박영사, 2006).

실비우 부르칸 저·이선희 역, 『기로에 선 사회주의』(서울: 푸른산, 1990).

스즈끼 마사유끼 지음·유영구 옮김, 『김정일과 수령제 사회주의』(서울:
　　중앙일보사, 1994).

안드레이 란코프 저·김광린 역, 『북한 현대 정치사』(서울: 오름, 1999).

안병영, 『현대공산주의 연구』(서울: 한길사, 1982).

안찬일, 『주체사상의 종언』(서울: 을유문화사, 1997).

양문수, 『북한경제의 구조』(서울: 서울대학교출판부, 2004).

양성철, 『북한정치연구』(서울: 박영사, 1995).

에치오니·할레비 저·윤재풍 옮김, 『관료제와 민주주의: 하나의 정치적
　　딜레마』(서울: 대영문화사, 1995).

엘렌 브룬(Ellen Brune)·재퀴스 허쉬(Jacques Hersh) 저·김해성 역,
　　『사회주의 북한: 북한 경제발전 연구』(서울: 지평, 1988).

여성한국사회연구소 편저, 『북한여성들의 삶과 꿈』(서울: 사회문화연구소,
　　2001).

역사문제연구소 편, 『1950년대 남북한의 선택과 굴절』(서울: 역사비평사,
　　1998).

염홍철 외, 『북한사회의 구조와 변화』(서울: 경남대학교극동문제연구소, 1987).

오석홍, 『행정학』(서울: 박영사, 2006).

오승렬, 『북한경제의 변화와 인센티브구조: 비공식부문의 확산에 따른 개혁전망』(서울: 통일연구원, 1999).

오승렬, 『북한경제의 변화: 이론과 정책』(서울: 통일연구원, 2002).

오코노기 마사오 편저·강성윤·이종국·조진구 옮김, 『김정일과 현대 북한』(서울: 을유문화사, 2000).

왕, 제임스(James Wang) 저·금희연 옮김, 『현대중국정치론』(서울: 그린, 2000).

우 정, 『북한사회 구성론』(서울: 진솔북스, 2000).

우철구·박건영 편, 『현대 국제관계이론과 한국』(서울: 사회평론, 2004).

유세희 편, 『현대중국정치론』(서울: 박영사, 2005).

윤기관 외, 『현대북한의 이해』(서울: 법문사, 2004).

윤태림, 『한국인의 성격』(서울: 현대교육총서출판사, 1977).

윤택림, 『문화와 역사연구를 위한 질적연구방법론』(서울: 아르케, 2004).

이교덕, 『김정일 현지지도의 특성』(서울: 통일연구원, 2002).

이규태, 『한국인의 의식구조』(서울: 문리사, 1977).

이기춘 외, 『통일에 앞서 보는 북한의 가정생활문화』(서울: 서울대학교 출판부, 2003).

이대근, 『북한 군부는 왜 쿠데타를 하지 않나: 김정일 시대 선군정치와 군부의 정치적 역할』(서울: 한울아카데미, 2003).

이명자, 『북한 영화와 근대성: 김정일시기 가족멜로드라마』(서울: 역락, 2005).

이상민, 『소련 관료정치론』(서울: 법문사, 1986).

이서행, 『새로운 북한학: 분단시대 통일문화를 위하여』(서울: 백산서당, 2002).

이석, 『1994-2000년 북한기근: 발생, 충격 그리고 특징』(서울: 통일연구원, 2004).

이석, 『북한의 경제개혁과 이행』(서울: 통일연구원, 2005).

이승훈·홍두승, 『북한의 사회경제적 변화: 비공식 부문의 대두와 계층구조의 변화』(서울: 서울대학교출판부, 2007).

이온죽, 『북한사회의 체제와 생활』(서울: 법문사, 1993).

이온죽, 『신뢰: 지구촌 시대의 사회적 자본』(서울: 집문당, 2004).

이은순·미하일 노쏘프, 『소련』(서울: 경남대학교 극동문제연구소, 1991).

이일하·신석호 지음, 『토요일에는 통일을 이야기합시다』(서울: 필맥, 2003).

이종석, 『조선로동당연구』(서울: 역시비평사, 1995).

이종석, 『김정일시대의 당과 국가기구』(서울: 세종연구소, 1999).

이종석, 『새로 쓴 현대북한의 이해』(서울: 역시비평사, 2000).

이종석, 『북한-중국관계: 1945-2000』(서울: 중심, 2001).

이태섭, 『김일성 리더십연구』(서울: 들녘, 2000).

이훈구, 『사회심리학』(서울: 법문사, 1998).

임강택·김성철, 『북한 재산권의 비공식 이행』(서울: 통일연구원, 2003).

임반석 엮음, 『중국의 전통, 경제발전, 그리고 민주화』(서울: 해남, 2002).

임수호, 『계획과 시장의 공존: 북한의 경제개혁과 체제변화 전망』(서울: 삼성경제연구소, 2008).

임순희, 『식량난과 북한여성의 역할 및 의식변화』(서울: 통일연구원, 2004).

임순희, 『북한 새 세대의 가치관 변화와 전망』(서울: 통일연구원, 2006).

임영태, 『북한 50년사 2』(서울: 들녘, 1999).

임지현·홉스봄 외, 『노동의 세기 - 실패한 프로젝트?』(서울: 삼인, 2000).

임지현·김용우 엮음, 『대중독재: 강제와 동의 사이에서』(서울: 책세상, 2004).

임지현·김용우 엮음, 『대중독재: 일상의 욕망과 미망』(서울: 책세상, 2007).

임지현, 『적대적 공범자들』(서울: 소나무, 2005).

임채욱, 『북한 문화의 이해』(인천: 자료원, 2004).

장학봉 외, 『북조선을 만든 고려인 이야기』(서울: 경인문화사, 2006).

전미영, 『김일성의 말, 그 대중설득의 전략』(서울: 책세상, 2001).

전영선, 『북한 영화 속의 삶 이야기』(서울: 글누림, 2006).

전태국, 『국가사회주의의 몰락』(서울: 한울아카데미, 1998).

전현준, 『김정일정권의 권력엘리트 연구』(서울: 민족통일연구원, 1995).

전현준, 『북한의 사회통제 기구 고찰 - 인민보안성을 중심으로』(서울: 통일연구원, 2003).

전현준·허문영·김병로·배진수, 『북한체제의 내구력 평가』(서울: 통일연구원, 2006).

정광민, 『북한기근의 정치경제학: 수령경제·자력갱생·기근』(서울: 시대정신, 2005).

정수복, 『한국인의 문화적 문법: 당연의 세상 낯설게 보기』(서울: 생각의 나무, 2007).

정세진, 『'계획'에서 시장으로: 북한체제변동의 정치경제』(서울: 한울아카데미, 2000).

정영철, 『북한의 개혁·개방: 이중전략과 실리사회주의』(서울: 선인, 2004).

정영태, 『북한군대의 대내외 정세 인식 형성과 군대변화』(서울: 통일연구원, 2007).

정재호, 『중국의 중앙－지방관계론: 분권화 개혁의 정치경제』(서울: 나남출판, 1999).

정정길 외, 『북한의 농산물 유통과 농민시장 운영실태』(서울: 한국농촌경제연구원, 1999).

정창현, 『곁에서 본 김정일』(서울: 토지, 1999).

정치교육연구회 편, 『공산주의체제와 이데올로기 비판』(서울: 문우사, 1983).

정한구, 『러시아 국가와 사회: 새 질서의 모색, 1985－2005』(서울: 한울아카데미, 2005).

조석준, 『한국행정학』(서울: 법문사, 1980).

조용상, 『정치학의 이해』(경기 파주: 법문사, 2008).

조정남, 『사회주의체제론』(서울: 교양사, 1991).

조정아, 『경제난 이후 북한 문학에 나타난 주민생활 변화』(서울: 통일연구원, 2006).

조한범, 『러시아 탈 사회주의체제전환과 사회갈등』(서울: 통일연구원, 2005).

조한욱, 『문화로 보면 역사가 달라진다』(서울: 책세상, 2000).

좋은벗들 편, 『북한 이야기』(서울: 정토출판, 2000).

좋은벗들 엮음, 『오늘의 북한, 북한의 내일』(서울: 정토출판, 2006).

주강현, 『북한민속학사』(서울: 이론과 실천, 1991).

진승권, 『사회주의, 탈사회주의, 그리고 농업: 동유럽과 아시아에서의 농업의 탈집단화』(서울: 이화여자대학교출판부, 2006).

차문석, 『반노동의 유토피아』(서울: 박종철 출판사, 2000).

차재호 · 나은역 역, 『세계의 문화와 조직』(서울: 학지사, 1995).

찰스 암스트롱 지음 · 김연철 · 이정우 옮김, 『북조선 탄생』(경기 파주: 서해문집, 2006).

최명편, 『북한 개론』(서울: 을유문화사, 1997).

최수영, 『북한의 농업정책과 식량문제』(서울: 민족통일연구원, 1996).

최수영, 『북한의 제2경제』(서울: 민족통일연구원, 1998).

최완규, 『북한은 어디로』(경남 마산: 경남대학교출판부, 1996).

최완규 외, 『북한사회주의건설의 정치경제』(서울: 경남대학교 극동문제연구소, 1993).

최완규 엮음, 『북한의 국가성격 변용에 관한 연구: '예외국가'의 공고화』(서울: 한울아카데미, 2001).

최완규 엮음, 『북한 도시의 형성과 발전: 청진 · 신의주 · 혜산』(서울: 한울아카데미, 2004).

최완규 엮음, 『북한 도시의 위기와 변화: 1990년대 청진, 신의주, 혜산』(서울: 한울아카데미, 2006).

최완규 엮음, 『북한 '도시정치'의 발전과 체제변화: 2000년대 청진, 신의주, 혜산』(서울: 한울아카데미, 2007).

최재석, 『한국인의 사회적 성격』(서울: 개문사, 1978).

최진욱, 『북한의 지방행정체계』(서울: 민족통일연구원, 1997).

카, E. H. 저 · 이지원 옮김, 『러시아 혁명사』(서울: 화다, 1985).

클리프, 토니 저 · 정성진 역, 『소련 국가자본주의』(서울: 책갈피, 1993).

통일문제연구소, 『북한경제자료집 제2호』(민족통일, 1989).

통일부, 『북한 농민시장의 실태와 가격동향분석』(1998.12 보도자료).

통일부, 『북한개요 2000』(서울: 통일부, 1999).

통일부 통일교육원, 『2006 북한이해』(서울: 통일부 통일교육원, 2006).

통일부 통일교육원, 『북한이해 2008』(서울: 통일부 통일교육원, 2008).

파슨스 저·이종수 옮김, 『사회의 유형(Societies)』(서울: 홍성사, 1978).

한국문화인류학회, 『처음 만나는 문화인류학』(서울: 일조각, 2003).

한국정신문화연구원 편, 『동아시아 문화전통과 한국사회』(서울: 백산서당, 2001).

한국정신문화연구원 한민족문화연구소 편, 『내가 겪은 해방과 분단』(서울: 선인, 2001).

한국해석학회 편, 『문화와 해석학』(서울: 철학과 현실사, 2000).

호혜일, 『북한요지경』(서울: 맑은소리, 2006).

홉스테드, 기어트 저·차재호·나은영 역, 『세계의 문화와 조직』(서울: 학지사, 2006).

홍성민, 『문화와 아비투스: 부르디외 유럽정치사상』(서울: (주)나남출판, 2000).

황만유, 『반역자의 땅』(서울: 삶과 꿈, 2002).

황의각 외, 『북한 사회주의경제의 침체와 대응』(서울: 경남대극동문제연구소, 1995).

황장엽, 『나는 역사의 진리를 보았다』(서울: 한울, 1999).

황장엽, 『어둠의 편이 된 햇볕은 어둠을 밝힐 수 없다』(서울: 조선일보사, 2001).

황장엽, 『(개정판) 북한의 진실과 허위』(서울: 시대정신, 2006).

황장엽, 『황장엽 회고록』(서울: 시대정신, 2006).

황태연, 『환경정치학과 현대정치사상』(서울: 나남, 1992).

황태연, 『지배와 이성』(서울: 창작과비평사, 1996).

현성일, 『북한의 국가전략과 파워엘리트: 간부정책을 중심으로』(서울: 선인, 2007).

현택수 외, 『문화와 권력: 부르디외 사회학의 이해』(서울: 나남, 1998).

Friedrich Hayek 지음·박상수 옮김, 『개인주의와 경제질서』(서울: 자유기업센터, 1998).

Kagarlitsky, B., *Disintegration of Monolith*, 김남섭 역, 『소련단일체제의 와해』(서울: 창작과비평사, 1993).

2) 논문

강성윤, "정치문화와 정치사회화", 전인영 편, 『북한의 정치』, 서울: 을유문화사, 1990.

고명주, "김정일시대 통치이데올로기에 관한 연구: 통치담론 변화와 작동기제를 중심으로", 동국대학교 대학원 박사학위논문, 2006.

고성준, "'주체사상'의 '김일성주의'화에 관한 연구", 편집부 엮음, 『주체사상 연구』, 서울: 태백, 1988.

고성호, "북한의 도시화 과정과 특징", 『통일문제연구』 제25호, 96년 상반기호.

고유환, "북한 사회주의체제의 구조적 위기와 김정일정권의 진로", 『한국정치학회보』 제30집 2호, 1996.

고유환, "김정일 위기 대응과 생존전략", 『현대북한연구』 3권 2호, 서울: 경남대학교 북한대학원, 2000.

고유환, "김정일의 주체사상과 사회주의론", 정용길·고유환, 『북한의 사상과 정치: 김정일의 사상과 정책전망』, 서울: 동국대학교 안보 연구소, 1994.

고유환·김용현, "북한의 선군정치와 군사국가화 연구", 『서울평양학회보』 창간호, 서울: 서울평양학회, 2002.

고일동, "북한 재정위기의 본질과 세입관리체계의 변화", 『KDI북한경제리뷰』 2004년 10호.

곽승지, "북한의 '우리식사회주의' 성격에 관한 연구", 동국대학교 대학원 박사학위 논문, 1997.

곽승지, "김정일체제의 21세기 전략", 서경대 통일문제연구소 편, 『통일연구』 제4권, 서울: 서경대통일문제연구소, 1999.

곽해룡, "중국에 있는 북한이탈주민 인권실태에 관한 연구: 신(新)이산가족 현상의 발생을 중심으로", 『평화문제연구』 제12권 1호, 2000.

김갑식, "당·군·정 역할분담체계에 관한 연구: 1990년대를 중심으로", 서울대학교 대학원 박사학위논문, 2001.

김갑식·오유석, "'고난의 행군'과 북한 사회에서 나타난 의식의 단층", 최완규 엮음, 『북한 도시의 위기와 변화: 1990년대 청진, 신의주, 혜산』, 서울: 한울아카데미, 2006.

김갑식·이무철, "북한 내각의 경제적 역할과 당정관계", 경남대학교 극동문제연구소, 『한국과 국제정치』 제22권 제3호 2006년 가을, 서울: 경남대학교출판부, 2006.

김갑식, "북한 정치체제의 변화: 특징과 한계 그리고 전망", 『현대북한연구』 10권 3호, 서울: 북한대학원대학교, 2007.

김경웅, "북한의 정치사회화: 「주체문화」정착을 위한 '사상교육'과 대중운동", 한양대학교 대학원 박사학위논문, 1993.

김공열, "북한의 공공관료제에 관한 연구: 관료제의 실태와 관료의 행태를 중심으로", 동국대학교 대학원 박사학위논문, 1989.

김광용, "북한 수령제 정치체제의 구조와 특성에 관한 연구", 한양대학교 대학원 박사학위 논문, 1995.

김근식, "1990년대 북한의 체제정당화 담론: '우리식 사회주의'와 '붉은기 철학'을 중심으로", 『통일정책연구』 제8권 2호, 서울: 통일연구원, 1999.

김근식, "북한 발전전략의 형성과 변화에 관한 연구: 1950년대와 1990년대를 중심으로", 서울대학교 대학원 박사학위논문, 1999.

김남식, "북한 프롤레타리아독재체제의 변화 전망", 『정책연구』, 1987. 3.

김남식, "북한의 권력구조 변화 전망", 『통일문제연구』, 1991. 봄.

김동춘, "1950년대 한국 농촌에서의 가족과 국가", 『1950년대 남북한의 선택과 굴절』, 서울: 역사비평사, 1998.

김동춘, "한국의 근대성과 도덕의 위기", 『근대의 그늘: 한국의 근대성과 민족주의』, 서울: 당대, 2000.

김무환, "북한농민시장의 현재와 미래", 『북한경제리뷰』 4월호, 서울: 한국개발연구원, 1999.

김병원, "북한관료제의 전문성과 이념성", 경북대학교 대학원 박사학위논문, 1989.

김보근, "북한 '천리마 노동과정' 연구", 고려대 경제학과 박사학위논문, 2005.

김석진, "북한경제의 성장과 위기: 실적과 전망", 서울대학교 대학원 박사
　　학위논문, 2002.

김석형 구술·이항규 녹취/정리, 『나는 조선노동당원이오!』, 서울: 선인,
　　2001.

김성보, "북한의 토지개혁과 농업협동화", 연세대 사학과 박사학위논문,
　　1997.

김성수, "1990년대 주체문학에 나타난 충효이데올로기", 『현대북한연구』
　　5권 1호, 서울: 경남대학교 북한대학원, 2002.

김성철·이기동, "북한 관료일탈행위위 동태적 분석: 국가권위에 미칠 영
　　향을 중심으로", 『통일연구논총』 제3권 1호, 서울: 민족통일연구
　　원, 1994.

김성철, "북한의 지방공업: 계획지표 채우고 남는 것은 개인이 가졌다.", 『
　　통일한국』 1999년 4월호.

김승조, "북한의 '92년 헌법과 사회주의국가의 헌법이론에 관한 비교 분
　　석적 연구", 『'93 북한·통일연구 논문집(Ⅵ): 북한의 행정 및 법
　　제분야』, 서울: 통일부, 1993.

김승철, "북한 주민의 노동 의식에 관한 연구", 『통일경제』 1998년 7월
　　호.

김승철, "사장과 지배인", 『북한』 2004년 5월호.

김연각, "김일성 주체사상에 관한 연구: 그 민족주의적 성격에 대한 비판
　　적 분석", 서울대학교 대학원 박사학위논문, 1993.

김연철, "북한의 산업화 과정과 공장 관리의 정치(1953－1970): 수령제
　　정치체제의 사회경제적 기원", 성균관대학교 대학원 박사학위논문,
　　1996.

김영수, "북한의 정치문화: 「주체문화」와 전통정치문화", 서강대학교 대학원 정치외교학과 박사학위논문, 1991.

김영수, "국가 이데올로기의 변화: 이데올로기적 국가장치의 역할을 중심으로", 최완규 엮음, 『북한의 국가성격 변용에 관한 연구: '예외국가'의 공고화』, 서울: 한울아카데미, 2001.

김영윤, "북한 암시장의 경제·사회적 영향", 『통일연구논총』 제6권 1호, 서울: 민족통일연구원, 1997.

김용현, "북한의 군사국가화에 관한 연구: 1950-60년대를 중심으로", 동국대학교 대학원 정치외교학과 박사학위논문, 2001.

김운용, "북한의 헌법과 권력구조", 『북한법률행정 논총 제5집』, 고려대법률·행정연구소, 1982.

김운태, "북한정권기관(행정기관)의 조직 변천에 관한 연구", 평화통일연구소 편, 『통일정책』 제3권 1호, 1977.

김재용, "문학을 통해 본 북한사회: '고난의 행군'을 다룬 두 편의 장편소설을 중심으로", 박재규 편, 『새로운 북한읽기를 위하여』, 서울: 법문사, 2004.

김정수, "북한 경제관리체계의 변화에 관한 연구: 공업관리체계를 중심으로", 영남대학교 대학원 박사학위논문, 2002.

김종욱, "김정일 '후계체제' 구축과정과 '김정일체제' 구축과정의 상관성과 차별성 연구: 정치적 리더십과 관료체제 변동을 중심으로", 『신진연구자논문집』, 서울: 통일부, 2002.

김종욱, "북한의 관료체제와 지배구조의 변동에 관한 연구", 동국대학교 대학원 박사학위논문, 2006.

김종욱, "북한의 관료체제 '변형'과 '일상의 정치'", 『현대북한연구』 10권

2호, 서울: 북한대학원대학교, 2007.

김종채, "북한 농촌사회의 변모", 강정구 외, 『북한의 사회』, 서울: 을유문화사, 1990.

김종현, "북한속도전 청년돌격대", 『통일한국』, 1997. 11.

김창희, "북한의 정치사회화에 관한 연구", 전북대학교 대학원 박사학위논문, 1988.

김창희, "중국의 정치과정과 권력구조의 개관", 『지방자치연구』 제9집, 전북대학교 지방자치연구소, 2001.

김환석, "북한 지배이데올로기에 관한 연구: 태생적 특성과 기본구조를 중심으로", 한양대학교 대학원 박사학위논문, 1997.

남성욱·문성민, "북한의 시장 경제부문 추정에 관한 연구: 1998년을 중심으로", 『현대북한연구』 3권 1호, 서울: 경남대학교 북한대학원, 2000.

류길재, "「천리마운동」과 사회주의경제건설: 「스타하노프운동」 및 「대약진운동」과의 비교를 중심으로", 최완규 외, 『북한사회주의건설의 정치경제』, 경남대극동문제연구소, 1993.

마중가, "중국 정치체제개혁 연구", 『중소연구』 19권 3호, 1995.

박광호, "김일성 통치에서 전통의 활용에 관한 연구", 서울대학교 대학원 박사학위 논문, 2003.

박상익, "북한 관료문화의 형성과 그 특성", 『통일문제연구』 제19권 1호, 평화문제연구소, 2007 상반기.

박순성, "경제위기와 남북 경제관계 발전의 새로운 모색", 『통일연구논총』 제7권 1호, 서울: 민족통일연구원, 1998.

박순성, "북한의 사회주의 경제체제와 자립적 민족경제건설노선", 박재규 편, 『새로운 북한읽기를 위하여』, 서울: 법문사, 2004.

박영자, "북한의 근대화 과정과 여성의 역할(1945－80년대)", 성균관대학교 대학원 박사학위논문, 2004.

박영자, "사회변동기 북한체제의 시장과 젠더(1995－2006)", 『북핵 사태와 한반도의 진로』, 동국 100주년 기념 2006년 북한연구학회 동계학술회의 발표논문집, 북한연구학회, 2006.

박영자, "북한의 중앙국가기관: 체계와 운영", 세종연구소 북한연구센터 엮음, 『북한의 당·국가기구·군대』, 서울: 한울아카데미, 2007.

박완신, "북한의 관료체제에 관한 연구: 체제의 이념과 관료행태를 중심으로", 단국대학교 대학원 박사학위논문, 1986.

박재규, "6·25 서해사건 이후의 남북관계", 『통일IT포럼』주최 세미나에서 발표한 논문, 서울: 프레스센터, 2002. 9. 23.

박형중, "부분개혁체계의 출범, 난파와 복구: 1980년대 중반부터 2000년대 초반까지의 북한경제", 『북한 60년의 재조명: 경제분야를 중심으로』, 제4회 고려대학교 북한학연구소 정기세미나, 2002. 11. 8.

박형중·정세진, "'고난의 행군'과 북한주민의 일상생활 변화", 『북한주민의 일상생활과 대중문화』, 서울: 오름, 2003.

방정배, "북한 선군정치하의 당·군관계", 영남대학교 대학원 박사학위논문, 2004.

배성인, "북한 권력구조 개편과 김정일 정권의 권력엘리트", 『북한연구학회보』제4권 1호, 2000.

배성인, "김정일 정권의 위기극복을 위한 정치담론과 담론의 정치", 『통일정책연구』제12권 2호, 서울: 통일연구원, 2003.

배종철, "북한행정체제의 정책결정에 관한 연구", 경남대학교 대학원 박사학위논문, 1992.

백병훈, "중국사회주의 이데올로기의 탈교조화 경향분석: 마르크스주의의 재해석과 사회주의 초급단계론을 중심으로", 『공안연구』 제1집, 경찰대학교, 1989.

백완기, "정치사회화와 정치문화", 김계수 외 편, 『현대정치과정론』, 서울: 법문사, 1985.

백완기, "한국행정과정", 김운태 외, 『한국정치론』, 서울: 박영사, 2002.

백인학, "북한의 사회주의건설과 체제성격 변화에 관한 연구", 고려대학교 대학원 박사학위논문, 1991.

백준기, "1950년대 북한의 권력갈등의 배경과 소련", 역사문제연구소 편, 『1950년대 남북한의 선택과 굴절』, 서울: 역사비평사, 1998.

백준기, "정전 후 1950년대 북한의 정치 변동과 권력 재편", 경남대 북한대학원, 『현대 북한 연구』 제2권 제2호.

서대숙, "당·정관계의 변화", 전인영 편, 『북한의 정치』, 서울: 을유문화사, 1990.

서대숙, "정권의 수립과 변천과정", 최명편, 『북한개론』, 서울: 을유문화사, 1990.

서대숙, "북한의 당·정관계의 변화", 한국정치학회, 『민족공동체와 국가발전』, 서울: 한국정치학회, 1989.

서동만, "50년대 북한의 곡물 생산량 통계에 관한 연구", 『통일경제』 1996년 2월호.

서보혁, "탈냉전기 북-미관계에 관한 구성주의적 접근: 북한의 국가정체성을 중심으로", 한국외국어대학교 대학원 박사학위논문, 2003.

서재진, "김정일 정권 10년: 북한의 사회변화", 『김정일 정권 10년: 변화와 전망』, 서울: 통일연구원, 2004.

서재진, "경제난과 사회변화", 『경제난 발생 이후 북한의 체제 변화와 전망』, 숙명여자대학교 통일문제연구소 2006년 학술회의 발표논문집, 숙명여자대학교 통일문제연구소, 2006.

서진영, "중국공산당의 조직과 구성변화: 1921 – 1987", 『아세아연구』 제80호, 1988.

손기웅 · 길태근, "북한 노동자문화 연구", 『통일문화연구(下)』, 서울: 민족통일연구원, 1994.

송두율, "주체사상에 있어서 혁명과 역사", 양재인 외, 『주체사상』, 경남대극동문제연구소, 1990.

신경완, "곁에서 본 김정일(上)", 『월간중앙』 6월호, 1991a.

신경완, "곁에서 본 김정일(下): 김정일체제의 약점과 강점 그리고 인민항거", 『월간중앙』 7월호, 1991b.

신광민, "북한 정치사회화 과정에서의 군의 역할", 동국대학교 대학원 박사학위논문, 2003.

신병식, "한국전쟁과 북한사회주의체제 이행과정", 고병철 · 심지연 외, 『한국전쟁과 북한사회주의체제건설』, 서울: 경남대학교 극동문제연구소, 1992.

신옥희, "조선시대 유교윤리의 특성과 한계", 『한국인의 윤리관』, 한국 정신문화연구원, 1983.

안선국, "북한의 유통체계", 『통일한국』 1998년 6월호.

안찬일, "북한의 통치이념에 관한 연구: 전통사상의 수용을 중심으로", 건국대학교 대학원 박사학위논문, 1997.

양무진 · 이무철, "사회주의체제 전환과 이데올로기 변화: 지배이데올로기의 수정 및 퇴조 과정을 중심으로", 경남대학교극동문제연구소, 『한국과 국제정치』 제23권 제3호 2007년 가을, 서울: 경남대학교출판부, 2007.

양문수, "북한의 자립적 지방경제의 형성과 발전: 1950 – 80년대", 『북한연구학회보』 제7권 제2호, 2003.

양문수, "1970년대 북한 경제와 정기침체 메커니즘의 형성", 『현대북한연구』 6권 1호, 2003.

양문수, "경제위기와 개혁·개방의 모색", 박재규 편, 『새로운 북한읽기를 위하여』, 서울: 법문사, 2004.

염재호, "국가 정책과 신제도주의", 『사회비평』 제11호, 1994.

오명선, "개인장사: 형식은 사회주의 내용은 자본주의", 『통일한국』 1996년 8월호.

오승렬, "국가의 경제개입 방식 변화: 북한식 축적 전략의 모색", 최완규 엮음, 『북한의 국가성격 변용에 관한 연구: '예외국가'의 공고화』, 서울: 한울아카데미, 2001.

오유석·이주철, "도시 주민의 행위 양식과 사회적 의식 변화", 최완규 엮음, 『북한 '도시정치'의 발전과 체제 변화: 2000년대 청진, 신의주, 혜산』, 서울: 한울아카데미, 2007.

오회환, "중국 중앙통치조직의 구조와 기능", 『중국연구』 제13집, 한국외국어대학교 중국학연구소, 1992.

유광진·김무곤·김용현, "북한 정치 변화: 김정일체제의 구축을 중심으로", 고유환 엮음, 『로동신문을 통해 본 북한 변화』, 서울: 선인, 2006.

유완빈·김병진·박병련, "해방후 한국 정치문화와 행정문화의 관계",

『한국의 정치문화와 행정문화』, 경기 성남: 한국정신문화연구원, 1993.

유호열, "김정일시대의 북한정치: 선군정치를 중심으로", 『북한 사회의 입체적 이해와 북한연구』, 2004 북한연구학회 연말학술회의 발표논문집, 북한연구학회, 고려대학교 북한학연구소, 2004.

윤미량, "북한체제의 내구성 평가에 있어서의 쟁점", 현대북한연구회 엮음, 『현대 북한연구의 쟁점 1』, 서울: 한울아카데미, 2005.

윤일균, "북한 행정체계에 관한 연구", 동국대학교 대학원 박사학위논문, 1977.

윤 황, "북한체제의 지탱력에 관한 분석", 건국대학교 대학원 박사학위논문, 1998.

이강래, "북한관료제의 성격과 변화과정에 관한 연구: Max Weber의 관료제 이론을 중심으로", 서울대학교 대학원 박사학위논문, 1995.

이경숙, "남북한 사회문화의 특성", 숙명여자대학교 통일문제연구소 편, 『남북한 사회문화 비교』, 서울: 숙명여자대학교출판부, 1999.

이기동, "'선군사상'의 통치이데올로기 성격에 관한 연구", 북한연구학회 편, 『북한의 정치 2』, 서울: 경인문화사, 2006.

이대근, "조선로동당의 조직체계", 세종연구소 북한연구센터 엮음, 『북한의 당·국가기구·군대』, 서울: 한울아카데미, 2007.

이만우, "북한 사회 대중운동에서의 권력작용 연구: 소위 '영도방법'의 원리에 대한 정신분석적 이해를 중심으로", 『현대북한연구』 창간호, 1998.

이무철, "북한의 국가능력 약화와 분권화 가능성", 『북한실태 (Ⅱ)』, 서울: 통일부, 2000.

이무철, "북한의 경제관리체계 분권화 과정과 구조적 한계", 중앙대학교 대학원 정치외교학과 박사학위 논문, 2003.

이무철, "북한의 국가경제기관", 세종연구소 북한연구센터 엮음, 『북한의 당·국가기구·군대』, 서울: 한울아카데미, 2007.

이병천·박순성, "분단체제와 남북한 사회의 자기반성: 극단의 시대를 넘어서", 강원사회연구회 엮음, 『분단강원의 이해』, 서울: 한울아카데미, 1999.

이병희, "북한의 산업관리체계에 관한 연구: 대안사업체계를 중심으로", 경희대학교 대학원 박사학위 논문, 1990.

이상민, "소련의 당·국가 관료제에 관한 연구: 당성과 전문성의 한계변화를 중심으로", 고려대학교 대학원 박사학위 논문, 1985.

이상민, "당-국가 관료제", 고성준 외, 『전환기의 북한 사회주의』, 서울: 대왕사, 1992.

이석기, "북한의 1990년대 경제위기와 기업 행태의 변화: 생존추구형 내부자 통제와 퇴행적 시장화", 서울대 대학원 경제학과 박사학위논문, 2003.

이석기, "북한의 1990년대 경제위기와 기업지배구조의 변화", 『비교경제연구』 제11권 제1호, 2004.

이성봉, "북한의 자립적 경제발전전략과 김일성체제의 공고화 과정(1953-70)에 관한 연구", 고려대학교 대학원 박사학위논문, 1998.

이승목, "북한 집단주의의 형성 및 변천에 관한 연구", 동국대학교 대학원 북한학과 박사학위논문, 2005.

이승현, "조선로동당의 사회주의 건설전략 연구: 목표와 성과를 중심으로", 연세대학교 대학원 정치학과 박사학위논문, 1996.

이영훈, "북한의 경제성장 및 축적체제에 관한 연구(1956 - 1964) - Kaleckian CGE 모델 분석 - ", 고려대학교 대학원 경제학과 박사학위논문, 2000.

이우영, "문화전략", 세종연구소 북한연구센터 엮음, 『북한의 국가전략』, 서울: 한울아카데미, 2003.

이우영, "외부문화 유입·새세대 등장과 사회문화적 전환", 박재규 편, 『새로운 북한읽기를 위하여』, 서울: 법문사, 2004.

이우영, "남북한 문화의 차이", 경남대학교 북한대학원 엮음, 『북한 문화, 둘이면서 하나인 문화』, 서울: 한울아카데미, 2006.

이우정, "노동당 제5차 대회 이후의 북한권력구조에 관한 연구: 정치엘리트 변화를 중심으로", 동국대학교 대학원 박사학위논문, 1986.

이정수, "북한 정치체제에 관한 연구", 서울대학교 대학원 박사학위논문, 1991.

이정철, "김정일체제의 강행적 외연 성장 전략: 제2의 천리마 대진군 운동을 중심으로", 『통일경제』 64호, 2000년 4월호.

이정철, "사회주의 북한의 경제동학과 정치체제: 현물동학과 가격동학의 긴장이 정치체제에 미치는 영향을 중심으로", 서울대학교 대학원 박사학위논문, 2002.

이정철, "북한의 경제발전론 재론: 1960년대 경제조정기제의 변화를 중심으로", 경남대학교 북한대학원 엮음, 『북한현대사 1』, 경기 파주: 한울아카데미, 2004.

이종국, "김정일체제의 수령제와 당·정·군 관계", 오일환 외, 『현대북한체제론』, 서울: 을유문화사, 2000.

이종석, "김정일시대 북한의 권력구조와 당·군·정 관계에 관한 연구",

경희대학교 대학원 박사학위 논문, 2003.

이 중, "집단주의적 교육체제: 그 규범과 운용", 염홍철 외, 『북한사회의 구조와 변화』, 서울: 경남대학교극동문제연구소, 1987.

이태섭, "북한의 집단주의적 발전 전략과 수령체계의 확립", 서울대학교 대학원 박사학위논문, 2001.

이헌경, "북한의 유교문화 실태 연구", 『통일과 북한 사회문화』 하권, 서울: 민족통일연구원, 1995.

이호규, "북한의 국가 정체성과 문화", 고유환 엮음, 『로동신문을 통해 본 북한 변화』, 서울: 선인, 2006.

이호철, "사회, 국가 그리고 제도 · 정치경제의 제도론적 접근", 『한국과 국세정치』 9권 2호, 1993.

이호철, "행위자와 구조, 그리고 제도 · 제도주의의 분석수준", 『사회비평』 제14호, 1996.

장명봉, "북한의 사회주의 헌법", 전인영 편, 『북한의 정치』, 서울: 을유문화사, 1990.

장상환, "토지개혁과 농업협동화 과정의 특질", 염홍철 외, 『북한사회의 구조와 변화』, 서울: 경남대학교 극동문제연구소, 1987.

전미영, "김일성의 담화 분석을 통해 본 북한체제의 정당화 전략", 한국정신문화연구원 한국학대학원 박사학위논문, 2000.

전병곤, "중국 국유기업 개혁과 부패 - 위탁 - 대리관계를 중심으로", 『중국학연구』 제25집, 2003.

전수일, "관료부패에 관한 연구: 한국관료와 시민의 행태분석을 중심으로", 고려대학교 대학원 박사학위논문, 1982.

전신욱, "정권기관과 행정체제", 민병천 외, 『북한학 입문』, 서울: 들녘,

2001.

전용헌, "북한정치체제의 변화에 관한 연구", 고려대학교 대학원 박사학위
논문, 1991.

전인영, "조선노동당: 북한사회의 지도세력", 전인영 편, 『북한의 정치』,
서울: 을유문화사, 1990.

정성임, "사회문화 규범", 세종연구소 북한연구센터 엮음, 『북한의 사회문
화』, 서울: 한울아카데미, 2006.

정성장, "김정일체제의 지도이념과 성격연구", 『국제정치논총』 제39집 3
호, 서울: 한국국제정치학회, 1999.

정성장, "주체사상 연구의 쟁점", 현대북한연구회 엮음, 『현대 북한연구의
쟁점 1』, 서울: 한울아카데미, 2005.

정세진, "북한의 이차경제와 지배구조의 변화에 관한 연구", 중앙대학교
대학원 박사학위논문, 1999.

정세진, "전환기 북한의 '계획경제' 침식에 따른 사회주의적 지배구조의
약화", 『한국정치학회보』 제34집 2호, 2001.

정세진, "이행학적 관점에서 본 최근 북한경제 변화 연구", 『국제정치논총
』 제43집 1호, 2003.

정영철, "김정일 체제 형성의 사회정치적 기원: 1967－1982", 서울대학교
대학원 박사학위논문, 2001.

정영철, "북한의 사회통제와 조직생활", 북한연구학회 편, 『북한의 사회』,
서울: 경인문화사, 2006.

정용섭, "북한의 선군정치에 관한 연구", 경남대학교 대학원 박사학위논
문, 2005.

정우곤, "북한 사회주의건설과 '수령제'의 형성과정에 관한 연구, 1948－

1972", 서울: 경희대학교 대학원 박사학위논문, 1997.

정우곤, "김정일 체제의 사회통제와 주민의식 변화 연구", 『북한실태 (Ⅱ)』, 서울: 통일부, 2000.

정우곤, "1990년대 북한 주민생활보장제도와 도시 계층 구조 재편", 『현대북한연구』 7권 2호, 서울: 경남대학교 북한대학원, 2004.

정우곤 · 이주철, "북한 주민생활보장제도와 도시 계층구조 재편", 최완규 엮음, 『북한 도시의 위기와 변화: 1990년대 청진, 신의주, 혜산』, 서울: 한울아카데미, 2006.

정우곤, "북한 복지 패러다임의 전환과 사회 · 경제적 변화", 최완규 엮음, 『북한 '도시정치'의 발전과 체제 변화: 2000년대 청진, 신의주, 혜산』, 서울: 한울아카데미, 2007.

정   웅, "북한 사회주의체제의 변화경로에 대한 연구: 초기조건과 제도적 제약을 중심으로", 경기: 한국정신문화연구원 한국학대학원 박사학위논문, 2003.

정은미, "북한의 국가중심적 집단농업과 농민 사경제의 관계에 관한 연구", 서울대학교 대학원 박사학위논문, 2007.

정은미, "북한 농업정책의 이중궤도: 집단농업과 농민사경제의 상호성을 중심으로", 『통일문제연구』 제19권 1호, 평화문제연구소, 2007 상반기.

정태수 · 정창현, "8월 '종파사건'의 전모: 평양주에 소련대사 이바노프 비망록이 전하는 북한최대의 권력투쟁", 중앙일보사, 『월간 WIN』, 1997. 6.

정호근, "집단주의와 개인주의의 이중성", 『사회비평』 22호, 1999년 겨울호.

조동호, "북한 노동력 수준의 평가와 활용방안", 『KDI 북한경제리뷰』,

2000. 12.

조영국, "탈 냉전기 북한의 개혁·개방 성격에 관한 연구: 국가발전전략을 중심으로", 한국외국어대학교 대학원 정치외교학과 박사학위논문, 2004.

조자양, "중국적 특색을 지닌 사회주의 노선을 따라 전진하자.", 『중소연구』 제11권 4호, 1987. 8.

조정아, "산업화시기 북한의 노동교육", 서울대학교 교육학과 박사학위논문, 2003.

조주복, "지방관료문화의 변화요인에 관한 연구: 지방공무원의 사회화과정을 중심으로", 한국외국어대학교 대학원 박사학위논문, 1995.

조한범, "러시아 사회구조 변화와 사기업가 형성의 경향성", 『현대산업사회연구』, 서울: 한양대학교출판부, 1995.

조한범, "북한 사회주의체제의 성격연구: 비교사회주의론적 접근", 『통일정책연구』 제11권 2호, 2002.

주봉호, "주체사상의 이론적 체계와 기능", 『통일논총』 14, 동의대학교 법정연구소, 2001.

차문석, "'고난의 행군'과 북한 경제의 변화: 축적 체제와 조정 기제의 변화를 중심으로", 『현대북한연구』 8권 1호, 2005.

차문석, "북한의 노동 영웅에 대한 연구: 영웅 탄생의 정치 경제적 동학", 북한연구학회 편, 『북한의 사회』, 서울: 경인문화사, 2006.

최대석, "주체사상과 북한체제", 오일환 외, 『현대북한체제론』, 서울: 을유문화사, 2000.

최봉대, "북한 사회 주민들의 멘탈리티와 사회적 통합 기제", 『현대북한연구』 2권 2호, 1999.

최봉대, "계층구조와 주민의식 변화", 정영철·고성호·최봉대, 『1990년대 이후 북한사회 변화』, 한국방송, 2005.

최봉대·구갑우, "북한의 도시 '장마당' 활성화와 동학", 최완규 엮음, 『북한 도시의 위기와 변화: 1990년대 청진, 신의주, 혜산』, 서울: 한울아카데미, 2006.

최 성, "수령체계의 형성과정과 구조적 작동메카니즘에 관한 연구", 고려대학교 대학원 박사학위논문, 1993.

최송화, "헌법과 통치구조", 최명 편, 『북한개론』, 서울: 을유문화사, 1990.

최완규, "김정일체제의 변화 전망", 전국대학북한학과협의회 엮음, 『북한정치의 이해』, 서울: 을유문화사, 2001.

최완규·함택영·조영국, "북한 지방당사업체계의 변화 연구", 최완규 엮음, 『북한 '도시정치'의 발전과 체제 변화: 2000년대 청진, 신의주, 혜산』, 서울: 한울아카데미, 2007.

최진욱, "개정헌법 이후 북한의 권력구조 정책전망", 『통일연구논총』 제7권 2호, 서울: 민족통일연구원, 1998.

토니 에머슨(Tony Emerson), "정권 50년: 길잃은 북한", 『Newsweek 한국판』 제8권 35호, 1998. 9. 2.

한배호, "북한 정치체제의 구조와 과정", 『아세아 연구』 제27권 제1호, 고려대학교 아세아문제연구소, 1984년 1월.

한태선, "관료제의 1원적 2중구조의 특성", 『북한사회의 구조와 변화』, 서울: 경남대학교 극동문제연구소, 1987.

함인희, "북한 주민의 일상생활과 가치관의 변화: 집단주의의 균열", 박재규 편, 『새로운 북한읽기를 위하여』, 서울: 법문사, 2004.

함택영, "경제·국방건설 병진노선의 문제점", 『북한사회주의건설의 정치
    경제』, 서울: 경남대학교 극동문제연구소, 1993.

함택영, "김정일시대 북한의 체제특성과 국가역량", 『김정일체제의 역량과
    생존전략』, 서울: 경남대 극동문제연구소, 2000.

현성일, "북한의 인사제도 연구", 『북한조사연구』 2권 1호, 통일정책연구
    소, 1998.

현성일, "북한의 국가전략과 간부정책의 변화에 관한 연구", 경남대학교
    대학원 박사학위논문, 2006.

현승일, "북한 산업경영체계의 전개 - 해방이후 오늘날까지 - ", 『통일논총
    』 제5권 1호, 서울: 국토통일원, 1985.

홍　민, "북한의 사회주의 도덕경제와 마을체제", 동국대학교 대학원 박사
    학위논문, 2006.

홍　민, "북한의 시장교환과 사회적 관계의 동학," 『북핵 사태와 한반도의
    진로』, 2006년 북한연구학회 동계학술회의 발표논문집, 북한연구
    학회, 2006.

홍　민, "북한의 '관계자본' 교환구조와 시장교환의 전유", 『현대북한연구』
    9권 3호, 서울: 북한대학원대학교, 2006.

홍　민, "'다모클레스의 칼': 핵 실험 이후의 북한사회", 『6자회담 타결
    이후 남북관계 전망』, 2007년 북한연구학회 춘계학술회의 발표 논
    문집, 북한연구학회, 2007.

홍승원, "북한의 정부관료제에 관한 연구: 정무원의 조직, 엘리트, 정책을
    중심으로", 경남대학교 대학원 박사학위논문, 1992.

황성돈, "유교문화와 한국관료문화", 『평보 안해균 교수 정년기념논문집:
    한국관료제와 정책과정』, 서울: 다산출판사, 1994.

황장엽, "계급투쟁과 무산계급 독재이론은 파산했다.", 『황장엽 비밀파일』
　　　월간조선 1997년 4월호 별책부록, 서울: 조선일보사, 1997.
황장엽, "사랑과 조화를 통한 인간 중심의 가치관을 가져야 한다.", 『황장
　　　엽 비밀파일』 월간조선 1997년 4월호 별책부록, 서울: 조선일보사,
　　　1997.

　3) 자료집

『조선로동당대회자료집』 1 - 4권(서울: 국토통일원, 1998).
『최고인민회의자료집』 1 - 4권(서울: 국토통일원, 1988).
『북한 신년사(1945 - 1997)』(동국대학교 북한학과 편집).
『북한교육사(조선교육사 영인본)』(서울: 교육과학사, 2000).
『북한총인구 판단(1970 - 2030년간)』(서울: 국가안전기획부, 1986).
『북한연구자료총서』 1 - 11권(서울: 고려대아세아문제연구소, 1969 - 1983).

　4) 정기간행물 · 언론보도매체 및 인터넷 자료

『신동아』
『월간조선』
『연합뉴스』
『조선일보』
『NK chosun』http://nk.chosun.com.
『데일리NK』
좋은벗들, 『오늘의 북한소식』(http://www.goodfriends.or.kr)

3. 외국문헌

1) 단행본

Almond, Gabriel A., and Sidney Verba, *The Civic Culture*(Boston: Little, Brown & Co., 1966).

Almond, Gabriel A., and G. Bingham Powell, Jr., *The Comparative Politics: A Developmental Approach*(Boston: Little Brown & Co., 1966).

Becker, H. S., "Culture: A Sociological View", *Yale Review*, Summer/1982.

Benedict, Ruth F., *Patterns of Culture*(New York: Mentor Books, 1934).

Boudon, Raymond, "The Logic of Relative Frustration", Jon Elster(ed.), *Rational Choice*(Oxford: Basil Blackwell, 1986).

Braybrooke, David, and Charles E. Lindblom, *A Strategy of Decision*(New York: Free Press, 1963).

Brzezinski, Zbigniew, and Samuel P. Huntington, *Political Power*: *USA/USSR*(New York: The Viking Press).

Brun, Ellen and Hersh, Jacques, *Socialist Korea: A Case Study in the Strategy of Economic Development*(New York: Monthly Review Press, 1976).

Buchanan, J. A., *et al., Toward a Theory of the Rent−Seeking*

Society(Texas A&M University Press, 1980).

Buke, Peter, *What is cultural history?*(Cambridge: Polity Press, 2004). [조한욱 역, 『문화사란 무엇인가』(서울: 길, 2005)].

Burawoy, Micheal, *The Politics of Production: Factory Regimes under Capitalism and Socialism*(London: Verso, 1985). [정범진 역, 『생산의 정치: 자본주의와 사회주의의 공장체제』(서울: 박종철 출판사, 1999)].

Cohen, Lenard J. and Jane P. Shapiro(eds.), *Communist System in Comparative Perspective*(New York: Anchor Press, 1974).

Deutscher, Issac, "The Leader and the Party", Robert Daniels(ed.), *The Stalin Revolution: Foundations of Soviet Totalitarianism*-(Lexington, Massachusetts, Toronto, London: 1972).

Eberstadt, Nicholas, *The End of North Korea*(Washington: Publisher for the American Enterprise Institu, 1999).

Etzioni‒Halevy, Eva, *Bureaucracy and Democracy*(London: Routledge & Kegan Paul, 1983).

Fainsod, Merle, *How Russia is Ruled*(Cambridge, Mass: Harvard University Press, 1963).

Fairbank, Jhon King., *China: A New History*(The Belknap Press of Harvard University Press, 1992). [중국역사연구회 역, 『신중국사』(서울: 까치, 1994)].

Filtzer, Donald, *Soviet Workers and Stalinist Industrialization: The Formation of the Modern Soviet Production Relations, 1928‒*

1941(London: Pluto Press, 1986).

Finer, S. E., *Comparative Government*(New York: Basic Books Inc. Publishers, 1971).

Furtak, Robert K., *The Political System of the Socialist States*(Brighton: Harvester Press, 1986).

Geertz, Clifford, *The Interpretation of Culture*(New York: Basic Books, 1973). [문옥표 역, 『문화의 해석』(서울: 까치글방, 1998)].

Hall, Peter A., *Governing the Economy: The Politics of State Intervention in Britain and France*(New York: Oxford Univ. Press, 1986).

Hayek, F., *Law Legitimation and Liberty, Vol.2: the Mirage of Social Justice*(Chicago: University of Chicago Press, 1976).

Hazard, John N., *The Soviet System of Government*, 4th. ed.(Chicago: The Univ. of Chicago Press, 1968).

Hil, Ronald J. and Peter Frank, *the Soviet Communist Party*, 3rd ed.,(London: Allen & Unwin, 1986).

Hirszowicz, Maria, *The Bureaucratic Leviathan: A Study in the Sociology of Communism*(New York: New York University Press, 1980).

Hofstede, Geert, *Cultures and Organizations: Software of the mind* (institute for Research on Intercultural Cooperation: University of Limburg at Maastricht, The Netherlands, 1991).

Hong Yung Lee, *The politics of the Chinese Cultural Revolution* (Berkeley: University of California Press, 1978).

Huntington, Samuel P., *Political Order in Changing Societies*(New Haven: Yale University Press, 1969).

Johnson, Chalmers, eds., *Change in Communist Systems*(Stanford, California: Stanford University Press, 1970).

Jowitt, Ken, *New World Disorder: The Leninist Extinction*(Berkeley: University of California Press, 1992).

Kornai, Janos, *The Economics of Shortage*(Amsterdam: North – Holland Inc., 1980).

Kornai, Janos, *The Socialist System: The Political Economy of Communism*(Princeton: Princeton Univ. Press, 1988).

Kornai, János, *The Socialist System: The Political Economy of Communism*(Princeton · New Jersey: Princeton University Press, 1992).

Lane, David, *Soviet Society under Perestroika*(New York: Harper Collins, 1990).

Lee, Hong Yung, *The politics of the Chinese Cultural Revolution* (Berkeley: University of California Press, 1978).

Lee, Hong Yung, *From Revolutionary Cadres to Technocrats in Socialist China*(Berkeley: University of California Press, 1991).

Lindblom, Charles, *The Intelligence of Democracy*(New York: Free Press, 1965).

Linz, Juan J., and Alfred Stepan, *Problems of Democratic Transition and Consolidation, Southern Europe, South America, and Post – Communist Europe*(Baltimore and London: The John Hopkins

University Press, 1966).

March, James, and Johan Olsen, *Rediscovering Institutions: The Organizational Basis of Politics*(New York: Free Press, 1989).

Marx and Engels, *The German Ideology*(New York: International Pubishers, 1987).

McCormack, Gavan,(ed.), *Korea North and South*(New York: Monthly Review Press, 1978).

McCormack, Gavan, *Target North Korea: Pushing North Korea to the Brink of Nuclear Catastrophe*(Nation Books, 2004). [박성준 역, 『범죄국가, 북한 그리고 미국』(서울: 이카루스미디어, 2006].

McCormick, Barret, Political Reform in Post−Mao China: Bureaucracy and Democracy in a Leninist State(Berkeley: University of California Press, 1990).

Meissenr, Boris, *The Communist Party of the Soviet Union*(New York: Praeger, 1956).

Meyer, Alfred, *The Soviet Political System: An Interpretation*(New York: Random House, 1965).

Meyer, Alfred G., *Leninism*(New York: Praeger, 1963).

Montias, J. M., *The Structure of Economic Systems*(New Heaven: Yale University Press, 1976).

Moore, Barrington, *Authority and Inequality Under Capitalism and Socialism*: *USA, USSR, and China*(New York: Oxford University Press, 1987). [송복 역, 『자본주의와 사회주의에서의 권위와 불평

등』(경기 파주: (주)한국학술정보, 2003)].

Moscovici, Serge, *L'âge des foules: Un traite historique de psychologie des masses*(Fayard, 1981). [이상률 역, 『군중의 시대』(서울: 문예출판사, 1996)].

Mouzelis, Nicos P., *Organization and Bureaucracy*(Chicago: Aldine Publishing Co., 1975).

Nations, Andrew S., *The Great North Korean Famine*(United States Inst of Peace Press, 2001). [황재옥 역, 『북한의 기아: 기아 정치 그리고 외교정책』(다홀미디어, 2003)].

Nee, Victor, and David Stark(eds.), *Remaking the Economic Institutions of Socialism: China and Eastern Europe*(Standford Univ. Press, 1989).

North, Douglass, *Institutions, Institutional Change and Economic Performance*(Cambridge: Cambridge University Press, 1990).

Oi, Jean, *State and Peasant in Contemporary China*(Berkeley: University of California Press, 1989).

Okonogi, Masao,(ed.), *North Korea at the Crossroads*(Japan: Japan Institute of International Affairs, 1988).

Pettigrew, Andrew M., "On Studying Organizational Cultures", *Administrative Science Quarterly*, Vol.24, No.4, 1979.

Poster, Mark, *Cultural History and Postmodernity: disciplinary reading and challenges*(Columbia University Press, 1997). [조지형 역, 『포스트 모던시대의 새로운 문화사』(서울: 이화여대출판부, 2006)].

Richard R. Lowenthal, "Development vs. Utopia in Communist Policy", in Chalmers Johnson, *Change in Communist Systems*(Stanford: Stanford University Press, 1970).

Richardson, Ivan. L. and Sidney Baldwin, *Public Administration; Government in Action*(Columbus, Ohio: Menril, 1976).

Samary, Catherine, *Plan, Market and Democracy*(Amsterdam: International Institute for Research and Education, 1988). [강성훈 역, 「계획 시장 민주주의」(서울: 신평론, 1990)].

Scalapino, Robert and Chong−sik, Lee, *Communism in Korea*(Berkeley, Los Angeles, and London: University of California Press, 1972).

Schall, M. S., "A Communication−Rules Approach to Organizational Culture", *Administrative Science Quarterly*, Vol.28, No.4, 1983.

Schurmann, Franz, *Ideology and Organization in Communist China*(Berkeley and Los Angeles, University of California Press, 1968).

Scott, James C, *Comparative Political Corruption*(Engelwood Cliffs: Prentice−Hall, 1972).

Selden, Mark, *The Yenan Way in Revolutionary China*(Cambrige: Harvard Universty Press, 1971).

Sik, Ota, Marianne Grund Friedkerg(trans.), *The Communist Power System*(New York: Praeger, 1981).

Singer, Milton, "The Concept of Culture", in David L. Sills, ed., *International Encyclopedia of the Social Sciences*, Vol.3(New

York: The Macmillan Co. & The Free Press, 1968).

Skocpol, Theda(ed.), *Vision and Method in Historical Sociology-*(Cambridge: Cambridge University Press, 1984).

Stalin, I. V., *Problems of Leninism*(New York: International Publishers, 1928).

Thelen, Kathleen, & Sven Steimo & Frank Longstreth(eds.), Structuring *Politics: Historical Institutional in Comparative Analysis* (Cambridge University Press, 1992).

Towester, Julian, *Political Power in the USSR*(N.Y.: Oxford University Press, 1948).

Townsend, James R., *Politics in China*(Boston: Cittle, Brown and Company, 1980).

Voslensky, Michael. *Nomenklatura: The Soviet Ruling Class*(New York: Doubleday & Co., 1984).

Walder, Andrew G., *Communist Neo — Traditionalism: Work and Authority on Chinese Industry*(Berkeley, Los Angeles, London: University of California Press, 1986).

Walder(ed.), Andrew G., *The Waning of the Communist States: Economic Origins of Political Decline in China and Hungary* (Berkeley: University of California Press, 1995).

Weber, Max, Guenther Roth and Claus Wittich(ed.), *Economy and Society*(New York: Bedminster Press, 1968).

Wilczynski, J., The *Economics of Socialism*(London: George Allen &

Unwin, 1970). [배연수 역, 『사회주의 경제학』(대구: 영남대학교 출판부, 1986)].

Winiecki, J., *Resistence to Change in the Soviet Economic System* (London and New York: Routledge, 1991).

Yoo Ki－Hong, *A Study of North Korea Communism as Related to the Rise of Kim Il Sung*(Michigan: The American University, 1969).

木村光彦, 『北朝鮮の經濟－起源・形成・崩壞』(創文社, 1999). [정재정 역, 『북한의 경제: 기원・형성・붕괴』(서울: 혜안, 2001)].

和田春樹, 『歷史としての 社會主義』(東京 : 岩坡書店, 1992).

2) 논문

Bidney, David, "Cultural Relativism" in David L. Sills(ed.), *International Encyclopedia of Social Science*, Macmillan Company, 1974.

Brezinski, Horst, "The Autonomous Factor in a Society of Shortage", in Bruno Dallago & Gianmaria Ajani & Bruno Grancelli(eds.), *Privatization and Entrepreneurship in Post－Socialist Countries*, London: The Macmillan Press Ltd., 1992.

Cumings, Bruce, "Kim's Korean Communism", *Problems of Communism*, March/April 1974.

Grossman, Gregory, "The 'Second Economy' of the USSR", *Problems of Communism*, Vol.26, September－October 1977.

Hyun, Syng－il, "Industrialization and Industrialism in a Developing

Socialist Country: Convergence Theory and the Case of North Korea", Diss. University of Utah, 1982.

Ikenbery, Jhon, "Conclusion: An Institutional Approach to American Foreign Economic Policy", Jhon Ikenbery, David Lake, Michael Mastanduno, eds., *The State and American Foreign Economic Policy*, Ithaca: Cornell University Press, 1988.

Kassof, Allen, "The Administered Society: Totalitarianism without Terror", *World Politics*, Vol.XVI, No.4, July 1964.

Kringen, John A., "An Exploration of the Red – Expert Issues in China through Content Analysis", *Asian Survey*, Vol.XV, No.8, August 1975.

Kryshtanovskaya, O., & S. White, "From Soviet Nomenklatura to Russian Elite", *Europe –Asia Studies*, Vol.48, No.5, 1996.

Kuran, Timur, "Now Out of Never: The Element of Surprise in the East European Reveloption of 1989", *World Politics*, Vol.44, No.1, October 1991.

Lowenthal, Richard, "Development vs. Utopia in Communist Policy", Charlmers Johnson, eds., *Change in Communist Systems*, Stanford University Press, 1970.

March, James, and Johan Olsen, "The New Institutionalism: Organizational Factors in Political Life", *American Political Science Review*, Vol.78, No.3, Sep.

March, James G., & Johan P. Olson, "The New Institutionalism: Organizational Factors in political life", *APSR*, Vol.77, 1984.

Marx, Karl, "The Eighteen Brumaire of Louis Bonaparte", in Robert C. Tucker, ed., *Marx — Engles Reader*, 2nd ed., New York: W. W. Norton & Co., 1972.

McCormack, Gavan, "Kim's Country: Hard Times in North Korea", *New Left Review*, No.198, March/April 1993.

Meyer, Alfred, "Theories of Convergence", in Chalmers Johnson ed., *Change in Communist Systems*, Stanford, California: Stanford University Press, 1970.

Meyer, Alfred, "The Comparitive Study of Communist Political Systems", *Slavic Review*, Vol.XXVI, No.1, March 1967.

Mosse, Werner E., "Russian Bureaucracy at the End of the Ancien Regime: The Imperial State Council, 1897 — 1915", *Slavic Review*, Vol.39, No.4, Dec. 1980.

Nee, Victor, and David Stark, "Toward an Institutional Analysis of State Socialism", Victor Nee & David Stark, eds., *Remaking the Economic Institution of Socialism: China and Eastern Europe*, California: Stanford University Press, 1989.

Onikov, L. and D. Kazutin, "Both Democracy and Centralism", *Moscow News*, No.42, October 15, 1989.

Parsons, Talcott, and Edward Shils, "Value, Motives and System of Action" in Parsons and Shils, eds., *Toward a General Theory of Action*, Cambridge, Mass: Harvard University Press, 1951.

Rigby, T. H., "Traditional, Market, and Organizational Societies and the U.S.S.R", *World Politics*, Vol.XVI, No.4, July 1964.

Rigby, T, H., "Introduction: Political Legitimacy, Weber and Communist Mono Organizational System", in Rigby and Ferenc Feher, eds., *Politiacal Legitimation in Communist State*, New York: St. Martin's Press, 1982.

Schiedeck, J. and M. Stahlmann, "Totalizing of Experience: Educational Camps", H. Sunker and Hans – Uwe Otto eds., *Education and Fascism*, London: The Falmer Press, 1997.

Tucker, Robert, "Towards a Comparative Politics of Movement Regimes", *American Political Science Review*, Vol. IX, No.1, March 1961.

Tucker, Robert, "On the Comparative Study of Communism", World Politics, Vol.XIX, No.2, January 1967.

Tyler, Edward B., Primitive Culture(Gloucester, MA: Smith, 1871), Vol.1, p.1, cited in The International Encyclopedia of the Social Sciences, Vol.3, New York: The Macmillan Co. & the Free Press, 1968.

Vogel, Ezra E., "Politicized Bureaucracy: Communist China", Fred W. Riggs(ed.), *Frontiers of Development Administration*, Durham: Duke Univ. Press, 1970.

Walder, Andrew G., "The Quiet Revolution from Within: Economic Reform as a Source of Political Decline", in Walder, ed., *The Waning of the Communist States*, Berkeley: University of California Press, 1995.

Walder, Andrew G., "The decline of communist power: Elements of theory of institutional change", *Theory and Society*, Vol.23/2, April 1994.

Waldo, Dwight, "Public Administration and Culture", Roscoe C. Martin, ed., *Public Administration and Democracy: Essays in Honor of Paul H. Appleby*, Syracuse, N.Y.: Syracuse University Press, 1965.

徐東晩, "北朝鮮における 社會主義 體制の成立 1945－61", 東京大 박사학위논문, 1995.

和田春樹, "遊擊隊 國家の成立と展開", 『世界』 10월호, 東京: 岩波書店, 1993.

• 저자 •

지안(摯按)
박상익

•약력•

충남 서천 출생
동국대학교 대학원 북한학과 박사과정 졸업(정치학 박사)
배재대학교 정치외교학과 강사(2008)
경인교육대학교 윤리교육과 강사(2009~현재)

•주요논저•

"북한의 관료문화에 관한 연구", 동국대학교 대학원 북한학과 박사학위 논문, 2008.
"북한 관료문화의 형성과 그 특성", 『통일문제연구』 제19권 1호, 평화문제연구소,
　2007 상반기.
"북한 관료문화의 특성 - '주체 관료문화'", 『북한학연구』 제4권 1호, 동국대학교
　북한학연구소, 2008.
"'대동'의 평화담론", 『동아시아의 평화와 갈등』, 제3회 세계평화통일학회 국제학술
　대회 논문집, 세계평화통일학회, 2008.
"6·15공동선언 이후 통일교육의 변화와 과제", 『평화학연구』 제9권 3호, 세계평화
　통일학회, 2008.
"이명박정부의 대북정책과 남북관계", 『남북관계, 어떻게 풀 것인가?』, 2009 전반기
　세계평화통일학회 국내학술대회 자료집, 세계평화통일학회, 2009.

북한의 관료문화

• 초판 인쇄	2008년 11월 26일
• 초판 발행	2008년 11월 26일
• 지 은 이	박상익
• 펴 낸 이	채종준
• 펴 낸 곳	한국학술정보㈜ 경기도 파주시 교하읍 문발리 513-5 파주출판문화정보산업단지 전화　031) 908-3181(대표)·팩스　031) 908-3189 홈페이지　http://www.kstudy.com e-mail(출판사업부)　publish@kstudy.com
• 등 　록	제일산-115호(2000. 6. 19)
• 가 　격	37,000원

ISBN　978-89-534-.... ...... .per Book)
　　　　978-89-534-5646-4 98340 (e-Book)